河北省高校本科专业综合改革试点"教育学"项目资助出版

重庆书院史

吴洪成　王培培　郭春晓◎著

知识产权出版社
全国百佳图书出版单位

图书在版编目（CIP）数据

重庆书院史/吴洪成，王培培，郭春晓著. —北京：知识产权出版社，2017.8
ISBN 978 - 7 - 5130 - 4658 - 9

Ⅰ. ①重… Ⅱ. ①吴… ②王… ③郭… Ⅲ. ①书院—教育史—重庆
Ⅳ. ①G649. 299. 719

中国版本图书馆 CIP 数据核字（2017）第 098058 号

内容提要

《重庆书院史》一书主要探讨中国最年轻的直辖市——重庆，这一长江上游中心城市所辖区域范围内自宋代始各历史时期书院的发展状况、办学内容、活动及管理成效，呈现的特点及存在的问题，并对当代地方高等教育以及区域办学质量提升提供经验总结和现实建议。

责任编辑：江宜玲　　　　　　　　　　　　责任校对：潘凤越
封面设计：邵建文　　　　　　　　　　　　责任出版：刘译文

重庆书院史

吴洪成　　王培培　　郭春晓◎著

出版发行：知识产权出版社 有限责任公司	网　　址：http://www.ipph.cn
社　　址：北京市海淀区气象路 50 号院	邮　　编：100081
责编电话：010 - 82000860 转 8339	责编邮箱：jiangyiling@cnipr.com
发行电话：010 - 82000860 转 8101/8102	发行传真：010 - 82000893/82005070/82000270
印　　刷：保定市中画美凯印刷有限公司	经　　销：各大网上书店、新华书店及相关专业书店
开　　本：787mm×1092mm　1/16	印　　张：23.5
版　　次：2017 年 8 月第 1 版	印　　次：2017 年 8 月第 1 次印刷
字　　数：409 千字	定　　价：68.00 元
ISBN 978 -7 -5130 -4658 -9	

书院是中国古代的一种教育组织形式，它虽起于唐代，形成于五代，但直到宋代才达到它的首次繁盛时期，此后又继续发展于元、明、清三朝。至近代，为适应时代需要，部分书院通过改制，演变成近代学堂或学校。唐代末期是书院的萌芽期，"上置丽正书院，聚文学之士……或修书，或侍奉文章"。然而，彼时的书院或为官办藏书、校书机构，或为私人读书场所，尚不构成教育组织的形式。唐末五代时期，一些读书人在战乱中找不到出路，就选择僻静的山林建起房舍聚众读书。这时候，书院初具聚徒讲学的性质。藏书机构和私人读书场所开始变为集藏书、读书、研究、学术传播于一体的场地。宋代承继了书院这一教育组织形式，并将其演变为一种社会文教风尚，发挥着转变学术风气、开创社会新格局的客观作用。❶书院第一次兴盛于北宋以后，创办者或私人或官府，办学方式是聘请名学者讲学，采用个别钻研、相互问答、集众讲解等结合的教学方法，以研习儒家经籍为主，辅以议论时政。作为藏书与讲学之所，元代各路、州、府设书院者更多。明、清两代书院尤盛，但学术思想日薄，多成为准备科举的场所。重庆作为我国长江上游的中心区域，是内陆城乡结合的代表，书院成为重庆社会史及教育史的重要组成部分，也能集中体现我国中西结合部，山地、丘陵及江河交错统辖地带书院教育的样本或典型，由此可以窥视、展现中国书院兴衰、转型的不同层面或特色。

---

❶ 陈炎，逢金一.中国风尚史·隋唐五代宋辽金卷［M］.济南：山东友谊出版社，2015：230.

前　言

重庆书院自宋代兴起，经元、明的波动和发展，到清代达到鼎盛，20世纪初以后走向改制和转型。本书按上述历史时期对重庆书院进行整理、解读和阐述。近代中国建立新教育制度，引进西学课程，培养专业技术人才，重庆书院教育经过改制，融入重庆新教育的机体和血脉之中，凤凰涅槃，获得新生。但与此同时，与全国书院的情形相似，书院的精神及教育方法却在新教育体制的规范、管理控制下削弱，甚至丧失，需要复活。重庆的书院虽然地处中国西南江河群山交错的山间和城镇乡村，却成为中国内陆地区书院教育的样本，在西南地域格局和全国整体分布中都处于中上游的水平，而且与地域学派文化的发展、人才培养、知识观念传播和更新联系紧密，有着鲜明的特色。本书在对重庆方志史料和相关历史文献挖掘整理的基础上，运用历史学、教育学及其他相关知识理论进行分析、解读，注重区域间及区域与全国的比较研究，挖掘书院的现代教育因素，以期为当今教育、旅游、商贸开发及文化建设提供资源，并发挥其应有的作用。

十年前，我曾经主持撰写《重庆的书院》一书，当时的课题研究和书稿写作得到了在河北大学求学、由我指导的硕士研究生张阔的鼎力支持，现在她在河北省东北部海滨城市秦皇岛河北科技师范学院任教，发展前景令人欣慰。当年合作撰写、探讨及修改的情形仍历历在目，今天想来仍倍感温馨，颇有回味无穷之叹。今年上半年在翻阅有关重庆文献资料及指导研究生论文写作时，仍感有重写重庆书院史的必要。

（1）当年的书稿篇幅过少，仅仅十余万字，而近年来新发现了大量的文献资料，应该加以丰富和充实。经过反复探讨和修订，本次出版的著作内容大量增加，已达近四十万字。

（2）由于早些年写作重庆书院著作时所查资料有限，加上时间和精力不足，颇显仓促，有很多书院的内容需要拓展并加以分析。根据新获得的信息资源，原书中的某些史实、数据也需要考订，这是研究进一步深入的表现。此次研究相应做了最大的努力，尤其是针对原张阔涉及的部分加以重写，其中的少量引用资料也做了严格规范的注释。

（3）对书院办学，除了从历史文化的角度加以整理分析外，还应该从教育学、民族学及社会学专业的角度理解。作者在本书的写作中尝试加以运用，以更有学理建构的意味，相信也可以与当代教育教学的相关主题密切沟通。

（4）重庆作为中国内陆的唯一直辖市，这些年来各项事业成就显著，产业经济提升明显，成为长江上游乃至整个西南地区社会改革与发展的典范。这既提供了新的区域教育文化研究机遇，也提出了更高的要求。重庆的书院是重庆教育史的重要组成部分，进一步拓展探讨视角，丰富研究内容，增强现实启发，都是十分必要的。这必然赋予该研究著作深刻的学术文化价值，同时将显现深远的现实意义。

显然，上述设想和希望作为愿景是美好的，写作过程中的努力与执着也有同样的方向进程，但两者之间的达成度究竟有多少还不敢预设。我们期盼本书的问世，为西部大开发新一轮浪潮中的文化教育史领域添一朵浪花，同时也能切实为区域性的教育改革和社会进步添砖加瓦。

吴洪成
2017 年 5 月 20 日于保定燕赵学府河北大学教育学院

目　录

第一章　宋代重庆书院的初盛

　　宋代（960—1279 年）是上承五代十国（907—960 年）、下启元明清（1206—1911 年）的重要朝代，分为北宋和南宋两个时期，共历十八位帝王，享国三百一十九年。后周显德元年（954 年），后周皇帝柴荣驾崩，年仅七岁的周恭帝柴宗训即位。彼时，后周军权均掌握在赵匡胤、石守信、王审琦等人手中。显德七年（960 年）大年初一，惊传北汉及契丹军队即将南下攻打后周，后周宰相范质等人未经辨别消息真伪，随即命令大将赵匡胤统率诸军，以北上御敌。时任归德军节度使、检校太尉的赵匡胤受命，调遣部队北上准备作战。然而初三夜晚时刻大部队行至陈桥驿后，经赵匡胤、赵普等人密谋策划，后周诸将发动兵变并以黄袍加在赵匡胤身上，拥立他为皇帝。随后，赵匡胤率军回师开封，京城守将石守信、王审琦开城迎接赵军入城，并胁迫后周末帝柴宗训禅位于赵匡胤。赵匡胤即位后，改国号为“宋”，史称北宋，定都于汴梁（今河南开封）。

　　赵匡胤即位后，为避免禁军将领也黄袍加身，使“陈桥兵变”的历史重演，遂先后两次策划“杯酒释兵权”，以解除禁军将领及地方藩镇的权力，将地方兵权、财政权全部集中归于中央掌管，从而有效地避免了中晚唐出现的藩镇割据的乱象。自此，北宋开启了“重文轻武”的治国模式。宋代开国皇帝赵匡胤秉承“文以靖国”的理念，毅然实行“佑文抑武”的国策基准，大肆尊孔崇儒，完善科举，创设殿试，知人善任，厚禄养廉。这一系列重大举措，彻底扭转了唐末以来武将专权、藩镇割据以及军阀混战的动荡局面，使宋代的文化艺术空前繁盛，学术思想异常活跃，以至于后人称“宋朝是文人的乐园”❶。在文教领域，赵宋王朝建立了一个庞大的官僚机构，以此来实施“重

---

❶　若木. 回味宋朝［M］. 北京：中国三峡出版社，2008：32.

文"之策，并通过学校教育和科举制度来招揽、培养社会各阶层的政治代表参与到政权中来，以巩固封建主义的中央集权制。出于这一目的，宋代统治者不仅扶植官学，而且充分关注私学，从而使各类学校并行发展，相互补充。书院的设立与私人教学是这一时期学校教育的突出特点。书院与私学是紧密联系的，从某种形式上看，书院是专业性或具有较高层次的私学。

重庆是一座举世闻名的历史文化名城，有文字记载的历史可以追溯到近四千年前巴国的"巴蜀徽语"，巴渝文化即发源于此。隋文帝时设置了渝州，重庆的简称"渝"即由此而来。从行政区划的角度来看，宋代实行的是路—州—县三级制。相较唐代的三级制，最高一级区划有很大变化。❶ 宋代初时仍然继续沿用唐五代以来的行政区划，将全国划分为十道，重庆处于剑南道夔州都督府辖区。至宋至道三年（997年），废道置路，将全国划分为十五路，重庆属夔州路管辖。道与路，类似于现在的省。今日重庆在宋代基本隶属夔州路，主要有渝、涪、忠、万、南平、梁山、云安、大宁、夔、开、黔十一州（军、监），以及潼川府（梓州）路的合、昌二州。❷ 之后，宋代的路制行政区域多次变动，益州、梓州、利州、夔州四路合称为"川峡四路"，即"四川路"。至此，宋代重庆明确隶属于四川的行政辖区内，而非今日独立于四川省的中央直辖市。本书中所探析的宋代重庆书院，其地理位置与行政范围不局限于两宋时期重庆府的管辖范围，而是采用1997年重庆直辖市所属的区县范围。具体而言，除了直辖以前的重庆区县外，还包括涪陵、黔江、万县（现万州）地区。本书所探讨的宋代重庆书院是以现今重庆直辖市行政区域划分加以界定的。重庆之名始于宋，有"双重喜庆"之意，赋予了重庆以吉祥、美满的喜庆荣光。而考诸教育历史，唐末五代书院萌芽，北宋以讲学为主的书院日渐增多，南宋理学的发展促使书院逐渐成为学派活动的场所，两者真可谓天缘巧合，不期而遇。

一、宋代重庆书院初盛的历史背景

宋代是封建社会中期的重要王朝，具有鲜明的历史特点。正是在宋代特定的社会场域制约下，重庆书院拉开了历史帷幕，并上演了精彩的剧幕。

---

❶ 罗运环，肖雨田，王准，等. 荆楚建制沿革［M］. 武汉：武汉出版社，2013：103.
❷ 李禹阶，唐春生. 宋代巴蜀政治与社会研究［M］. 成都：巴蜀书社，2012：183.

（一）政治经济的形势有助于书院办学

宋王朝是由唐末五代战乱、干戈不宁的离乱时期重新走向统一的中央集权，社会政治环境相对稳定。北宋王朝立国之初，战乱频仍的局面逐渐好转，并最终实现社会安定，如此一来便为文化教育事业的发展提供了较为有利的条件与环境。在安定的生活环境中，士子们的求学愿望愈发强烈。政府崇尚儒术科举，加强文官政治以及书画人文艺术的建设，同时重视民间办学。这些都为书院的创立和生存提供了契机。

重庆也在宋代进入区域历史的第一个高峰。自唐末以后，四川的社会经济逐渐往川东三峡地区转移，无论是农业、商业、手工业的部门经济走向，还是在贸易流通与资本市场方面，均呈现出兴盛活跃的景象。在农业领域，宋朝建立初即要求全国各地方根据具体土地情况，合理安排农业生产。据《宋史》第一百七十三卷《食货志》中记载："宋承唐、五季之后，太祖兴，削平诸国，除藩镇留州之法，而粟帛钱币咸聚王畿；严守令劝农之条，而稻、梁、麻、枲务尽地力。至于太宗，国用殷实，轻赋薄敛之制，日与群臣讲求而行之。"❶ 宋代重庆农业依托有利的历史机遇，充分依靠自身资源，实现了快速发展。如合州（今重庆市合川区）"田亩桑麻，左右交映"，通过农业开发，文教始兴，使当地形成"人生其间，多秀异而喜以诗书自娱"❷ 的景象。《舆地纪胜》第一百六十一卷《昌州❸碑记》中记载，昌州通过"民勤而力穑，不趣末作，不事燕游"，促使当地农业快速发展，称其"虽无舟楫江沱之利，而有桑、麻、杭、徐之饶"，当地"士愿而勤学，尊道而重儒"❹。宋代社会虽不及唐代安定，但涪州（今重庆市涪陵区）经济较前期有所发展，并凭借着"地暖早熟"与水陆交通的有利条件，提高粮食复种指数。宋代诗人马提干在《涪陵十韵》中写道："人烟繁峡内，风物冠江前"，以此描绘了涪州城的盛况。宋代重庆地区的商业比之前代有所活跃，商品交换活动开始活跃起来，其中农业、陶瓷业、纺织业、酿酒业、造纸业有了提升，尤其是渝州贸易较为繁

---

❶ ［元］脱脱，等.二十五史（全本）·宋史［M］.乌鲁木齐：新疆青少年出版社，1999：751.

❷ ［元］孛兰盼.元一统志（上、下册）［M］.北京：中华书局，1966：528.

❸ 昌州位于重庆西南部，为重庆市辖古地名。古昌州辖永川、大足、昌元（今荣昌县）、静南四县，被称为"海棠香国"，最早出自南宋著名地理学家王象之《舆地纪胜》里的《静南志》："昌居万山间，地独宜海棠，邦人以其有香，颇敬重之，号海棠香国。"

❹ 刘兆祐.宋史艺文志史部佚籍考［M］.编译馆中华丛书编审委员会，1984：852.

荣。❶ 重庆开始成为川峡四路的水上运输枢纽和"两汀商贩，舟楫旁午"的大港，同川西、川南、川北的成都、宜宾、泸州、乐山、南充、遂宁、绵阳、阆中、广元等地有着比较密切的经济交往，成为四川东部的交通要道和商业贸易中心之一。❷ 宋代重庆较为繁盛的经济形势为当地书院的兴盛奠定了良好的物质基础。

然而，与此迥异的是，在经历了唐末五代农民起义和王朝争霸战争之后建立的新王朝却无力兴设学校教育。由于宋初统治者忙于加强中央集权，因而将主要精力投入了政治、财政等方面，而对教育事业，特别是地方官学的发展重视不够。这直接导致宋代以来的数十年间学校荒废，教育不振，仅仅在中央勉强维持了国子监与太学。官学重创、地方教育的缺失，使得各地学者缺乏适当的求学之所，这样既不适应海内承平、文风日起的社会形势，也不利于政权的建设。地方教育及学术文化传承由此更加有赖于书院，历史赋予书院替代官学的作用，需要书院扮演更重要的角色。恰如有的学者所称："官府与民间都把握了难得的机遇，在满足教育需求的努力中强化了书院的教学功能，这些都为书院在宋代的全面兴起提供了契机。"❸ 宋代"崇文教，抑武备"的教育政策逐渐确立，使得北宋士人乃至官宦继承唐末五代"读书山林"的风习，纷纷聚集山林，建院讲学，以满足世人读书求学的需要。北宋时期，巴蜀大地大批志士学者退居山林，劈山建院，讲书著述。由此，书院成为川蜀之地一大文教聚集中心。

（二）佛教禅林制度的影响

佛教在西汉末、东汉初开始传入中国，至魏晋时期逐渐兴盛起来。唐代时，佛教重要派别禅宗尤为流行。禅宗将"禅定"作为佛家修养的重要途径之一。禅宗讲"安静而止息杂虑"，即只要静坐敛心、专注一境，久之可达到身心"轻安"、观照"明净"的状态，这种状态即为"禅定"。由于禅定对"静心"的需要，因而佛教徒往往在山林名胜之处建立禅林精舍，进行坐禅和讲授佛经。唐末五代，士儒效仿佛教禅林讲经制度，"择胜地而立精舍"，宣讲授徒，书院应运而生。重庆依山傍水、幽静清雅，自然吸引了大批名流智者

---

❶ 《重庆百科全书》编纂委员会. 重庆百科全书 [M]. 重庆：重庆出版社，1999：750.
❷ 周勇. 重庆通史·第一册[M]. 重庆：重庆出版社，2014：372.
❸ 徐潜主，等. 中国古代书院 [M]. 长春：吉林文史出版社，2014：9.

来此创办书院，教书育人。此外，在佛教禅林中，高僧讲经说法通常所采取的升堂讲说、质疑问难等方式，以及徒众把讲经说法的内容记录下来称为"语录""章句""讲义"等做法，亦对书院的教学活动产生了影响。这种讲授方式在宋代重庆书院的教学活动中尤为重要。

（三）印刷业刺激

唐代的四川既产官府的专用纸，又产文士们最喜好的笺纸，说唐代四川的造纸工艺是全国最先进的，是毫不为过的。在唐代的基础上，宋代巴蜀地区的造纸业继续保持繁荣的局面。在造纸业发展的基础上，巴蜀在唐宋时期成了全国印刷术的发源地和中心地之一。❶ 书院之所以以"书"命名，首先在于它具有收藏书籍的功能，并在此基础上发展出读书、著书、教书、刻书等一系列与书有关的功能，这一点与传统私学是大不相同的。而书院之所以能如此，和当时印刷术的发达有密切的关系。印刷品的刊行正式载入史籍，是在隋文帝时。自此印刷术进步迅速，在中唐至五代时，民间的雕版印刷开始流行，到了宋代以后，雕版印刷已经十分发达了。例如，在五代时刻"九经"（唐代明经科考试，以《周礼》《仪礼》《礼记》《春秋左传》《春秋公羊传》《春秋谷梁传》《易》《书》《诗》为儒经考试科目）一百三十卷，需要耗时二十二年才能完成，到了宋初刻佛经五千余卷，只花十二年便完成。印刷术的发达，大大促进了民间书院的发展，也为文化教育事业的发展、普及提供了重要的物质条件，不仅使书籍广为流传，而且使读书风气更为普及。虽然不可说无印刷术即无书院，但印刷术的发明的确促进了书院制度的发展。尤其是北宋仁宗庆历年间（1041—1048 年），在唐末五代刻版印刷书籍的基础上，毕昇发明了胶泥活字印刷，这种活版印刷书籍的方法使得大批量印刷书籍既经济便宜，又省时省工。宋代的四川、重庆有"人文之盛，莫胜于蜀"之称，其学者文人们倾心学术、著书立说，文化事业兴盛繁荣也促进了造纸业和雕版印刷业的发展，蜀地的布头笺、麻纸、竹纸等都闻名于世，这些都促进了书院的教育活动。

宋代重庆书院由此勃兴，并在教学、组织和管理方面具有鲜明特点，因而对其深入探讨具有独特意义。

---

❶ 《中华文化通志》编委会. 中华文化通志·第二典·地域文化·巴蜀文化志［M］. 上海：上海人民出版社，2010：110 - 111.

二、宋代重庆书院概况及特点

宋代重庆先后建有十四所书院，分别为：五举书院、南山经堂（书院）、五峰书院、静晖书院、庾子书院、凤山书院、北岩书院、瑞应山房（濂溪书院、合宗书院）、竹林书院、南阳书院、少陵书院、宏文书院、龙门书院、五桂楼书院。相对于邻近四川省遂宁市在唐末出现的张九宗书院而言，重庆具有讲学育才性质的书院是在北宋兴办的，至南宋书院建制较为完备。各所书院具体的创办时间、地点、创办人以及书院性质等信息如表 1－1 所示。

表 1－1　宋代重庆书院一览表

书院名称	书院地址		创办时间	创办人	性质
	州县	具体位置			
五举书院	江津	县治西十五里笋里一都五子沱（又称五举沱）	大中祥符元年（1008 年）	知县冯忠	官办
南山经堂	江津	县治西南一百五十里的牛必山（今属石蟆区）	北宋天禧年间（1017—1021 年）	不详	民办
五峰书院	江津	五举沱	英宗治平年间（1064—1067 年）	知县冯忠	官办
静晖书院	夔州府（今奉节）	府治后	孝宗乾道二年（1166 年）	夔州知州王十朋	官办
庾子书院	铜梁	不详	宁宗嘉定年间（1208—1224 年）	庾正	民办
凤山书院	大宁县（今巫溪）	文昌阁左	理宗绍定二年（1229 年）	不详	不详
北岩书院	涪州（今涪陵）	州治对江北岸	宁宗嘉定十年（1217 年）	知州范仲武	官办
瑞应山房	合州（今合川）	州学侧	理宗绍定六年至端平元年（1233—1234 年）	合州官员	官办
竹林书院	夔州府（今奉节）	州府治东	理宗嘉熙二年（1238 年）	孟琪	官办
南阳书院	夔州府（今奉节）	州府治东	理宗嘉熙二年（1238 年）	孟琪	官办

书院名称	书院地址		创办时间	创办人	性质
	州县	具体位置			
少陵书院	夔州府 （今奉节）	城东西瀼草堂旧址	理宗嘉熙年间 （1237—1240 年）	不详	不详
宏文书院	忠州 （今忠县）	不详	度宗咸淳元年 （1265 年）	知府 常福庆	官办
龙门书院	铜梁	不详	不详	苏汝砺	民办
五桂楼书院	大足	不详	不详	不详	不详

资料来源：张阔. 重庆书院的古代发展及其近代改制研究［D］. 保定：河北大学，2017：82－83.

从表1-1可以看出，宋代重庆书院具有多种特点。

（一）宋代重庆书院处于全国书院的发展前列

从宋太祖赵匡胤建隆元年（960 年）立国至宋祥兴二年（1279 年）止，宋代统治共历经三百一十九年。在三个多世纪的漫长岁月中，重庆出现了十四所书院。乍一看数量或许并不出众，但如果考虑到重庆的区域范围，并与全国的整体状况做比较，就不能不让我们感到惊讶并为之动容了。如表1-2所示，宋代四川书院共计三十一所，数量排名全国第六，名列前茅。其中，宋代重庆书院为十四所，约占当时四川全境书院数量的一半，而其所辖区域面积仅为四川的四分之一左右。由此可知，宋代重庆书院处于全国书院的发展前列。

表1-2 宋代全国书院分布状况一览表

单位：所

省份	数量	排名	省份	数量	排名	省份	数量	排名
江西	224	1	江苏	29	7	陕西	4	12
浙江	156	2	安徽	20	8	山西	4	12
福建	85	3	湖北	17	9	河北	3	13
湖南	70	4	河南	11	10	海南	2	14
广东	39	5	广西	10	11	贵州	1	15
四川 （含重庆）	31	6	上海	4	12	香港	1	15

资料来源：陈谷嘉，邓洪波. 中国书院制度研究［M］. 杭州：浙江教育出版社，1997：355.

（二）宋代重庆书院时空分布不均衡

时空分布是指时间和空间的分布状况。时间上，宋代重庆书院多为南宋时期建立的，北宋建立较少；空间上，宋代重庆书院集中分布在重庆周边沿长江流域的区域内。由此得知，宋代重庆书院的时空分布是不均衡的。

1. 从建立时间看，北宋书院较少，南宋书院居多

在书院的发展史上，北宋虽有石鼓书院、白鹿洞书院、嵩阳书院、岳麓书院、应天府书院及茅山书院六大书院，但就其数量及社会影响力而言，终究是有限的。由于理学是南宋确立的官方意识形态的主流，理学家主讲书院，并推动书院的兴建。理学大师朱熹、张栻、陆九渊与吕祖谦等均主讲书院，成为著名的书院教育家。由此，理学的教育、祭祀、藏书等思想文化都印刻在书院机构中，在书院的运行中扮演着功能角色。一时之间书院的学术水平攀升，教育质量提高，社会影响加大，且这三者之间形成良性循环，由此造就了第一次书院高潮。在重庆十四所宋代书院中，除龙门书院、五桂楼书院的创建时间无法判断属于南宋还是北宋，其余十二所书院中，除江津五举书院、南山经堂和五峰书院为北宋时期建立，其他九所书院皆于南宋时期创建。

南宋重庆书院的复兴和发达，与朱熹重振白鹿洞书院有着密切的关系。朱熹于 1179 年修复江西星子县庐山五老峰下的白鹿洞书院，亲订《白鹿洞书院揭示》，成为天下书院所共同参照的章程。该章程揭示了为人、为学、修身、处事、接物的基本原则，内容包括"五教之目""为学之序""修身之要""处事之要""接物之要"五个方面。其后二十余年受其推动，各地大兴书院，重庆亦然。从创办于宋孝宗年间的静晖书院到创办于咸淳年间的宏文书院，期间经历了约百年的岁月，直到南宋，重庆书院才开始形成制度并达到一定规模。❶ 从中得知，书院教育制度在重庆从生根发芽到抽枝散叶，这一历程是艰辛曲折的，同时也昭示出其所具有的强大生命力。

2. 从地理布局看，重庆书院集中分布在重庆周边沿长江流域的区域内

从地理位置上看，宋代重庆的十四所书院主要集中在重庆周边沿嘉陵江、长江流域，尤其是长江三峡地区。这些地区在宋代经济比较繁荣，交通较为便利。这说明在宋代，重庆地区的教育文化状况受经济、地理环境因素的影响很大。以三峡腹心地段刘备托孤白帝城及"竹枝词"摇篮为中心的夔州府（今重庆奉节）书院更显密集，以静晖、竹林、南阳和少陵著称的书院群占宋代

---

❶ 张阔. 重庆书院的古代发展及其近代改制研究 [D]. 保定：河北大学，2007：82－83.

重庆书院总量的近三分之一。毗邻合州下辖、地处嘉陵江支流的铜梁县建有庚子书院和龙门书院。这样，上述两地便占据了彼时重庆书院的半壁江山。此外，江津、涪州、忠州、大宁县、合州、大足也建有书院。除此八府县之外，重庆其他广大地域内再无书院可寻。

（三）宋代重庆书院以官办书院为主

宋代重庆的十四所书院中，北岩、瑞应山房、五举、五峰、静晖、竹林、南阳、宏文八所书院为官办书院。这八所书院的创办者均是在任地方官吏，在这些官员的倡导之下，地方政府出资修建书院，并且对书院中大小事宜严加管理。龙门书院、庚子书院、南山经堂是三所根据已有资料可考证的民办书院，剩余三所书院（少陵、凤山和五桂楼），因现存资料有限，其属于官办还是民办尚难以判断，存此待考。可见宋代重庆所建的书院以地方政府出资举办为主，这种情况与当时的全国书院整体发展趋势是相悖的。

书院本是由民间资本投入兴办，是具有私立性质的专门或高等教育机构。因此，两宋时期的书院多为民办书院，官府对书院只予以精神上的支持与肯定，不过多干涉。而在重庆却出现了与此相异的图谱实态，对此可以从办学主体力量的因素加以剖析：①就官立学校而言，官学的衰退失去了往日在人才培养中的主导地位。在这种情势下，重庆府州县任期内官员积极筹谋创设书院，振兴地方教育，提升为官任内考评政绩，以获得更好的仕途升迁机会。②尊师重教观念的引领。战国时期教育名著《学记》言："建国君民，教学为先"，"君子如欲化民成俗，其必由学乎"❶。这种儒学教育观在内陆腹心地带的重庆影响至深，某种程度上成为重庆各级官员更为积极建设书院的精神支柱。③政府经济力量积聚的教育效应。宋代重庆地区的商贸物流繁盛，官府税收丰盈，也是宋代重庆以官办书院占据优势地位的原因之一。与此同时，宋代重庆民间经济实力较弱，难以自行筹集经费创办书院，是其民办书院较少的最重要原因。

三、宋代重庆书院述要

宋代重庆书院共有十四所，尤以北岩书院、濂溪书院、竹林书院、南阳书院最能够代表宋代重庆书院的办学水平及组织管理特点。以下根据笔者所获资料，对上述书院的重要信息加以叙述。

---

❶ 杨荣春. 先秦教育论著选［M］. 北京：人民教育出版社，1997：661.

（一）五举书院

五举书院在江津县治西十五里笋里一都五子沱，由北宋大中祥符元年（1008 年）江津知县冯忠创办。❶ 这是江津县设立书院之始，同时也是重庆境内最早的一所规模较大、体制较完备的学校。

（二）南山经堂

北宋天禧年间（1017—1021 年），江津县人在县治西南一百五十里的牛必山建立南山经堂❷，为宋代进士、湖广总领张弦读书处。

（三）五峰书院

北宋治平年间（1064—1067 年），县令冯忠在五举沱建五峰书院，为官办藏书与讲学之所，以讲习儒家经籍为主，亦议论时政。❸

（四）静晖书院

静晖书院在夔州府治，为王十朋所创建。王十朋（1112—1171 年），字龟龄，号梅溪，浙江温州乐清人。南宋政治家、诗人、一代名臣。南宋绍兴二十七年（1157 年）高中状元，官至龙图阁学士，卒谥忠文。他在朝为官时，屡次建议整顿朝政，力图恢复中原；出任地方官时，提倡仁廉勤政，体恤民情，并亲为表率，是南宋初一位爱国贤臣。"端为夔民解百忧"是王十朋在夔州为官的愿望，设立书院应该也是他造福夔州民众的方式之一。夔州士民感怀王十朋为官于此地的功绩，为其绘像立祠，设立静晖书院。静晖书院是夔州境内设立的一所重要书院。

关于静晖书院的创建时间，记录不详或存在众多歧义。笔者从王十朋的经历以及府志文献中考辨推断，应建于宋乾道二年（1166 年）。王十朋自幼聪明颖悟，日诵数千言，为乡里所重。他平生重节义，主张抗金。当时秦桧持政，执行与金人妥协政策，王十朋愤愤不平，拒绝仕进，在梅溪乡讲学。秦桧死后王十朋始应试，于绍兴二十七年（1157 年）中进士第一名，任秘书郎、侍御史等职。他力主抗金，在当时颇有影响。宋孝宗隆兴元年（1163 年），宋用大将张浚议，兴兵北伐。初获胜，后大败于符离。八月，宋金议和，从此宋金为

---

❶ 熊明安，徐仲林，李定开. 四川教育史稿 [M]. 成都：四川教育出版社，1993：565.
❷ 重庆市教育委员会. 重庆教育志 [M]. 重庆：重庆出版社，2002：30.
❸ 江津县地方志编辑委员会. 江津县志 [M]. 成都：四川科学技术出版社，1995：642.

叔侄之国，岁输银绢。宋主和派官员乘机攻伐、诬陷主战派。王十朋即上疏言事，仍然力持恢复大业，劝宋孝宗不能以一次军事失利而动摇抗金的决心，未被采纳。不久，即被放为地方官员。❶王十朋先后出任饶州、夔州、湖州、泉州四府知州。孝宗乾道元年（1165 年）七月，王十朋从饶州移知夔州，出任夔州知州将近三年，又于乾道三年（1167 年）任湖州知州。由王十朋的仕途经历可以推定，静晖书院的创办时间应在 1165—1167 年。此外，关于静晖书院的具体创办时间，《奉节文史资料选辑》与《奉节县志》中亦有记载，孝宗乾道二年（1166 年），"王十朋在府治后创建静晖书院。冬，买童山造林，绿化荒山，沿江植柳种果"❷。综上所述，可以断定静晖书院于孝宗乾道二年（1166 年）创建。

（五）庱子书院

庱子书院在铜梁县，由宋侍郎庱正创建。❸庱正，字周卿，南宋合州巴川（今铜梁县）人，绍熙元年（1190 年）进士，先后任职怀安军（治今四川金堂县淮口镇）、重庆府，官至礼部侍郎。庱正在重庆府任内提出较为全面的便民措施，如"劝农桑""兴学校""宽赋税""表廉隅""省刑罚"，并且为人耿直刚毅，又曾任国子监直讲，上疏言教育改制问题。他受学于朱熹，有宣传、阐发程朱理学之功，颇受世人推崇，号为"朱熹高徒第一人"，主要著作有《性善堂稿》《太极图说》《性理纂》等。❹庱正师承朱子，对于理学研究较为精深。由此可以推断，庱正创办庱子书院时，其理学思想对书院的教学领域有较大影响，书院设计的教学内容、教材选择应也是以朱子理学著作为主。此外，庱子书院的命名也与庱正有莫大渊源。"子"是古代对有学问的人的尊称，庱子这一称谓便是对庱正的理学思想和学识学问的肯定与赞扬。

（六）凤山书院

凤山书院在大宁县治（今重庆市巫溪县境内）。嘉庆《四川通志》中记载："凤山书院在大宁治，旧县署基，旧书院在文昌阁左。"❺正德《夔州府

---

❶ 浙江省社会科学研究所. 浙江人物简志·上册 [M]. 杭州：浙江人民出版社，1984：167.

❷ 四川省奉节县志编纂委员会. 奉节县志 [M]. 北京：方志出版社，1995：10.

❸ 熊明安，徐仲林，李定开. 四川教育史稿 [M]. 成都：四川教育出版社，1993：567.

❹ 重庆工商大学信息技术和社会发展研究院，项玉章. 重庆之最 [M]. 重庆：重庆出版社，2008：43 - 44.

❺ 常明，杨芳灿. 学校志·书院·夔州府 [G] //四川通志·卷七十九. 清嘉庆二十二年（1817 年）刻本.

志》中记载："凤山书院在大宁县凤凰山上。"● 对于书院始建时间，笔者所见文献资料中并没有提及，不过著名宋史专家胡昭曦在其著作《四川书院史》中有较为详细的分析，他认为"凤山书院的设置在绍定二年（1229 年）前后"●。学者贾大泉主编的《四川通史》卷四中亦认为："凤山书院，在大宁监（今重庆巫溪），南宋绍定二年（1229 年）前后设置。"● 由此可见，巫溪凤山书院建于南宋绍定二年（1229 年）前后的可能性最大，笔者亦持此观点。

（七）北岩书院

北岩书院，由范仲武始建于宋代嘉定十年（1217 年），后名"钩深书院"。原址在涪州（今涪陵）北岩山。● 涪陵位于今重庆市的中东部，是典型的亚热带湿润季风气候区，温暖和煦，降水丰沛。因其依山傍水的地理环境，涪陵吸引了古今文人墨客来此，或感叹它的秀丽，或吟唱它的巍峨，或讲学著书于此。明代四川巡按李廷龙曾题诗《登北岩》称赞北岩："北岩高耸向谁开，云际偕登自八垓。道自洪濛传蜀远，易从伊洛入涪来。风清落叶依晴路，露重飞泉点翠苔。坐语不知尘界回，恍疑踪迹是蓬莱。"●

北岩书院被世人誉为重庆"理学圣地""伊洛渊源"。● 两宋时期的书院多承载讲学、崇祀、藏书等职能。南宋绍兴五年（1135 年），涪州知州李赡主持修建伊川先生祠堂，供奉程颐塑像。程颐当年注《易》之所点易洞尚存，点易洞是一人工开凿的石洞，高四米，宽三米八，深二米二，为棕黄色粗粒整石砂岩开凿而成，今凿痕可辨。现今洞口上方尚有人工镌刻的"点易洞"三个笔力稳健的楷书大字。● 洞内正壁上刻有对联一副："洛水溯渊源，诚意正心，一代宗师推北宋；涪江流教泽，承先启后，千秋俎豆焕西川。"据说，此联为知州范仲武于 1208 年所作，概因年代久远字迹不清，又于光绪二年（1876 年）重刻。清末"新政"时期，政府推行"废科兴学"的教育政策，改书院为学堂便是其中重要内容。于是，该书院转型为近代师范学堂——涪州官立师

● 吴潜，傅汝舟. 学校·书院 [G] //夔州府志·卷六. 上海：上海古籍书店（据天一阁藏正德刊本印），1961.

● 胡昭曦. 四川书院史 [M]. 成都：巴蜀书社，2000：14 - 15.

● 贾大泉. 四川通史·卷四·五代两宋 [M]. 成都：四川人民出版社，2010：522.

● 顾明远. 教育大辞典·第八卷 [M]. 上海：上海教育出版社，1990 - 1992：62.

● 涪陵市地方志编纂委员会. 涪陵市志 [M]. 成都：四川人民出版社，1995：1366.

● 孙由德. 涪陵地区历史 [M]. 重庆：重庆出版社，1993：39.

● 张阔. 重庆书院的古代发展及其近代改制研究 [D]. 保定：河北大学，2007：11.

范中学堂，并逐渐走向制度化建设，按照清末 1904 年 1 月 "癸卯学制" 法规《奏定初级师范学堂章程》所涉及的方案及要求组织管理。1905 年，改为官立涪州中学堂。民国时期（1912—1949 年），先后为省立四中、县立乡村师范学校、县立简易师范学校校地。1950 年以后，涪陵师范学校、涪陵市第十三中学亦开办于此。❶

北岩地区在明清时修有一座五贤祠，供奉五位对中国理学发展有重大影响的人物：程颐、朱熹、黄庭坚、谯定、夏亚夫。值得注意的是，在这五位圣贤里，程颐、黄庭坚都是外地谪来巴蜀的文化名人，谯定、夏亚夫则是当地人。五位圣贤均与北岩书院有着千丝万缕的关系，对北岩书院的发展及重庆乃至四川地区的文化学术影响颇大。

1. 程颐、谯定

程颐（1033—1107 年），北宋理学家、教育家，字正叔，洛阳伊川（今河南洛阳伊川县）人，世称伊川先生，为程颢之胞弟。程氏兄弟二人不但学术思想相同，且教育思想基本一致，故合称 "二程"。"二程" 一生竭尽全力传道授业，由于长期讲学于洛阳，故其所形成的学派被称为 "洛学"。"洛学" 的建立为理学奠定了基础，也使 "二程" 成为宋明理学的奠基者。北岩书院与 "洛学" 结下不解之缘，因程颐而存在，因理学而闻名。

北岩书院与 "二程" 理学渊源素深，它是程颐注《易》讲学之所，也是程颐入门弟子谯定 "涪陵学派" 的发源地，"二程" 理学由北岩书院而大规模进入巴蜀。北宋中期，时年六十五岁的程颐因反对王安石变法被以党论革职流徙，编管❷涪州。程颐抵涪后，择清幽的北岩普净禅寺而居，养性修身的同时探究《周易》。程颐居北岩期间，另一位当时著名的人物，宋神宗赵顼统治时期（1068—1085 年）实录检讨官、大诗人黄庭坚（字鲁直，自号涪翁，宋代洪州分宁今江西修水县人），于绍圣元年（1094 年）被贬为涪州别驾黔州安置，其胞弟黄知命为涪陵县尉。他于元符元年（1098 年）来涪，至次年离开，前往川南重镇、号称 "万里长江第一城" 的叙州府（今四川宜宾市），在涪陵共居十余月。黄庭坚常往北岩与程颐相会，两位名流学者学业造诣深厚，却各有专攻，一位是著名哲学家，一位是享誉文坛的文学家兼书法家，沟通交流彼

---

❶ 张正武. 走进北岩胜境 [N]. 巴渝都市报，2014 – 11 – 01.

❷ 宋代官吏获罪，谪放远方州郡，编入该地户籍，并由地方官吏加以管束，谓之 "编管"。

此仰慕，至为坦诚深厚，在青山绿水之间探讨学问思想、治学体验。黄庭坚更助程颐讲学，并为他讲学之地题名"钩深堂"。宋本《方舆胜览·卷六十一·涪州》载："钩深堂在涪州北，绍圣丁丑，伊川谪居于涪即普净寺辟堂，传《易》，阅再岁而成，元符庚辰，徒夷陵会太史，黄公自涪移戎，过其堂，因榜曰'钩深'。"❶ 钩深堂之命名，是黄庭坚取自《周易·系辞》中"钩深致远"一语。由此可见，黄庭坚对伊川先生理学思想之博识、讲学授徒之独到十分欣赏，也甚为心仪。之后数载，来北岩书院讲学之名流络绎不绝。

谯定（1023 年—?），字天授，号达微，涪州乐温县人，是程门理学在重庆、四川地区的传播过程中承前启后的关键人物。宋神宗熙宁年间（1068—1077 年），谯定曾隐居于青城大面山（今四川万源），即今之"谯岩"。他饱读诗书，博学多才却隐处不仕，人称"涪陵先生""谯夫子"，著有《谯子易传》。宋钦宗靖康元年（1126 年），东莱郡侯吕好问举荐谯定为崇政殿说书。所谓崇政殿说书，一般为皇帝讲说书史，解释经义，并备顾问。谯定之师程颐也曾于北宋元祐元年（1086 年）任崇政殿说书一职，教当时年幼的宋哲宗读书，其目的在于使宋哲宗不再奉行宋神宗的改革政策。然而谯定以政见不合力辞，不就。建炎初年（1127—1128 年），宋高宗授其"通直郎致仕"的名号。由于与当局意见本有不合，又恰逢金兵攻城，维扬（今扬州）失守，故谯定未及就职，转而回到老家涪州研究理学，传道授业。"定《易》学得之程颐，授之胡宪、刘勉之，而冯时行、张行成则得定之余意者也。"❷ 谯定亦对《周易》象数学深有研究，曾到洛阳跟随程颐问学。据记载："定一日至汴，闻伊川程颐讲道于洛，洁衣往见，弃其学而学焉。遂得闻精义，造诣愈至，浩然而归。"❸ 得知"易从伊洛入涪来"之后，谯定"助颐凿北岩点易洞"，"并于颐前朝夕聆教，其理学造诣愈深，遂使'程学'在涪传播"❹。程颐与谯定于北岩注《易》，使北岩成为中国理学思想的重要传播地之一而蜚声中外。一时名人慕访，贤徒踵至，人文荟萃，光耀北岩。《宋元学案》以谯定为"程门一大宗"，有学者称其为"涪陵学派"。"涪陵学派"作为宋代巴蜀理学四大学派之一，在当时巴蜀地区有较大的学术影响。谯定及其门人学习、传播理学，促成蜀洛会通、蜀学转型及在川东的复兴，并且由于其中部分学者外迁而对其他地

---

❶ ［宋］祝穆. 方舆胜览（孔氏岳雪楼影钞本）［M］. 台北：文海出版社，1981：1242.

❷❸ ［元］脱脱，等. 宋史·谯定传·第四五九卷［M］. 北京：中华书局，1977.

❹ 徐世群. 巴蜀文化大典·上［M］. 成都：四川人民出版社，1998：121.

区学术文化发展起推动作用，地域影响突出。与此同时，北岩书院也发展成为"涪陵学派"的大本营，对涪陵教育文化的进步起了极大的推动作用，成为重庆乃至四川地区重要的书院之一。

据胡昭曦对"涪陵学派"所做的考订❶，程颐、谯定、胡宪、刘勉之、张浚、张行成、冯时行、朱熹、李舜臣、晏渊、庞正、李心传、李道传、李性传、阳昼、阳枋、高斯得、史蒙卿为师承关系，其中谯定、张浚、张行成、冯时行、李舜臣、晏渊、庞正、李心传、李道传、李性传、阳昼、阳枋、高斯得皆为重庆或四川人。

由此可见，程颐在北岩书院（当时名"钩深堂"）的讲学，使理学在巴蜀广泛传播，势不可当。程颐及其学生谯定对重庆地区尤其是北岩区域的学术文化影响巨大，正所谓"点易先生归洛国，斯文犹自在涪州"。

2. 朱熹、晏亚夫、阳枋

南宋时期，"二程"所开创的洛学和以谯定为代表的"涪陵学派"思想，被朱熹加以继承和发展，同时融入释、道各家思想，形成一个庞大的、严密的理学体系。朱熹（1130—1200 年），宋朝著名的理学家、儒学集大成者，一生为人做官清正有为，振举书院建设。南宋淳熙年间，他亲自订立了《白鹿洞书院揭示》，对宋代书院教育以及后世教育都产生了巨大影响。❷

作为程颐的再传弟子，朱熹拜读《程氏易传》后，慕名来到北岩，于点易洞研究《易》学，以承先师，并作《北岩题壁》一首："渺然方寸神明舍，天下经纶具此中。每向狂澜观不足，正如有本出无穷。"❸赞誉程颐《易》学研究之博大精深和学术影响之源远流长。朱熹于绍熙五年（1194 年）十月十六日作《与周卿书》（周卿即庞正），此文后刊碑于北岩书院内。文中有云："岁月易得，家理难明，但于日用之间，随时随处提撕此心，勿令放逸，而于其中随事视理，讲求思索，深浅反复，庶于圣贤之教，渐有默相契处，则自然易得。天道性命，真不外乎此身，而吾之所谓学者，舍是无有别用力处矣。"❹将此文刊碑于书院，目的是让后学士子常受朱子之教诲，理虽难明，有心有方

---

❶ 四川大学古籍整理研究所，四川大学宋代文化研究中心．宋代文化研究·下［M］．成都：四川大学出版社，2006：85．

❷ 孙培青．中国教育史［M］．上海：华东师范大学出版社，1992：357．

❸ ［宋］朱熹．北岩题壁［G］//王鑑清，施纪云．涪陵县续修涪州志·卷二十·艺文志．民国十七年（1928 年）铅印本．

❹ ［宋］朱熹．与周卿书［G］//蒲国树．北岩名胜志．涪陵：涪陵市旅游局，1996：11．

法也是难能可贵的，这也是对宋代书院师生的一种鞭策和激励。考诸唐宋两代的教育，宋代的教育明显较唐代兴盛，成效更为突出。其中缘由很多，重要的一点是宋代理学家注重教学方法的探究，尤其是学习方法的指导，而这在书院教学活动中尤为明显。

朱熹振兴书院的建设促使宋代各地书院蓬勃兴起，如雨后春笋般迅速发展起来，重庆亦然。朱熹与北岩书院的渊源主要是因为师从谯定一脉，之后又由其学生将理学精神继续传送于北岩书院。

如图 1－1 所示，“二程”理学与朱熹渊源颇深。朱熹的理学思想受“二程”理学影响，主要体现在三个方面。第一，家学渊源。朱熹之父朱松为程颐三传弟子，与李侗同拜师于杨龟山（杨时）的门人罗从彦。因此，朱松“闻龟山杨氏所传河洛之学，独得古先圣贤不传之遗意，于是益自刻厉，痛刮浮生，以趋本实”❶。河洛之学，即“二程”的洛学。其中，罗从彦曾于北岩书院讲学任教。如此一来，朱熹受其父家学教诲，理学思想由罗从彦、杨时，溯其源于“二程”。第二，少年受教于建安三先生。绍兴十三年（1143 年），朱熹之父朱松病逝，临终前写信请屏山刘子翚、白水刘勉之、籍溪胡宪三位学养深厚的朋友代为教育朱熹。朱松死后，朱熹谨遵父命，受学于三先生之门。刘勉之、胡宪为谯定门人，又都是罗从彦的学生，均宗“二程”之学，进而说明朱熹在舞勺之年受到了程门理学思想的影响，进一步推进了其理学思想的基础建设。第三，南宋绍兴二十三年（1153 年）夏，朱熹赴同安途中受学于李侗。自此，朱熹不但承袭“二程”的“洛学”和谯定的“涪陵学派”思想，并综合了北宋各大家思想，奠定了他一生学术的基础。

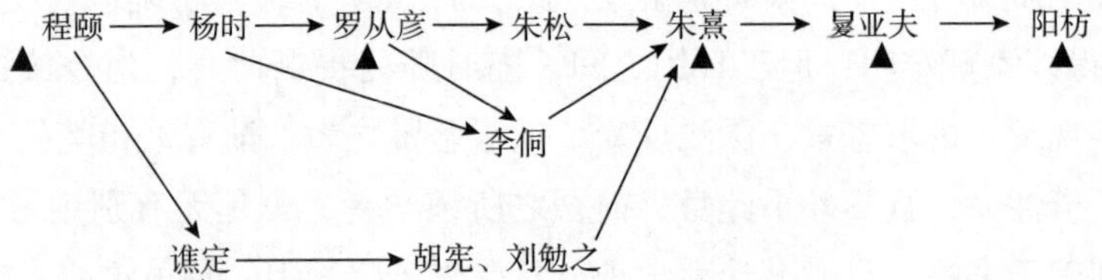

图 1－1　朱熹与“二程”理学渊源

注：三角表示曾在北岩书院讲学。

晏亚夫是朱熹川籍门人中记载朱子语录的唯一传人，阳枋又师从晏亚夫，

---

❶ 杨金鑫．朱熹与岳麓书院［M］．上海：华东师范大学出版社，1986：4.

故朱熹、晏亚夫、阳枋三人的理学思想通过这种师承授受关系在四川、重庆得以次第传播，尤其是晏亚夫、阳枋二人都曾讲学于北岩书院长达数十年，对北岩书院的影响深远。

晏亚夫，名渊，故世人常称晏渊。他曾经万里寻师，向朱熹学《易》三年，"尽得其说以归"。晏亚夫所录《易说》一编，存四百五十二条，散见于今本《朱子语类·易类》，另著有《论语注》一书（今已佚）。南宋绍定元年（1228年），晏亚夫作为朱熹晚年最得意的门生受邀担任北岩书院第一任堂长。由于他在北岩书院传道授业解惑二十余年，门徒众多，时称"晏学"。晏亚夫卒于淳祐庚戌年（1250年），鉴于他对北岩书院所做的贡献，从祀于北岩书院，并建有莲荡先生坟亭。晏亚夫去世后，其门人阳枋到北岩书院执山长五年，传承涪州易理文化。阳枋（1187—1266年），号字溪先生，南宋合州巴川县人（今重庆铜梁人），为朱熹再传弟子，在学术上长期师从晏渊和庹正。在继承和发扬程朱理学方面，较其师长更为突出，作用也更大。阳枋不仅是当时川东地区著名的学者，也是当时巴蜀全境著名的学者。阳枋早年师从庹正，四十二岁时在庹正的引荐下，投奔晏渊学涪陵易学。在晏渊的教导下，在悉心研究涪陵易学的同时，更留意朱熹易学，使涪陵易学融入更多朱熹易学的资源。阳枋作为晏渊的传人，还大力宣传晏渊的易学思想，以扩大涪陵易学思想的影响。❶ 阳枋的理学思想甚为丰富，曾多次到涪陵居住讲学，研治传讲易学，使涪陵地区学易讲易的风气浓厚。宋淳祐十一年（1251年）至宝祐三年（1255年），他以古稀高龄主教于北岩书院并任堂长，四年间汲引后学，作育人才，大力传播理学，学子士人信从者众多。

朱熹、晏亚夫、阳枋三人讲学于北岩书院，传播理学思想于重庆，不仅推动了当地教育事业的发展，更为重庆乃至川渝地区的精神文明添上精彩的一笔。

（八）瑞应山房（濂溪书院、合宗书院）

瑞应山房是濂溪书院、合宗书院的前身，院址在合州（今重庆合川）南津街合州州学之侧。合川位于重庆西北部，因南宋末年钓鱼城之役使蒙军大元帅、号称"纵横天下无敌手"的蒙哥丧命而被誉为"东方麦加城，上帝折鞭处"。

---

❶ 管维良. 从巴都到陪都——简明重庆史［M］. 北京：中国文史出版社，2004：139.

　　周敦颐（1017—1073 年），宋代理学家，世称濂溪先生，被学界公认为
"理学鼻祖"，尊称"周子"。南宋丞相文天祥曾撰《侍郎公墓志铭》称其为
"百代绝学之倡"。就中国学术思想史而论，周敦颐在书院教育及理学传播方
面的成就远远突破重庆及西南的区域范围，而流布于全国，遍及大江南北，以
濂溪为名或祭祀周敦颐的书院众多。朱熹在《韶州濂溪先生祠记》中对周敦
颐的"功勋"有极为尊崇的评述。❶

　　周敦颐虽常常收徒，传道授业，但无长随门生，有影响者不多。程颢、程
颐曾于少年时期受学于周子，"二程"便以师礼侍之，但实为学友。嘉祐元年
（1056 年），周敦颐改太子中舍，签书署合州判官，共计五年，"当时乡贡之
士，闻先生学问，多来求见"，"从者甚众"。但同时，他也通过汲取四川、重
庆学者的思想，提升了自己的学术水平及涵养。❷ 他在合州为官期间，勤政爱
民，加之本身性情朴实，平生不慕钱财与名利，爱谈名理，一如其《爱莲说》
中描绘莲花"出淤泥而不染，濯清涟而不妖，中通外直，不蔓不枝"那般拥
有洁身自爱的高尚人格和洒脱的情怀。周敦颐认为"君子以道充为贵，身安
为富"，合州百姓心悦诚服，后来在本地设祠堂以示纪念，至宋理宗绍定年间
（1228—1233 年）增设学馆。宋代四川著名学者魏了翁在其著作《鹤山集·第
四十四卷·合州建濂溪先生祠堂记》中写道：

　　厥十有五年，返自南迁，起家守泸。合士税申之持张宗范《养心事题说》
谂予曰："朱文公著《通书》，附录首载此篇。今春官贰卿度正每以为恨，曰：
宗范，吾州人也，而郡乘放失。于是搜求之累岁，始得石刻于地中。凡一百七
十年，而遗迹俨存，殆非偶然也。周子故有绘象于学西偏，地下濒江，屡圮于
水。乡进士罗畏十余人尝以请于予，予为移书太府少卿安癸仲，得官屋于州
冈，前把巴岳、铜梁诸峰，而涪、汉二水汇其下，若天作地藏以待今日者。匾
曰'瑞应山房'，以祠先生，配以二程子。郡少府又余法用，即张氏故址为养
心堂以馆学徒。又捐钱千万以广粢盛之田也。是田也，自夫子倡之，今诸生之
廪稍亦云备矣……"

　　由《合州建濂溪先生祠堂记》的内容分析，瑞应山房应在魏了翁的"起
家守泸"之时所建，时间为宋理宗绍定六年（1233 年）至端平元年（1234

---

❶ 吴洪成. 宋代重庆书院与学术文化的发展 [J]. 重庆社会科学, 2006 (11): 82.
❷ 吴洪成. 宋代重庆书院与学术文化的发展 [J]. 重庆社会科学, 2006 (11): 83.

年），由此可知，理宗绍定六年至端平元年之间（1233—1234 年）是瑞应山房的修建之年。

瑞应山房，即后来濂溪书院的前身，后毁圮。明宪宗成化年间（1465—1487 年），合州知州唐珣等复兴。明嘉靖十年（1531 年），为纪念宋朝理学大师周敦颐，御史邱道隆按原来的规制重建于南津街，称为"合宗书院"，塑濂溪先生像奉祀其中。堂前名"寻乐"、后名"天余""光霁"，院后掘池种莲，建亭名"观莲"，概因周子爱莲之说。明末书院又遭兵毁，亭、房、院、堂荡然无存。清康熙四十二年（1703 年），知州蔡之芳重建。后历任知州姚孔镛、王采珍、周澄和等均增置田亩，计岁收租谷五百石以供束脩膏火，教学、祭祀绵延不绝。清光绪三十年（1904 年），清政府推行新政，将"合宗书院"更名为"合州中学堂"，后又更名为"合川中学"。

（九）竹林书院、南阳书院

南宋嘉熙二年（1238 年），夔州知府孟珙在夔州府城东建竹林书院，又设南阳书院。❶孟珙（1195—1246 年），字璞玉，绛州（今山西新绛县）人，后徙枣阳（今属湖北）。在他任四川宣抚使兼知夔州时，元军大举南下，襄阳、四川等地动荡不安，襄阳一带和蜀地士子多人逃到他的辖区，他便修建南阳和竹林两个书院来接纳士子，"以处襄汉流寓之士"❷，并划拨公田、公房作为学户，"使有所教养"❸。此外，孟珙精于《易》理，亦通佛学，是南宋名将之一。

竹林、南阳两所书院，兴学于乱世，凝聚了人心、振奋了士气。当时理宗朝由于奸权当道、士风败坏，加之连年战争失利，致使许多人对朝廷丧失了信心，社会上普遍弥漫着一种悲观失望的情绪。襄蜀两地尤以为甚，士民流离失所，怨恨朝廷尤深，这对宋王朝的统治是极为不利的。孟珙正是看到了这一点，以兴建书院的方式使士人找到了心灵归宿，以免于困厄，同时借助书院对先圣、先师、先贤的崇敬、祭祀，使他们精神上得到激励。加之"择文学行义之士以师表之，暇则习射，中者有赏"的文武兼修的教育方式，又使他们皆自"砥节砺行"，成为对国家有用的人才。而这正体现了孟珙兴建书院的宗

---

❶ 四川省奉节县志编纂委员会．奉节县志［M］．北京：方志出版社，1995：11.
❷ 薛新力．重庆文化史（远古—1949 年）［M］．重庆：重庆出版社，2001：98.
❸ 何忠礼．南宋全史·二·政治、军事和民族关系·下卷[M]．上海：上海古籍出版社，2011：137.

旨："非徒以养其口体而脱其死亡，亦所以养成恒心而纳诸君子也。"❶

据南宋词人李曾伯于淳祐十一年（1251 年）撰写的《公安竹林书院记》❷中记载：

> 蜀自端平中两罹兵乱，士之流离出峡者，荆州实繁。淳祐二年，制置大使孟公珙悯其无以教养，不以武备废文事，因僚属袁渐、袁鼎东、史子肇请，聚精舍而量试之，与补弟子员，度地于公安邑东关，辟书院，取莱公竹遗迹，匾曰"竹林"，置田拔钱以给廪用。既而仿四书院，乞赐额于朝。六年夏，上亲洒宸翰，赐名"公安书院"。会天台贾公似道相继开闻，尤以淑士为重，捐缗钱廪粟，葺而新之。十年，曾伯奉命来旬，夏六月庚子，道过莫谒，时摹已略备矣。山长雷宜中犹以建杰阁奉宸翰告，遂从而增益之，不敢缓。明年秋八月告成，山长黄俞书来言曰："书院之建，历三大帅而始成。今则有燕居以行舍菜，有公堂以正讲席，有闳其门，有翼其庑，前列四祠以彰有德，后峙八斋以肆生员。职守之位，公养之所，直宿之庐，以至廪庖庖湢，莫不毕具，凡为屋一百二十有三楹，视中州学校有加焉。愿识之以诏后。"曾伯心许未暇，而黄已殁。
>
> 一日，感怀季子之剑，不敢负此友。因思士生隆古时，非特上之人设庠序以教之，士之家皆有学游焉息焉，造次颠沛，无往而不学焉。今夫西土之士，衿佩于斯，弦诵于斯，忘迁而如归，于于然，济济然，相与聚辩讲习，以存心养性，以砥节砺行，将见英才辈出，文风日趋于盛矣。惟顾瞻斯地，遐想斯人，畴昔澶渊之役，始，朝论多瑟缩，钦若请幸江南，尧叟请幸蜀国，步亦发发矣。我忠愍寇公奋不顾身，毅然请帝亲征，排众议，回天断，遂一矢以毙挞览。卒使国家数十年无兵祸者，伊谁之力？如簧其舌，顾以孤注一语挤之，忠魂不死，灵竹效祥，是非之理，至于天而定。有如此者，景行高山，目击人存。竹林之士，心莱公之心，毋安竹林，毋忘石室。某用笔此，以授山长程烈剗诸石。

由李曾伯的《公安竹林书院记》可知竹林、南阳两所书院的修建缘由、建设规模及办学理念等。而高斯得撰写的《公安南阳二书院记》中所记与李曾伯略有出入，但书院的规模宏大，有如"中州学校"则是事实。高斯得的

---

❶ 叶贤恩. 湖北名人 [M]. 武汉：湖北人民出版社，2011：186.
❷ [宋] 李曾伯. 可斋续稿·卷五 [M]. 文渊阁四库全书本.

《公安南阳二书院记》❶ 全文如下：

　　孟子有言，无恒产而有恒心者，惟士为能。夫士生乎世，处乎其乡，有筚门圭窦之可居，箪食瓢饮之可乐，虽无恒产而未有所怵迫，故保其恒心也易。不幸当丧乱之际，颠连困踣，无阖庐以辟燥湿，无短褐以御风寒，无粝粱之食以活躯命，士至于此，上之人苟无以教而养之，人不能皆渊、宪也，其不失口失色而丧其所守也者几希！故建学属士于离散安集之余，非徒以养其口体而脱其死亡，亦所以养其恒心而纳诸君子也。自吾有兵难，襄、蜀之人十九血于虎口，其幸而免者率聚于荆鄂之间，四民皆穷，而士为甚。故制置使少保孟公珙肃矜之，各即其所，聚而筑室以教育焉。在公安者即名曰公安书院，实维寇祠旧址，在武昌者曰南阳书院，则取武侯躬耕之地以名。公安以馆蜀产，南阳以舍襄人。既又告于圣天子，请揭之奎画以宠多士而许焉。公安凡六十楹，田租岁入二千石有奇，山泽之利为钱二百万，养士百有二十人。南阳余六十楹，田租岁入六千石有奇，山泽敷征之利为钱四百万，养士百有四十人，择文学行义之士、众所推服者以师，表之。旬有课，季有试，暇日则教之射，士无饥渴以害其心，咸自砥砺以成其业。居无几何，蜀产之归试者冠其省，襄人试于大廷，亦或以射被恩，士益用劝。呜乎，当金革之时，谈俎豆之事，俗儒往往视以为迂，而孟公顾能行之。虽时相不学，阻格其事，而持之益坚，为之益力，焉之益力，盖庶几乎以文公敬教勤学，知所先务者，可不谓贤乎？

　　继自今士之遂于斯者，为此将有望于我也，切同近思以省其身，修愿徙义以崇其德，毋以物之贱者害其贵，毋以髓之小者累乎大，必使反观内照，常心复存而无愧于士之名，乃为不失建学之意。而日羁旅之供固有委积，是徒周我于其土地而已，吾知籁其食焉，以免死而已，则是凡民自焉。且卑古之道而以铺啜者也，不惟有负于人，抑亦有负于己矣，岂不惜哉：书院之作，荆州别驾史君子翠实主其事，以书来曰："是室也，落成逾十年矣，无以记之，惧久而废，子其以为士者告。"余不敏，姑诵所闻如此，吾党之士其亦以为然乎。

　　在高斯得的描述中可知，孟珙开办的竹林书院和南阳书院的学生定额分别为一百二十人和一百四十人。而从北宋到南宋中期，无论官办还是私立书院，

---

❶ 曾枣庄，刘琳. 全宋文·卷三四四 [M]. 上海：上海辞书出版社，2006：226－227.

学生都不超过一百人。❶由此可见，竹林与南阳书院办学规模之大，在当时是首屈一指的。

（十）少陵书院

少陵书院在"夔州府治（今重庆奉节）东十一里，即杜少陵草堂"。嘉庆《四川通志》记载："晋阶书院在夔州府东，旧西瀼草堂，宋为少陵书院。"《中华学府志》亦有记载："宋代，奉节东郊曾建有少陵书院，年久圮废。"❷书院于宋理宗嘉熙年间（1237—1240年）创建，文献资料中均没有记述创办人，待考。清康熙四十一年（1702年）同知毛文铨重建，"置学田三十余亩"。乾隆十年（1745年）改为毛公祠，后又改为杜公祠。同治十二年（1873年），知县吕辉以杜公祠复名少陵书院，增建讲堂、书斋数十间。

（十一）宏文书院

宏文书院由知府常福庆创建于南宋度宗咸淳元年（1265年），院址在忠州治内（今重庆忠县顺溪乡皇华村）。咸淳元年（1265年），"升忠州为咸淳府，治黄华城，设宏文书院"。"宏文"之名是颇有来历的，知府常福庆开贡院召集忠州、梁平、万县之士，试其才华，把贤能之士举荐给朝廷，使他们为国效力，于是榜其院曰"宏文"。宏文书院是忠州设立书院之始，宏文书院的立意就是要培养治国的可用之才，忠州境内其他的书院大概也会秉承这一传统，把作育人才放在书院的首位。昔日忠州留有宏文书院遗址，并有《宋忠州贡院碑》，然不知何时湮没，至今已毁无存。❸

（十二）龙门书院

在铜梁县，由宋学士苏汝砺建龙门书院。❹清人全于天在《巴川书院记》中曾记载："铜梁，古巴国地，旧名巴川。代多传人，文教未泯。苏氏汝砺则有龙门书院，藏书三万卷。"❺书籍之多，可见宋时龙门书院之繁盛。

（十三）五桂楼书院

五桂楼书院在大足县境内，关于这一书院的记载鲜见于各种文献资料中，

❶ 《中华文化通志》编委会. 中华文化通志·第五典·教化与礼仪·学校志 [M]. 上海：上海人民出版社，2010：100.

❷ 《中华学府志》编辑委员会. 中华学府志·四川卷 [M]. 北京：中共中央党校出版社，1998：7.

❸ 重庆市政协. 橘城忠州 [M]. 重庆：重庆出版社，2010：70.

❹ 熊明安，徐仲林，李定开. 四川教育史稿 [M]. 成都：四川教育出版社，1993：567.

❺ 邓海荣，唐德正. 历代巴渝散文选注 [M]. 乌鲁木齐：新疆人民出版社，2002：244.

只有《大足县志》中有极为简单的一句"宋有五桂楼书院"❶，此外没有任何关于它的信息，其他论著书院和研究四川、重庆地区历史文化的著作中也从未提及五桂楼书院。至于它为何人所建，始建于南宋还是北宋，为什么鲜有对它的记载，今天我们已经无从知晓，这或许是历史留给后人的一道小小谜题。❷

四、宋代重庆书院的教学和管理

现代哲学家、教育家胡适曾高度评价宋代的书院制度。他认为，宋代讲学之盛，古所未有。听讲时大半笔记，不用书籍，如《朱子语录》即学生所做的笔记。教法亦大半采佛家问答领悟之法，至于讲学之风，迨南宋时可谓"登峰造极"❸。南宋是中国古代书院教育模式的典范，以后的元、明、清历朝书院，虽在数量和规模上有可能超过宋代，但其教育水平已远不及南宋书院，办学模式也没有超出南宋书院的框架。❹ 北宋初期，重庆书院还只是一种雏形，书院各方面的功能、设施并不完善。至南宋时期，重庆书院才得以完备。宋代书院在重庆的出现恰当而又适时地弥补了官学和私学的不足，以一种更昂扬积极的姿态担负起了教书育人、传承文化的重任。宋代重庆书院的许多管理经验至今仍值得认真总结和借鉴。以下就宋代重庆书院的教学和管理的相关问题进行探讨。

（一）教学目的

教学目的对整个教学活动起着统贯全局的作用。❺ 宋代官学虽经范仲淹、胡瑗、王安石等经世派的改革，但无力解决科举与学校的矛盾，官学教育弊端日显，尤其是南宋的官学更是徒有虚名、日益腐败，完全沦为科举制度的附庸，无法承担"立学教人"的重任。鉴于此，理学家们高度重视书院教育，并将书院讲学与传播理学结合起来，立志通过创办书院而实现教育改革的宏愿。如此一来，宋代书院既是理学教育思想实践的教育基地，又是研究理学思想、教育思想的学术基地。宋代重庆书院的教学亦旨在探究学问，为传播理学

---

❶ 《大足县志》编纂委员会. 大足县志·教育［M］. 北京：方志出版社，1996：954.

❷ 吴洪成，张阔. 重庆的书院［M］. 重庆：西南师范大学出版社，2008：19.

❸ 白吉庵，刘燕云. 胡适教育论著选［M］. 北京：人民教育出版社，1994：194－195.

❹ 王炳照，李国钧，阎国华. 中国教育通史·宋辽金元卷·下［M］. 北京：北京师范大学出版社，2013：215.

❺ 田慧生，李如密. 教学论［M］. 石家庄：河北教育出版社，1999：64.

思想而培养人才，进而改造社会。

作为宋代重庆书院的代表，北岩书院的教学目的深受程颐及其弟子、再传弟子的理学思想及教育实践的影响。程颐认为，书院的存在是为了提供合理的教育，然后通过教育的途径培养出一批学圣至道的"卫道"人才，进而通过学生参与政治来实现他们的政治意图和思想传播。他在教育学生的过程中始终奉行"学以致用"。当然，这种"用"主要表现在道德践行、社会关系协调以及社会政治秩序稳定等方面。南宋名臣李曾伯在《竹林书院记》中曾记载书院讲学情景："相与聚辩讲习，以存心养性，以砥节砺行，将见英才辈出，文风日趋于盛矣！"❶ 这些足以说明宋代重庆的竹林书院不仅是士子们讲学论道的场所，同时也是他们修身养性之地，其教学绝非一般官学可比。因此，宋代重庆书院同当时社会整体形势保持一致，其教学目的是通过日常教学为地方社会培养大量"学以致用"的高素质人才，而这些人才或造福家乡，或为朝廷所用，或为他人之师承担传道授业之职。

（二）教学内容

教学内容是实现教学目的的手段，因此有什么样的教学目的就要有与之相适应的教学内容和教材。❷ 宋代重庆书院的山长和教师多数是由理学家或相关学者担任，以理学思想为指导来制订教学计划，安排教学内容。书院的教学内容多是以理学著作或语录为核心的儒家典籍，兼涉文史学科知识及其他学派思想。书院主讲者乐于把自己的著作作为书院的教材，讲述独到的学术见解，与学生分享自己的研究成果。这一点北岩书院表现得尤为明显。

宋代北岩书院受程颐与其众弟子讲学的影响，以《诗》《书》《礼》《易》《春秋》等儒家经典为基本教材，推崇"为学治经最好"❸ 的观点，认为"六经先圣所以明天道，正人伦，致治之成法也"❹。程颐主张以《大学》《中庸》《论语》《孟子》为教材，这就是新的教材体系"四书""五经"和新的知识结构"义理道统"❹。及至朱熹著有《四书章句集注》后，该书便成为宋代重庆书院的主要教材，其地位也超过了《诗》《书》《礼》《易》《春秋》等传统

---

❶ 曾枣庄，刘琳. 全宋文·卷三四○［M］. 上海：上海辞书出版社，2006：333.

❷❹ 王炳照，李国钧，阎国华. 中国教育通史·宋辽金元卷·下［M］. 北京：北京师范大学出版社，2013：120.

❸ ［明］胡广，等. 性理大全·第五十四卷［M］. 万历二十五年（1597年）吴勉学师古斋刻本.

❹ ［宋］杨时，佚名. 杨龟山先生集·第二十五卷［M］. 光绪九年（1883年）刻本.

儒家经典。此外，程颐于北岩书院讲学时，也曾专门讲述自己的著作《易传》。值得一提的是，宋代重庆书院的教学内容还包含历史典籍的学习。程颐有言："凡读史，不徒要记事迹，须要识其治乱安危、兴废存亡之理。"❺

　　在教学内容的设计及实际影响方面，北岩书院独树一帜，突出表现为理学的传承与发展。北岩书院自创办时便承载着传承历史文化的重担，通过教学培养出一代代的智者名士，使得他们在思想上传承理学、发展学术。程颐是易理学的开创者，亦是宋代巴蜀理学四大学派之一"涪陵学派"形成的启蒙人物。程门众多弟子纷纷来涪授学，将程颐一脉的思想与学术发扬和更新，为程朱理学的发展奠定了坚实基础。谯定师从程颐，学于北岩，承《易经》之学统，之后深得易学之精髓，自成"涪学"。朱熹亦师从程门，受其理学思想与学术传承，开创程朱理学。朱熹拜读《程氏易传》后，慕名来到北岩，瞻仰伊川先生谪居长江之畔断崖崎岖起伏的注《易》场所，于钩深堂宣讲理学，以祭先师，又于点易洞研究《易》学，以承先师。至此，北岩书院孕育了南宋以后中国六百余年的学术思想，程朱理学也因此成为人们日常言行的是非标准和识理践履的主要内容。追根溯源，是北岩书院这片沃土滋养了程门理学的成长与壮大，使其教学传承数百年，遍及中华。

　　综上可知，宋代重庆书院讲学以理学要义为主，而形成这种局面的缘由主要涉及三点。第一，南宋时期的理学思想得到迅速发展并不断成熟完善，至理学集大成者朱熹出现，俨然已经形成了一套完整的理论体系，并在当时的社会思想、文化教育等领域占据了主导地位。理学之风自北宋时期便已扎根在巴渝之地，并获得蓬勃发展。至南宋时期，重庆文人士子也早已接纳理学，甚至是信奉理学。在这种情形下，研习理学思想已成为一种不可逆转的趋势，因而宋代重庆的各个书院顺势而为，纷纷将研读理学作为书院讲学的主要内容。加之理学的发展与宋代的北岩书院有着千丝万缕的关联，其书院研读理学早已是题中之义。第二，宋代重庆书院无论是官办还是民办，创建者们几乎均为饱读诗书的士子，这些人本身就有着深厚的儒学背景，加之在理学气息的熏陶之下，其行为深受理学的影响。例如，夔州静晖书院的创设者王十朋、铜梁庹子书院的创设者庹正、铜梁龙门书院的创设者苏汝砺，他们都是通过科举考试而跻身于朝廷命官，信奉"穷则独善其身，达则兼济天下"，在身负重责的为官之地

---

❺　程颢，程颐. 二程遗书·第十八卷［M］. 上海：上海古籍出版社，2000：232.

或在自己的家乡故里创办书院，除了移风易俗、提高社会民众的教化水平，同时也是为了宣扬自己尊崇的理学思想，如此一来，这些书院的教学内容必定以理学要义为主。第三，源于书院教师自身的理学追求。宋代重庆书院的大部分主讲者为理学宿儒或是理学的极力推崇者。宋代书院有聘请名师大儒的做法，尤其是在南宋，大部分名师皆是因理学而闻名的。这些宋代的名师大儒纷纷沉醉于理学研究，他们在理学的世界里探索终生，把与人分享理学视为一种人生快乐体验与道义追求。因此，当他们于书院宣讲剖析理学思想，面对学生那一双双渴望求知的眼睛时，定会将自己最得意的理学体验毫不保留地传授给学生。如此一来，整个宋代重庆的书院几乎笼罩在理学研究的氛围之下，其教学内容也大部分为理学要义。

（三）教学方法

宋代书院的办学采取民主管理，推行教学与研究统一、讲学"门户开放"、学生自学讨论与质疑问难结合的办学措施，被赞许为中国古代具有大学精神与现代西方学术研究风格的高等教育机构，而且是唯一可获此殊荣的办学模式。重庆书院在这种活泼、自由的教学理念与体制的引领之下，形成了自己的教育模式和方法。

1. "教学相长"的自由教学

宋代重庆书院作为高层次的私学已经脱离了简单的教师宣讲、学生接受的教学模式，而倾向于师生之间的互动。在这种教学过程中，学生可以质疑教师的观点，老师也可以从学生的思想中汲取新的灵感。在这样自由和平等的环境中，师生互相促进、提高，正所谓"教学相长"。宋代重庆书院中，最早开启"教学相长"自由教学的当属北宋末期的易理学大师程颐与其弟子谯定。师徒二人探讨易理，亦师亦友，教学相长。后又联袂讲《易》于北山之穴，即今点易洞，并共同注解《周易》，史称"北山有岩，师友游咏其中，涪人名之曰读易洞"❶。元符二年（1099 年），程颐撰著《伊川易传》，这部易学名著、理学佳作恰是程颐与谯定师徒教学相长的成果，更是二人积累、探究、学《易经》的心得结晶，堪称程朱理学的经典。

2. 以讲授法为主，辅以讨论法和自学

宋代重庆书院采用的讲授法都是"开堂讲说"的教学组织方式。这种教

---

❶ ［元］脱脱. 宋史·第四三三卷［M］. 北京：中华书局，1986：10439.

学组织方式一般由名师拟定课题，聚集生徒，进行课堂教学，或专门礼聘有作为的其他名师来书院，为学生做专题讲座。例如，南宋绍兴四年（1134年），程颐的关门弟子尹焞因避难来涪，曾居北岩讲学。尹焞，字彦明，号和靖先生，河南洛阳人，是程颐晚年最器重的两位高徒之一。尹焞因避难到涪州北岩，辟"三畏斋"而居，一边潜心研究程氏易学，一边在北岩书院授业讲学，著有《论语解》和《和靖集》。他曾题诗《偶感贴壁》一首于北岩："少蒙师教指迷津，老读羲经味入神。无限青山随意好，强来骑马踏红尘。"❶ 可见尹焞对其师程颐之崇敬以及研究程氏理学之感慨。他的讲学和研究在涪州有一定影响，后人对他的评价很高。朱熹因心仪仰慕学派先辈，在感怀先师、瞻仰程颐讲学注《易》之发生地后，又抽暇在钩深堂讲授理学思想及儒学要义。朱熹之后，晁亚夫于北岩书院讲学二十余年，阳枋也曾以古稀高龄主教于北岩书院。

此外，宋代重庆书院还灵活采取"论辩问难"的教学方法。"论辩"是指在讲学时融入自由讨论学术的教学方式，使师生可以直接论辩交流，共同研习学问，较之于官学教育枯燥乏味的背书而言，更能吸引和激发学生的学习兴趣。"问难"则是教师讲课时采取问难式方法，这种教学方法别出心裁，有利于提高学生的思考和分析能力。这些都是一般官学所不具备的，比官学中呆板的死记硬背要科学得多、有效得多。这是继承了孔子"仰之弥高，钻之弥坚，瞻之在前，忽焉在后"的灵活教学艺术风格与"循循善诱人，博我以文，约我以礼，欲罢不能"的启发诱导精神。程颐在北岩书院授学传道时，就主张经典中的义理不应和盘托出，而是只讲七分火候，余下的由学生"自行体究"，灵活构造、生成与开发。这说明程颐在讲学之时，注重对学生适时引导，启发学生思考与探究，而不是一味机械地灌输知识。这无疑是一种符合当代教学精神的教学方法。

（四）师生关系

师生关系是学校文化的重要内容，也是办学特征的表现，涉及教学与管理的诸多问题。书院教育中师生关系的民主、互动及学术探究质性是有效高质教育影响的因素之一，重庆的书院也是如此。书院对选聘教师的条件较高，以保

---

❶ 尹焞. 偶感贴壁［G］//王鑑清，施纪云. 涪陵县续修涪州志·卷二十·艺文志. 民国十七年（1928年）铅印本.

障办学质量并维系书院声望。同时，教师的聘金、薪资及其他待遇也颇为丰盈，让人称羡。受到书院聘任的教师自身特别注重身教，以"人师"自勉自任。❶此外，书院教师还应该具有"学而不厌，诲人不倦"的精神。名师主讲课程，启发诱导，指引弟子读书，且具教育教学的热心与精神，有助于保持较高的学术水平，并能够在地方形成威信，有积极的社会效应；同时，能够吸引大量的优秀生源来书院学习，不断扩大影响。涪州州牧范仲武扩建"钩深堂"为北岩书院，名儒讲学，言传身教，道德感化，人格熏陶，使北岩曾为长江上游与乌江交汇结合部的学术文化中心。孟珙主持修建竹林、南阳书院亦是如此，亲为书院"择文学行义之士，众所推服者以师表之"❷。

两宋时期，重庆书院中的学习氛围比较开放、宽松、活跃，师生间的关系也亲近和谐，而不是古板拘谨。这是因为重庆书院在讲学过程中注重口传身授、人格垂范、精神感化、情怀熏陶，师生之间亦可互相探讨，尊师重道，关怀学生，营造了一种和谐亲切、民主平等的师生关系。如《四川通志》卷七十九记载，五峰书院中的学习气氛开放、活跃，师生之间亦师亦友，"以为士友讲会之所"。又如，乾道元年（1165 年）至乾道三年（1168 年），王十朋在任夔州知州时创建了静晖书院。为了便于师生之间的学习交流，除在书院开展正式讲学外，王十朋还以静晖书院为基础，举办以诗文为中心的各项活动，如诗义会讲、以诗会友等，进而促使书院的学习氛围更为浓厚，一时为学术界所吟诵流播。"明朝怅望仙舟远，百尺高楼上静晖"的诗句便是他在静晖书院与学生吟诗交流中所创作的。由此可见，静晖书院当时的师生关系融洽和谐，教学气氛生动活泼，不固守教条。这种良好的师生关系既是重庆书院办学秩序稳定、协调的条件，也是书院有效管理的目标内容。

（五）考课制度

宋代因受到官府奖励，以讲学为主的书院逐渐兴盛，规制日益完备，这是书院确立自身的办学宗旨和特色的一个重要手段。❸其中，考课制度作为教学管理的一种，主要是对学生进行学业成绩考核，具有教学测评的价值。

考课制度是书院教学管理的重要制度，宋代时已开始实行。宋代书院主要

❶ 熊明安. 中国高等教育史 [M]. 重庆：重庆出版社，1983：263.
❷ 陈谷嘉，邓洪波. 中国书院制度研究 [M]. 杭州：浙江教育出版社，1997：34.
❸ 王炳照，李国钧，阎国华. 中国教育通史·宋辽金元卷·下 [M]. 北京：北京师范大学出版社，2013：219.

采用两种考课制度：一种是仿王安石的"三舍法"，通过考核积分以便升级学习；另一种是成绩水平考试。成绩水平考试是宋代书院采取的主要考课制度。例如，朱熹曾"诣学开堂，以百数抽八斋，每斋一人出位，讲《大学》一章"，以抽签的方式来考核学生对《大学》的学习与理解状况。书院的考课制度，宋代仅为草创，时至明清得以发展，有官试与院试之别，月考、季考及岁考之分。不过，此时已发展成为明清科举的预备考试制度，其教学考核意义已有所下降，反不如宋代书院考课测评的学术价值。如夔州府南阳书院规定"以堂长，季试而旬课之"❶，建立起了自上而下的书院教学管理体制。

（六）办学经费

学校教育日常办学活动的运作都需要经费支撑，这也是教育的经济制约性。正因为如此，办学经费的相关论题向来是教育教学管理中的核心问题，无论历史还是现实，概莫能外。宋代较唐末五代而言，经济发展较好，多数地区的民间有足够经济能力进行书院建设。受特定地理环境、人口居住方式以及传统经营管理模式等因素限制，较之长江中下游地区及江南区域社会，宋代重庆的民间经济实力薄弱，故民众难以筹集经费来独立创办书院。因而宋代重庆书院多为官办书院，办学经费多来自官府赐给田地钱粮，"租入附于学库收支，董于金幕"。例如，竹林书院和南阳书院，主要经费来源便是官府赐予的学田和山林川泽的收入。《公安书院记》卷四中记载："公安凡六十楹，南阳六十余楹，田租岁入六千石有奇，山泽渔征之利为钱四百万，养士百有四十人。"❷ 值得一提的是，这里的公安书院就是重庆奉节的竹林书院。"（孟珙）度地于公安邑东，辟书院，取莱公竹遗迹，匾曰'竹林'，置田拨钱以给廪用。既而仿四书院，乞赐额于朝。六年夏，上亲洒宸翰，赐名'公安书院'。"❸ 又如，合州瑞应山房由地方官员建养心亭"以馆生徒"，"创田以供粢盛饩廪"。❹

然而，书院的办学模式在宋代的其他区域主要表现为民办性质，重庆虽以官办书院为主，但书院办学不同于官学的科举教育，其思想理念受官方主流意识形态控制相对较少，而带有一定的民主性和学术探究的特点。因此，在书院

---

❶ 曾枣庄，刘琳. 全宋文·卷三四〇 [M]. 上海：上海辞书出版社，2006：333.
❷ 陈谷嘉，邓洪波. 中国书院史资料 [M]. 杭州：浙江教育出版社，1998：207.
❸ 李曾伯. 可斋续稿前·卷五·公安竹林书院记 [M]. 文渊阁四库全书本.
❹ [清] 董新策. 民国合川县志·第二十六卷 [M]. 民国十年（1921年）刻本.

的管理上，宋代重庆书院显现出与众不同的特色。譬如，孟珙所办的公安、南阳两书院，不同于当时单一性质的官办或民办书院，而采用一种官办民助的新式办学模式。孟珙曾在上奏南宋理宗赵昀的奏折中解释道："襄蜀荡析，士无所归，蜀士聚于公安，襄士聚于郢渚。臣创公安、南阳两书院，以没入田庐隶之，使有所教养。"❶ 由此可见，公安与南阳书院因所占田土、房屋为官方给予，在办学上首先属于官办公立书院。另外，公安、南阳两书院又带有民办私学的性质。由于时值蒙古军进攻夔州，孟珙担负着京湖地区防御重任，自然不能同平日的文人政客那般亲自主持书院，言传身教。受战争影响，宋廷未对公安、南阳两书院指派教授，也未将其完全纳入官学中，而是择选当地"有学行者为山长"，负责书院的教学与管理。此外，公安、南阳两书院的学生主要为襄蜀两地的"无所归"之士，教师也非朝廷命官而是由孟珙选聘的著名学者，不受朝廷管束。由此可见，公安、南阳两所书院在生源和择师上具备了民办私学的特点。这就使得这两所书院在管理上比当时其他官办书院具有了自主性。

综合来看，公安与南阳书院在宋代重庆的特定环境下，开辟了一种官办民助的办学与管理模式，既克服了官办书院的层层束缚，又解决了民办书院办学经费不足的桎梏，进而使得宋代重庆书院在当时全国范围内的书院中显得尤为标新立异。

如上所述，宋代重庆书院的教学方法和管理策略践行虽然是发生在古代教育领域，却对当代的教育发展有一定启示。

首先，宋代重庆书院的教学目的虽以培养统治阶级的"卫道士"为主，但其传播学术、探究学问方面值得现代教育探究。如作为重庆"理学圣地"的北岩书院，其师生大多淡泊名利，一心研究易文化，使得易学传承至今，这与其学术性的教学初衷有着极大关联。对比看来，现代教育过于应试化，其中充斥着"为考试而学，为工作而教"的教学观念，而对于教育的真正目的，即探究学问，教书育人，为社会、国家培养所需人才等方面并未落实。基于此，当代教育，尤其是高等教育领域，应该从宋代重庆书院在学术的造就及研究性教学中吸取经验，转变"重名利，轻学术""重记颂应考，轻能力创新"的错误认识，积极营造良好的学术氛围，实施素质教育，以促进当代教育在学术与人才培养上的突破与进步。

---

❶ [元] 脱脱，等. 宋史·第三六五卷 [M]. 北京：中华书局，1986：9716.

其次，宋代重庆书院"教学相长"的自由教学与现代教育观念不谋而合，"开堂讲说"的教学方法也较为接近现代教学方式。在宋代重庆书院的教学活动中，"教学相长"的观念已不再局限于传统意义上"以教师为中心"的单方面灌输式教学活动，而是更趋向于现代意义上以学生为中心、以教师为主导的探究教学法。这种教学方法强调教学是师生、生生之间的多边教学探究活动，其意义在于充分调动了学生的学习积极性与自主性，学习效率得以提高，学习效果也得以改善。现代学校教学中虽大力倡导新式教学，即让学生积极参与到教学实践中，但实际上往往流于形式或难以推行。究其缘由，应与现代教育的师生关系有关。在这一方面，宋代重庆书院的和谐师生关系也是值得借鉴的。许多宋代重庆书院中的师生皆亦师亦友，和谐礼让，如竹林书院的师生"相与聚辩讲习，以存心养性，以砥节砺行"❶ 的讲学之景，再如北岩书院师生交相论《易》于点易洞中的桃李之情，都是教学有效性图谱的鲜活范例。想来身处在这样轻松愉悦的环境中，其教学效率也会事半功倍。对于当代学校教育而言，良好的师生关系是教学活动得以顺利开展的保障，为此师生相处应注重民主平等、合作互动，进而营造和谐融洽的课堂气氛。

最后，宋代重庆书院选聘教师以"择优而教"为主要标准，这也值得现代教育关注。宋代重庆书院要求教师不仅有较高的学术造诣，更对教师自身的专业素质要求甚严，如书院教师应有"学而不厌，诲人不倦"的精神、高尚的德行及较高的社会威信等。从现代教育的视角来看，这些对教师的要求恰恰也是如今教育对教师的基本职业要求，如当代教师应具有良好的知识文化素养、道德素养、能力素养等。总之，教师的选聘影响着教育活动的开展，因此在此环节上应对教师严格要求，宁缺毋滥，以促进教学活动达到理想效果。

总之，宋代重庆书院的教育有现代研究型教学、主体性教学的新理念，需要我们珍视并认真总结汲取。譬如，北岩书院对程氏理学的继承与探究，师生之间教学相长的互动学习以及启发诱导的教学方法，都是值得我们学习和借鉴的。无怪乎教育史家不断议论书院的办学精神，西方学者称中国书院是中国古代具有学术研究特征的研究性大学，是真正意义上的大学。因此，研究宋代重庆书院的发展，探讨其办学与管理方面的表现及蕴含的主要特点，具有重要意义。

---

❶　曾枣庄，刘琳. 全宋文·卷三四〇［M］. 上海：上海辞书出版社，2006：333.

五、宋代重庆书院的地位和作用

书院作为一种新的文化教育机构，刚刚出现便受到了人们的重视与心仪，这也证明了书院存在的价值，以及它自身特有的作用与不可替代的地位。在宋代重庆的十四所书院中，在功能上或许侧重点不同，但从全局着眼，它们在整个宋代重庆社会的发展中有其独特地位及作用。

（一）提高宋代重庆的文化教育发展水平

宋代以前的重庆地区，其文化教育明显落后于中原大地。自宋朝建立，四川归属后，重庆境内虽设有官学，但并没有为巴渝大地带来更浓厚的文化气息。究其缘由，大概是因为文明的开化与传播也是需要时间的沉淀、岁月的雕琢，而文化所依赖的活动主体即人才的培养也需要更多的文化教育机构长期运转。文化的积淀也远不是一府一县的几所官学、更多数量私塾在短时间内便可以轻易实现的。宋代是重庆书院的萌芽与初兴时期，书院的出现恰当却又适时地弥补了宋代重庆官学与私学的不足之处。宋代重庆书院在它刚刚起步的时刻，便以一种昂扬、积极的姿态担负起了重庆区域内教书育人、传承文化的重任。教育机构实施的制度化教学活动，就是对人类生命和精神的传递，这种传递出现在雅致而又不失严谨的书院中，多了几分浪漫的情怀，让人们更加向往、更加渴望。在对知识文化、道德精神的向往与渴望之中，民众求知的热情骤然高涨。可以肯定地说，宋代重庆文化教育事业的发展有书院的一份力量。❶

书院作为教育机构，其首要任务便是培养人才，而宋代重庆书院的存在便为重庆民众提供了更多读圣贤书的机会。宋代重庆书院虽仅有十四所，但较当时全国书院的实况而言，其地位处于当时全国书院的上游水平。如此一来，使得重庆地方社会学风渐浓、人才渐盛。宋代重庆书院主要通过日常教学为重庆各府州县培育出了大量的有用之才，而书院的学生们亦通过书院的教学，结业后或考取功名为朝廷所用，或造福家乡，或立志为学，为他人之师传道授业。

人才的数量和质量是衡量一所教育机构教学发展水平的两大标准。由于宋代书院的出现，重庆的人才数量较以往时期明显增多，书院在人才质量方面的作用更加凸显。教育机构培养人才的质量是与教学效果及师资水平密不可分

---

❶ 张阔. 重庆书院的古代发展及其近代改制研究 ［D］. 保定：河北大学，2007：21.

的。总体而言，宋代重庆书院的教师水准高于当时一般的官学和私学。所谓"名师出高徒"，高水平的教师才更有把握教出高水平的学生。而高水平的学生在今后的社会活动中，会对整个区域社会发展产生重要影响。这些对于区域文化教育质量的不断攀升、民间社会精神的整体营造、教育事业的持续拓展，都会或多或少发挥出应有的作用。

（二）改善宋代重庆社会风气

在宋代，重庆书院的师生都在以自身的文化精神与教育思想影响着当地民风，不断提升着重庆整体道德水平。由于书院自身在办学水平、教育地位及学术成就等各领域所处的优势地位，它会通过熏陶、习染、浸化、渗透等方式对区域社会产生影响，这种影响一旦形成，便愈演愈烈，不可遏止。从某种意义上来讲，这种影响主要是通过有意识或无意识地对书院所在地的民众实施教化来实现的。所谓书院的社会教化，是指书院教师以书院为阵地，以书院的教师和学生作为载体，以各种方式和途径向社会各个阶层成员，尤其是社会下层民众实施的一种道德教育及伦理精神渗透。从书院的教学活动及社会作用来看，重庆书院所施行的社会教化主要有正式制度的社会教化和非正式制度的社会教化两种。正式制度的社会教化指的是由书院内部发生的、明文规定的各种教育教学活动；而非正式制度的社会教化则指的是发生在书院之外的，但与书院息息相关的各种社会教育和影响，其中包括社会行为规范、风俗习惯、道德意识、文化观念与信仰等。❶书院日常的教学行为、社会生活以及相关的一些供祀活动都是书院教学对师生实施的道德教化。对比官学教育而言，书院显得更加贴近百姓生活。由于宋代重庆书院在招生方面没有过多的社会阶级限制，因此生源广泛。如此一来，书院教育以及师生与社会民众的接触更频繁、更普遍，进而在书院内部教化的作用要比官学和私学所涉及的方面更为广泛。当经由书院教育的学生及书院教学主导者教师走出书院，融入社会当中时，他们的言行举止便成为书院对广大民众"此时无声胜有声""随风潜入夜，润物细无声"的感染、洗礼或浅隐性的教育资源力量了。这种教化作用主要表现在以下两个方面。

一是书院自发产生的模范与表率作用。当书院师生走出书院时，受其教育影响，其言行规范，举止得体，行走于民众之间有一定模范作用，以表率社

---

❶ 张阔．重庆书院的古代发展及其近代改制研究［D］．保定：河北大学，2007：22．

会。而这种作用往往是以书院作为起点，然后扩大影响，先是一乡一县，进而是一州一府，最终是整个区域社会的世风世俗。长此以往，其教化民众的作用则势不可当。如元代杰出的理学家、教育家吴澄所言："师、傅，保得人，则所教之人，其德完成。受教者之德成，则教者为有功，而教者之道尊隆。教者之道尊，则所教之人能求贤审官，而百官无不正。百官无不正，则君明臣良，政事修举，而其国无不治，此则可以为人君矣。"❶ 教育活动的社会教化作用不只是影响受教育者，而且通过道德影响不断扩展到社会各处，甚至是政府的统治者。重庆虽为西南偏远地区，但是其某些观念与中原广大地区是一样的，如对"万般皆下品，唯有读书高"观念的认同，民间对此根深蒂固，因而重庆百姓总会将读书人的行为举止奉为乡里坊间的效仿对象，也因此书院的师生成了乡里乡亲争相模仿的榜样，如此便加深了书院的自发教化作用。

二是源自"化民成俗，其必由学乎"的传统。在宋代，重庆多数官员一致认为，教育机构的良好运营势必会带动、促进当地的社会教化，进而使当地民风淳厚、社会和睦，最终实现社会稳定的目的。吴澄认为，"古者二十五家之里门有塾，塾有师，不特为士者学。民之朝夕出入必受教而后退，是以风俗厚、伦纪明，人人亲其亲、长其长，族姻乡党相友、相助、相扶持，蔼然仁让忠教，自家庭达于道路，虽闾巷之民，莫不有士君子之行。……今之教于书院诚能如古，旧习丕变。"❷ 因此，宋代重庆的书院虽然多是由地方政府倡办，但得到了重庆乡党积极参与、共同举建，目的在于以教化民众为主，"厚风俗、明人伦"，书院的办学活动及校外教育影响都体现了这种教育目的及愿景。

（三）推动宋代理学的传播

书院促进了学术思想发展，而一旦某种学术思想脱离学校教育这一形式，其生机与活力就要减弱。重庆书院是集教授生徒与研习学术于一体，并且二者相互促进的文化教育机构，宋初重庆书院刚刚兴起之时便与理学有了千丝万缕的联系。产生这种紧密联系的主要原因在于宋代崇尚程朱理学文教政策的规范以及将理学逐渐提升为社会显学乃至科举考试主要内容的功利性驱使。在此背景之下，重庆书院的广大授业传道的教师在理学研究上往往具有较高的学术造

---

❶ 胡青.吴澄教育思想研究 [M].南昌：江西教育出版社，2003：48.
❷ 《中国教育大系》编委会.中国教育大系·历代教育制度考·下 [M].武汉：湖北教育出版社，1994：1566.

诣。这些理学教师在书院所进行的学问研讨、学术讲论也紧紧围绕理学中心加以必要延伸、拓展。在整个理学氛围弥漫及笼罩之下的宋代重庆书院师生之间的学术交流合作，彼此协作，相辅相成，或使学生茅塞顿开，有所领悟，或使教师在学生的询问疑难中有所触动，而从中受益、反省、督促学习钻研，让自身理学造诣更为精深。在一次又一次的教学领悟和学术精进过程中，学术水平会向着更高深领域攀升。同时，理学在重庆也会被更多的学者文人所熟知与接受。总之，宋代重庆书院在理学思想的形成与传播过程中起到了巨大作用，也使得宋代重庆书院在西南以川渝为中心的学术思想史上有着举足轻重的地位。

宋代重庆书院对理学的作用最为关键的一点在于重庆成为"洛学"入蜀、"蜀学"转型的关键场所，在此更是出现了影响甚至主导这一重大学术事件的人物。其中，影响最大的书院要数合州的瑞应山房与涪州的北岩书院，而理学人物则是赫赫有名的濂溪先生周敦颐和伊川先生程颐。自北宋中期以后，宋代"蜀学"形成并迅速发展，其主流学术当数川西眉山（今属重庆乐山市）以苏轼为主，苏洵、苏辙为辅的"苏学"。然而，至南宋中期，"苏学"逐渐趋于冷落，并呈现出衰隐之势。与此同时，"洛学"传入蜀中，宋代"蜀学"出现转型趋势。这种学术转型主要是指以程颐为首的"洛学"和以苏轼为首的苏氏"蜀学"，从激烈斗争到融合会通，这便是"洛蜀会通"。至南宋理学集大成者朱熹，"蜀学"转型，宋代"蜀学"出现了以程朱理学为主的鼎盛局面。

在上述思想嬗变的整个过程中，周敦颐和瑞应山房以及程颐和北岩书院功不可没。宋仁宗嘉祐年间（1056—1063年），理学思想的开山鼻祖周敦颐签判合州兼以讲学，由此开启了理学入巴蜀的大门。也可以说，濂溪先生走进蜀地之初，便是理学之源入主巴蜀之始，想来"洛蜀会通"的源头便可追溯于此。而"洛学"的大规模进入巴蜀，则是以理学大师程颐谪居涪州北岩，并在此注《易》讲学为开端的。之后，程颐的理学思想又通过其门下弟子在巴渝广泛传播，其中入门弟子谯定对程氏理学的研究与传播最为突出。此后，"定《易》学得之程颐，授之胡宪、刘勉之，而冯时行、张行成则得定之余意者也"❶。如此师徒传递，使谯定一门理学被称为"程门一大宗"，亦有学者称作"涪陵学派"。程颐、谯定一众师徒多年延续在北岩书院的讲学活动，使理学

---

❶ ［元］脱脱. 宋史·谯定传·卷四五九 ［M］. 北京：中华书局，1977：10439.

在巴蜀迅速传播，势不可当。可以说，瑞应山房是理学初始之地，而北岩书院则被称为理学兴盛之源，亦发展成为"涪陵学派"的大本营，对涪陵乃至整个重庆、四川的教育文化发展起到了重大的推动作用。

纵观宋代三百一十九年的历史，书院这一独特的教育组织，对重庆文化教育领域的发展起到了不可估量的作用，也因此赋予了宋代重庆书院在整个宋代书院的发展进程中举足轻重的地位。

第二章　元代重庆书院的衰落

元朝（1271—1368 年）是由北部蒙古高原游牧民族蒙古族征服中原地区而建立的少数民族王朝，定都大都（今北京市），是第一个少数民族建立的全国范围政权，传五世十一帝，历时九十八年，"其地北逾阴山，西极流沙，东尽辽左，南越海表"●，提封之广，前所未有。公元 1206 年，成吉思汗铁木真统一漠北建立蒙古帝国，随后开始对外扩张，与其后人先后攻灭西辽（1124—1218 年）、西夏（1038—1227 年）、南宋（1127—1279 年）、金朝（1115—1234 年）等政权。元朝同南宋的战争，从发动到南宋灭亡，更是经历了长达四十八年（1231—1279 年）的时间，整个四川是双方争夺的重点。南宋末期，蒙古军队大举南侵，先后攻陷阆中、德阳、资中、遂宁等多个四川重镇，此时的四川已是"命脉垂绝，形神俱离，仅存一缕之气息"。南宋嘉熙元年（1237年）夏秋之交，彭大雅受命驰援入蜀，授四川安抚制置副使，随后兼知重庆府。他亟谋修葺重庆城池，增垒置险，屯驻制司，以利运楫诸军作长远计，同时令东川郡县图险保民。❷ 嘉熙三年（1239 年）夏，蒙古军大举进攻东川地区，彭大雅奋力抵抗。次年（1240 年）春，重庆城修筑完毕。彭大雅竭尽全力修筑重庆城防，使重庆向北扩至嘉陵江边，向西扩至今临江门、通远门一线，并将原城外西部的制高点筑入城内，其范围较旧城扩大了近两倍。重庆城修筑完后，彭大雅命令专职人员在四门立四大石，上刻十七个字："大宋嘉熙庚子，制臣彭大雅城渝为蜀根本。"❸《续资治通鉴》记淳祐二年（1242 年）右正言刘晋之向理宗进言："蜀祸五六年间（1236—1242 年），历三四制臣，

---

❶　宋濂，王祎. 元史·卷五十八·地理一 [M]. 北京：中华书局，1976：1345.
❷　《重庆百科全书》编纂委员会. 重庆百科全书 [M]. 重庆：重庆出版社，1999：675.
❸　章创生，范时勇，何洋. 重庆掌故 [M]. 重庆：重庆出版社，2013：16.

无地屯驻，独彭大雅城渝，为蜀根本，不然蜀事去矣。"❶彭大雅此举不仅遏制了蒙军的灭宋进程，亦奠定了此后直至明清重庆古城的大致格局。

南宋理宗嘉熙四年（1240年），为了抗击蒙古军，彭大雅在合州东十里钓鱼山上筑寨。为抗击北侵的蒙古大军，他采纳冉琎、冉璞兄弟的建议，于淳祐三年（1243年）复筑钓鱼城，迁合州治所于此，驻以重兵，以控扼嘉陵江要冲。至此，整个钓鱼城成了保卫重庆的一道坚固屏障。宝祐二年（1254年），王坚任合州守将，再次实行大规模修城设防，陕南、川北人民纷纷迁来，以至钓鱼城一跃成为一座军民数十万的军事重镇。宝祐六年（1258年），号称曾率蒙古铁骑"横扫欧亚大陆无敌手"的大元帅蒙哥率主力入四川，攻占许多地方，钓鱼城却巍然屹立，成为阻击蒙古军的坚强堡垒。此时的蒙古大军士气高昂，对比之下，南宋国力衰败，仿佛蒙军攻破南宋已指日可待。南宋开庆元年（1259年）夏，成都乃至整个四川均处于岌岌可危的局势之中。同年10月，蒙军为堵截从重庆救援四川成都的援军，在重庆合川打响了著名的钓鱼城之战，亦称钓鱼城保卫战。在钓鱼城之战中，被称为"上帝之鞭"、时为元宪宗的蒙古大汗孛儿只斤·蒙哥（1209—1259年）突然暴毙身亡，且死因不详❷，以致在临终前未能留下遗诏确定继承人。闻此消息后，时处欧亚各战场的蒙古众王纷纷班师回朝以争夺汗位，南宋王朝得以延续二十年，甚至改变了欧亚战场的格局。

1260年，成吉思汗之孙忽必烈即汗位，帝号元世祖，建元"中统"。南宋景定二年，即大元中统二年（1261年），蒙古大军攻破四川，宋军退守重庆。1271年，忽必烈取《易经》"大哉乾元"之意，改国号为"大元"，次年迁都燕京，称大都。而重庆陷落（1278年）、钓鱼城失守（1279年）在南宋京城临安的陷落（1276年）之后两年、三年。❸ 由此可见，重庆地区易守难攻，地理区位于一国极具安全性和重要性。南宋景炎三年即元至元十五年（1278年）正月，重庆被蒙古军队攻破，入城时蒙军遭到激烈抵抗，后蒙军在重庆大肆屠杀。而合川钓鱼城直到南宋祥兴二年，即元至元十六年（1279年）才被占领。

---

❶ ［清］毕沅. 续资治通鉴·四［M］. 长沙：岳麓书社，2008：58.
❷ 1259年8月11日，蒙哥突然暴毙于合州钓鱼山，享年五十岁。蒙哥的死因至今不明。对此，历史学者持有以下观点：观点一，《元史》《新元史》均记载蒙哥是因病去世；观点二，蒙哥是被宋军飞矢直接击毙；观点三，意外落水而死。对此，史界学者较为认同蒙哥的死因系后两者可能性极大。
❸ 重庆市地方志编纂委员会. 重庆市志·第十卷·教育志［M］. 重庆：西南师范大学出版社，2005：690.

也是在同一年，元军在崖山海战中灭掉南宋，统一中国，结束了自宋代以来多个政权并存、攻伐征战不停的分裂局面。钓鱼城保卫战长逾三十六年，写下了中外战争史上罕见的以弱胜强的战例，因此被欧洲人誉为"东方麦加城""上帝折鞭处"。自此，重庆进入了蒙古政权的统治时期，其教育发展尤其是书院教育的发展出现了不同转向。

书院作为元代重要的教育机构，其走向很大程度上决定了元代教育的动态与发展水平。元代书院上承唐宋、下启明清，在中国书院史上地位突出。因此，书院的历史在元代显现出新的特点。与"重文教、抑武事"的宋王朝相比，重庆学校教育整体呈衰落的状况，其中重庆书院在经历了宋代书院的初盛之后，较为明显地呈现衰颓之势。具体来看，在元代统治近百年的时间内，重庆仅仅新建两所书院，而所有宋代重庆书院几乎都失去了教育功能，这与元代全国书院数量整体超过宋代的整体趋势相悖。

一、元代重庆书院衰弱的历史背景

元彻底征服南宋，实现全国统一后，鉴于帝国疆域幅员辽阔，人口繁多，为便于管理而实行行省制度。元代实行的行省制度，在地方最高行政机构取消宋时"路"一级行政区名称，改称"行省"或"省"，置中书省总理全国政务，也称都省。具体来说，就是除封建王朝心腹地区即今包括河北、山东、山西及河南、内蒙古部分地区直隶于中书省，以及西域边疆的吐蕃地区由宣政院（初名总制院）管辖外，又于诸路重要都会设立十个行中书省，分别为岭北行省、辽阳行省、甘肃行省、陕西行省、河南江北行省、湖广行省、四川行省、云南行省、江浙行省、江西行省，以分管各地区。时有元人称，行省制度乃是"都省握天下之机，十省分天下之治"❶。其实早在元代实现大一统之前的中统元年（1260年），元世祖忽必烈就考虑到陕西与四川的地理区域接壤，便置陕西四川行省，又称秦蜀行省，统辖陕西五路、南宋四川路故地，治安西路（今陕西西安市）。如此一来，便将陕、川地域加以联合管理。重庆作为蜀地重镇，元朝统治者考虑到其战略地位，于至元十六年（1279年），置四川南道宣慰司，管辖重庆、夔州两路，绍庆府（治今彭水）、怀德府（治今酉阳）等。次年（1280年），元朝才真正实现对四川全境的统辖管控。及至至元二十

---

❶　葛剑雄，李晓杰. 体国经野——历代行政区划［M］. 长春：长春出版社，2008：149.

七年（1290 年），四川南道宣慰司定治所在重庆路，属四川省等处行中书省。如此一来，重庆便是川东行政中心，其地位的重要性不言而喻。

元贞三年（1297 年），陕西、四川分设行省，始置四川行省，署成都，统辖九路、五府，重庆地区归其管辖，结束了长期以来川东重庆地区与陕西行政区划并行的历史。此后元代统治者陆续采取了一些恢复和发展的措施，以恢复和振兴川渝地区的经济文化等领域的相关事务。但川渝地区经受了五十年的宋元战争，其社会经济文化均受到了严重破坏，重庆置于四川行省之中也未能幸免。以蜀统渝，虽在行政区划的历史沿革中运行数代，但川渝地区地域广阔，民族众多，以四川行省管控巴国多有不便。于是，元代后期至正十七年（1357年），元末义军领袖明玉珍率领农民军入川，攻占重庆，并于 1362 年称帝，定国号大夏，都城重庆。大夏国的辖区范围东至今湖北宜昌、西临云南昆明、北达陕西汉中、南抵贵州遵义。这是重庆历史上第二次成为都城，持续九年，至明洪武四年（1371 年）结束政权。

元朝建立以来，面对比蒙古民族政治开明、经济富足、文化先进的汉族地区，其统治者采取武力打击与诱导利用两方面策略管控幅员辽阔的疆域与占绝对主体地位的汉族民众。一方面，元初统治者采用武力镇压、民族歧视的政策，将全国人民分为蒙古、色目、汉人、南人四个等级进行统治。由于元朝统一过程中重庆地区是最后被攻占的，且钓鱼城之战时蒙军主帅蒙哥死亡，军队伤亡惨重，因此拖延了蒙古军队征服全国的进程将近三十年之久。这导致元朝初期统治者对重庆人民怀有仇视情绪，对其社会发展的压制也较为严重。加之元代时重庆各地"大旱""大水""大饥"等自然灾害的情形不绝于书，这也使得重庆地区的广大劳动者饱受其苦。除此之外，元代强加给川渝地区的繁重赋税亦使重庆民众深受其害。据《元史·食货志》记载，元代的赋税名目是相当繁多的，除了农业上夏税、秋粮和商税之外，还有铁课、盐课、酒课、醋课以及各种额外摊派的赋税。残酷的政治压迫与繁重的经济剥削使重庆各族人民长期处于水深火热之中。因此，各地涌现的反抗斗争此起彼伏，连绵不断，给重庆的文化教育事业带来了严重的影响。别说科举不盛，就是学校与书院教育也受到了摧残。另一方面，统治者又采取"尊用汉法"的政策，极力笼络汉族地主阶级及其知识分子，重视政治思想和文化教育方面的控制以巩固政权。尤其是在文化教育领域，元朝统治者因势利导，积极推行科举制度，鼓励学校教育，招募有识文人墨客入官学任教为官。

在民间社会，尤其是士绅阶层中，受宋时"仁义""纲常人伦"等理学思想的宣传与洗礼，忠孝节义的道德意识早已深入社会日常规范之中，成为全社会民众共同遵循的伦理准则与道德真理。从岳飞的"精忠报国"到文天祥的"成仁取义"，这种"君臣之义""忠君报国"的思想认识更是在宋末元初这种内忧外患日益深重终至亡国的极端境地下，贯穿于整个南宋直至元代前期。宋末元初诗人、画家郑肖恩以自己的诗画创作来表达对民族压迫的反抗，抒发其民族气节。据丁傅靖的《宋人轶事汇编》卷十九记载，他曾为一书塾题词："此世只除君父外，不曾轻受别人恩。"坊间流传"饿死事极小，失节事极大"，其所指对象固然是贫穷的孀妇，但它所强调的贞节观，对于提出、宣传理学思想的读书人来说同样具有强大的约束力。故而在宋亡元兴的交替之际，南宋移民及忠臣死义之士，百折不屈，视死如归，以明大义于天下后世者甚多。而元朝建立之后，遁隐乡野，不仕新朝的也所存皆有。❶ 因此在元朝灭南宋、统一全国后，有一大批文人学者不愿在元政府做官，也不到其官学中任教，索性归隐山林，自建书院，组织讲学，教书育人。

对此，元朝政府并未施以强压，而是因势利导，鼓励和支持文人学者建立书院进行讲学，并对其加以保护和提倡。据《元史·选举志一》记载，元世祖至元二十八年（1291 年），政府明文规定："先儒过化之地，名贤经行之所，与好事之家出钱粟赡学者，并立为书院。"❷ 同年更令江南诸路学及各县学内设立小学，"选老成之士教之。或自愿招师，或自受家学于父兄者，亦从其便"❸。如此看来，这种折中的政策正是为了适应宋代文人及汉族子弟不愿入元代官学的实际情况而实行的。这样一来便在很大程度上缓和了南宋遗民的反抗情绪，并争取了一些文人学者投身文化教育事业，从而间接实现为元朝政府服务的目的，使元代书院获得迅速且较大发展。《钦定日下旧闻考》称颂："书院之设，莫盛于元，设山长以主之，给廪饩以养之，几遍天下。"❹ 据统计，元代所建书院超过五百所。❺ 元朝初期，经过长期战争破坏之后的四川、重庆等地的学校、书院多已焚毁，亟待恢复。元朝统治者在采取措施恢复经济

---

❶ 　徐梓. 元代书院研究 [M]. 北京：社会科学文献出版社，2000：27 - 28.

❷❸ [明] 宋濂. 元史·选举制 [M]. 北京：中华书局，1976：2032.

❹ 　[清] 于敏中，英廉. 文渊阁四库全书·钦定日下旧闻考（电子版）[M]. 上海：上海人民出版社，香港：迪志文化出版有限公司（http：//www.1ib.tsinghua.edu.cn/database/4kqs.htm）.

❺ 　邓洪波. 中国书院史（增订版）[M]. 武汉：武汉大学出版社，2012：248.

生产的同时，也注重尊崇儒学，发展文化教育事业。尽管如此，元代重庆的经济、文化、社会虽有恢复，却远未达到宋时水平。

二、元代重庆书院概述

从全国书院的实际状况来看，元代书院虽经宋元战争的影响及破坏，但其整体水平仍旧呈现出活跃之势。元朝的书院数量，据邓洪波等《中国书院史》统计，元代新创建书院二百九十六所，分布在今全国十九个省区，其中四川（含重庆）五所❶，位列十四名，而重庆仅新建两所书院。元代全国书院的创办数量虽较宋时的七百一十一所有所降低，但仍有二百余所宋代遗留存续的书院，两者相加之后的总量仍十分可观。但就同期书院比例关系而言，元代重庆书院的真实表现与其他地区态势相悖。元代重庆书院无论是从新建或改建书院数量，还是延绵前朝教育递嬗关系上，都是呈现出颓衰气象。

在教育传承上，宋代重庆所建的十四所书院在宋元战争中受到了严重破坏，而这种破坏在一定程度上甚至可以说是毁灭性的。翻阅元代重庆书院的各种相关史志资料，唯有涪陵北岩书院有元代时期的零星记载，其余宋代的十三所书院于元代均未提及。可见，宋末元初的战火硝烟势必祸及这些宋时教育兼学术重地，并致使它们丧失了原有教书育人、传播文化、教化民众的功能。这些宋时才子聚集、书声悦耳、书香满园的重庆书院至此早已是一片荒芜，人去院空，不复往日的盛世光景。

从新建书院层面考察，据可考资料显示，元代重庆书院仅新建两所，即龙虎书院、凤山书院。其中，凤山书院的建立时间为元末时期。由此可见，在元王朝历经近百年间，文化重镇的重庆并未获得复兴和提升，其教育之颓势无论是较前朝的初兴，还是后继者明朝的宁静沉寂，都是重庆书院在其千年发展历程中的低谷，甚至是最低点。这不得不说，战争给予区域文教事业的重击伤害让人触目惊心。

由于年代久远，加之元代初期书院修复不足，后期重庆时局动荡，因此史料对于元代重庆书院的记录不甚翔实，仅仅只言片语，以供学者考究。据目前各种资料显示，元代时期重庆地区只新建两所书院——龙虎书院、凤山书院。宋代十四所重庆书院延至元代仅有涪陵北岩书院。

---

❶ 邓洪波. 中国书院史（增订版）［M］. 武汉：武汉大学出版社，2012：204.

（一）龙虎书院

龙虎书院位于忠州（今重庆忠县）境内，属于官办书院。程腾凤《绍鹅书院设立膏火记》中记载："忠郡有书院由来久矣，元名龙虎书院，明朝三百余年虽有新学之建，仍以龙虎名之，因而不改。"❶ 足见该书院持续年代之久以及影响之深。对于龙虎书院的具体建立时间，各文史资料记录不一，学者亦持不同观点。本书收录了两种较为成熟的观点，述评如下。

第一种观点认为，龙虎书院建于元至元二十一年（1284 年）。如《万县地区教育志》记载："元至元二十一年（1284 年），于城东北（今忠州镇二小）设龙虎书院。"❷ 道光《忠州直隶州志》称："元至元二十一年废咸淳府复为忠州，还治临江城，裁撤宏文书院，建龙虎书院。"❸ 又如《重庆建置沿革》一书记录："元朝至元二十一年（1284 年），废咸淳府复名忠州，领临江、南宾、丰都、垫江等四县，州治迁回临江县城。"❹《忠县教育志》亦云："元至元二十一年（1284 年），府废，复名忠州，还治临江城，废宏文书院，于治城东北隅学宫内设龙虎书院。"❺ 第二种观点认为，龙虎书院的创建时间为元代后至元❻年间（1335—1340 年）。熊明安等编著的《四川教育史稿》中涉及龙虎书院时认为："在忠州城东门隅，元代顺帝至元中（1335—1340 年）建。"❼ 而胡昭曦先生在《四川书院史》中写道："前至元年间（1264—1294 年）在忠州建立书院的可能性不大，龙虎书院或是始建于后至元年间（1335—1340 年）。"❽ 他所引用的文史资料是同治《忠州志》，其中记载："元至元中，建龙虎书院于城北门内。"据此，胡昭曦先生分析，元世祖至元十六年（1279 年）之后的一段时间，"元朝在东川地区主要是建立统治，招茸流民，撤毁城寨，调整州县，前至元年间在忠州建立书院的可能性不大，龙虎书院或是始建

❶ ［清］佚名. 忠州志·卷八·学校志 ［M］. 同治年间（1862—1874 年）刻本.
❷ 万县市教育委员会. 万县地区教育志 ［M］. 重庆：重庆出版社，1997：40.
❸《忠县志》编纂委员会. 忠县志 ［M］. 成都：四川辞书出版社，1994：496.
❹ 余楚修，管维良. 重庆建置沿革 ［M］. 重庆：重庆出版社，1998：195.
❺ 四川省忠县教育委员会. 忠县教育志［M］. 内部交流本，1993：203.
❻ "前至元"与"后至元"一说是因为元朝共有两个"至元"的年号，即元世祖至元（1264—1294 年），一般称为前至元；元顺帝至元（1335—1340 年），一般称为"后至元"。
❼ 熊明安，徐仲林，李定开. 四川教育史稿 ［M］. 成都：四川教育出版社，1993：568.
❽ 胡昭曦. 四川书院史 ［M］. 成都：巴蜀书社，2000：48.

于后至元年间"❶。综上推断，胡昭曦先生认定龙虎书院应建于元代后至元年间（1335—1340 年）。从以上两种观点来看，笔者更倾向于第一种观点，即龙虎书院建于至元二十一年（1284 年）。原因在于，对于龙虎书院的创建时间，重庆万县、忠州等地地方志有对书院首创的时间、地点及历史事件的详细记载，其可信度较高。此外，对于龙虎书院的院舍地址，各种资料显示较为一致，即忠州城东北方向。

龙虎书院办学管理及成效等方面的信息十分稀少，这是历史遗留给当今的缺陷。

（二）凤山书院

元代新建的重庆书院，除忠州龙虎书院外，还有长寿凤山书院。凤山书院建于 1368 年，由长寿知县沙文达创建于县治乐温城紫云岩下，属重庆长寿县有史料记载以来的第一所书院，意义重大。值得一提的是，凤山书院虽是知县创建，却是一所民办书院。公元 1368 年为元明两朝的分水岭，既是元代最后一年元至正二十八年，又是大明王朝的初建之年明洪武元年。因此，在对凤山书院的具体创建时间上，不同文献资料、不同学者也持不同观点。一种观点将凤山书院作为长寿乃至重庆建立的第一所明代书院，认为其是明代书院重兴之始，意义重大。"凤山书院，明洪武元年（1368 年）由长寿知县沙文达创办。原址在县治乐温城紫云岩下。清雍正时期（1723—1735 年），知县台螺迁于县城东门外铜鼓山下文昌阁。"❷另一种观点则认为，长寿凤山书院建于元至正二十八年，属元末重庆书院。《重庆教育志》有文字表述："元至正二十八年（1368 年），长寿知县沙文达在长寿县乐温城紫云岩建凤山书院。"❸综上可知，凤山书院建于元末至正二十八年（1368 年）或明初洪武元年（1368 年）。同样，有关该书院教育活动及学术思想作为的诸多资源已不得而知。

（三）北岩书院

不同于龙虎书院、凤山书院属于元代新建书院，北岩书院始建于宋代宁宗嘉定十年（1217 年），是程朱理学的发祥地之一和宋代理学"涪陵学派"的

---

❶ 胡昭曦. 四川书院史［M］. 成都：巴蜀书社，2000：48.

❷ 《重庆百科全书》编纂委员会. 重庆百科全书［M］. 重庆：重庆出版社，1999：368.

❸ 重庆市教育委员会. 重庆教育志［M］. 重庆：重庆出版社，2002：843.

诞生地。文献史料称："元代和明代，该书院均继续开办。"❶《四川简史》亦有记叙："元代四川有名的书院有：文翁石室书院、成都紫阳书院、蒲江鹤山书院、涪陵北岩书院、夹江同人书院等。"❷ 这表明北岩书院在元代仍然有活动。❸ 对比元代重庆其余两所书院来看，单单将北岩书院列入四川有名的书院之中，足以说明元时的北岩书院，其办学规模与教学程度应该是达到了一定水平。令人遗憾的是，概因年代久远，战乱因由，笔者遍寻大量相关文史资料，仍对元时北岩书院的教学活动等相关内容知之甚少，仅有残存信息表明北岩书院曾于元时存续。

南宋涪州牧建"程子祠堂"，设为"北岩书院"，并树置亭阁风景。历宋、元、明、清四代，各有葺增，名人学者，频繁凭吊。其间题咏瓢壁，留下遗迹处处，形成了北岩十景，即点易洞、钩深堂、读画廊、洗墨池、三畏斋、碧云亭、致远亭、三仙楼、四贤楼和观澜阁。20 世纪 20 年代，北岩亭阁犹存，春夏烟树，四季悬瀑，景仍幽邃。❹ 其中，以点易洞与观澜阁最为著名。上述北岩书院于宋时曾有程颐注《易》北岩，故存点易洞一址，留与后世文人、理学学者前来瞻仰、凭吊。点易洞洞前悬崖畔有观澜阁（又名"江天独坐轩"），元代著名诗人、文史学家贾元曾来此地，并作《观澜阁歌》，或承袭程朱之理学思想，或感怀北岩之文化风气。贾元，生卒年不详，字长卿，号易岩，元末长寿县人。❺ 新修《涪陵市志》第二十六篇之《北岩名胜》中曾写道：观澜阁"在点易洞前，首建于元代。以朱熹《北岩题壁》诗意命名。阁名为元代文史学家、涪州人贾长卿题写，并作《观澜阁歌》（原注：已佚）。阁之上有'江天独坐轩'，仅容坐一人。阁轩前临悬岩峭壁，可俯瞰长江波澜。"❻

北岩书院历经宋、元、明、清，直至近代书院改制，方得停歇其数百年的教育行程。它见证了整个重庆书院的兴亡衰败，起起落落，是一部活的重庆书院史书。因此，留与后人的不仅仅是代代相传的理学文化，更是传承近千年的书院教育精髓。

---

❶《重庆百科全书》编纂委员会. 重庆百科全书［M］. 重庆：重庆出版社，1999：31.
❷ 陈世松. 四川简史［M］. 成都：四川省社会科学院出版社，1986：156.
❸ 在笔者所见的其他任何相关资料、论文和著作中都未见有关于北岩书院在元代的讲学和经营等各种活动状况的记述，《四川简史》中也没有提及这种说法的出处和来源，暂存待查。
❹ 文绍奎，李梅. 涪陵风物录［M］. 重庆：重庆出版社，1991：44.
❺ 四川省长寿县志编纂委员会. 长寿县志［M］. 成都：四川人民出版社，1997：1130.
❻ 四川省涪陵市志编纂委员会. 涪陵市志［M］. 成都：四川人民出版社，1995：1408 – 1409.

三、元代重庆书院的教学与管理

元代重庆书院虽然获得生存空间，但是由于绝大部分的书院创建于元末时期，年时较短，因此相比于南宋书院的教学与管理来看，则显得有些积累不足。此外，由于元代距今年代久远且战事纷繁，导致重庆书院的正常教学活动有所停滞，因而史料对于仅存的三所元代重庆书院的相关教学活动、管理制度等内容的文字记载甚是少见。因此，我们只能从当时的社会背景出发，从全国书院的发展情形，结合方志资源大致推断出元代重庆书院的教学与管理的片段图景。

（一）教学内容

元代书院的教学内容既没有统一的规定，更没有统一的教学大纲。因此，各地书院对教学内容的安排主要取决于书院山长、讲师的具体情况。❶这样一来，不同书院间的教学内容就会产生很大差异。对此，元代统治者并未实行过多的干预，从而使元代书院的教学设计及实施均有较为充分的自主权。这种情况主要出现在元代中期之前，即元世祖至元八年到元仁宗延祐元年期间（1271—1314 年）。出现这种情况的原因是元朝本是由蒙古贵族建立的统一王朝，在建国初期并未认识到以科举取士的重要性，因此在开国后将近五十年内未实行"汉人科举"。科举考试作为知识分子入仕的主要途径而被中断达数十年之久，其结果就是造成教育失去了权威性指挥棒。对此，从自身实际情况出发，元代各地书院虽较为自主灵活地安排了书院的教学内容，却缺少统一的教学要求、内容及模式，导致各地书院教学标准不一、教学水平不等。除此之外，元朝初期各地的书院，特别是江南的书院，仍保留着自由讲学的传统，因此教学内容的安排有很大的灵活性。❷其中元代重庆书院秉承宋代学术自由的传统，在书院的教学内容安排上颇灵活自主。

元代中期是较为稳定的短暂时期。随着政权的稳定与自身汉化程度的不断加深，元代统治者开始意识到，无论为了获取汉族士人人心，还是选拔实际政治管理人才，都必须通过科举制度来实现。于是，元朝于仁宗皇庆二年（1313年）重开科举考试制度。元代所奉行的科举取士制度，其思路与宋人王安石出奇地一致，即尊孔崇儒，提倡程朱理学，并把朱熹"四书"钦定为科举必

---

❶❷ 王风雷. 蒙古族全史·教育卷·上 [M]. 呼和浩特：内蒙古大学出版社，2013：379.

考书。❶ 中书省在元仁宗皇庆二年（1313 年）上奏的奏折中写道："学秀才的经学词赋是两等，经学的是说修身齐家治国平天下的勾当，词赋的是吟诗课赋作文字的勾当。自隋唐以来，取人专尚词赋，人都习学得浮华了。罢去词赋的言语，前贤也多曾说来。为这上头，翰林院、集贤院、礼部先拟德行明经为本，不用词赋来。俺如今将律赋省，题诗、小议等都不用，止存留诏诰章表，专立德行明经科。明经内四书五经，以程子、朱晦庵注解为主，是格物致知修己治人之学。这般取人呵，国家后头得人才去也。"（《通制条格·卷五·科举》）尽管所用汉语颇有元杂剧台词味道而缺乏庄重色彩，但所表达的意思还是清楚的，尤其是决定以程朱注解为主作为"四书""五经"的标准解释，更是开了明人八股的先河。❷ 如此一来，势必会影响到全国各级书院的教学，甚至影响书院教材的选择与必读书目的确定等方面。因此，元中期以后的重庆书院以"四书""五经"为主要教学内容，以程朱理学的经典著作——朱熹的《四书章句集注》作为书院基本教材。自此，包括重庆在内的全国各级书院形成了以儒家经典，尤其是程朱理学作为教学内容的书院官学化办学模式。加之元代书院的许多山长、主讲，或是著名的理学家，或以宣传程朱理学为己任，他们讲授的内容毫无例外地都是儒家经典的"四书""五经"和朱熹等理学家的注解。所以元代重庆仅存的三所书院，即龙虎书院、凤山书院、北岩书院的教学内容、所使用的教材应该是和全国保持一致的。值得一提的是，程朱理学虽形成于宋代，但从严格意义上说，却是在元代才真正成为封建统治者的正统思想，而"四书""五经"亦作为各类各级儒学教育的官方指定教材开始得到普遍采用。

（二）教学管理

元代中期以后，书院多受到政府管控，书院的山长、直学（掌学籍、钱粮等的职员）等被列入官员的铨选考核任免序列。因此，元代书院比之宋代书院那种自由讲学、治学的独立性、开放性，当不可同日而语。❸ 此外，元代大部分书院由汉族的儒家学者主持和讲授，政府实际上对教学活动没有多加干涉和过问，说明宋儒讲学之风未衰，无论是官立书院还是私立书院，都可以比

---

❶ 重庆市教育委员会. 重庆教育志 ［M］. 重庆：重庆出版社，2002：2.

❷ 左东岭. 王学与中晚明士人心态 ［M］. 北京：商务印书馆，2014：34.

❸ 涂文涛. 四川教育史·上册 ［M］. 成都：四川教育出版社，2007：105 – 106.

较自由地开展讲学。❶ 此外，由于元代书院规模的过分扩张以及其官学化趋势日益明显，一些书院的山长和讲师的水平较差，致使书院的整体教学质量有所下降。值得一提的是，此处的"官学化"用词是相对而言的，不能认为是书院的绝对官学化。元代时期，书院教学的传统仍旧保持了下来，且延请名流讲论学术仍成为当时的一种文化风气。同时期的重庆书院在教学管理上同全国书院保持一致，亦是采取山长治院，教师较为自由、活泼地讲学，师生交流，个性发挥，协作沟通。官学化的限制并未压抑书院办学传统的弘扬。

（三）教学经费

元代书院办学经费的主要渠道为学田出租赋税收入，而学田无论从何种渠道获得，所有权和使用权都属于国家，是国有土地的一部分，私人捐赠和书院自筹资金购买亦无例外，即国家是书院学田的最高拥有者。正因为如此，官府也有权支配书院的学田，官府可以下令将一所书院的学田划拨给另一所书院，也可以向那些学田广、钱粮多的书院"派差"，令其为政府承担诸如刻书一类的工作。❷ 因此在元代，书院的经费基本是由政府管控的，这也导致了两种情形的产生。一种情形是当国家稳定、经济恢复发展时，国家有经济能力来支撑起书院教学活动，也就是说书院经费较为充足。如忠州的龙虎书院设于学宫内，由此推断其教学经费应该是得到了重庆官府的大力帮扶。如此一来，龙虎书院的山长就不必为书院教师束脩而辛苦经营，不必为书院诸生的膏火❸而忧心忡忡，亦不必为书院置办书籍等物品而愁肠百结。另一种情形便是当国家局势动荡时，封建统治者必然会牺牲一部分文教事业的经费来支援战事或政治需求。如此一来，处于元代统治下的教育机构如书院在经费上会面临更多的变动。譬如重庆地区，元初刚刚结束长年战乱，逐步进入恢复发展时期。《涪陵市志》曾有记载："至元代，州境人口大量减少，经济处于衰退时期。"❹ 由此可见，元代重庆书院的总体经济生存状态不佳，大多数书院被置于一个极其残破的经济环境之下，其书院经费自然得不到有效补给，进而教育活动更是无法维持。目前可查考的三所元代重庆书院应是幸存者，大多数书院或许在萌生乃

---

❶ 陈元晖，尹德新，王炳照. 中国古代的书院制度 [M]. 上海：上海教育出版社，1981：53.

❷ 朱汉民，邓洪波，高峰煜. 长江流域的书院 [M]. 武汉：湖北教育出版社，2004：123.

❸ 膏火：指灯油，是古时人们夜间照明的主要燃料。书院学生若要发奋学习，"膏火"是其夜间挑灯看书的必备之物。

❹ 涪陵市地方志编纂委员会. 涪陵市志 [M]. 成都：四川人民出版社，1995：4.

至酝酿中无力生存，困顿于摇篮中无法生长。

四、元代重庆书院衰落的缘由分析

重庆书院在经历了宋时书院初盛后，转至元代时却遭到了严重打击。曾经呈现出蒸蒸日上的良好发展态势的宋代重庆书院，在历史的马车行至元代时，不仅放弃了奔跑之势，甚至出现了一种令人惋惜的倒退。考究诸因，无疑是宋元长期的战乱阻挡了书院的发展。然而，当战火熄灭、硝烟散尽之时，全国范围内展开重修、新建书院活动，一时蔚然成风，时有"书院之设，莫盛于元"的说法。但重庆地区在元代近百年时间内仅存三所书院，数量上相较于宋代的十四所，可谓天壤之别，相差悬殊。除此之外，元代重庆这硕果仅存的三所书院，其社会影响也远不及宋时北岩书院、瑞应山房等文化重地。究竟是何种原因造成此等局面，值得探讨。

（一）物质基础薄弱

经济稳固是保障文教事业得以顺利发展的重要物质基础。从社会整体态势来看，从 1279 年元军灭亡南宋到 1368 年元被明王朝取而代之，元朝统治中国的时间并不长，只有九十八年。对于整个中国历史上实现大一统的政权来看，元无疑是一个短命王朝。加上元初战乱将歇，百废待兴，于一个庞大的帝国而言，数十年的光景还不足以使其经济、文化教育等社会事业得以恢复甚至是发展。至元代中期，社会刚刚获得一定发展，就为元末战事所阻碍。如此一来，元代恢复经济文化的时间就大大缩短了。对于重庆来说，在宋末元初之时作为元代实现大一统的最后门槛，早已受尽战乱之苦，无论是经济发展还是文化教育事业都元气大伤，始终未能恢复到宋代的水平，元代重庆百废待兴。至元代中期，在官民的共同努力之下，社会经济文化虽有所恢复，但甚为缓慢。元末农民起义，揭竿而起，重庆作为农民起义军大夏政权的都城，在元末时期多与当时朱元璋势力较量。战乱纷争之下的重庆，免不了再次接受战火洗礼。同样面临乱世的还有重庆书院，在曲折的夹缝中喘息，应验了"城门失火，殃及池鱼"的古谚。可想而知，元代重庆的曲折多变，势必会大大影响到重庆的教育事业。

此外，导致元代重庆书院发展步履维艰的经济因素还有天灾。在元朝统治的不到百年时间中，重庆旱涝灾害频繁发生。严重的自然灾害使渝地的劳动者在辛苦劳作一年后，往往是颗粒无收。如此情形，往往延续三年五载，甚至更多年。而且据《元史·食货志》记载，元代赋税名目繁多，天灾加上重税，百姓只能艰难度日。试想，当百姓连基本的生存物质基础都得不到保障时，教育的支出无疑是在挣扎中求生的百姓头上又加了一道沉重枷锁。因此在元代，对重庆而言，最重要的事情是恢复生产，满足当地百姓最基本的衣食住行，教育作为非首要解决问题，自然先搁置一旁。综上来看，元代重庆忙于恢复生产、复苏经济，因而官府、民间都拿不出闲置的资金和剩余的精力投入已经饱经风霜的重庆书院，更没有能力新建书院，只能任由书院衰败。

综上所述，造成元代重庆书院无力发展，甚至产生倒退现象的主要原因在于天灾人祸而导致的物质基础薄弱，甚至是匮乏。当一个地区的经济发展受到限制时，其教育事业的发展则变得更加缓慢，甚至是步履维艰。

（二）人员外迁

南宋后期，宋元战争在四川长期进行。从宋端平二年（1235年）蒙军大举攻宋，意图占据川渝，至宋祥兴二年（1279年）元朝实现对四川全境的统治，其间四十四年，绵延近半个世纪。作为两军对战的主要区域，随着蒙军的强势进攻和宋军的节节败退，整个重庆境内四处浸染着杀戮的血迹、逃亡的恐慌。放眼望去，曾经繁盛的渝地人家如今竟是经济凋敝，断壁残垣，满目疮痍。此情此景，哪里还是宋时理学文化、书院教育的盛世之景。无论官办书院还是民办书院，皆难以维系，曾经儒生士子欣然向往的书院如今变成残砖断瓦，一切全然被战火所吞噬。面对如此境况，川渝居民大多或死或逃，儒士学者离乡背井甚众，而且是举家迁徙。❶

学术文化是依靠儒士学者进行传播及争鸣探讨诸种活动而得以延绵并走向活跃的。宋末元初，川渝地区的民众向外移民，其中也不乏名流学者，这便对川渝地区的文化教育事业带来了空前的破坏，盛极一时的宋代"蜀学"从此走向衰落。面对巴蜀文化的衰败之景，元代著名学者、诗人虞集曾感怀道："百年之前，吾蜀文献之懿，多出在东南，名家者数十。宋亡，先辈凋谢，流风余韵其或存寡矣。"❷ 他还在另一篇《葛生新采蜀诗序》中哀叹："呜呼！吾蜀文学之盛，自先汉至于唐、宋，备载简册。家传人诵，不可泯灭。宋南渡以来，蜀在斗绝一隅之地，然而文武忠孝之君子，冠盖相望。礼乐文物之懿，德

---

❶ 张其凡，陆勇强. 宋代历史文化研究［M］. 北京：人民出版社，2000：37.
❷ ［元］虞集. 虞集全集·送赵茂元归浙序［M］. 天津：天津古籍出版社，2007：541.

行学问之成，立功之言，卓荦亨畅。下至才艺器物之类，其见诸文辞者亦沛然，非他州所能及矣。丧乱以还，废轶殆尽。"❶ 虞集痛心之语，深刻地反映了元代巴蜀学术衰落与巴蜀文脉中断的严峻事实。❷ 重庆作为巴蜀地区的文化重镇，战火摧毁了曾经的安居之所，亦毁坏了书院教育活动赖以生存的教学场地。如此一来，曾经就读的书院学生纷纷逃离这战火硝烟之地，教师文人亦举家迁徙，导致元代重庆书院的生源、师资严重匮乏。书院作为重要的教育机构，在极度缺乏教育者和受教育者依托之后，无法进行正常地教学运转。尤其是著名学者的大量外迁，使四川包括重庆在内的文化教育失去了根基，从此衰落下来，到元代都没有恢复过来。❸ 譬如朱熹的弟子、学者阳枋，其理学造诣颇为深厚，曾因宋元战争而不得已逃离故土，游走奔波。南宋淳祐十一年（1251 年），时年六十五岁高龄的阳枋开始主教于涪州北岩书院。后来，他因战乱而离开北岩书院，离开涪州，甚至离开川渝。阳枋四处飘零，先后到过嘉定（今四川乐山）、荆州（今湖北江陵）、峡州（今湖北宜昌）及桃源（今湖南桃源）等地。一叶知秋，重庆其他书院学者同阳枋有着类似的境遇，硝烟之下的他们难以开展学术研究、著述宣讲、传道授业的事业，无奈之下只能选择前往远离家乡、没有战火或是战火相对较少的地方居住。重庆书院缺失了阳枋这类理学大师的主持，加之战火弥漫，其教学活动更是举步维艰，甚至是停滞不前。元初，宋时的十四所重庆书院也相继停课，师生四散逃离。总之，元代重庆学界冷寂，学者寥寥，著述甚少。一直到元代中后期才逐渐恢复，但元气大伤，难有建树。❹

　　元代前期，其统治者虽有意恢复和振兴重庆书院教育，然而长期战乱造成的伤害远远不是一二十年可以复原的。据相关史料记载，宋代重庆的十四所书院延续至元代，只有北岩书院得以存续，其教学活动仍在间断性维持。至元代中后期，好不容易得以喘息片刻的重庆书院，再次因元明战争而变得摇摇欲坠。短短元代不过九十八年光景，重庆书院面临前后战争夹击，其师资的缺乏和生源的减少，致使元代重庆书院的发展停滞，显现出前所未有的衰败之势。

　　（三）民族歧视政策的影响

　　元朝时，蒙古政权对非本族人实行民族歧视和民族压迫政策。重庆作为西

---

❶　[元] 虞集 . 虞集全集 · 葛生新采蜀诗序 [M]. 天津：天津古籍出版社，2007：498.
❷❸　李禹阶，唐春生 . 宋代巴蜀政治与社会研究 [M]. 成都：巴蜀书社，2012：300.
❹　四川省地方志编纂委员会 . 四川省志 · 出版志 · 上 [M]. 成都：四川人民出版社，2001：3.

南少数民族的重要聚集地之一，各族士民都属于最末等的"南人"，因而深受蒙古贵族统治者的歧视与压榨，进而致使重庆社会经济、文化和教育都不同程度地受到这种歧视政策的压制，其进程变得步履维艰。

　　教育之兴旺、文化之传承，必须依托于和平安定的社会环境，必须有足以挡风遮雨的教学场所，也必定需要能够传道、授业、解惑的学者教师与勤奋专注的莘莘学子。当这些教育必需因素空缺虚位，甚至荡然无存时，教育兴盛所依托的土壤也就消失殆尽了。综上而论，宋末元初之时，大量人士的外迁是导致元代重庆书院凋敝的主要原因之一。但必须指出的是，重庆移民对迁入地的文化发展带来了不同程度的影响。大批四川、重庆文人，特别是著名学者迁居东南，将川渝文化学术传播出去，促进了当地文化学术的进步。正如当代学者刘咸炘所说："元兵略蜀，蜀士南迁于浙，浙人得此遂成文献之府库，江南文风大盛，蜀反如鄙人矣。"❶ 总之，重庆书院在历经宋末元初战乱后一蹶不振，在将近百年间的元代始终处于低谷时期。细数其间缘由，概因战乱较多，时局震荡，直接导致大量优秀重庆学者流离失所，无力从教。由此，元代重庆书院基本处于衰落状态。

---

❶　刘咸炘. 推十书·史学述林·卷五［M］. 成都：成都古籍书店，1996.

第三章　明代重庆书院的复兴

明（1368—1644 年）是继汉唐之后的强盛大一统王朝，也是中国封建历史上最后一个由汉族建立并统治的中原王朝，史称"治隆唐宋""远迈汉唐"。元至正二十八年（1368 年）即洪武元年，反元义军首领朱元璋在南京称帝，国号大明，年号洪武。同年八月，明军进逼大都（今北京），元顺帝带领三宫后妃、皇太子等开健德门逃出大都，经居庸关奔往上都❶。至此，元朝蒙古贵族政权结束了在中原九十八年的统治，大明王朝取得了新王朝政治统治大权。

一、明代重庆书院复兴的历史背景

公元 1368 年，是汉族与少数民族两个不同民族王朝交替易位的特殊年份，对于重庆而言，彼时的大明王朝还未接管重庆等一众西南偏远地区，包括巴、蜀、黔、滇等在内的云贵高原与四川盆地大片领土，仍置于大夏国的统治之下。元至正二十一年（1361 年）七月，元朝末年农民起义军天完红巾军统军明玉珍在重庆称陇蜀王。至正二十三年（1363 年）正月，明玉珍在重庆称帝，国号"大夏"，年号"天统"，以重庆为国都，正式建立了大夏政权。至正二十六年（1366 年），明玉珍病逝，其子明升年幼继位。明洪武四年（1371年），朱元璋派兵攻大夏国，夏兵不敌，明升投降，夏亡。自此，包括重庆在内的广大西南地区正式归于朱明王朝统治。

明代重庆沿袭宋元时期的行政区域划分。明洪武四年（1371 年），明太祖朱元璋复置重庆府并隶属四川布政使司，管辖巴县、江津、长寿、荣昌、

---

❶ 元上都遗址位于内蒙古自治区锡林郭勒盟正蓝旗草原，曾是世界历史上最大帝国元王朝的首都，始建于公元 1256 年。它是大元王朝及蒙元文化的发祥地，忽必烈在此登基建立了元朝。

綦江、合川、涪州、铜梁、大足、丰都、垫江、南宾、武隆、彭水等十几个州县。笔者所探析的明代重庆区域，其地理位置与行政范围不局限于明朝时期重庆府的管辖范围，而是采用 1997 年重庆直辖市所属的区县范围。具体而言，除了直辖以前的重庆区县，还包括涪陵、黔江、万县（今万州）地区。

明王朝在开国皇帝明太祖朱元璋统治的洪武年间（1368—1398 年），注重加强中央集权，实行皇权至上的君主专制政治制度。在经济领域，刚刚结束战乱纷扰的明朝初期处于恢复和调整阶段。明正德年间（1506—1521 年），在相对稳定的社会环境和政府政策的有力扶植下，明代的社会经济呈现出高度发展的景象，农业繁荣，手工业、商品经济有所发展，并在东南沿海、江南、运河流域乃至内陆中心城市，不同程度产生了资本主义生产方式、生产关系及商业贸易的萌芽。明初的重庆虽为四川粮食的主要产区之一，但田粮征额数，成都府三十一州县计十五万七千七百二十九石，重庆府二十州县及五土司计三十四万四千四百九十七石，超过成都府一倍以上。❶ 其时，重庆城内设有八坊，城外亦有二厢。明朝中叶，重庆已经发展成为全国工商业比较发达的三十几个城市之一。❷ 但明代初期的重庆整体经济实力不强，加之深受宋元长期战乱的影响，其整体状况直至明朝中叶才逐渐恢复到宋代的水平，至明代后期又有所提升及发展。

与政治的专制性强化相适应，明代在文教思想领域的绝对专制主义是容不得一点异己思想的。对此，明朝历代统治者竭力推崇程朱理学，把它作为思想、文化、教育领域的唯一统治思想。早在明朝初期，明太祖朱元璋、明成祖朱棣便下令，将儒学尤其是程朱理学作为文化教育领域的权威学术。陈鼎《东林列传·卷二·高攀龙传》曾云："我太祖高皇帝即位之初，首立太学，命许存仁为祭酒，一宗朱子之学。令学者非五经、孔孟之书不读，非濂、洛、关、闽之学不讲；成祖文皇帝，益光而大之，令儒臣辑《五经四书》及《性理全书》，颁布天下。饶州儒士朱季友，诣阙上书，专诋周、程、张、朱之说，上览而怒曰：此德之贼也。命有司声罪杖遣，悉焚其所著书，曰：无误后人。"明代所倡导的儒学，虽名为尊重孔孟之道，然而实际上所容许的只是程

---

❶ 管维良. 从巴都到陪都——简明重庆史 [M]. 北京：中国文史出版社，2004：178.
❷ 重庆市地方志编纂委员会. 重庆市志·第七卷 [M]. 重庆：重庆出版社，1999：5.

朱改铸的儒学。❶

　　明太祖朱元璋虽出身布衣，无多文墨，但是他从历代王朝的经验教训与自身的成长历程中深刻地认识到教育于一国之安稳兴旺的重要性，因此在立国之初便把教育事业置于重要位置。朱元璋曾说："治天下当先其重其急后其轻且缓者。今天下初定，所急者衣食，所重者教化。衣食给而民生遂，教化行而习俗美。足衣食者在于劝农，明教化者在于兴学校。"❷自此，明朝确立了"治国以教化为先，教化以学校为本"❸的文教政策，高度重视教育的社会政治功能。但必须指明的是，明朝历代统治者把教化民众的重任主要置于从中央到地方的各级官学，并在各地广泛建立府、州、县官学。同时，又大力提倡科举。其中，明代科举考试以"四书""五经"为内容。但"四书"的解释必须依据朱熹的注释，"五经"的解释需依据程朱的注释，否则便是离经叛道。❹除此之外，明代科考还以八股文体的"制艺时文"作为体裁格式，这些固化规定导致书院教育处于尴尬的被忽视状态。正因如此，书院在朱明王朝一路走来坎坷不平，经历了明初的沉寂、明中叶的兴盛和明末的禁毁。

　　明代末年，张献忠率领起义军入四川，遭到地方武装力量的顽固抵抗，在战乱之中，包括重庆在内的蜀中各地官立学校和书院大都遭到破坏。据清嘉庆《四川通志》卷七十八所载，顺治十八年（1661年）佟凤彩《重修成都府学记》文称：自张献忠进攻成都，"烬煨圣域，贤关几不可问……茂林荒草阒无人烟，直从未有之劫"。吴省钦《重修成都府学大成殿碑记》也写道：成都府学在张献忠入川时，"惟嘉靖御书，程子四箴碑未烬"，其余全被火毁。清高人龙《梁山县修学记》写道："梁为东川巨邑，旧学在城南隅，明末流寇蹂躏，殿堂销毁。"清嘉庆、同治《金堂县志》亦载：崇祯末年张献忠入川，金堂县学宫"遂为焚毁，仅存棂星、泮池及天德、王道二石坊，余俱破瓦颓垣，平芜弥望而已"。经过明末的战乱，巴渝之地的地方官学教育跌入低谷，清以后才逐渐恢复。❺明代重庆书院的坎坷历程应该是明王朝书院教育史的缩影，集中体现了明代书院史的发展脉络。但与此同时，由于地方政府具体行政管

❶　沈善洪，王凤贤. 王阳明哲学研究［M］. 杭州：浙江人民出版社，1981：16.
❷　梁吉充，王玉林. 明太祖治国圣训（文白对照全译）［M］. 北京：中国华侨出版社，1995：95.
❸　张廷玉. 标点本二十五史·明史·选举制［M］. 郑州：中州古籍出版社，1996：365.
❹　沈善洪，王凤贤. 王阳明哲学研究［M］. 杭州：浙江人民出版社，1981：16–17.
❺　涂文涛. 四川教育史·上册［M］. 成都：四川教育出版社，2007：133.

理举措差异，经济结构、文化传统观念以及民族心理习俗等有所区别，书院教育的地方性依然存在。这在明代重庆书院教学与管理的特色方面表现得最为明显。

二、明代重庆书院概述

据目前各种资料考证，重庆书院在宋代时共建有十四所，至宋末元初时，由于战争频发、社会动荡遭到了严重破坏，而这种破坏在一定程度上对重庆书院是毁灭性的。在重庆各地区的方志文献中，对元代重庆书院的阐述中均未提及宋时重庆任何一所书院的延续连绵，笔者历尽艰辛寻觅所得宋代北岩书院的留存，可谓空谷之音。由此想来，元初战火必定波及重庆文教场所并导致其丧失了大量的教育资源。时至元代，重庆那曾书声绕梁、书香浸浴的书院早已残破不堪，人去院空，不复当年书院繁盛之景。只余龙虎、凤山两所新建书院，形单影只，依傍残存。经历了元朝的衰退，进入明代后，重庆书院整体发展呈上升态势。明代重庆共建立了二十四所书院，分别是凤山书院、平山书院、白云书院、少陵书院、育秀书院、合宗书院、尔雅书院、凌云书院、凝道书院、集贤书院、夔龙书院、文明书院、岳麓书院、梅溪书院、楼峰书院、香泉书院、栖清书院、仰高书院、龙虎书院、来凤书院、三贤书院、琴堂书院、北岩书院、丹泉书院。无论是在数量、规模还是书院制度上，明代重庆书院都较宋元时期有一定的发展。

表3-1明代重庆书院一览表中的二十四所书院资料，由笔者根据张阔的《重庆书院的古代发展及其近代改制研究》❶、季啸风的《中国书院辞典》❷、胡昭曦的《四川书院史》❸ 三部著述，加之重庆各地方县志中关于重庆明代书院的记录综合整理而得。但在书院统计数量以及平山书院、梅溪书院、楼峰书院、栖清书院、琴堂书院的办学信息等众多方面上与张阔、季啸风等人观点不尽相同，详情见表3-1、表3-2及正文。

---

❶ 张阔. 重庆书院的古代发展及其近代改制研究 [D]. 保定：河北大学，2007：34-35.
❷ 季啸风. 中国书院辞典 [M]. 杭州：浙江教育出版社，1996：280-297.
❸ 胡昭曦. 四川书院史 [M]. 成都：四川大学出版社，2006：104-106.

表 3-1 明代重庆书院一览表

序号	书院名称	书院地址		创办时间	创办人	性质
		州县	具体地址			
1	北岩书院	涪州（今涪陵）	黄旗镇点易村境涪陵市十三中学内	建于宋代嘉定十年（1217年），明代存续并迁今址	宋知州范仲武	官办
2	龙虎书院	忠州（今忠县）	治城东北隅学宫内	元至元二十一年（1284年），"明因之"	不详	官办
3	凤山书院	长寿	县城东门外铜鼓山下文昌阁	洪武元年（1368年）	知县沙文达	民办
4	少陵书院	夔州（今奉节）	夔州治东二十里	宋时亦有，明洪武年间建	不详	不详
5	栖清书院	江津	县北圣泉寺（圣泉乡）	永乐年间（1403—1424年）	不详	民办
6	梅溪书院	江津	江津县北五里梅子溪	景泰五年（1454年）	工部尚书江渊	民办
7	平山书院	丰都	城东北三里平都山下	弘治十六年（1503年）	杭州知府杨孟瑛	民办
8	育秀书院	潼南	太平乡慈光寺	正德年间（1506—1521年）	不详	不详
9	白云书院	武隆	白云观佛寺（今庙垭乡白云村）	正德八年（1513年）	户部给事、金华太守刘秋佩	民办
10	集贤书院	万县（今万州）	东门外	嘉靖元年（1522年）	知县欧纂中	官办
11	三贤书院	开县	东一里	嘉靖年间（1522—1566年）	不详	不详
12	凝道书院	重庆府治内（今重庆）	不详	嘉靖年间（1522—1566年）	知县刘绘	官办
13	来凤书院	重庆府治（今重庆市）	府治右	嘉靖年间（1522—1566年）	知府刘绘	官办

序号	书院名称	书院地址		创办时间	创办人	性质
		州县	具体地址			
14	合宗书院	合州（今合川）	南津街	嘉靖十年（1531 年）	御史邱道隆	官办
15	凌云书院	丰都	平都山麓胡公祠之东	嘉靖年间（1522—1566 年）	知县万谷	官办
16	丹泉书院	彭水	郁山镇丹泉井侧	嘉靖二十四年（1545 年），后毁	不详	不详
17	尔雅书院	荣昌	东城尚书巷	嘉靖二十八年（1549 年）	刑部尚书喻茂坚	民办
18	文明书院	綦江（今綦县）	城北门外关王庙后文昌宫内	万历年间（1573—1620 年）	知县周作乐	官办
19	夔龙书院	夔州（今奉节）	府治西	万历二年（1574 年）	夔州知府郭棐	官办
20	仰高书院	夔州（今奉节）	奉中偏西一带，府治后	万历二年（1574 年）	夔州知府郭棐	官办
21	琴堂书院	涪州（今涪陵）	玉璧山（今义和镇大山乡琴台村境内）	万历三十七年（1609 年）	举人何环斗	民办
22	楼峰书院	江津	县西楼台山	不详	工部尚书江渊	民办
23	香泉书院	长寿	县北	不详	邑人李氏	民办
24	岳麓书院	铜梁	巴岳山北部	不详	尚书张佳允	民办

资料来源：据重庆市县地方志、教育志及相关文史资料整理。

表 3-2　宋、元、明代的重庆书院对比

朝　代	宋代书院	元代书院	明代书院
数量	14 所	3 所	24 所❶
性质对比	三所难以考证,分别为凤山书院、少陵书院、五桂楼书院		四所难以考证,有十所官办书院,十所民办书院
	八所官办书院,分别为五举书院、五峰书院、静晖书院、北岩书院、瑞应山房、竹林书院、南阳书院、宏文书院	两所官办书院为龙虎书院、北岩书院	
	三所民办书院,分别为南山经堂、庚子书院、龙门书院	一所民办书院为凤山书院	

资料来源:据重庆市县地方志、教育志及相关文史资料整理。

综合表 3-1、表 3-2 可知明代重庆书院的主要特点。①明代重庆书院数量较宋元时期明显增加。如表 3-2 所示,明代重庆的书院共计二十四所,比宋代的十四所增加了十所,是元代书院数量的八倍。②书院性质不同于宋代重庆官办书院少于民办书院这一特征,明代重庆的二十四所书院中,除潼南育秀书院、开县三贤书院、夔州少陵书院、彭水丹泉书院这四所书院的性质因现存资料匮乏难以查证,其余二十所书院中,官办书院与民办书院平分秋色,各为十所。③明代重庆书院地理分布范围主要集中在重庆周边沿长江流域的区间内,且以长江沿线的县市为中心而建者居多。④明代重庆书院相比宋代重庆合川濂溪书院、涪陵北岩书院这类具有理学学派区域中心的著名书院而言,缺乏一些具有重大学术影响的代表性书院。究其缘由,大概可归因于明代文教政策过于专制,使书院教育受到以程朱理学为主导的官方哲学思想的严格控制。

三、明代重庆书院的发展轨迹与区域地理布局

明代重庆书院的教育发展无论是在时间还是在空间上,较之宋元时期都有

❶　关于明代重庆书院的统计数量,张阔在《重庆书院的古代发展及其近代改制研究》一文中统计二十所,本书除涵盖张阔所阐述的二十所明代重庆书院外,考证建于万历年间的涪州琴堂书院、嘉靖年间的丹泉书院、建于宋代的北岩书院在明代存续,三者应属明代重庆书院的范围。此外,通过考证发现梅溪与楼峰并非同一所书院,故明代重庆书院共计二十四所。

较大的差异。仔细考察明代重庆已知具体创建时间的书院,会发现其轨迹虽延续近三百年,但其历史演变颇不平衡,主要活跃于明朝中后期。从表3-1可知,明代重庆共计十八个府县建有书院,其规模不仅突破了前朝九县的空间范围,拓展了重庆书院整整一倍的区域地理布局,还使整个重庆周边沿长江流域连接成为一个横纵四方的书院网络。此外,明代重庆书院的坐落位置还呈现由山林向城镇延伸的趋势,这大概与明朝大一统的稳定环境及以城镇为中心的工商业经济的进步与提升等因素有关。

(一)明代重庆书院的发展轨迹

据笔者统计,明代重庆书院共二十四所。因现有资料的缺失,香泉书院、岳麓书院、楼峰书院三所书院具体设置时间不详,始建于元代的龙虎书院、源于宋时的北岩书院至明代仍有活动。本书对明代重庆书院发展轨迹的描述,以十九所经过查证确定具体创建时间的书院为对象,其余五所或创设于前朝,或虽属明代,但时间不确切,概未列入。故表3-3❶中实际统计明代重庆书院数量为十九所。

表3-3 明代重庆书院创立时间分布

时　间	已知具体创建时间的书院	百分比		明代重庆书院数量排名	具体建立书院
		占已知创建于明代的19所书院	占全部24所书院		
洪武年间 (1368—1398年)	2	10.53%	8.33%	3	凤山书院、少陵书院
永乐年间 (1403—1424年)	1	5.26%	4.17%	4	栖清书院
景泰年间 (1450—1457年)	1	5.26%	4.17%	4	梅溪书院
弘治年间 (1488—1505年)	1	5.26%	4.17%	4	平山书院

❶ 表3-3为笔者自行统计绘制,其资料主要源于季啸风《中国书院辞典》、胡昭曦《四川书院史》两部著作,以及张阔《重庆书院的古代发展及其近代改制研究》一文,另外参考重庆各府州县志的文献,经笔者统计汇总制成表格。

时　间	已知具体创建时间的书院	百分比		明代重庆书院数量排名	具体建立书院
		占已知创建于明代的 19 所书院	占全部 24 所书院		
正德年间 （1506—1521 年）	2	10.53%	8.33%	3	育秀书院、白云书院
嘉靖年间 （1522—1566 年）	8	42.11%	33.33%	1	合宗书院、尔雅书院、凌云书院、凝道书院、来凤书院、集贤书院、三贤书院、丹泉书院
万历年间 （1573—1620 年）	4	21.05%	16.67%	2	仰高书院、夔龙书院、文明书院、琴堂书院
合计	19	100%	—	—	—

资料来源：据重庆市县地方志、教育志及相关文史资料整理。

明代历时二百七十七个春秋，书院发展可谓跌宕起伏。从表 3-3 与图 3-1 中大体可看出，明代重庆书院大致分布在洪武、永乐、景泰、弘治、正德、嘉靖、万历七个时段，其大体发展轨迹是从明初的很少发展到明中期的繁荣再到明末的基本停滞。明代重庆书院的发展历程或轨迹大致可以分为三个阶段、四个时期。

1. 第一阶段：明初沉寂时期

从明太祖洪武到英宗天顺（1368—1464 年）的九十七年间，重庆书院发展缓慢，近百年时光仅创建四所，即凤山书院、少陵书院、栖清书院、梅溪书院，占明代十九所已知具体创建年代的书院的 21.05%，占明代重庆书院总数的 16.67%。这主要是由于明初统治者将发展教育的重点放在兴办官学上，尤其是中央官学，而对书院的建设较为忽视。洪武三年（1370 年）规定"中外文臣皆由科举而进，非科举者毋得为官"，又规定"举子，则由国子生及府州县学生员之学成者"❶。这就使得许多非官学出身的学子失去了科举入仕的机会。此外，由于儒家"学而优则仕"的思想在众多文人学者的心中早已根深蒂固并长期占据主导地位，因此他们不得不迈向官学这唯一的入仕之路。总之，科试举业学子多循官学之途入仕而对书院教育的学术研究缺乏兴趣，所以在洪武至天顺的百余年间重庆与全国各地相似，少有书院的创建。

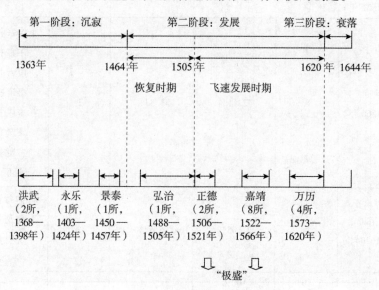

图 3 – 1　明代重庆书院建立时间概况

资料来源：据重庆市县地方志、教育志及相关文史资料整理。

2. 第二阶段：明朝中期书院的两个发展时期

从明宪宗成化到神宗万历（1465—1620 年）的一百五十六年为明朝中期，重庆书院在此间经历了由逐渐振兴到极盛发展，共建立了十五所书院，占已知具体创建时间的书院总数十九所的 78.95%，占明代重庆书院总数的 62.50%。这一百五十多年的明朝书院发展期又可以具体分为两个时期，即从成化到弘治（1465—1505 年）因官学腐败而初步恢复和发展的时期与从正德到万历（1505—1620 年）因王守仁心学传播而飞速发展的时期，其中正德、嘉靖年间书院发展极盛。

---

❶　张廷玉. 标点本二十五史·明史·选举制 [M]. 郑州：中州古籍出版社, 1996：373.

明代重庆书院在初步恢复和发展时期，于成化、弘治两朝（1465—1505年）新建书院一所，即弘治十六年（1503 年）曾任杭州知府的重庆丰都籍官吏杨孟瑛所建的平山书院。

从正德到万历（1505—1620 年）的一百余年，明代书院终于从承继百年、初步恢复的灰暗中走出，迎来了大发展的时代，尤其是正德（1505—1521 年）和嘉靖（1522—1566 年）两朝的六十二年间是明代书院发展的极盛时期。明代重庆书院亦然。根据表 3 – 3，正德和嘉靖两朝共新建书院十所，占十九所已知具体创建时间的书院的 52.63%，占明代重庆书院总数的 41.67%。从数据上分析，重庆书院在明代的发展轨迹紧跟全国书院的发展态势，于正德至嘉靖年间在书院规模数量上有所突破，一改明中期之前书院低迷发展的局面，呈现振兴和繁盛态势。这与明朝科举制度日趋腐朽、官学日渐衰败有关，"特别是嘉靖年间达到极盛，是与心学派的理学家们所起的作用密不可分的"❶。这些心学派理学家向宋儒学习，将书院打造为宣讲各自学说、进行学术研究的重要场所。

3. 第三阶段：明末衰落时期

从明熹宗天启到思宗崇祯（1621—1644 年）的二十四年间，是明代书院的衰落时期。根据可考资料得知，除龙虎书院、北岩书院建于前朝存续至明外，其余十九所明确具体创建时间的书院无一所是此间创建的。在其余三所创办时间不详的书院中，楼峰书院为尚书江渊所建，其创办时间应在明朝中前期，香泉书院、岳麓书院也许有在此间创办的，但以当前资料而论尚难以确定。重庆书院发展到明朝末期已基本停滞，这是因为明末政局动荡、经济破败，文教领域必然会折射出政治经济的危机形态，以颓败和停滞与之呼应。

考诸中国古代书院史，明代计有四次禁毁书院，分别是：嘉靖十六年（1537 年）、嘉靖十七年（1538 年）、万历七年（1579 年）、天启五年（1625年）。从已知资料来看，这四次禁毁书院表面上并没给重庆地区带来直接的破坏性影响，但可以肯定的是，作为全国性的书院禁毁事件，必然会形成巨大的杀伤力。须知"城门失火"必然会"殃及池鱼"，明代书院的禁毁行为势必对书院教育正常运行产生负面影响，从而制约了全国范围内书院的创建及现有书

---

❶　樊克政. 中国书院史［M］. 台北：台湾文津出版社，1995：154 – 163.

院的发展。天启（1621—1627 年）、崇祯（1627—1644 年）年间，重庆书院的发展基本已处于停滞状态，这也许与明代天启五年（1625 年）的禁毁书院有关。

（二）明代重庆书院的区域地理布局

明代重庆书院的地域格局或态势与朱明王朝近三百年的社会环境及历史变动密切关联，既有重庆地区的经济恢复和发展、社会平稳与生活安定，也有各种政治动乱、经济浮沉以及民族矛盾等所引发的地区社会调整及动荡。在明代，重庆书院的区域发展空间呈现扩大趋势，不仅在行政区域上突破了宋元时期的九县范围而扩展到十八县，还展现出新的发展趋势，即由山林建院发展到城镇立足，书院发展呈现出城镇化倾向。

1. 区域分布的拓展

据查证，宋代重庆的十四所书院全部分布在夔州府、铜梁县、江津县、涪州、忠州、大宁县、合州、大足县共八府县，除此之外重庆其他行政区域内再无书院可寻。发展至元朝的重庆书院仅建有两所，即龙虎书院和凤山书院。龙虎书院位于忠州，而建于元朝至正二十八年（1368 年）的凤山书院使重庆书院的行政区域扩展到第九个府县——长寿县。由上述可知，明代以前的重庆书院仅局限于九个府县而已，而这个区域范围占当前重庆直辖市所辖区域（包括二十六个市辖区、八个县、四个自治县）的四分之一不到，表明书院在重庆地区的发展是很不均衡的。明代近三百年间，重庆书院扩展到渝都的更多行政区域，重庆府主城区、丰都、武隆、潼南、荣昌、巴县（在今重庆渝中、渝北、北碚、沙坪坝、九龙坡等部分城乡）、开县、綦江、彭水共九个府县均相继创建书院，使重庆建有书院的行政区划多达十八个，占重庆所辖区域的一半。值得一提的是，这十八个府县主要分布在重庆周边沿长江流域。从中得知，明代重庆书院的发展拥有较大的空间范围，东西横穿夔州、荣昌，南北跨越綦江、大宁，形成了一个广阔的区域书院网络。

2. 由山林向城镇延伸

明代之前，由于长期战乱、官学不振以及佛教禅林制度等多重因素的影响，"读书山林"之风早已盛行。尤其是宋元时期，诸多学子文人志向于山林优雅之地建书院，既可安心研究学术、专心著作，亦可教书育人、传播诸家学术流派的思想文化。沿袭至明代，书院的创办由山林向城镇逼近的趋势开始明显，这是与明代中期城市经济的发展同步的。明孝宗在位期间（1488—1505

年）励精图治，使国家政治清明、经济昌盛、社会安定、百姓和乐，是明代历史上少有的太平盛世时期。由于明孝宗年号"弘治"且处于明代中期，故称为"弘治中兴"。在此期间，全国各地区商业、手工业迅速发展，商品经济的不断发展，使一批中小城镇涌现出来。这种情况也出现在内陆地区，如四川行省下的重庆府县。弘治治世的大好光景，使重庆在此期间发展成为巴蜀之地的经济与文化中心。明朝中期四川地区的纺织、盐铁等行业发展良好，畅销全国。频繁的商业贸易往来带动了交通事业的发展，商业与交通的进步促进了经济与文化向城市集中，使市镇中形成了一个为数众多的小市民知识分子阶层，在这种社会嬗变发展的过程中，书院教育也逐步向城市集中。新兴的工商者的观念发生变化，促进了书院由山林向城市的迁移。明代中期以后，学者更加频繁的、大规模的讲会与结社活动促使"读书山林"转向"城市讲学"，进而使城市书院不断增加并发展成为文化中心。整个社会都在跨向更高的阶段，书院也在寻求更适宜的发展方向，并逐渐走出山林，走向城市。重庆书院紧跟全国书院的整体趋向，也趋于城市化。一时间，有许多书院在城镇中选择地方政治、商贸中心以及通衢大道的便利之所安家落户，并且安营扎寨，徐图振兴而走向兴盛，如明代重庆的合宗书院、尔雅书院、仰高书院、文明书院、夔龙书院、少陵书院、来凤书院等都是如此。

四、明代重庆书院述要

由于明代距今年代久远，且相关文史资料难寻，无法查证，一些书院的详尽情况已不得而知。这不得不说是一件让人痛惜的憾事。现综合各种文献资料和分析，将明代重庆二十四所书院的详尽情况分述如下。

（一）北岩书院

北岩书院创建于宋代，且成为涪陵学派的摇篮，至明朝仍存续。据有关资料显示，"嘉定十年，州牧范仲武改为北岩书院。明清仍为书院，但名称则有变动"❶。亦有"宋代嘉定十年，涪州太守范仲武建北岩书院，钩深堂为其主体建筑。明代迁今址，清康熙年间两度修建"❷。可见，北岩书院历经宋元两

---

❶ 中国人民政治协商会议涪陵市委员会文史资料研究委员会. 涪陵文史资料选辑·第一辑 [M]. 内部交流本，1988：127.

❷ 《重庆百科全书》编纂委员会. 重庆百科全书 [M]. 重庆：重庆出版社，1999：414.

朝，再至明清历数百年之变，依然屹立不倒，实乃重庆教育史上的一大幸事。

北岩书院自宋时创建，历经数代，其院内院外形成了诸多名胜景观。其间朝代更替，斗转星移，虽多次遭到损坏，却又多次恢复和维修，至明清时期形成"北岩十景"。其中一景碧云亭，位于点易洞东侧，初建于南宋嘉定元年（1208年），明代崇祯年间重修，今存。亭系穿斗式木结构，无中心柱，枋柱连接无拴眼（木梢子），结构精巧，历三百余年而无倾侧。❶

（二）龙虎书院

龙虎书院建于元至元二十一年（1284年），位于忠州城东北方向，至明代仍存续。❷ 程腾凤《绍鹅书院设立膏火记》曾说："忠郡有书院由来久矣，元名龙虎书院，明朝三百余年虽有新学之建，仍以龙虎名之，因而不改。"对于龙虎书院的具体建立时间，各文史资料记录不一，研究学者亦持不同观点。本书在经过考证后，认为龙虎书院建于元至元二十一年（1284年），具体介绍在第二章"元代重庆书院的衰落"。

（三）凤山书院

凤山书院是重庆长寿县有史料记载以来的第一所书院，意义非凡。书院原位于县治乐温城紫云岩下，后迁至县城东门外铜鼓山下文昌阁。明洪武六年（1373年），乐温县更名为长寿县，因县北山下居住的民众大多长寿而得名。凤山书院建于元末至正二十八年（1368年）与明初洪武元年（1368年）❸，由时任知县沙文达创办。它的建立预示着元末战乱纷扰与动荡不安的时代即将过去，朱明王朝的大一统将为蜀渝之地带来安逸与希望，亦是明朝时期整个重庆新建书院的开端。凤山书院虽为当地知县沙文达所创，却属私人捐资或社会集资开办的讲学之所而非官办书院，因而属于民办性质。该书院在岁月长河中风雨飘摇了近二百余年，几乎伴随了整个大明王朝的兴衰，其间经历了明代书院由沉寂到兴盛再到禁毁的兴衰荣辱，见证了明代重庆书院的匍匐艰辛之

---

❶ 涪陵市枳城区国土局. 涪陵市国土志［M］. 成都：四川人民出版社，1998：73.
❷ 同治《忠州志》卷八"学校志"所录。
❸ 本书对张阔论文中"凤山书院建于洪武初年"的观点做了进一步确切考订。经笔者查证，"凤山书院，明洪武元年（1368年）由长寿知县沙文达创办。原址在县治乐温城紫云岩下。清雍正时期（1723—1735年），知县台蝶迁于县城东门外铜鼓山下文昌阁。"（《重庆百科全书》编纂委员会. 重庆百科全书［M］.重庆：重庆出版社，1999：368.）元至正二十八年（1368年），长寿知县沙文达在长寿县乐温城紫云岩建凤山书院(重庆市教育委员会. 重庆教育志［M］. 重庆：重庆出版社，2002：843)。据此可知，凤山书院建于元末至正二十八年（1368年）或明初洪武元年（1368年）。

路。17 世纪中期，破败不堪的朱明王朝即将退出历史的舞台，社会动荡，经济萧条，凤山书院因故停办。凤山书院是明代重庆一所极具代表性的书院，但由于缺少更多关于它的文字记载，因而对它的认识也只能仅限于此。

（四）少陵书院

少陵书院，夔州府治东，即杜甫草堂（西瀼草堂）处❶，宋理宗嘉熙年间（1237—1240 年）已建。但它经历了宋末和整个元代百余年的沉寂，院宇荒废，早已失去了书院作为教育机构、学术研究机构的基本职能，直至明朝前期才又重新恢复其作为书院的气象。❷《正德夔州府志》中已经有了关于少陵书院的记载："少陵书院在府治东一十里，即杜少陵草堂。"❸ 这说明少陵书院在明朝的修复重建是在正德以前，也就是明朝中前期。笔者在翻阅其他文史资料时，查到相关记录："少陵书院在夔州治东二十里，即草堂，明洪武中建。"❹ 以此印证少陵书院自宋时创建，于元代销毁，至明初重建。想来，少陵书院在明洪武中期的复原亦是经历了万般挫折，亦同时代见证了重庆书院的百年兴衰沉浮。之后数百年，少陵书院一直作为重庆奉节县的教育活动场所，为其培养人才，传承文化。

（五）梅溪书院、楼峰书院、栖清书院

由于年代久远，关于梅溪、楼峰、栖清三所书院的详细资料殊为难寻，笔者仅从地方县志中找寻了只字片语，加以编织陈述。江津县的梅溪、楼峰、栖清三所书院均与明代尚书江渊有着莫大关系。前两所书院均为江渊所建，而栖清书院则是他少时读书之处。本书对江津县梅溪、楼峰两所书院的考证结果不同于季啸风等人所持"梅溪书院，又名楼峰书院，明江渊建"❺ 的观点，通过考证地方县志，查实梅溪、楼峰为江渊建于江津县的两所书院。据《江津县志》记载，"江渊在梅子溪建有梅溪书院，县西楼台山有楼峰书院"❻。《重庆教育志》也有"梅溪书院，明景泰五年（1454 年），江津县北五里梅子溪，工部尚书江

❶ 周勇.重庆通史·第一册［M］.重庆：重庆出版社，2014：196.
❷ 张阔.重庆书院的古代发展及其近代改制研究［D］.保定：河北大学，2007：36.
❸ 吴潜，傅汝舟.夔州府志［M］.上海：上海古籍书店（据天一阁藏正德刊本印），1961.
❹ 熊明安，徐仲林，李定开.四川教育史稿［M］.成都：四川教育出版社，1993：572.
❺ 季啸风.中国书院辞典［M］.杭州：浙江教育出版社，1996：922.
❻ 江津县地方志编纂委员会.江津县志［M］.成都：四川科学技术出版社，1995：642.

渊建""楼峰书院，津县南八十里楼台山，同上（工部尚书江渊建）"❶ 等文字。以此相互印证，可知梅溪与楼峰并非同一所书院。此外，季啸风等人将江渊读书处的江津书院称为"楼清书院"❷，但据笔者考证，江渊少时读书于江津"栖清书院"，依据有三：第一，《江津县志》中记载，"县北圣泉寺（圣泉乡境）有栖清书院，太子少师、工部尚书江渊曾在此读书"❸，"明代，有栖清、梅溪书院"❹；第二，《重庆市地名词典》记有"圣泉寺又名'栖清书院'，系明工部尚书江渊幼年读书地"❺；第三，《重庆教育志》中称，"明永乐年间（1403—1424 年），在江津县北十里圣泉寺建栖清书院，在景泰年间（1450—1456 年）任太子少师、工部尚书的江渊，曾在青少年时期就读该书院"❻。以上资料显示，江渊读书处名为"栖清书院"，且建于永乐年间（1403—1424 年）。

栖清书院位于江津县北圣泉乡，昔日书院曾有一大古刹，名为圣泉寺，其间古木参天，怪石林立。寺内圣泉泉水清甜润口，寺院的石壁上有明、清名人题刻。寺内"栖清书院"原为江津县"八景"之一，但在"文革"时期庙宇、石刻多遭捣毁。❼ 江渊（1400—1473 年），字世用，号字庵，江津人，少时读书于栖清书院，明宣德五年（1430 年）考中进士，金榜题名。他三十入仕，步步高升，"景泰初，遂入阁预机务"❽，从此进入了一生仕途最为辉煌的时期。景泰年间，朝廷念江渊政绩卓著，于安定民生、发展生产有重大功绩，因而多次下诏旌表，拨库银重修栖清书院。❾ 然而天有不测风云，景泰八年（1457 年），英宗复辟❿，江渊"谪戍辽东"⓫，直至成化元年（1465 年）方被

---

❶ 重庆市教育委员会. 重庆教育志 ［M］. 重庆：重庆出版社，2002：35.

❷ 季啸风. 中国书院辞典 ［M］. 杭州：浙江教育出版社，1996：922.

❸ 江津县地方志编纂委员会. 江津县志 ［M］. 成都：四川科学技术出版社，1995：642.

❹ 江津县地方志编纂委员会. 江津县志 ［M］. 成都：四川科学技术出版社，1995：640.

❺ 《重庆市地名词典》编辑委员会. 重庆市地名词典 ［M］. 重庆：科学技术文献出版社重庆分社，1990：285.

❻ 重庆市教育委员会. 重庆教育志 ［M］. 重庆：重庆出版社，2002：843 – 844.

❼ 江津县地方志编纂委员会. 江津县志 ［M］. 成都：四川科学技术出版社，1995：83.

❽ 潘荣胜. 明清进士录 ［M］. 北京：中华书局，2006：59.

❾ 中国人民政治协商会议重庆市江津市委员会文史资料委员会. 江津文史资料选辑·第十五辑 ［M］. 内部交流本，1994：175.

❿ 明朝正统十四年（1449 年）发生土木堡之变，明英宗朱祁镇北征瓦剌惨败，沦为瓦剌军队的阶下囚，于谦、江渊等朝臣拥立其弟明代宗朱祁钰称帝，重新建立明朝政治核心。明景泰元年（1450年），瓦剌放回明英宗。景泰八年（1457 年）正月，夺门之变爆发，明英宗复位，改元天顺。二月，英宗废景泰帝为郕王，杀于谦，贬江渊。

⓫ 中共重庆市委研究室. 重庆市情（1949—1984）［M］. 重庆：重庆出版社，1985：944.

昭反，官复原职并由明宪宗钦题"北极勋臣府，西川相国家"。然而几经官场风云后，时年六十五岁的江渊早已看淡仕途，遂辞官归乡。回江津后，江渊投身书院教育当中，培养江津子弟，造福乡里，直到 1473 年病逝于江津县。据称，江渊在功成名就后，不忘栖清书院的多年栽培，并有感圣泉寺内圣泉灵水保佑，多次捐资以助书院维修。对于栖清书院，江渊有着殷切期许和浓厚情感，曾有《栖清书院》诗作。诗云："春风岩畔草青青，苔藓模糊篆刻平。壮志已随龙虎逝，剑光犹傍斗牛横。三余事业今安在，一代文章空有名。桂影婆娑明月夜，咿唔疑有读书声。"❶ 已是深夜时分，却仍旧听到读书之声，想来这也是江渊在壮志难酬之下看到栖清书院学子奋发读书之景倍感欣慰，亦是勾起自己昔日满怀壮志读书其中的记忆。

（六）平山书院

平山书院在丰都县城东北三里平都山下。明洪武十年（1377 年），丰都县并入涪州，隶属四川承宣布政使司重庆府。洪武十三年（1380 年），丰都县脱离涪州，归重庆府忠州管辖。明代心学集大成者王守仁曾作《平山书院记》，记有"平山在丰陵之北三里"，为明代杭州郡守杨孟瑛创建。杨孟瑛，字温甫，号平山，四川丰都人，"杨君温甫早岁尝读书其下（平山书院）"。明朝天顺年间（1457—1464 年），丰都第一位进士杨大荣在此设馆教子，其子杨孟瑛在成化丁未年（1487 年）中进士任扬州知府后，改扩建私馆为平山书院，招授乡童。

关于平山书院的具体创建时间，史料中并没有确切的记载，但根据王守仁的《平山书院记》简要分析，推测平山书院的创建时间为弘治十六年（1503年）。《平山书院记》❷ 全文如下：

平山在丰陵之北三里，今杭郡守杨君温甫早岁尝读书其下。丰人之举进士者，自温甫之父金宪公始，而温甫承之。温甫既贵，建以为书院。曰："使吾乡之秀，与吾杨氏之子弟，诵读其间，翘翘焉相继而兴，以无亡吾先君之泽。"于是其乡多文士，而温甫之子晋，复学成有器识，将绍温甫而起。盖书院为有力焉。温甫始为秋官郎，予时实为僚佐，相怀甚得也。温甫时时为予言："平山之胜，峯秀奇特，比于峨嵋。望之岩厉壁削，若无所容，而其上乃

---

❶ 江津县地方志编辑委员会. 江津县志［M］. 成都：四川科学技术出版社，1995：888.

❷ ［明］王阳明. 王阳明全集·叁·外集［M］. 北京：中国书店，2014：155-156.

宽衍平博。有老氏宫焉，殿阁魁杰伟丽，闻于天下，俯览大江，烟云杳霭。暇辄从朋侪往游，其间鸣湍绝壑，拂云千仞之木，阴翳亏蔽。书院当其麓，其高可以眺，其邃可以隐，其芳可以采，其清可以濯，其幽可以栖。吾因而望之以'含远'之楼，蛰之以'寒香'之坞，揭之以'秋芳'之亭，澄之以'洗月'之池，息之以'栖云'之窝。四时交变，风雪晦暝之朝，花月澄芬之夕，光景超忽，千态万状。而吾诵读于其间，盖冥然与世相忘，若将终身焉，而不知其他也。今吾汩没于簿书案牍，思平山之胜，而庶几梦寐焉，何可得耶！"

既而某以病告归阳明，温甫寻亦出守杭郡。钱塘波涛之汹怪，西湖山水之秀丽，天下之言名胜者无过焉。噫！温甫之居是地，当无憾于平山耳矣。今年与温甫相见于杭，而叠叠于平山者犹昔也。吁，亦异矣！岂其沉溺于兹山，果有不能忘情也哉？温甫好学不倦，其为文章，追古人而并之。方其读书于平山也，优游自得，固将发为事业以显于世。及其施诸政事，沛然有余矣，则又益思致力于问学，而其问又自有不暇者，则其眷恋于兹山也，有以哉！温甫既已成己，则不能忘于成物，而建为书院以倡其乡人。处行义之时，则不能忘其隐居之地，而拳拳于求其志者无穷已也。古人有言："成己，仁也；成物，知也。"温甫其仁且知者欤！又曰："隐居以求其志，行义以达其道。吾闻其语矣，未见其人也。"温甫殆其人也，非欤？

温甫属予记，予未尝一至平山，而平山严严之气象，斩然壁立而不可犯者，固可想而知，其不异于温甫之为人也。以温甫之语予者记之。

由《平山书院记》中"温甫既贵，建以为书院……今年与温甫相见于杭……以温甫之语予者记之"[1]可知，平山书院大概创建于弘治十六年（1503年）杨孟瑛初任杭州知府之时，值此之际与"以病告归"的好友王守仁相逢杭州，共叙情谊。王守仁（1472—1529年），字伯安，号阳明，浙江余姚人。因曾居于会稽山阳明洞而自号阳明子，亦名王阳明。"既而某以病告归阳明，温甫寻亦出守杭郡"，又可获悉平山书院应建于王阳明"以病告归"期间。王守仁生于成化八年（1472年），三十一岁时忽患肺病，告病回到余姚老家休养。由此推算，王守仁告病回乡应该是在弘治十六年（1503年）。综上分析，杨孟瑛始任杭州知府与王守仁"以病告归"的同一年在杭州相逢相见，这一

❶ 王守仁. 平山书院记［G］//常明，杨芳灿. 四川通志. 清嘉庆二十二年（1817年）刻本.

年也是杨孟瑛创建平山书院之年，因此平山书院应为弘治十六年（1503 年）所建。

（七）育秀书院

育秀书院在潼南县境内慈光寺（现后坝村）❶，明正德年间（1506—1521年）创建。❷ 关于明代育秀书院的其他记载，笔者翻阅众多文献资料，均未得。

（八）白云书院

白云书院位于重庆武隆，建于正德八年（1513 年）。明代户科给事中、浙江金华太守刘秋佩，原凤来乡人，正德元年（1506 年）辞官回乡，之后在今庙垭乡白云村白云观佛寺创办白云书院一所，这是整个武隆县历史上最早有记载的学校。❸

刘秋佩，字惟馨（？—1524 年），武隆县凤来乡白云村人。明弘治十一年（1498 年）中举人，次年殿试第六名，中进士，任户部监察使。明朝中后期朝廷腐败，奸臣当道，特务政治残酷。当时任锦衣卫总管的刘瑾，权倾朝野，桎梏臣工，杜塞言路，酷虐军民，致使政事乖谬，号令不行，赏罚不明。各大臣纷纷上疏谏止，然武宗不但不听，反升刘瑾为司礼太监，执掌朝廷军务大权。❹ 身为户部监察吏的刘秋佩，见刘瑾玩弄权术、诬陷忠良，便挺身而出。明正德元年（1506 年）十二月，刘秋佩"本知言出祸随"，却又作《劾逆党刘瑾疏》，弹劾位极人臣的刘瑾，疏称"陛下进瑾为司礼太监"是"假虎以翼"的用人之道，并严肃指出"陛下……沉湎于酒色坐待其毙"。❺ 刘秋佩在明武宗面前弹劾刘瑾，受到满朝文武的称赞，却因忠谏愈发触怒了刘瑾。武宗

---

❶ 四川省潼南县政协文史资料委员会．潼南文史资料·第五辑［M］．内部交流本，1995：132.

❷ 关于明代潼南育秀书院的记载只出现在季啸风的《中国书院辞典》第 923 页和李国钧的《中国书院史》第 1078 页的历代书院名录中。其他资料未见潼南县正德年间建有育秀书院，另有资料所载与上述两种著作尚有不同。四川人民出版社 1993 年出版的新修《潼南县志》第 689 页载："育秀书院，在太平乡慈光寺，道光二十三年（1843 年）创建"。但无法判定两所育秀书院究竟有无关联，《潼南县志》的记载也并不能否定潼南县在明代曾经存在过一所名"育秀"的书院，所以笔者依旧把潼南育秀书院列于明代重庆书院之中。

❸ 梁德坤．武隆县情［M］．成都：四川人民出版社，1992：95.

❹ 中国人民政治协商会议武隆县委员会文史资料委员会．武隆文史资料·第一辑［M］．内部交流本，1989：6.

❺ 中国人民政治协商会议武隆县委员会文史资料委员会．武隆文史资料·第一辑［M］．内部交流本，1989：7.

昏庸，仍宠幸奸臣。一代忠良刘秋佩被刘瑾杖于午门下，烈日中血淋漓下，浸地为赤。❶ 之后，刘秋佩被贬谪回乡。

刘秋佩回乡后，终日与书为伴。据同治《涪州志·卷二·舆地志》记载：刘秋佩挚友曾忆，"前明刘司谏秋佩先生故里也。麓有八卦岩，司谏少时读《易》处。及劾逆（刘）瑾……（秋佩弟）建永思楼，辟最乐洞。日与先生啸咏其间"。刘秋佩仿宋时程颐读书北岩"点易洞"，在白云书院近处辟"最乐洞"，读书其间，不亦乐乎。尔后，他见家乡诸多孩童读不起官学，遂于正德八年（1513 年）借白云观佛寺创办"白云书院"。刘秋佩在白云书院招收生徒，讲授儒学经典，并致力于传授王守仁"致良知"与"知行合一"学说。❷ 在刘秋佩的教育下，白云书院走出了一大批学识渊博的人才，后来也在朝廷为官。嘉靖元年（1522 年）四月，明世宗即位，刘秋佩再次被朝廷起用，任长沙知府，后升任江西按察司副使。秋佩在任期间，为官清正廉明，政绩卓著，颇受称道。❸ 不久，他杖伤复发，再次辞官归养，于明嘉靖三年（1524 年）病故。❹

刘秋佩去世之后，明世宗遣使谕祭，谥以"忠悯"，并下诏在成都和涪陵建"坤为正气"坊和"大节名宦"祠，户部侍郎倪惠斯将其奏疏刊刻行世，并为之作序。刘秋佩为明骨鲠之臣，世人尊称为刘司谏。❺ 曾有《吊刘秋佩》❻一诗称赞刘秋佩，诗曰：

> 武宗昏庸宠刘瑾，群贤一谏一贬废。
> 杖刑充军不矢志，杖伤复发还桑梓。
> 阉奴肆虐害忠贞，秋佩数劾数沉沦。
> 复职勤政官廉明，白云书院鲠骨臣。

白云书院后废为庙宇，直到清同治年间刘氏后裔与当地文士重将书院修复，改为家族私塾，恢复教学。旧址今为县城关镇小学。

---

❶ 中国人民政治协商会议武隆县委员会文史资料委员会. 武隆文史资料·第一辑［M］. 内部交流本, 1989：6.

❷ 季啸风. 中国书院辞典［M］. 杭州：浙江教育出版社, 1996：283.

❸❹❺ 中国人民政治协商会议武隆县委员会文史资料委员会. 武隆文史资料·第一辑［M］. 内部交流本, 1989：7.

❻ 政协武隆县委员会文史资料委员会. 武隆诗词选·第六辑［M］. 内部交流本, 1997：97.

（九）集贤书院

《万县志》中记载："明嘉靖年间知县欧纂中所建集贤书院。"❶ 在《万县地方教育志》中，对于集贤书院具体创办时间的记录，精确到了"嘉靖元年（1522 年）"❷，同时书院的具体位置也得到了明确，即万县"县城东门外"❸。对于集贤书院在明代万县的教学活动，史料中未多涉及，仅在《夔州府学校考·府志》中记载过集贤书院的办学经费状况："集贤书院在东门外即抽分厂也。嘉靖中，知县欧纂中改为书院，今发学田学租，见载，学田三亩，中田一亩应纳京。斗租穀八斗，下田二亩，每亩应纳京。斗租穀六斗，共纳京。斗租穀一石，四斗见徵京，斗租穀二石，存当本县会听候支给。"❹ 斗租是租佃制度名称，在中国古时南方一些省份，其计算田亩多少时不以顷亩计数，而是以所交田赋斗数为准，并在租佃时按此斗数论租，故称为斗租。"穀"即谷，古时作为计量庄稼和粮食的总称。《前汉·律历志》云："十升为斗……斗者，聚升之量也。"❺ 斗是我国市制容量单位，约十升为一斗，十斗为一石。而对于石的计量概念，《中国历代粮食亩产研究》曾定义，明朝的一石米约合今日一百五十三点五斤重。如此计算下来，集贤书院在物质上应是较为充裕的。

此外，《万县志》中曾记载："清光绪十七年（1891 年），县有书院十六所。即明嘉靖年间知县欧纂中所建集贤书院，清代乾隆时所建刘公书院……南西山书院、凤山书院，道光十一年（1832 年）……"❻ 由此可知，集贤书院直至清末仍然存续。

（十）三贤书院

《万县地区教育志》载，"开县于明嘉靖年间（1522—1566 年），曾建有三贤书院"❼，位于开县东一里。❽ 至于它是由何人所建，尚难知晓，但对于此书院的创办初衷却有记载，"祀元赵受明、陈良、杨文"❾，书院以"三贤"命

---

❶ 《万县志》编纂委员会. 万县志［M］. 成都：四川辞书出版社，1995：595.

❷❸ 万县市教育委员会. 万县地区教育志［M］. 重庆：重庆出版社，1997：11.

❹ ［清］陈梦雷. 古今图书集成·第十一册·方舆汇编·职方典［M］. 北京：中华书局，1985：13268.

❺ ［元］王祯. 农书译注·下［M］. 济南：齐鲁书社，2009：587.

❻ 《万县志》编纂委员会. 万县志［M］. 成都：四川辞书出版社，1995：595-596.

❼ 万县市教育委员会. 万县地区教育志［M］. 重庆：重庆出版社，1997：40.

❽ 常明，杨芳灿. 四川通志·卷七十九［M］. 清嘉庆二十二年（1817 年）刻本.

❾ 熊明安，徐仲林，李定开. 四川教育史稿［M］. 成都：四川教育出版社，1993：572.

名也正体现其创办书院的目的。此三人必定是对开县做出过巨大的贡献，才会获此殊荣。陈良（1446—1506 年），字时佐，武陵人，明成化十六年（1480年）举人，历任开县、武进、京卫三县教谕、训导，以子满谟为副都御史，得赠为兵部右侍郎，著有《开县志》《西谷漫草》。陈良墓在今湖南常德鼎城区白鹤山乡岩马山，气势恢宏。墓前有二华表耸立半空，中有三石龟各负一石碑，系汉白玉质，高二米九，碑额二蟠龙相对，中书"皇天诰命"四字，左有石人，右有石马，墓前还有二雄狮昂首相望。墓的左右有天然二港，状若蛟龙，蜿蜒数里。墓前湖水如镜。两港汇合处，其间有一座墓脱水，谓之"二龙戏水"。近年来，两港建成鱼池，随着长江三峡坝建成，水位提高，致使部分附属文物常年浸泡水中。为弘扬祖国历史文化，启迪后人，已将陈良墓迁往万金公墓并重修陈良墓：背倚东山，脚蹬柳湖，华表高耸，狮马雄踞，环青山而叠翠，望空峪而幽远。较之原葬地长坡山，实有过之而无不及也。❶ 虽未见对另外两人的介绍，但从陈良陵墓的规格、气派、环境以及相关的评论文字等内容也可窥见一斑。❷

（十一）来凤书院、凝道书院

明嘉靖年间（1522—1566 年），重庆知府刘绘在府治建凝道书院，稍后建来凤书院。❸ 两书院均为府属❹，因此来凤、凝道书院均为官办书院。刘绘（1505—1578 年），字子素（一作"汝素"），一字少质，河南光州（潢川）人。❺ 他八岁通读《诗经》，稍长读《史记》。青少年时代的刘绘，喜读《左传》《国语》，纵横家言，击剑通侠以自豪。明嘉靖十四年（1535 年）中进士，任为行人（掌管传旨册封等事的官），后改任户部给事中（官名，掌抄发章疏，稽查违误，权颇重）。刘绘为人为官"性刚直，不阿权势"，且处事果断，对皇帝敢于秉笔直谏，很多建议都被皇帝采纳。时有宰相夏言，骄恣专横，徇私植党，刘绘上书奏折，弹劾宰相夏言十罪，抨击权臣时弊。刘绘言："汝砺乃大学士翟銮姻戚，瓒、洙则夏言谕指如默排群议而荐之者。相臣挟权

---

❶ http：//ourtour. com. cn/txdestination/msfq_detail – id_18456. html.

❷ 吴洪成，张阙. 重庆的书院 ［M］. 重庆：西南师范大学出版社，2008：71.

❸ 对于来凤书院，季啸风只记位于"重庆市"的观点，张阙对此赞同，对书院性质、创办者、时间皆称"不详"。但据笔者查证，来凤书院应建于明朝，重庆府治（地点），重庆府属（隶属）。

❹ 重庆市教育委员会. 重庆教育志 ［M］. 重庆：重庆出版社，2002：844.

❺ 潢川县文化局文化志编辑室，李长淮，高燮昌，吕延平，黄经纬. 潢川县文化志 ［M］. 内部交流本，1987：266.

以遏言官，言官惧势而咈公议，上下雷同，非社稷福。乞罢銮、言，罪如默，为徇私植党者戒。"❶ 皇帝认为他说得有理，便将邢如默调离京师外任，夏言也被免去了辅政之职，翟銮被搁置一旁，不予过问。之后刘绘再次弹劾夏言等一众朋党，"夏言终被罢黜"❷。

然而，刘绘因两次弹劾夏言受到了夏氏一众权臣的排挤。1554 年，刘绘被排出京都，出任重庆知府。刘绘出任重庆知府期间清廉公正，不饱私囊，治渝卓有成效。❸刘绘在重庆任职期间可谓尽心尽力，政治清明，文教事业上更有较快发展。据《明史》本传记载，刘绘在任重庆知府时，"尤爱士作人（爱护和培养人才），建凝道书院"❹。凝道书院、来凤书院均建于嘉靖年间（1522—1566 年），时值明代书院的高速发展时期。在这个阶段，重庆书院紧跟全国书院的发展态势，不仅在书院规模数量上实现突破，一改前期书院低迷状况，更有繁盛之势。明代重庆书院在嘉靖年间的大幅发展均与当时政治局势、官场变动有一定关联。凝道、来凤两所书院正是在这种情境下产生的。官场腐朽，权臣当道，被排挤出殿堂的刘绘仍抱着满腔热忱来到重庆，创建凝道、来凤书院，"檄州邑士之秀异者，读书其中，躬亲讲课，岁大比（考试之年），与贤书者（乡试举人）展拳，人文之盛，甲于一时，士人向慕，祀府名宦"❺。

官场浮沉，非刘绘等忠良贤士所能摇摆。"时，土官争地相仇，墩谕之（用文书晓谕土官），即定。上官交荐（上级都一致推荐），卒为夏相所扼，不得超迁。"❻ 如此一来，刘绘再次被夏言打击，不得已挂冠辞归光州（潢川）故里。辞官归来的刘绘，将故里的旧渠浚修，并命名为元（玄）湖。其间筑洲建庐，养鱼植藕，与名士知友诗简往来，与野老乡叟谈笑舟中。晚年亦曾著书讲经，一时远近学子云集于此，听他讲授，尊称他为"嵩阳先生"❼。此后，刘绘"家居二十年。卒"❽。著作有《易勺》《春秋管》，均未完稿成书，有《通论》四十篇、诗赋序论杂文二十卷流传于世。

（十二）合宗书院

合宗书院位于今重庆合川境内，其前身为宋代合州的瑞应山房、濂溪书

---

❶ ［清］张廷玉. 明史·第四册［M］. 长沙：岳麓书社出版社，1996：3041.
❷❸❼ 潢川县文化局文化志编辑室，李长淮，高燮昌，吕延平，黄经纬. 潢川县文化志［M］. 内部交流本，1987：266.
❹❺❻ 向楚. 巴县志选注［M］. 重庆：重庆出版社，1989：516.
❽ ［清］张廷玉. 明史·第四册［M］. 长沙：岳麓书社出版社，1996：3042.

院。明成化年间（1465—1487 年），知州唐殉等复兴濂溪书院。嘉靖十年（1531 年），御史邱道隆倡建，设于合州南津街。❶ 董新策曾作《濂溪书院记》，其间记载：

> 明成化中，唐侯殉守兹土，兴复是亭，费御史广为之记。然则，合阳为先生过化地，合人之宗先生有自来矣。嘉靖辛卯，练塘邱公按郡。作书院于南津，颜曰"合宗"，表濂溪也。院广六丈，深三十六丈，严有门，缭有垣，周有廊，池有莲，树有竹木，当时崇儒重道，讵不谓盛哉。兵燹以还，瑞应、养心诸胜日就倾圮，而合宗片瓦荡然无存。游息其所者，见残碑断础，野草长林，辄三叹去。今年夏，予省先人墓来暂止焉，登临乐、光霁之堂，周旋瞻顾，整整秩秩，百年废迹焕然改观。噫，废兴固有时耶？然征郡僚蔡君，孰肩乃事，君佐郡有年，政通人和，百务以次举。书院之兴复尤慨然任之。捐俸钱，荆芜蔓，伐木于山，砖埴于陶，集梓人、冶氏、丹漆之工，罔弗亲礬鼓以贾厥力，度旧址为堂，堂五楹，中奉濂溪先生木主，门廊垣墉，竹树莲池如初制。经始于癸未之秋，落成于丁亥秋八月，凡金以两计者一百六十有奇，其一切赏赉之需皆君输之，囊中慊如也。学博曾君又巩、刘君勋谓宜记之，记则属予。❷

从《濂溪书院记》的描述中，我们大概可以窥测明代合宗书院的全貌："院广六丈，深三十六丈，严有门，缭有垣，周有廊，池有莲，树有竹木"❸，足以证明其规制较大。书院的堂前名"寻乐"，后名"天余""光霁"。邱道隆曾于合宗书院院后隙地，"凿池种莲，建寻乐亭其上，赋诗勒石记之"❹。合川有诗《寻乐亭咏新笋》❺，曰：

> 手种琅干数千丛，高亭四面贮清风。
>
> 他时如簪青青绿，好诵新诗念悔翁。

明嘉靖二十五年（1546 年），府判曹自重增修合宗书院，又建亭名为"观莲"❻。其莲，必定是往时邱道隆栽种下的。想来，在明代诸位官员的修复之下，合宗书院再次恢复宋时琅琅书声、人才济济的面貌，真可谓"百年废迹

---

❶ 《重庆百科全书》编纂委员会. 重庆百科全书［M］. 重庆：重庆出版社，1999：443.

❷❸ 董新策. 濂溪书院记［G］//郑贤书，张森楷. 合川县志. 民国十一年（1922 年）刻本.

❹❺ 池开智. 名人与合州［G］//合川市政协文史资料委员会. 历代合川山水诗选注. 内部交流本，1992：95.

❻ 季啸风. 中国书院辞典［M］. 杭州：浙江教育出版社，1996：297.

焕然改观"❶。然而，后经明末战火破坏，"瑞应""养心"等一众亭台楼阁皆倾圮，合宗书院荡然无存，其间只有残碑断础，野草长林，让游息此处的人们不免怀伤感叹。❷

合宗书院的创办与命名，皆同御史邱道隆有关。时任明按察副史张鲲曾在《合宗书院记》中这样描述他："御史闽人，姓邱，名道隆，别号练塘，其履历若元公茂叔，未见之仕版详图籍传诸人。"并对他有很高评价："夫御史之学，经之以正而不迁，达之以道而不固，华之以文而不靡，游之以艺而不滥。变而通之，维而持之，毅而执之，与时宜之。……夫御史之化，崇雅而黜淫，迪正而放邪，尚耻而杜陋，怀柔而伐强。夫其毁佛氏之宫而建兹院，合之民，翕然从之而无异议，俨然安之无距行焉。"❸ 这里写出了御史邱道隆兴办书院的艰难，以及其兴学育人、发展文教的良苦用心，也显现出合州民众对此义举的接纳与推崇。至于为何命名合宗，这是因为当时作为巡按御史的邱道隆恰逢巡视合州，知南宋理学家周濂溪曾作合州通判，乃建书院，而彰其行。邱道隆曾说："元公周茂叔（敦颐）判非此地邪！合不此宗邪！'故大书'合宗书院'。"❹不仅如此，合宗书院在复兴之初，便已有它的办学宗旨与教学目标。"御史书院之建，非徒表濂溪（周敦颐）耳，实乃有临道焉。是故以言其裁可以恒政也，以言其教可以豫德也，以言其学可以井士也，以言其化可以履民也。君子曰，一德临而百度贞焉。"即要求合州以周敦颐为宗师，学习他的裁（才）、教、学、化，即"临道"。由此可知，合宗之名，盖取集儒、理之精华为办学之旨。❺

（十三）凌云书院

凌云书院在丰都县治北平都山麓胡公祠之东，明知县万谷将文昌宫改建。❻ 至清代，凌云书院继续办学。今建筑保存完好，为三峡旅游线的重要人文景点。书院的大门写有对联：诗画满墙，墨客荟萃；书山无顶，曲径幽

---

❶ 董新策. 濂溪书院记［G］//郑贤书，张森楷. 合川县志. 民国十一年（1922年）刻本.

❷ 张阔. 重庆书院的古代发展及其近代改制研究［D］. 保定：河北大学，2007：36.

❸❹ 张鲲. 合宗书院记［G］//郑贤书，张森楷. 合川县志. 民国十一年（1922年）刻本.

❺ 魏一樵，连健生，于昆. 中国名校·中学卷［M］. 沈阳：辽宁大学出版社，1992：549.

❻ 黄光辉，郎承诜. 丰都县志［民国十六年（1927年）铅印本］［G］//四川省丰都县教育局. 丰都县教育志. 丰都县丰都中学印刷厂，1989；常明，杨芳灿. 四川通志［M］. 清嘉庆二十二年（1817年）刻本.

深。❶ 想来明清时期的凌云书院该是文人墨客争相来往之地。

关于凌云书院还存在另外一种观点，知县李谦在《重修平山书院记》中写道："邑之山曰'平都'，秀出五鱼双桂之东，前明进士杨君孟瑛少读书其下，建书院曰'平山'，后邑令万君谷更名曰'凌云'。"❷ 李谦表达的意思很明确，凌云书院只是由平山书院改名而来。但是除此之外，几乎所有的资料和著作都将凌云书院视为知县万谷于丰都县新建的书院，从未提及它与平山书院的关联。虽然如此，笔者仍将两种观点并列于此，无论凌云书院是由万谷创建的还是万谷将"平山"改为"凌云"的，凌云书院这一名字总是因为万谷而存在并为后世知晓的。❸

那么，凌云书院的出现是在何时呢？凌云书院的创建时间，需要做简要的分析。嘉庆《四川通志·卷一一四·职官志》记载：万谷"字本清，别号遁斋，永昌（今中国云南省西部）人，嘉靖丙午（二十五年、1546 年）进士，任丰都令"❹。在任时，清查田粮，厘定徭役，有政绩。❺ 明代嘉靖共计四十五年，按正常情况，万谷任丰都县令当在嘉靖二十五年中进士后至嘉靖四十五年的时间之内，故凌云书院应创建在嘉靖年间。❻

（十四）丹泉书院

丹泉书院位于彭水县郁山镇郁山路，与丹泉井隔路相结，并以井得名。书院建于明嘉靖二十四年（1545 年），后毁。对于丹泉书院的创办人，笔者查询地方史志资料，皆未有发现。丹泉书院最早可以追溯到宋代，原为宋朝著名诗人黄庭坚所建造的万卷堂遗址。黄庭坚（1045—1105 年），字鲁直，号山谷道人，晚号涪翁，洪州分宁（今江西省九江市修水县）人，北宋著名文学家、书法家。渝地曾有七律《题丹泉书院》❼ 一诗，纪念黄庭坚与丹泉书院的渊源。诗云：

❶ 邓洪波. 中国书院楹联［M］. 长沙：湖南大学出版社，1999：232.
❷ 黄光辉，郎承诜. 丰都县志［M］. 民国十六年（1927年）铅印本.
❸ 吴洪成，张阔. 重庆的书院［M］. 重庆：西南师范大学出版社，2008：70.
❹ 常明，杨芳灿. 四川通志［M］. 清嘉庆二十二年（1817年）刻本.
❺ 邓海荣，唐德正. 历代巴渝散文选注［M］. 乌鲁木齐：新疆人民出版社，2002：213.
❻ 胡昭曦. 四川书院史［M］. 成都：巴蜀书社，2000：77.
❼ 杨叶. 黔中诗联·第三集［M］. 重庆市彭水自治县诗词楹联协会，2009：42.

丹泉书院史悠悠，山谷功勋万古留。

诱子习文知礼义，教民耕稼暖心头。

堂前柏树枝常翠，槛外香樟叶正稠。

寻访涪翁何处去，相随日月下黔州。

至清嘉庆二十三年（1818年），当地知县杨于高、巡检朱维垣与绅民捐资重建。❶ 它是彭水县群众集资所办的第一所书院。书院为土木结构，有平房两座，教室六间，讲堂、住室、过厅四间，石池一座（传说为黄山谷洗墨池）。清光绪三十三年（1907年）改为丹泉小学堂，今为郁山小学原址。

（十五）尔雅书院

尔雅书院位于荣昌县（今重庆市荣昌区）东城"尚书巷"内，是荣昌境内的第一所书院，为明嘉靖二十八年（1549年）刑部尚书喻茂坚创办。喻茂坚（1474—1566年），字月悟，号心庵，重庆荣昌县人。明武宗正德六年（1511年）中进士，任南直隶铜陵县（今安徽铜陵市）知县一职。南直隶下属应天、苏州、凤阳等十四个府和直隶州，区域大致包括今江苏、安徽、上海。之后，喻茂坚转任浙江台州府临海知县。因其任职期间清正廉明、政绩卓著，于正德十四年（1519年）提升为福建道监察御史。明世宗嘉靖年间（1522—1566年），喻茂坚因平定总兵李隆之乱、严惩贪官污吏、精减修漕经费、秉公查处楚世子英耀杀父一案等一系列重大功绩，受到明世宗朱厚熜的赏识与重视。嘉靖二十七年（1548年），喻茂坚晋升为刑部尚书，主持编纂《问刑条例》。然而天有不测风云，人有旦夕祸福。在任职尚书不满一年之时，喻茂坚因上书营救谏官夏言，弹劾宰相严嵩，以条陈"八议"中有"人可刑位，不可刑"之语而触怒明世宗。加之严嵩挑唆，世宗遂下旨命喻茂坚于家中思过，且半年之内不得参议朝廷大事。此次责罚，对于满怀抱负、想要在朝廷之上大展拳脚的喻茂坚来说，是一个巨大的打击。自此以后，他心灰意冷，再无心朝政之事，并于嘉靖二十八年（1549年）冬告老还乡。已是古稀之年的喻茂坚带着满腔的遗憾和才学回到家乡荣昌欲建办书院，期望以残年余力为乡里发展教育，培养人才。但由于他一生为官清廉，积蓄甚少，遂于嘉靖二十八年（1549年）发动荣昌县内士绅捐资修建书院，取名"尔雅"。"尔雅"取自

---

❶ 《彭水县志》编纂委员会. 彭水县志 [M]. 成都：四川人民出版社，1998：600.

"尔乎雅，近乎正"，是指语言的使用要文雅规范。"尔雅"之名饱含了喻茂坚对书院学子的殷切期望，愿尔雅书院的学生勿忘建办书院的初心，做"温文尔雅"的谦谦君子。嘉靖四十五年（1566 年），喻茂坚病故，终年九十三岁。死后，朝廷念其功绩，加谥号赠太子少保。时至今日，荣昌县东城尚存尚书巷和尔雅书院遗址。

（十六）仰高书院、夔龙书院

仰高书院、夔龙书院皆为明朝夔州知府郭棐于明万历二年（1574 年）创建，仰高书院在夔州县府治后，宋时为静晖书院旧址，夔龙书院则位于夔州府治之西。

郭棐（1529—1605 年），字笃周，号梦兰，广东南海（今广东省佛山市南海区）人，明代岭南大学者，也是著名的方志学家。明嘉靖四十一年（1562 年）郭棐中进士，初授户部主事，后改礼部。后来因数次忤逆当权者，被外调做夔州知府。之后，郭棐又任湖广道屯田副使、四川提学、广西右江副使、云南右布政使等职。万历二十三年（1595 年），年过六旬的郭棐被任命为光禄寺卿。在职十年，卒于万历三十三年（1605 年）。郭棐修有许多蜀地地方志，如明万历九年（1581 年）受当时任四川巡抚的虞怀忠委托而纂修的《［万历］四川总志》三十四卷与任职夔州知府时修著的《夔州记》《夔州府志》十二卷。因年久，郭棐的《夔州府志》修本现已不存。作为一名方志学家，郭棐对地方志纂修的可贵之处在于实事求是、去伪存真、发扬"不虚不隐"的传统。他曾在志论中道："志者郡国是非之权衡也。其所是者，必天下之公非，而不敢诳以为非。有似非而是者，则亦不得罗织而诋以为非也。是故必公是非，不虚不隐，而后可以无愧于月旦之评也。"❶郭棐这种秉笔直书的修志精神令世人称颂，对后世修志亦影响至深至广。作为一名岭南籍学者、科举进士出身的官宦史家在重庆任职，如此注重创设书院、培养地方人才、弘扬区域学术文化，实在可贵之至，与其在巴蜀地方史方面的研究贡献可谓相得益彰、交相辉映。

仰高书院其前身为宋代的静晖书院。南宋乾道初年（1165—1168 年），太守王十朋建"静晖楼"，后改立为静晖书院。宋代夔州人民感怀王十朋为官政绩，于静晖书院内为其绘像设祠。"静晖"一名取自杜甫的《秋兴八首（其

---

❶ 王德恒，许明辉，等. 中国方志学 [M]. 北京：文化艺术出版社，1994：132.

三）》：" 千家山郭静朝晖，日日江楼坐翠微。" 历经宋元再至明中期，近四百年的风霜早已将曾经的静晖书院湮没在尘埃之中。明嘉靖年间（1522—1566年），知府许应元于静晖书院旧址上建 " 杜邵祠 "，以祀唐代文学巨匠杜甫与宋代河北籍哲学家邵雍。后夔州知府许宗镒在此曾祭祀明代史学家宋濂，因而" 杜邵祠 " 又称 " 三贤祠 "，祭祀杜甫、邵雍、宋濂三位贤哲。明万历二年（1574 年），夔州知府郭棐将杜邵祠改建为 " 仰高书院 "。郭棐在《仰高书院记》中称：" 郡故有静晖楼，盖取少陵《秋兴八首》诗句 ' 千家山郭静朝晖 '之义。甲戌（1574 年）夏乃新之。其前为讲堂三间，两翼为书房十六间，又前为仪门三间，其宅则仍旧贯而饰之。秋九月厥功告竣。予偕文学诸生登而观焉：文山屹立于离垣，天马、旗鼓拥寺左右，白盐、赤甲诸胜环列，而瞿塘中鸿，一碧万顷，蜿蜒回环，乃沛而东注，悠然纵目，廓然大观也。更名曰仰高。"❶ " 高山仰止，景行行止 " 应该就是郭棐知府修建书院并为其取名 " 仰高 " 的释义，意在赞美书院山水壮阔之景，也勉励书院诸生怀有仰慕高尚的德行。

郭棐在创办仰高书院的同年，又于夔州府治之西创建夔龙书院。《尚书·舜典》记有：" 伯拜稽首，让于夔龙。" 夔龙为古代神话中的两位臣名，夔为乐官，龙为谏官，夔龙在后世中多喻指辅弼良臣。加之，夔州有 " 卧龙山，在府城（今奉节）东北五里 "❷，" 夔龙 " 之称，或许也是郭棐对夔州大好河川的爱恋与寄托，而就书院教育而言，又应该是倾注了他对重庆三峡地区学子的期望与鼓励。

（十七）文明书院

文明书院位于重庆市南部的綦江县境内，是綦江县有史可考以来最早的书院。由此可见，该书院在重庆綦江县的教育史上开辟了教育发展的新模式，揭开了綦江教育文明的新面纱。据文献记载，明代万历年间知县周作乐设于县城北门外关王庙后文昌宫，明末毁。文昌宫内政殿两旁设立精舍，并聘请名师讲学，为书院学子提供了舒适的环境，营造了良好的氛围。❸ 书院设在文昌宫内，又由知县周作乐 " 每月三、八日躬诸会考，亲授程氏 "，因而受官学的影

---

❶ 四川省奉节县志编纂委员会 . 奉节县志［M］. 北京：方志出版社，1995：710.

❷ 吴潜，傅汝舟 . 夔州府志·山川［M］. 上海：上海古籍书店（据天一阁藏正德刊本印），1961.

❸ 重庆市教育委员会 . 重庆教育志［M］. 重庆：重庆出版社，2002：844.

响较大。文明书院开设经史课程，经学主要是学习"四书""五经"等儒家经典著作，史学则读《二十二史》。在南方尤其是蜀地，文昌宫是专门供奉主宰功名利禄的道家二十八宿中的文曲星——文昌帝君的庙宇。《明史》之《礼志》称，文昌帝君张亚子"居蜀七曲山，仕晋战殁，人为立庙祀之"。文昌帝君主掌科举，民间流传着"北有孔子，南有文昌"之说。由此可见，文昌宫在南方之地位堪比北方之孔庙，亦可见文明书院建于文昌宫的寓言。如同"尔雅""仰高""夔龙"之名，蕴含了书院创办者对所创办书院的美好期许，文明书院亦然。"文明"一词最早见于《易传·乾·文言》，"见龙在田，天下文明"。文明，是一种与"野蛮"相对的文化，是一种社会进步、开化的状态，又含文采光明之义，故而知县周作乐以"文明"为书院命名，表达自己对书院的深切期望。

（十八）琴堂书院

琴堂书院位于涪州玉璧山，由万历三十七年（1609 年）举人何环斗创办，其遗迹在今义和镇大山乡琴台村境内犹存。何环斗（1551—1623 年），字以让，涪州人，能文善书，于万历十六年（1588 年）中举，任职四川成都府彭山县教谕、湖北武昌县令、河北大名府通判等期间，多善政，事具乡贤，崇祀大名府名宦祠。万历三十年（1602 年），何环斗辞官归乡，壮志不已，于七年后（1609 年）在涪陵玉璧山创办琴堂书院，开双池，建琴台，凿读易洞，讲学著书。琴堂书院置有学田，以充作办书院耗资的主要渠道，经费不足部分由当地官府拨给。何环斗的晚年岁月多在琴堂书院度过，在此他读《易》论理，著书育人，著有《春秋笔记》《答客篇》《九权》等八十一卷❶，卒于1623 年。

何环斗一生对涪州易学文化大力推崇，并作《北岩怀古》《登玉璧山》《琴台读易洞怀古》等诗。他不仅能文善书，其书法也是遒劲挺秀，时称杰作。其中，《登玉璧山》一诗题刻于四川省涪陵市西二十五里的琴堂书院石壁上，其字便是何环斗亲自题撰的。❷何环斗在《北岩怀古》一诗中云："维石岩岩在北山，四周烟波入云间。当年注《易》人何在？此日谈圣洞未关。夹

---

❶ 涪陵市地方志编纂委员会. 涪陵市志 [M]. 成都：四川人民出版社，1995：1529.

❷ 柏世友，柳定祥，李健，等. 中国长江三峡大辞典 [M]. 武汉：湖北少年儿童出版社，1995：774.

岸芳洲铺锦绣，一江春水隔尘寰。登临欲究羲图蕴，遮莫忘机月下还。"❶ 羲图为《易经》的别称，涪州自宋代理学先哲程颐谪居北岩书院，于点易洞讲学著书以来，便自成一体发展成涪陵易文化。可见何环斗对程氏易学的推崇，以及对北岩书院办学成效的高度赞扬。

（十九）香泉书院

香泉书院在长寿县北，邑人李氏创建。❷ 关于香泉书院的文史记载少之又少，仅有片语以供后人解读。《明清书院研究》中记载明代四川书院，其中包括长寿香泉书院。❸ 由此可知，香泉书院建于明代，而具体创建日期不明。至清朝嘉庆时已废圮，然其书院院基仍然存在。❹

（二十）岳麓书院

岳麓书院在铜梁县境内，由尚书张佳允创建。❺ 张佳允（1527—1588 年），原名张佳胤，避清雍正帝讳，又作佳允，重庆铜梁人。清代全于天在《巴川书院记》中写道："张公佳允慕苏氏、庾子之高风，割田为馆谷，而于巴岳山之阴买地筑室，曰'岳麓书院'。兵燹后，皆灰烬无存。"❻ 巴岳山之阴指的是巴岳山的北面。巴岳山位于重庆西部，涪江之南，是大足、铜梁的交界处。由此可知，岳麓书院具体坐落于铜梁县巴岳山北部。巴岳山云霞雾绕，颇为壮观，引得张尚书诗意盎然，不禁赋诗《同顺庆僧游巴岳》❼ 一首，诗云："洞门好问双玉童，汝师可是张三丰。道窝仙去丹灶冷，竹杖生苔叹遗纵。"在山巅香炉峰侧，有五株五星杉罗列，高数丈，围八九尺，古干离奇，烟云郁锁，相传是张三丰亲手种植。岳麓书院建于巴岳山下，想来也是一片赏心悦目之景，学子读书山林之间，鸟语花香，书声琅琅，恰似一曲妙音。

据《铜梁文史资料》记载，张佳允"嘉靖十三年（1534 年）七岁时，南溪公（即佳胤之父）经常举古书等试之，佳胤即能答对，如素习者，能日诵

---

❶ 何孝义．长江三峡库区胜迹［M］．北京：光明日报出版社，2006：72.

❷ 常明，杨芳灿．四川通志·卷七十九［M］．清嘉庆二十二年（1817 年）刻本.

❸ 白新良．明清书院研究［M］．北京：故宫出版社，2012：95.

❹ 常明，杨芳灿．学校志·书院·重庆府［G］//四川通志·卷七十九．清嘉庆二十二年（1817 年）刻本.

❺ 李国钧．中国书院史［M］．长沙：湖南教育出版社，1994：1079.

❻ 邓海荣，唐德正．历代巴渝散文选注［M］．乌鲁木齐：新疆人民出版社，2002：245.

❼ 宋婉琴．陕西旅游历史文化丛书·宝鸡卷·道教玄秘·张三丰与金台观［M］．西安：三秦出版社，2005：166.

书千余言。嘉靖二十三年（1544年），佳胤十七岁为诸生业，试辄冠诸生。"❶
当时的重庆知府刘绘见到张佳胤的文章甚是喜爱，立即将其召至门下，与其子
刘元子一同玩耍，以对诗作文，或谈兵论英雄。❷ 刘绘曾于嘉靖年间（1522—
1566年）在重庆府治建凝道书院、来凤书院。嘉靖二十八年（1549年），时
年二十三岁的张佳胤一考即中举人，次年（1550年）又中进士。之后历任户
部郎中、右都御史、浙江巡抚、太子少保、太子太保、兵部尚书等职。张佳胤
每到一地，对其风景名胜则赋之诗句，以古文辞收之，对自己故乡的赋诗更是
多。如对巴蜀山川赞道："雄拔孤绝，若铜梁玉垒，群峭摩空，峨嵋积雪，泠
然幽胜。富瞻藻丽，若沃野千里，贿货山积，濯锦浣花，卷舒绚烂也。凌历沛
艾，若瞿塘三峡，汩淢漂疾，自天而下也。"❸ 读其诗文，仿佛眼前便是巴山
美景，铜梁名胜风光。张佳胤越到晚年越思念故里，于万历十五年（1587年）
春告老还乡，于第二年病逝故里。

五、明代重庆书院的教学和管理

明代重庆书院的教学和管理与宋代重庆书院类似，书院的存在不仅弥补了
官学的僵硬教学与沉闷管理，更是以一种昂扬、积极的姿态担起了教书育人、
传承文化的重任。明代重庆书院的教学与管理制度已趋于成熟，许多管理经验
至今仍值得认真总结和借鉴。

（一）教学目的

教学目的制约教学活动的总趋势和总方向，在教学诸因素的各个方面中起
着核心统贯的导向作用。明成化以后，由于科举日益腐败，官学衰微并逐渐沦
为科举考试的附庸。鉴于官学教育弊端日渐暴露，一大批理学家们认识到其已
无法担任"立学教人"的重任，于是纷纷高举自由讲学的大旗，创办起书院
教育，并将书院讲学与传播自身学术学说结合起来。如此一来，明代书院便成
了教书育人与学术研究的统一基地。明代重庆书院或多或少受到官学化影响，
因而其教学目的一是为封建社会培养大量的有用之才，二是为探究学问，传播
学术。喻茂坚创办的尔雅书院作为荣昌境内第一所书院，其目的是为家乡培养

---

❶❷ 政协铜梁县委员会第五届委员会文史资料研究委员会. 铜梁文史资料·第六辑 [M]. 内部
交流本，1994：116.

❸ 政协铜梁县委员会第五届委员会文史资料研究委员会. 铜梁文史资料·第六辑 [M]. 内部交
流本，1994：119.

可用之才。刘绘任重庆知府时"尤爱士作人"，遂建凝道书院，"橄州邑士之秀异者，读书其中"。丰都平山书院的办学目的亦是为家乡培养人才，其创办者杨孟瑛曾言："使吾乡之秀与吾杨氏之子弟诵读其间，翘翘焉相继而兴，以无忘先君之泽。"❶ 由尔雅、平山、凝道三所书院的办学初衷可见，明代重庆书院的教学活动主要是为封建社会培养人才，使其读书于书院之间，以承担家乡、国家兴旺之重担。在传播学术与探究学问上，明代重庆书院的教学亦有所体现。琴堂书院曾是明代举人何环斗晚年读《易》著书之地，何环斗凿玉璧山之洞讲学作著，除是在效仿宋时理学圣哲程颐在涪陵北岩书院的点易洞著书研理、传理学思想之举，亦在发扬涪陵学派的理学精神。

（二）教学内容

课程、教材是教学活动中教学内容的集中表现，从教学因素的关系分析，属于实现教学目的的途径或手段，因此有什么样的教学目的就要有与之相适应的课程和教材，这是由社会经济和政治的要求所决定的。明代重庆书院一般设经史文学、对偶声律、书法艺术及其他文化知识课程。经学课程，多读"四书""五经"、宋明理学家著作；史学，重在读《二十二史》《资治通鉴》等史籍；文学课程主要选修先秦至唐宋各家作品，尤其是唐宋诗词、文学名篇；对偶声律之学勤习诗词歌赋，为科举考试中写八股文、试帖诗做准备。由于科举考试及平日课卷都讲究书法，故而书法也是书院学生的必修课之一。此外，明代重庆的一些书院还设有时政课，这就保障了书院的教学内容具有社会政治、法规的思想道德要求，同时体现现实社会的变动特色，使课程内容得以时时更新，兼具吸引力。明代中后期王门学派以理学救弊者面目出现，产生心学思潮，主讲王阳明、湛若水等理学家的心学，是明代重庆部分书院的教学内容。

明代统治者十分重视儒家的教化作用，尤其是明成祖朱棣曾颁布《五经四书大全》《性理大全》等书，规定明代之学独尊程朱理论之说。由此一来，宋、元以来占主导地位的程朱理学便成为明代官方的正统学术思想。加之明代统治者重视科举制度，号令天下学子只研读儒经，而非博览群书，这就使得书院的教学内容主要限于儒学范围。例如，綦江文明书院主要讲授程朱理学，属于以科举考试为核心的官办书院典型。该书院还注重书法、声律的讲授，声律

---

❶　王守仁. 平山书院记［G］//常明，杨芳灿. 四川通志. 清嘉庆二十二年（1817 年）刻本.

要求学生勤加练习诗词歌赋，以迎合"八股文"、试帖等科举科目。明代成化年间由于科举日益腐败、官学日渐衰微，许多理学家重提宋时的自由讲学，由此便跨入书院发展的第二阶段——成化之后书院的振兴，特别是嘉靖年间达于极盛，这同心学派的理学家们所起的作用是密不可分的。以王阳明、湛若水等为代表的一大批理学家广揽群生，兴办书院以传道授业。这些理学家大都以宋儒为学习榜样，把书院发展成宣讲自身学说、探析学术与教学研究的重要机构。由于王、湛二人学术有别于程朱理学，加之书院创办者、主讲者的学术方向不尽相同，因而明代更多书院推崇程朱之学，也有的书院推崇王湛之学。相比较而言，明代后期重庆书院讲授王湛之学有所扩大，而程朱之学在书院中影响有所下降，这或许是重庆书院区别于同期其他地区许多书院的特色所在。

再如，由刘秋佩建于明正德八年（1513 年）的武隆县白云书院，"招收学徒讲授儒学经典，并致力于王守仁（阳明）'致良知'与'知行合一'学说"❶。"致良知"是王阳明的心学主旨，意为在实践中恢复与磨砺人的道德意识。如果说"致良知"是王阳明心学思想的世界观，那"知行合一"便是其认识论，进一步指导"致良知"在实践中应做到"知之真切笃实处即是行，行之明觉精察处即是知"。"知"是"行"的意图，"行"是"知"的实践，"知"是"行"的开始，"行"是"知"的终结，二者统一便达到"上善"境界。

（三）教学方法

教学方法是指在教学实施过程中，围绕教学目的，师生协作所采取的教学手段及方式的总称。与当代教学方法日渐繁复不同，古代教学方法相对单一。相比于官学以科举考试为目的的书本记诵方法而言，明代重庆书院的教学不局限于以程朱理学作为科举考试基本内容的应试教育僵化陈腐教学的围墙之中，而是突破性地将不同学术思想融进书院的教学当中。在明王朝三令五申的高压文教政策下，明代重庆书院做到如此组织教学，可谓明代书院教学中一缕清风。例如，武隆的白云书院在讲授儒学经典的同时，致力于传授王阳明的"致良知"与"知行合一"心学思想。❷ 王阳明的心学教育讲求"知"与"行"的统一，只做到"知"，那便是死记硬背的沉闷教育，只做到"行"则

---

❶❷ 季啸风. 中国书院辞典［M］. 杭州：浙江教育出版社，1996：283.

是毫无章法可循的盲目作为，只有二者统一才是教育之根本、学习之法则。这种不同于官学死记硬背教学的新尝试，大大促进了不同学术思想在重庆书院的交流、辩难，也使得学生领悟到不同的学术学说，感受到不同的教学风格。

　　明代重庆书院的教学相对自由活跃，学生可以不受地域、学派之间的局限，自由听讲。当然，这种自由也不是毫无约束的，而是在一定的教学设计及课程内容之内有效，它无法摆脱科举考试的桎梏与封建道德伦理，尤其是传统礼教的束缚，因为这是封建专制性政治所必需的。每当著名学者来重庆书院讲学授课时，其他书院的儒学师生往往自愿前来听讲、问难。一时间，书院门庭若市，文人墨客络绎不绝，大有"谈笑有鸿儒，往来无白丁"之景。这种打破学派与地域限制的自由教学，比一般书院只注重背诵、习作八股文的僵硬死板的教学方法要高明许多。聘请名师讲学与学生自由听课能充分调动教学积极性，有助于学生自主学习、认真听讲，同时也促使他们掌握最新的学术研究成果。在教学活动中双边互动，这种师生的合作教学所带来的教学效果亦是官学所不能比拟的。

（四）考课制度

　　规章制度的确立，是书院内部管理体制进一步健全完善的标志之一，也是书院确立自身办学宗旨和特色的一个重要手段。[1] 考课制度即为教学管理的一种手段。在我国封建时期，考课主要有两方面：首先是考，即作为考察官吏在任职期间对国家法令的执行表现的评判依据，并以此对其升降赏罚的重要管理制度；然后是课，一般是由山长[2]或当地官吏依照行政法令对辖区内的教育机关进行督教考核。明代重庆书院对学生的学业极为重视并定时考核，日有程，月有课，每月考课少则二三次，多则五六次。一般来说，书院每月初一、十五两天讲书，逢一、六或三、八出题作文，题目"四书"题一道，诗题一道，做好后呈送山长批改。诸生严格按山长制定的读书进度攻读，在阅读中发现疑难问题，请山长予以解答。山长每次只讲两页书，一部《四书》约八九个月可讲一遍。山长对诸生严加考课，日有程，月有课，不完成功课者，山长随时惩戒。山长阅卷限三日内阅毕，然后齐集诸生加以评讲，指点诸生课卷的得

---

　　[1] 王炳照，李国钧，阎国华．宋辽金元卷·下［G］//中国教育通史．北京：北京师范大学出版社，2013：219.
　　[2] 书院的管理者被称为山长，负责对学生讲学考课及其他日常事务。明朝书院对山长的选聘需要通过官府，一般多为其创办者或由创办者挑选聘请名师担任。

失。如荣昌的尔雅书院由其创办者喻茂坚亲"以诗书课后生"；綦江文明书院定期举行以"会考"命名的考课制度，由知县周作乐"每月三、八日躬诸会考"❶，旨在考核测评学生学业水平。一方面，作为奖励、升降的凭据；另一方面，也是山长、教师诊断教学状况、发现问题、改进教学的机制。而地方行政长官又是书院的开办者，亲临书院，督促考课，讲授程朱理学，不仅是对师生教学工作的支持和鼓励，更是对尊师重教社会文明观念形成的有力号召及表彰。

此外，书院的考课制度还设有学业奖励惩罚机制，以更好地实现考课的教学测评价值与鞭策激励效用。根据奖金来源不同，考课有"官课"和"私课"之分。官课一般是指由地方款项开支奖金的结果，而私课则是由书院本身开支奖金的考课。每次考课都分为一、二、三等，书院按等授奖，以奖金作为激励学生刻苦学习的动力。书院的考课奖金称为"膏火"❷。有些寒士奋发读书除为了考取功名外，还要依赖优异学业在考课之时获得"膏火"，以维持生活。因而以"膏火"作为考课奖金，是对书院学生勤勉读书的一种精神与物质并存的鼓励。此外，考课还分内学与外学两种考课形式，内学考课是指对已经是秀才、膳生的学生考课，外学考课是指未考上秀才学生即童生的考课。由于前者的学生是获得一定比例经费学习，后者基本上自费在书院求学，因此考课的成绩等次就会作为调整两者不同待遇的一项重要依据，成为学生求学动机的一种有力杠杆。

（五）书院建筑

书院文化既是精神文化的体现，同时又是制度文化的体现。书院在建筑、环境等物质文化层面的东西，均是上述制度、精神的物质承担者。比如，书院的讲学、藏书、祭祀的制度，都是以讲堂、斋舍、书楼、图书、祠庙等建筑为依托的。❸

明代重庆书院的建筑对于校舍布局的安排较为明确，主要包括讲学、祭祀、藏书这三个区域。讲学区域有讲堂和斋舍。讲堂一般是书院山长、讲师进行讲学论道的教学区域。在明代重庆书院的建筑群落中，讲堂是书院的主体建

---

❶ 《綦江县教育志》编辑组. 綦江县教育志 [M]. 内部交流本，1985：44.

❷ 重庆市教育委员会. 重庆教育志 [M]. 重庆：重庆出版社，2002：31.

❸ 陈薛俊怡. 远去的背影 文化的神韵：中国古代书院 [M]. 北京：中国商业出版社，2015：58.

筑，一般建在中心位置，这也是书院建筑布局的中心。作为交流文化、讲学立论、教授解惑、训诲开导的重要场所，比起其他个体建筑，讲堂还有其独特的建筑美。《释名·释宫室》："堂，犹堂堂，高显貌也。"据此阐释："堂者，当也。谓当正向阳之屋，以取堂堂高显之义。"（计成《园冶·屋宇》）厅堂首先朝南向阳，面南为贵，居于宽敞显要之地，并有景可取。这就是宏敞精丽，堂堂高显，以文为尊，以深奥庄严为贵，表现出轩昂气度和遵从传统礼制的性格魅力。❶ 明代书院斋舍是指诸生住宿、研读诗书的地方。《说文解字》中对斋的释义为"斋，戒洁也"，原意为祭祀或典礼前洗心洁身，以示庄敬。明代重庆将斋用于书院建筑名称，多是指书房学舍，因此书院的斋舍主要有两个功能：一是住宿，二是学习。从学习功能上来看斋舍，又可将其称为"书斋"，有虚一而静、专心攻读之意。由于传统含义的历史积淀，作为古典文化建筑，斋的典型功能是使人凝神聚气、静心研习、修身反省，或抑制情绪、潜心攻读，同时通过书斋把对于环境和结构的审美要求反映出来。书斋和讲堂相比，虽然有阴和阳、隐和显、抑和扬、幽和敞的性格区别，个体建筑也不像讲堂在建筑群体中轴线中心上那样具有"堂堂高显"之美，但与廊庑的建筑形式结合，使主次分明，空间序列流畅，增添了雅韵深致的艺术个性色彩。❷

　　祭祀区域一般被称为礼殿，其间供奉儒家先贤的牌位，然后书院通过定期或不定期地举办祭祀活动来激励诸生继承先贤遗教，发扬儒家传统学风。重庆书院的祭祀活动早在宋代时期便有，至明代依旧延续。如明嘉靖年间（1522—1566年）创办的开县三贤书院，其创办初衷便与祭祀活动有着莫大关联。据记载，三贤书院中"祀元赵受明、陈良、杨文"❸。明代合川的合宗书院，即为宋代合州的瑞应山房、濂溪书院。早在宋时初建便尊奉濂溪先生，至明代前期复兴，称之濂溪书院，再至嘉靖时期御史邱道隆重建，改称合宗书院，依旧于书院内供奉周敦颐。仰高书院中亦祭祀杜甫、邵雍、宋濂三位贤哲。对于藏书区域，重庆书院多称为藏经阁、尊经阁或藏书楼等。出于藏书保存安全，藏书楼多为楼阁式建筑。藏书楼一般置于讲堂后清静处，便于师生静心阅览研习。值得一提的是，明代重庆书院对于借阅图书有严格的手续。书院藏书楼的楼阁一般形高醒目，古代在建构藏书楼时注意展示其标志性功能。❹ 重庆地区

---

❶❷ 吴涛. 巴渝文物古迹［M］. 重庆：重庆出版社，2004：22 – 23.

❸ 熊明安，徐仲林，李定开. 四川教育史稿［M］. 成都：四川教育出版社，1993：572.

❹ 吴涛. 巴渝文物古迹［M］. 重庆：重庆出版社，2004：21.

书院藏书建筑的出现，有史可稽者可追溯至明代。明嘉靖年间，重庆府建凝道书院，合川建有合宗书院，均设斋以藏经史古籍，只是岁月无情，历经变迁，藏书已不复存在。❶ 凌云书院的藏书建筑称为"诏书阁"，该古建筑为两楼一底砖木结构，底层平面为矩形，上两层为正方形平面布局。底层硬山屋面，两侧封火山墙，顶层攒尖顶屋面，重檐翼角，花饰窗棂，黛瓦粉墙，恢宏大度。凌云书院的"诏书阁"现状保存较好，其建筑形式、构造和其营造法式及施工工艺，当属长江上游现存书院藏书古建筑的代表作。❷ 书院的藏书一般包括经史子集各类书籍，以经史为多。除由官署用公款购置书籍颁发书院，"令士子研习"外，社会人士捐赠者也占相当部分。还藏有书院自刻书版，多为有关经籍及学生习作的书版，以备随时印刷成册，供教学应用。❸

（六）办学经费

书院的创建、修复及日常的运作都是需要经费支持的，经费的充足与否是书院办学成败的关键。不同的书院有着不同的筹集经费渠道，主要分为民间筹集和官府拨给，民间筹集经费又有富有的个人或家族提供与地方士绅捐献之分。

关于明代重庆书院创建时期经费来源和经营的记载十分稀少，只有零星片语以资取证。嘉靖十年（1531年），巡按御史邱道隆修建合宗书院，其前身为宋时合州的濂溪书院、瑞应山房。作为官办书院，对其经费记载只有在《濂溪书院记》中提起，"中营其费裕以约""工费若干缗"❹。"裕"是指富饶、财物多，"约"有称量之意，"其费裕以约"指资金充足、经费宽裕的意思。"缗"是古代计量单位，即十串铜钱，一般每串一千文。"工费若干缗"也是经费足实的意思。上文中虽未指出合宗书院的经费来源，但据书院性质推测应该为官府拨给。位于綦江县的文明书院，建于万历年间，至明末停废，期间六十年左右。明代末期，"知县蒲林买有学田，在松山，岁收租二千石"❺ 作为文明书院的办学经费。随后书院停废，文明书院在松山的学田及其收入最终收为民产。据可考资料查证，明代重庆忠县仅有一所官办的龙虎书院。龙虎书院

---

❶ 重庆市文化局. 重庆文化艺术志［M］. 重庆：西南师范大学出版社，2000：70.

❷ 吴涛. 巴渝文物古迹［M］. 重庆：重庆出版社，2004：21.

❸ 重庆市教育委员会. 重庆教育志［M］. 重庆：重庆出版社，2002：31.

❹ 董新策. 濂溪书院记［G］//郑贤书，张森楷. 合川县志. 民国十一年（1922年）刻本.

❺ 《綦江县教育志》编辑组. 綦江县教育志［M］. 内部交流本，1985：44.

元时已建，"明因之"。程腾凤在《绍鹅书院设立膏火记》中提到："忠郡有书院由来久矣，元名龙虎书院，明朝三百余年虽有新学之建，仍以龙虎为名，因而不改。"❶ 此外，《忠县教育志》中亦记载明代忠县书院的经费状况：明嘉靖三十一年（1552年），刺史李夔捐俸银一百二十两，置买贯风垭田地六十亩，每年收租谷三十石，作为书院师生的主要饮食。嘉靖三十四年（1555年），刺史黄器重捐俸银九十五两，置买姜维井田地二十五亩，每年收租谷十一石，作为书院经费补充。万历三十七年（1609年），州民姜正焦捐田地一分，价银五十两，每年额定租谷九石，作为书院学产。❷ 由此可推测，《忠县教育志》记载的明代书院大概为龙虎书院，由于为官办书院，其经费多来源于官府补给。不同于官办书院，民办的尔雅书院是由地方士绅捐资修建的，因而其办学经费主要源于民间筹集。尚书张佳允创建的铜梁民办岳麓书院，"割田为馆谷"❸，即割让田地，将其收获的谷物作为管理书院的费用。

综合来看，办学经费作为书院教学发展的物质补给，不仅贯穿于书院办学的始末，而且是书院起伏动荡的"晴雨表"，琅琅读书声的背后还是由经济实力强弱所决定的。由此及彼，对于当前我国发展教育、兴办学校来说，无论是要提高办学质量还是扩大办学规模，都必须依托于充实的物质基础。须知脱离办学经费而空谈发展教育，一切都将成为泡影。教育资金的充足投入与合理支配，加上有序优化的运营，应是书院教育成败的物质基础。

（七）书院环境

中国自古便有选择环境优雅的自然景地而读书其间的传统，书院作为学者文人齐聚一堂的场所，对自然环境的选择自然较为重视。尤其是在重庆地区，其自然环境与温暖气候使得文人雅士在对书院院址的选择上也更为重视。重庆书院对地理区位的选择是尽量以自然环境优美为主，目的之一是使士人在美好的自然环境中陶冶情操，净化心灵；同时，有意识地使士人置身于自然美中，更是对其进行生动的审美教育。这可以说是书院对中国自唐末五代以来士子读书山林的风尚的升华，把山林文化推向了一个新的境界。平山书院是最好的例证。平山书院极为符合中国文人读书山林的传统，它依傍平山，四周环境优

❶　程腾凤.绍鹅书院设立膏火记［G］//胡昭曦.四川书院史.成都：巴蜀书社，2002：75.

❷　四川省忠县教育委员会.忠县教育志（1840—1989）［M］.忠县国营印刷厂，1993：181.

❸　邓海荣，唐德正.历代巴渝散文选注［M］.乌鲁木齐：新疆人民出版社，2002：245.

美，极适合怡情养性，治学修身。平山"耸秀奇特，比于峨嵋。望之岩厉壁削，若无所容，而其上乃宽衍平博。有老氏宫焉，殿阁魁杰，伟丽闻于天下，俯瞰大江，烟云杳霭。暇辄从朋侪往游其间，鸣湍绝壑，拂云千仞，林木阴翳亏蔽。书院当其麓，其高可以眺，其邃可以隐，其芳可以采，其清可以濯，其幽可以栖……四时交变，风雨晦螟之朝，花月澄芳之夕，光景超忽，千态万状。而吾朗读于其间，若冥然与世相忘，若将终身焉，而不知其他也"❶。然而时至今日，丰都已无书院遗址，估计平山书院或已在战火中或王朝更迭中衰颓，抑或已移作他用，改为学校。此外，一些建于城镇、县城中的书院也较为注重书院内部的环境。譬如合宗书院，"院后掘池种莲，建亭于上。二十五年府判曹自重增修，又建亭名'观莲'"❷。又如文明书院，建于文昌宫内，可以想见其规制、环境都是相当完备和优良的。

环境亦是一种教育因素，它不仅是教育活动赖以进行的场所或设施，也蕴含了教育的价值。当代教育理论称之为校园文化建设或学校环境美育，而在教学理论中又列入潜在课程之中，认为校园环境不仅有美化、熏陶、滋润的功能，而且还有一种价值导向、精神培植及心理审美的价值。书院教育在环境设计营造方面是有重要教育学意义的。

（八）择优而教

明代重庆书院的创办者对教师的聘选十分重视，名师鸿儒往来于重庆各个书院，不仅宣扬了自己的学说理论和研究成果，亦带动了书院的教学发展。重庆书院自宋代起，便有聘请名师鸿儒来院讲学之风。明代承袭宋代良好的文化习气，许多书院聘请当时有着广泛社会影响力、号召力的著名学者文人来渝，以传道授业解惑。书院师生主动就学听课，以崇敬之心学习自己的兴趣学说，虽说不能达到全面发展，却也使其术业有专攻。这种教学组织活动真正做到了因材施教、劳逸结合，又使得教学活动充满了乐趣，让学生真正在愉悦环境中成长学习。重庆涪陵自宋代以来便盛行易学文化，明代时有举人何环斗建琴堂书院，引得众多涪陵学者前来讲学论理。万历年间的理学家、涪陵隐士蔺希夔专攻理学，著有《易注》，"行世一时，向慕从游，千里毕集"❸。他曾前往琴

---

❶ 王守仁. 平山书院记［G］//常明，杨芳灿. 四川通志. 清嘉庆二十二年（1817年）刻本.

❷ 季啸风. 中国书院辞典［M］. 杭州：浙江教育出版社，1996：297.

❸ ［清］多泽厚. 乾隆涪州志·卷十［M］. 海口：海南出版社，2001：282.

堂书院讲学，并与当时的书院山长何环斗讨论易学，并作《过访何环斗先生》一诗，诗曰"探书理河洛"❶。

不仅如此，很多书院的创办者还亲自授课讲学，督导教学。如太守刘秋佩辞官回乡后于家乡武隆县创办的白云书院，刑部尚书喻茂坚告老还乡后于家乡荣昌县创办的尔雅书院，皆是由其创办者躬亲授学，亲自督查诸生的学业。像刘秋佩、喻茂坚等文人政客在走下庙堂之后，势必会怀念入仕之前饱读诗书的书生经历与文人生活。值此退而致仕之际，他们便在自己创办的书院中教书育人，为学生解忧解惑，尽享为人师表的乐趣。凝道书院的创办者知府刘绘，亦"躬亲讲课，岁大比（考试之年），与贤书者（乡试举人）展拳，人文之盛，甲于一时，士人向慕"❷。文明书院创办者知县周作乐亦"亲授程氏"❸。郭棐"以课农养士为根本，建仰高、夔龙二书院，亲自执教"❹。不同于一般文人学者，作为官方象征的重庆地方官员创办书院并在书院中亲自授课讲学，并非进行简单的知识传递，而具有鼓励及引导色彩，这也是明代重庆书院得以发展的主要原因之一。但需要说明的是，重庆地方官员的参与并不完全等同于重庆书院的官学化，因为这些讲学的地方官的举动不完全代表当局意志，而是融入了浓厚个人色彩的学术学说。

在明代重庆的官办书院中，生源主要为所管辖区域地方范围内学生，辖外的学生一般不能报考，这主要由经费决定。若外籍学生入学势必会挤占当地户籍学生的名额，从而剥夺当地学子就学读书的机会。重庆府治的官办凝道书院，"樵州邑士之秀异者，读书其中"❺，可见其生源选择以本地学生为主。由于民办书院的创办者怀有造福乡里的近乡之情，以为家乡培养可造之才，故而民办书院也以招收本地学生为主。例如，位于丰都县境内的平山书院，其招生范围只是限定在"吾乡之秀与吾杨氏之子弟"❻。显而易见，其他民办书院的招生情况大致与平山书院相差无几。以当地学子作为书院的主要甚至唯一生源，虽造福乡里，利于当地的人才培养和书院教育的发展，但必然会在某种程度上降低生源的质量，不利于学生的学术探讨与文化交流。

---

❶　[清] 吕绍衣. 同治重修涪州志·卷十五 [M]. 成都：巴蜀书社，1992：680.

❷❺　向楚. 巴县志选注 [M]. 重庆：重庆出版社，1989：516.

❸　綦江县教育志编辑组. 綦江县教育志 [M]. 内部交流本，1985：44.

❹　陈泽泓，广东省人民政府地方志办公室. 岭表志谭 [M]. 广州：广东人民出版社，2013：534.

❻　[明] 王阳明. 王阳明全集·叁·外集 [M]. 北京：中国书店，2014：155 – 156.

　　综上所述，虽然明代统治者过于重视官学，而相对忽视书院教育，在学术研究的力量及氛围方面逊色于宋代，但明代书院教育的发展在规格与数量上超越前代，获得一定提高。明代重庆没有像北岩书院所产生的涪陵学派那样的学术团体，但此时书院因其在数量上的上升，社会影响也会加大，尤其是教学内容中程朱理学、陆王心学的交错，使其教学有所突破。自由讲学、学无常师、打破门户之见的教学组织方法不仅极大调动了学生学习的积极性与主动性，还利于书院掌握最新的学术思想成果。此外，书院办学中多种渠道筹集经费，以及教师的选择要求等均有进步。研究明代重庆书院的历史，探讨其办学特点，可以从中获得一些教学与管理的经验，为当今地方高等教育改革提供帮助及启迪。

第四章　清代重庆书院的繁荣（上）

　　1644 年，李自成率领农民起义军攻入北京，明崇祯帝自缢殉国，中国历史上最后一个由汉族建立的大一统中原王朝在历经二百七十七年后最终走向灭亡。一时间，整个中原地区落入清兵手中，而偏远地区则处于混乱状态。西南巴蜀地区，在明王朝覆灭的同一年被农民起义军首领张献忠占据。张献忠在成都建立大西政权，包括重庆在内的大部分西南地区皆处于张献忠控制之下。1646 年，张献忠在与清军的对抗中遭清军突袭，在今四川西充县凤凰山不幸中箭身亡，其余部则继续盘踞西南，坚持抗清斗争。在此后近二十年的时间内，大西军曾四次攻占重庆。而在 1644—1662 年这十多年的时间里，清军一直试图统一西南巴蜀地区。清康熙元年（1662 年），大西政权降清，至此包括重庆在内的西南广大地区才纳入清朝统治辖区。次年（1663 年），清王朝在重庆的统治才得到初步巩固。这是俗语所称的"天下未乱蜀先乱，天下已治蜀未治"的真实写照。

　　清代沿袭明制，仍置重庆府，属川东道。清政府在今重庆市辖区内先后置重庆府、夔州府、忠州直隶州、黔彭直隶厅（酉阳直隶州）、石柱直隶厅。重庆府，隶四川行省。乾隆二十年（1755 年），重庆府领一厅、二州、十一县，即江北厅（今重庆市江北区）、合州（今重庆市合川区）、涪州（今重庆市涪陵区）、巴县（今重庆市渝中区）、江津、长寿、綦江、永川、璧山、铜梁、大足、荣昌、南川、定远（治今四川省广安市武胜县）。夔州府，隶四川行省，乾隆二十年（1755 年）辖奉节、大宁（今重庆市巫溪县）、巫山、云阳、万县、开县六县。忠州直隶州，隶重庆府，雍正十二年（1734 年）升为直隶州，隶四川行省，辖丰都（今重庆市丰都县）、垫江、梁平三县。酉阳直隶州，清初仍为酉阳宣慰司，隶重庆府，雍正十二年（1734 年）以黔江厅、彭水县合置黔彭直隶厅，重庆府同知移驻黔彭直隶厅；乾隆元年（1736 年）废黔彭直隶厅，改置酉阳直隶州，隶四川行省，以黔江、彭水、秀山三县属之。石柱直隶厅，顺治十六年（1659 年）仍置石柱宣慰司，隶夔州府，乾隆二十六年（1761 年）升为直隶厅，隶四川行省，厅治今石柱土家族自治县南宾镇。❶ 清代重庆区域管辖曾多有变动，但整体而言较为稳定。

本章拟根据所查文献资料对清代重庆书院的内容及相关问题加以梳理，并尝试探讨，清末重庆书院的近代改制则在后面再做叙述及阐发。

一、清代重庆繁荣的历史背景

顺治元年（1644 年）清世祖入关，定都北京，逐步统一全国。到了 18 世纪后期清朝人口增至三亿左右，是当时亚洲东部最强大的封建国家。顺治末年，清军控制了四川大部分地区。康熙二年（1663 年），清总督李国英在重庆补筑通远门城墙，加强城防，巩固了在重庆的统治。清代仍置四川行省，设巡抚驻成都。顺治十四年（1657 年），又增设总督，驻阆中；康熙元年（1662 年），移驻重庆；康熙七年（1668 年），改设为川湖总督，移驻湖北荆州；康熙九年（1670 年），川湖总督移驻重庆；康熙十九年（1680 年），复改为川陕甘总督，移驻陕西西安。

清初，因明末战乱影响，四川人口一度减少，社会生产破坏严重。清王朝为发展巴蜀经济，鼓励邻近省区无地或少地的农民移民川地，以增加四川人口，史称"湖广填四川"。此次大规模移民活动使四川（含重庆）人口增加数十万，经济也得到了逐步发展。在此背景下，重庆农业获得较大发展，一跃成为四川粮食主要产区之一。与此同时，重庆的手工业亦获得一定的发展，其中纺纱织布成为重庆农村的家庭手工业。尤其是重庆合州一带的丝织业较为发达，合州太和镇到清中叶已发展成为以丝织业为主的专业场镇。在清代，重庆地区不仅纺织业发展迅速，陶瓷业也因大量外地技术工匠进入而得以进一步提升，主要表现为沙坪坝的磁器口成为川东民窑的重要供应窑厂。清初入川的广东杨、朱、蔡三姓在重庆大竹县开办陶瓷厂，称为"三合碗厂"。此外，清代重庆地区的金属锻造业也较明代时期有较大突破，较为典型的是重庆大足县龙水镇利用附近的煤铁资源，发展成为"五金之乡"。对比农业、手工业的态

---

❶ 此处清代重庆的行政区划是笔者根据邓少琴等的《重庆简史和沿革》中"重庆建置史略"清代部分资料整理而成。邓少琴. 重庆简史和沿革 [M]. 重庆地方史资料组，1981：79 – 81.

势，清代重庆交通运输业也有较为显著的发展。陆路交通方面建有成渝大道、川东大道、綦桐干道，其间客商来往络绎不绝。巴蜀水系繁多，水上运输更显繁忙。清乾隆《巴县志》称其"三江总汇，水路冲衢，商贾云集，百物萃集"，呈现出"九门舟楫如蚁"的繁荣景象。嘉陵江北至广元、阆中，东至绥定、巴州，西至遂宁、三台，长江上至泸州、叙永、嘉定、资州、内江、富顺，下及夔州、开县、沙市、宜昌，沿江各地多有船只往来，穿梭其间。清代的重庆已成为四川和邻近省区的商品集散与贸易交换中心。至清代乾隆年间，重庆的商业行帮已达二十五个，广东、福建、浙江、湖南、湖北、江西、山西、陕西等省商贾常常云集此处。在光绪二十七年（1901 年）被迫开埠之前，重庆凭借优越的地理条件，已逐步成为长江上游和西南地区最集中的物资集散、销售及运输、转道之地。

清代重庆地区的政治统一、经济恢复甚至部分行业的迅速增长，为其文化教育的进步奠定了基础，也为清代重庆书院的恢复、新建及其活动提供了来自政府或民间的大力扶持与强有力的经济支撑。南宋以降，程朱理学逐渐为官方所接受，至元代时已成为正统思想，且获得了良好的社会效益。通过借助官方的力量，程朱理学逐渐成为学术思想领域的主流意识形态。由于理学思想强调传统伦理规范的合理性和合法性，具有推动社会伦理规范建设、巩固皇权的作用，自明代开始，这一思想体系更得到统治者的极力推崇。清代亦是如此。清初顺治时期（1644—1661 年），清王朝强调科举考试要以宋儒传记为宗，继续大力倡导程朱理学，并且朝廷先后下诏褒奖朱子及其后人，不仅将朱熹列为十哲之一配享孔子，而且以朱熹子孙承袭翰林院五经博士，赐予亲书"大儒泽世"匾额。至康熙皇帝时期，更命人编《御纂朱子全书》并亲自作序，大赞朱子之学乃是治万邦、平天下的至深绝学。至此，清代对于朱熹的推崇已达到了无以复加的程度。明清两代，朱子之学长期统治思想文化教育领域，成功地将知识分子的思想统一于一处，为各项教育制度的建立和教育体系的完善奠定了思想基础。重庆自康熙元年（1662 年）处于清王朝的管控统治下，彼时的清王朝早已入关统治中国广大领土十余载，对文教政策的实施也早已成熟。因而重庆在清王朝接管统治后，其相关文化思想、教育政策得以迅速实施。如此一来，清代重庆同其他广大地区一样，被置于程朱理学的思想笼罩之下。但是必须看到，被统治者所利用的程朱理学强调实行戒律式的道德规范，已逐渐脱离其原本的哲学思想体系，产生了更加有利于封建统治的效果。

清代在文教政策上采取了软硬兼施的策略。首先，利用知识分子重视功名的心理，较早地开科取士，使士人阶层埋头穷经苦读，无暇顾及时事，并且借此来消磨知识分子的反清仇满情绪。其次，牢牢掌握住科举考试选拔上来的及第士子，授予其一定官职，在朝中给予一定的地位，使清代呈现满汉共治的局面，以吸引并笼络汉族优秀知识分子。最后，在科举体制之内，通过增加特科、恩科、恩赐等途径，大批选拔知识分子参与到政权中来，使汉族士人感受到皇恩浩荡，吸引他们入仕为官，利用他们的才华与能力使统治更加稳固。此外，清代统治者收罗大批拥有反清复明意识的山林隐逸、社会贤能参与到收集、整理、编辑图书典籍的工作中来，借宣扬清代文治盛世来笼络人心。在笼络、安抚知识分子的同时，清代沿袭明代以来的残酷手段，打压那些不利于统治的行为。清代严禁知识分子组织团体、串通结社；禁止私藏"逆书"，并将搜缴之书尽行焚毁；同时大兴"文字狱"，对世人的思想言论加以严苛限制。在此高压环境下的清代书院，虽在数量、规模、教学及管理上都较前代有很大扩张，但这些拓展都是建立在清王朝的腐朽固化的专制统治之下的。清王朝为加强封建统治，控制民众思想，注重对书院的干预，致使书院高度官学化，与地方官学相异甚微，差距急剧缩小。绝大多数书院教学皆为程朱之学，致使昔日书院自由讲学的学术气氛逐渐退却，以至于最终沦为科举考试的预备机构。例如，近乎九成的清代重庆书院皆为官办书院，这就意味着清代重庆书院在建立之初便受到了清廷的大力支持与管控。书院教学皆以理学为主导思想，书院学生读的是"四书""五经"，习的是孔孟程朱之道。如石柱南宾书院贯彻程朱理学的指导思想，以"四书""五经"、《二十四史》《资治通鉴》为学员必修书目。

清王朝对重庆地区的管控直到第一次鸦片战争后才逐渐松弛。其原因在于鸦片战争以后，帝国主义列强在华势力扩张，逐渐侵入长江上游地区。为了使重庆成为英国的通商口岸，被外国侵略者誉为"西部中国的开路先锋"的立德乐于1883年乘木船到达重庆，了解川江航道情况。1890年3月，英国获得了在重庆开埠的特权，随后重庆海关建立。次年3月1日，重庆海关在朝天门附近正式开关征税，标志着重庆正式开埠，亦标志着清王朝对重庆的绝对统治宣告结束。

重庆开埠后，外国资本势力在重庆迅速发展，客观上也刺激了重庆民族工商业的发展。自此，重庆开办了一批近代工业，如丝纺厂、棉纺厂、冶炼厂、玻璃厂、电厂、矿业开发等一批企业。此外，航运、商业、金融也逐渐发展繁荣起来。这些企业的出现为重庆近代经济的发展奠定了一定的基础，同时对新式人才也有了更高的要求。为适应企业发展的需求，重庆的一些书院顺势改为新式学堂，如川东洋务学堂、巴县师范讲习所及丰盛、正蒙、公塾、求精、广益等中小学如雨后春笋般涌现，为重庆近代经济社会的发展培养了大批人才。近代以来，中国社会由封建主权独立完整转向半殖民地半封建性质，清代后期重庆书院也已在长期嬗变的过程中积弊丛生；加之当时西学西艺及维新思想的冲击，使得书院教育制度与社会需求的矛盾日渐升级。因此，传统教育体制下的书院制度开始瓦解，在清末废科举、兴学堂的改革浪潮中逐渐退出了历史舞台。但重庆书院在传播思想文化、促进学术研究、培养专业人才等方面所发挥的作用却是毋庸置疑的。作为地方高等教育机构，重庆书院无论是在存续期，抑或在清末"新政"改制后融入新学制体系中，都以其自身的独特魅力在巴渝大地散发着学术思想、人生智慧与教育文化的光芒。

　　1997 年 3 月 14 日重庆升格为直辖市，至此它历史上第三次成为直辖市。本章所研究的重庆地域范围，以 2015 年 4 月 28 日官方公布的最新行政区划为参照标准，其下辖范围包括二十三个市辖区、十一个县和四个自治县。分别为渝中区、大渡口区、江北区、沙坪坝区、九龙坡区❶、南岸区、北碚区、渝北区、巴南区、涪陵区、綦江区、大足区、长寿区、江津区、合川区、永川区、南川区、璧山区、铜梁区、潼南区、荣昌区、万州区、黔江区；梁平县、城口县、丰都县、垫江县、忠县、开县、云阳县、奉节县、巫山县、巫溪县、武隆县；石柱土家族自治县、秀山土家族苗族自治县、酉阳土家族苗族自治县、彭水苗族土家族自治县。笔者查阅相关地方志及文史资料，统计得出清代重庆共有一百八十六所书院❷，广泛分布于上述区域界定的区县范围之内，从整体上为重庆区域内文化教育事业做出了不朽的贡献，同时也在推动重庆教育近代化进程中发挥着支撑的作用。

---

　　❶ 今九龙坡区清代属巴县管辖。据《巴县志》记载，本地区在清代教育十分落后，区属范围内无一所书院。

　　❷ 根据重庆市相关地方志文献资料及政协重庆市各文史资料汇总得出清代重庆共一百八十六所书院，与张阔在其硕士论文《重庆书院的古代发展及其近代改制研究》中所给出的一百七十二所书院略有差别。

二、清代重庆书院的普遍发展

重庆的书院始于北宋，此后历经宋、元、明三代的岁月洗礼，书院总数近四十所。发展至清代，总量猛增至一百八十六所。正如《聚奎书院记》中所记载，清代书院"遍府、厅、州、县……吾邑二十八乡皆有书院"。清代重庆书院的数量之多、规模之大、分布之广绝对是空前的！笔者现根据相关地方史志文献资料整理了清朝重庆各个行政区划的书院分布状况，再现清代重庆书院的繁荣盛景，如表4－1所示。

表4－1　清代重庆各书院分布情况一览表

地　名	书院总数	年代	书院名称
渝中区	8	1　乾隆	缙云书院❶
		1　嘉庆	字水书院
		4　光绪	渝郡书院、算学书院、致用书院、经学书院
		2　不详	凝道书院、来凤书院❷
九龙坡区	1	道光	观文书院❸
北碚区	1	同治	朝阳书院❹
巴县 （今重庆市巴南区）	12	3　乾隆	渝州书院、东川书院、三益书院
		1　嘉庆	归儒书院
		1　道光	瀛山书院
		2　咸丰	观澜书院、凤冈书院
		1　同治	辅仁书院

---

❶ 关于缙云书院建始无考，乾隆十五年（1750年）巴县知县张兑和将其并入渝州书院，乾隆二十三年（1758年）更名为"东川书院"。光绪十九年（1893年），东川书院分设经席，后易址，光绪二十三年（1897年）分出别设，更名为"致用书院"。光绪二十七年（1901年），致用书院增设算席，别设算学书院，遂更名为"经学书院"。

❷ 《重庆教育志》之《重庆府书院一览表》记录：清道光二十三年（1843年）已湮没。故笔者认为凝道书院、来凤书院在清代也有延续。（重庆市教育委员会．重庆教育志［M］．重庆：重庆出版社，2002：32）

❸ 观文书院，建于巴县西里白市驿，属巴县管辖。今白市驿属重庆市九龙坡区辖区，故将其划入九龙坡区。

❹ 朝阳书院，清代位于巴县西里北碚场，而北碚现属重庆市北碚区管辖，故将其划入北碚区。

地　名	书院总数	年代	书院名称
巴县 （今重庆市巴南区）	12	3	行余书院、登瀛书院、小观音场书院❶
		1	不详	文明书院
万县 （今重庆市万州区）	16	5 乾隆	集贤书院❷、刘公书院、南浦书院、西山书院、凤山书院
		1 道光	虹溪书院
		3 咸丰	万川书院、卯峰书院、太和书院
		7 光绪	崇德书院、曜灵书院、麟凤书院、为霖书院、白岩书院、崇正书院、南乡书院
涪陵 （今重庆市涪陵区）	7	1 乾隆	钧深书院
		1 嘉庆	鹤鸣书院
		1 同治	涪陵书院
		4 不详	静修书院、普静书院、文成书院、石阳书院
江北 （今重庆市江北区）	8	1 嘉庆	嘉陵书院
		3 道光	崇儒书院、三益书院、养正书院
		1 同治	偏岩书院
		3 光绪	集贤书院、逊敏书院、三台书院
南岸 （今重庆市南岸区）	2	1 嘉庆	朋云书院❸
		1 光绪	广益书院
永川 （今重庆市永川区）	3	1 康熙	桂山书院（锦云书院）❹
		1 乾隆	东皋书院
		1 光绪	经味书院
江津 （今重庆市江津区）	12	1 乾隆	几水书院（几江书院）
		1 道光	桂林书院
		1 咸丰	育才书院

❶ 小观音场书院，位于巴县小观音场，其具体创办时间没有详细记载，仅在 1994 年重庆出版社出版的《巴县志》中有过这样的描述："在县内，乡镇书院之建立，不亚于治城，乾隆四十三年（1778年）至光绪三十年（1904 年），先后创有长生场三益书院、忠兴场归儒书院……小观音场书院。"（四川省巴县志编纂委员会. 巴县志［M］. 重庆：重庆出版社，1994：553）

❷ 此处集贤书院为明嘉靖年间，知县欧纂中创建，延至清光绪十七年（1891 年）仍存在。

❸ 朋云书院，清代在巴县东里迎龙乡，今为迎龙镇，属重庆市南岸区，故将其划入南岸区。

❹ 《永川县志》载："乾隆五十三年（1788 年），知县彭时捷将绫锦山古察院遗址扩入桂山书院后，因绫锦山改名锦云山，更名为锦云书院。"故桂山书院与锦云书院实为同一所。

地　名	书院总数	年代	书院名称
江津 （今重庆市江津区）	12	3	莲峰书院、志成书院、双峰书院
		3	聚奎书院、凤鸣书院、文峰书院
		3	余庆书院、钟山书院、清峰书院
合川 （今重庆市合川区）	4	1	濂溪书院（合宗书院）
		1	瑞山书院
		1	崇儒书院
		1	翘秀书院
南川 （今重庆市南川区）	7	3	丹山书院、隆化书院、龙川书院
		1	蓬莱书院
		1	育才书院
		2	专经书院、海鹤书院
綦江 （今重庆市綦江区）	3	1	瀛山书院
		1	明善书院
		1	育英书院
长寿 （今重庆市长寿区）	4	1	凤山书院
		1	鳌峰书院
		1	鸿程书院
		1	香泉书院
大足 （今重庆市大足区）	7	1	宝鼎书院
		1	棠香书院
		3	凤池书院、凤山书院、敖溪书院
		2	鼎新书院、集成书院
铜梁 （今重庆市铜梁区）	11	3	巴川书院、琼江书院、文昌书院
		2	龙门书院、玉堂书院
		2	青藜书院（玉瑶书院）、槐清书院
		4	岳阳书院、萃英书院、紫阳书院、蓉池书院
潼南 （今重庆市潼南区）	17	2	云龙书院、玉山书院
		3	集义书院、潜龙书院、鉴亭书院
		2	龙翔书院、汇川书院
		3	朝阳书院、禹门书院、诸英书院

注：各年代栏从上至下分别为：江津（同治、光绪、不详）；合川（康熙、乾隆、道光、光绪）；南川（乾隆、嘉庆、道光、光绪）；綦江（乾隆、道光、光绪）；长寿（雍正、乾隆、光绪、不详）；大足（雍正、乾隆、道光、咸丰）；铜梁（乾隆、嘉庆、道光、光绪）；潼南（嘉庆、道光、咸丰、同治）

地　名	书院总数	年代	书院名称
潼南 （今重庆市潼南区）	17	2	光绪	登云书院、育秀书院
		5	不详	奎光书院、桂香书院、明月书院、仁和书院、天成书院
璧山 （今重庆市璧山区）	2	1	乾隆	重璧书院（璧江书院）
		1	道光	璧南书院
荣昌 （今重庆市荣昌区）	4	1	乾隆	玉屏书院
		3	道光	丹凤书院、棠香书院、宝盖书院
黔江 （今重庆市黔江区）	4	1	康熙	汤氏书院
		2	乾隆	三台书院、丹兴书院
		1	光绪	墨香书院
开县	3	1	嘉庆	盛山书院（芙蕖书院）
		1	道光	汉丰书院（开阳书院）
		1	不详	临江书院
忠县	3	1	乾隆	仰白书院（临江书院、白鹿书院）
		1	道光	龙虎书院（宏文书院）
		1	咸丰	绍鹅书院
梁平	6	1	康熙	桂香书院
		5	不详	峡石书院、作育书院、新盛书院、双桂书院、巨奎书院
云阳	9	2	乾隆	云安书院（飞凤书院）、陆吴书院
		3	道光	云峰书院、崇善书院、凤鸣书院
		1	咸丰	五溪书院
		1	光绪	云龙书院
		2	不详	象山书院、曜灵书院
奉节	9	1	康熙	圣泉书院
		2	乾隆	文峰书院、莲峰书院（云安书院）
		5	同治	峨麓书院、桂香书院、学古书院、双峰书院、晋阶书院（少陵书院）
		1	光绪	北堂书院
巫山	1		乾隆	圣泉书院（巫峰书院）

续表

地　名	书院总数		年代	书院名称
巫溪	1		嘉庆	凤山书院
城口	2	1	道光	新城书院
		1	宣统❶	凤仪书院
垫江	1		乾隆	凌云书院
丰都	2	1	乾隆	鹿鸣书院（平山书院）
		1	光绪	五云书院
武隆	2		同治	江华书院、白云书院
石柱 （今重庆直辖市辖区）	2	1	乾隆	南宾书院
		1	光绪	华祝书院❷
彭水 （今重庆直辖市辖区）	4	1	康熙	摩云书院（云上书院）
		1	嘉庆	丹泉书院
		1	道光	汉葭书院
		1	光绪	鹿山书院
酉阳 （今重庆直辖市辖区）	4	2	乾隆	钟灵书院（二西书院）、龙池书院（龙翔书院）
		2	光绪	龙潭经院、酉西书院
秀山 （今重庆直辖市辖区）	4	1	康熙	秀山书院
		2	同治	苹香书院、梅江书院
		1	嘉庆	凤台书院（凤鸣书院）
总计	186			

资料来源：根据邓少琴等编著的《重庆简史和沿革》中"重庆建置史略"清代重庆府行政区划分布以及重庆市各区县地方志文献资料整理而成。

由表4－1统计数据可清晰地看到清代重庆书院在各个时期建立的基本情况：康熙年间七所，雍正年间两所，乾隆年间三十七所，嘉庆年间十四所，道光年间二十九所，咸丰年间十二所，同治年间十九所，光绪年间四十一所，宣

❶　关于凤仪书院的记载，张阔在其硕士论文《重庆书院的古代发展及近代改制研究》中得出的结论是"在清朝刚入关的顺治朝和已经走向末路的宣统朝未有书院之设"。而经笔者考证，《城口县志》载："凤仪书院，在城西门外，宣统三年（1911年）建立。"故将凤仪书院列入表内。

❷　关于华祝书院的出处，张阔在其硕士论文《重庆书院的古代发展及近代改制研究》中指出："华祝书院在丰都县南岸桥头坝，清光绪十九年（1893年）由丰城绅士杨懋修改建文庙而成。"而按照笔者所界定的研究范围，桥头坝属今石柱县桥头乡，乡绅杨宗模募建于桥头坝下街文昌宫内，宣统三年（1901年）废除。故将其列入石柱县。

统年间一所，另有二十四所书院的具体创办年限不详。重庆虽地处西南，位于长江上游地区，但书院教育与全国其他地区相比却毫不逊色，清代重庆书院在普遍发展的过程中散发出一种有别于其他书院的独特魅力。

在现存四川、重庆各区县方志及文史资料中，有关清代重庆书院的记载内容非常丰富，笔者通过综合整理相关文献资料，现将各书院基本情况逐一介绍。行政区划的排列次序同表 4 - 1。●

（一）渝中区

1. 缙云书院

缙云书院，在巴县县学治右，始建无考。乾隆三年（1738 年）知县王裕疆重葺，乾隆十五年（1750 年）知县张兑和废之。❷ 其实不能简单地认为缙云书院被废止，具体情况别有成因：乾隆十五年（1750 年），巴县知县张兑和以缙云书院地处闹市，不是读书的地方，遂将其并入渝州书院。❸ 缙云书院应该是清代巴县所建的第一所书院。

关于缙云书院，笔者在整理资料时发现，该书院最早建于"缙云寺"内。缙云寺始建于南朝景平元年（423 年），今位于国家级自然风景名胜区缙云山，古人称"赤多白少为缙"，山名由此而来，且被誉为佛教圣地。寺内自古办学，缙云书院就是在此创办。❹ 缙云书院至清代迁移至城区亦有可能。

2. 字水书院

字水书院，嘉庆二十一年（1816 年）巴县知县刘德铨捐建，院址在通远门内莲花池。莲花池是一座精巧的私家花园，园内置有亭榭台阁，建有上下两个遍种莲花的池塘，故又称"涵园"，初为马氏所造，继属寋氏，后为明代大学士王应熊的别墅，历来都是名门望族的居所。王应熊病故后，涵园一度荒废，常有牧羊放马者而不见主人的身影。后莲花池归周钟、周镛所有。清嘉庆

❶　有关巴县区属，与当今重庆市主城区交错关系十分复杂，无法一一辨析清楚。现在的设计考虑到当今行政区划调整以及清代至民国历史地理变迁加以确定、设计。同时与上引教育方志著作《重庆教育志》（重庆出版社 2002 年版）的结构安排基本吻合。特此说明。

❷　常明，杨芳灿. 学校志·书院·重庆府 [G] //四川通志·卷七十九. 清嘉庆二十二年（1817年）刻本.

❸　重庆市渝中区政协文史资料委员会. 重庆市渝中区文史资料·第十二辑 [M]. 内部交流本，2002：150.

❹　《中国旅游实用手册》编委会. 中国旅游实用手册·四川重庆 [M]. 西安：陕西旅游出版社，2000：261.

二十年（1815年），周氏将涵园捐作字水书院院址。继后，骆昂、彭儒魁、韩承宣、汪大受、罗玉堂、陈彦华、张本立、李杰、张飞兴、李天培、梁光华、李州海、张桂元十三人相继捐资，共收田租一百三十石，房租三百四十余两。同治五年（1866年），知县黄朴拨张三同充公银一千两，年得一百二十两，并作山长生童膏火之费。清末改制伊始，改为巴县县立高等小学堂，光绪三十一年（1905年）改为巴县医学堂，1908年改为重庆官立医学堂。❶

3. 渝郡书院

渝郡书院在巴县来龙巷，光绪十九年（1893年），重庆知府王遵文创建，清末废书院，经费移入重庆中学校。❷ 王遵文，字艺庵，山西灵邱人，家贫，任重庆知府，以俭朴作风为世俗表率，创建渝郡书院和修建科举考试考棚等事，都是不惊扰附近的市民而把事情办好的。

4. 致用书院

致用书院在巴县治平寺后东川书院右，光绪十九年（1893年），黎庶昌接任川东道后，以"时文不足造士，力倡古学，并礼聘福建名士江瀚主讲东川书院，添设经席，最初同居一院，光绪二十三年（1897年）乃建书院"，称为"致用书院"❸。东川书院增设经席，同居一院。光绪二十三年（1897年）东川书院易址，经席自辟一院，更名致用书院。❹ 此处的古学即经学在清代所演化的学派——乾嘉学派，又称考据学。上文指出了增设经席的缘由，但"乃建书院"值得商榷，大概应如民国《巴县志》及《重庆市渝中区教育志》中的叙述，只是增设经席，后才更名致用书院。书院"仿广东学海堂、浙江诂经精舍，近规武昌两湖书院、成都尊经书院各种制，订学规十五条，遴选高材十余人，月给膏火银二两。后推广外庠生四名，月银一两，生徒须日作札记，每周呈阅并会讲一次，每季分试一次"❺。其中所列四所书院，前两所由清代考据学代表阮元主持，后两所则由晚清洋务运动后期代表张之洞厉行革新，其性质有类似之处，只是后者西方科技的课程及方法明显。

5. 算学书院

光绪二十六年（1900年），致用书院增设算学一席，因求学者增多，原书

---

❶ 周勇. 重庆通史·第一册［M］. 重庆：重庆出版社，2014：533.

❷ 《重庆市市中区教育志》编纂委员会. 重庆市市中区教育志［M］. 成都：四川文艺出版社，1994：143.

❸❺ 季啸风. 中国书院辞典［M］. 杭州：浙江教育出版社，1996：287.

❹ 罗口钧，向楚. 学校·书院［G］//巴县志·卷七. 民国二十八年（1939年）刻本.

院不能容纳，故在来龙巷另设算学书院，清光绪二十七年（1901 年）由致用书院分立❶，"专门教习算学等自然科学知识。光绪二十九年（1903 年）与渝郡书院旧址一起，改建为县立黉学小学"❷。

6. 经学书院

光绪二十六年（1900 年）致用书院增设算学一席，学者日众，院舍不能容，别设算学书院，致用书院遂改名经学书院。❸"聘请尊经书院前高材生吕翼文任山长，勤于课士，杨沧白等曾从游治词章，邹容等亦受业于此。"❹杨沧白、邹容均为民主革命派杰出人士，他们均出自该书院，足见其近代思想内容之浓郁。

7. 凝道书院、来凤书院

凝道书院在重庆府治，明嘉靖年间（1522—1566 年）知府刘绘建。❺刘绘（1505—1573 年），字子素，河南光州人，人称嵩阳先生。明嘉靖十四年（1535 年）中进士，授官行人，后改户部给事中。性格刚正不阿，1554 年，因两次弹劾宰相夏言，被排挤出京城，出任重庆知府。刘绘在任时，尤为爱护和注重培养人才，遂创办凝道书院，橄州邑士之秀异者，读书其中，亲自授课。考试之年，乡试考中者居半。人文之盛，甲于一时，士人向慕。❻

来凤书院在重庆府治右。民国《巴县志》中也有关于此书院的记载："明有来凤、凝道两书院，然皆称其无考，盖不毁于权阉，亦必灭于流寇矣。"❼《重庆教育志》中《重庆府书院一览表》记录：清道光二十三年（1843 年）已湮没。❽故笔者认为凝道书院、来凤书院在清代也有延续。

（二）九龙坡区

观文书院在巴县西里白市驿（今属重庆市九龙坡区管辖）。道光九年（1829 年），县丞吴占魁建。吴占魁先捐银四百余两，由乡绅募捐所募集者共存田租二十余石，余银年得息金一百一十两，作山长束脩及诸生膏火。光绪

---

❶❸　《重庆市市中区教育志》编纂委员会. 重庆市市中区教育志［M］. 成都：四川文艺出版社，1994：143.

❷❹　季啸风. 中国书院辞典［M］. 杭州：浙江教育出版社，1996：287.

❺　常明，杨芳灿. 四川通志·卷七十九［M］. 清嘉庆二十二年（1817 年）刻本.

❻　向楚. 巴县志选注［M］. 重庆：重庆出版社，1989：516.

❼　罗口钧，向楚. 巴县志［M］. 民国二十八年（1939 年）刻本.

❽　重庆市教育委员会. 重庆教育志［M］. 重庆：重庆出版社，2002：32.

三十年（1904 年）改为县立白市驿女子小学堂。❶

（三）北碚区

朝阳书院在巴县西里北碚场东山高坎（现为重庆市北碚区中山路小学处）❷，道光十九年（1839 年）知县黄大桢续修。同治五年（1866 年）知县黄朴于北碚创建朝阳书院，黄朴款拨张大同充公之银两千两，以息金作书院山长束脩及诸生膏火，院址即张三同坐宅。❸光绪二十八年（1902 年），改称朝阳初等小学堂。光绪三十二年（1906 年），知县孙奉先改建为高等小学堂，后为县立中学校址。1932 年，爱国实业家卢作孚先生为实践陶行知的教育思想将学校改名为实用小学。1938 年，由重庆师范学校接办，为第一附属小学，作家阿英和艺术家郑君里均在此任教。1950 年，恢复朝阳小学校名。❹

（四）巴县

1. 渝州书院

乾隆三年（1738 年），重庆知府李厚望捐资修建渝州书院。院址在治平寺后藏经阁（治平为宋英宗年号，寺以修建时的帝王年代名号，地址在今罗汉寺一带）❺。渝州书院的创建是重庆知府李厚望的一大功绩。李厚望，字培园，直隶蔚县人，康熙四十五年（1706 年）进士，1738 年调重庆知府，即振兴文事，捐俸银至万，建立书院，聘请名师为院长，很有声望。❻乾隆五年（1740 年），易简作《渝州书院记》记述渝州书院的创设缘由及过程："历代以来，守是郡者率以簿会为急，而未遑造士。虽有茂美之姿，而聚之无其地。教之无其具，则无所由以进，人才之不盛，其不以此与？李公祖于乾隆三年来守渝，下车数月，政清民和，将欲美其风俗而以士为倡，顾子弟之向学者少，叹曰：'此非士之过，正在无以为教之地耳……'志既定，咨于郡绅原任潮州守龙公

---

❶❸ 罗口钧，向楚. 学校·书院［G］//巴县志：卷七. 民国二十八年（1939 年）刻本.

❷ "北碚"现为重庆的一个区，清康熙年间（1662—1722 年）设巴县白碚镇，清乾隆年间（1736—1795 年）因白碚地处巴县县境之北，改名北碚镇，后为北碚乡，民国三十年（1941 年）三月一日，经四川省政府转报国民政府行政院批准，北碚成为完全县一级政府行政区，形成现在的北碚区。目前有知名高等学府西南大学坐落于此。

❹ 《重庆年鉴》编辑部. 重庆年鉴［M］. 内部交流本，1993：328.

❺ 《重庆市市中区教育志》编纂委员会. 重庆市市中区教育志［M］. 成都：四川文艺出版社，1994：11.

❻ 重庆市渝中区政协文史资料委员会. 重庆市渝中区文史资料·第十二辑［M］. 内部交流本，2002：149.

鹤坪。盖鹤坪守潮时曾建韩山书院者，因力赞之。公遂选隙地，得先明倪少司农西湖社左侧地一区，颇亢爽。既亲定其地势，而兼酌其向背之宜、高下之度，即选府县学廪生王玫、张宗蔚董其事，造讲堂五间，前堂五间，左右厢二间，院墙重门，前屏后厨皆具。其用材若干料，用工若干人，总用银三百六十两，始于乾隆五年首夏至秋八月而书院告成。"❶

清代的巴渝地区出现了许多卓有眼光的教育家。康熙丰都进士、翰林院检讨易简，出掌渝州书院，他深感重庆为巴蜀大都会，人才太少，很不相称，又十分赞赏乾隆三年（1738 年）重庆新任知府李厚望倡学的眼光："聚一军于场，而教之击刺，未必人人能战也，然而善战者出焉；聚百工于肆，而教之制器，未必人人皆巧也，然而最巧者出鄢矣。今诚欲教育诸士，使得为才且良，其在建书院乎！"❷ 这种对书院在培育地方精英、改善社会风气方面寄予期盼的主张，是十分卓越的精辟之论。

2. 东川书院

东川书院，在巴县洪崖坊育婴堂旧址。乾隆二十三年（1758 年）川东道宋邦绥以渝州书院建在治平寺藏经阁内空间太狭小，提出将书院与洪崖坊育婴堂交易，于是渝州书院便迁至洪崖坊炮台街，更名曰"东川书院"，定为道设，延聘院长，唯川东道主之。❸ 在当时重庆的书院中，东川书院可谓卓尔不群，主要表现在如下几个方面。第一，各级政府大力扶植，规模较大，经费较充足。乾隆二十四年（1759 年），知县王尔鑑置学基地，岁收租银四百三十余两。乾隆五十八年（1793 年）知府蔡必昌、乾隆五十九年（1794 年）知府赵秉渊先后增置地租，岁收银一千余两。清道光十一年（1831 年），贵州怀仁厅贡生张某捐资补修书院屋宇讲堂。其后，官绅或拨或捐。至清末，所有田产、地产值七八万金，岁收入数千金。仅山长束脩就由每年一百二十两增至一千两。因此，在重庆书院规模都不很大的情况下，东川书院的规模算是佼佼者了。其初建时，就造讲堂五间、前堂五间、左右厢二间，院墙重门，前后厨皆具。第二，办学思想较重学术探究。当时重庆的多数书院普遍务实，纷纷追求科举扬名，而东川书院却仿广东学海堂、成都尊经书院等的章程，强调生员要志气远大，不唯科名是务的学规。因而东川书院的学生可旁及他书，属对联，

❶ 常明，杨芳灿. 书院附录艺文［G］//四川通志·卷八十. 清嘉庆二十二年（1817 年）刻本.

❷ 周勇. 重庆通史·第一册［M］. 2 版. 重庆：重庆出版社，2014：199.

❸ 罗口钧，向楚. 学校·书院［G］//巴县志·卷七. 民国二十八年（1939 年）刻本.

习诗赋，学论文，记典故，这是其他书院所没有的现象。第三，学术水平较高。东川书院十六任山长皆巴渝宿学名儒，大多为进士出身；培养了向楚等学术名家。东川诸生，有的从政，成为经世之才；有的从事教育，出掌各县学务。前者如龚晴皋、段大章、黄钟音、何彤云、杜成章等；后者如梅树南、梅际郁、潘清荫、汪世芳等。先后担任山长的有：王清远、李天英、窦坊、徐昌绪、杨德坤、江潮、何彤云、李嗣元、吕翼文。乾隆永川举人李天英，其诗文为袁枚、蒋士铨、王文治、翁方纲所推重。他主讲东川书院时，"一时登甲、乙科者，多出其门。著《居蜀诗钞》十卷"❶。书院生童开始时无膏火，山长束脩一百二十两，又重庆所属十三厅、州、县分捐。清末，贵州籍学者、重庆地方洋务学派代表徐昌绪任院长时，束脩增至一千两。生童按月考课，超等奖银数两。乡试第一名，奖银多至五十两。❷

东川书院的所在地——书院街，也因东川书院而得名。光绪二十九年（1903年）因废书院，兴学堂，东川书院遂更名为重庆府中学堂，后又陆续改为重庆联合县中、重庆共立高级中学、重庆联合高级中学、四川省立重庆中学等，九易校名，四迁校址，现为重庆七中。

3. 三益书院

三益书院在巴县东里长生乡。县举人陈瀚碑记载："乾隆四十三年（1778年），汪自嵩、张超先等募捐创建。先后购置田宅地基，岁共收租谷五十七石，佃银三十两，岁奉院长租谷四十石，光绪三十年（1904年）改为县立长生乡两级小学。"❸关于三益书院的创设时间，嘉庆《四川通志》中记为"乾隆四十一年（1776年）"，"岁收谷四十石"，另外"张超先"记为"张超凡"，这些信息均与《巴县志》的记载有出入，但现在尚难分辨哪一种更为真实准确。

4. 归儒书院

归儒书院在巴县东里忠兴场，嘉庆十九年（1814年）举人陈立勋等请将庙廊寺改设书院，知县董淳详请立案，计公田收租。道光二十七年（1847年）复置田又收租，立案勒石。后改为忠光场初级小学校。从中得知，该书院办学经费来源主要是学田的出租收入。换言之，是以土地作为办院经济支撑的。

---

❶ 周勇. 重庆通史·第一册［M］. 重庆：重庆出版社，2002：245.
❷ 重庆市教育委员会. 重庆教育志［M］. 重庆：重庆出版社，2002：42.
❸ 向楚. 巴县志选注［M］. 重庆：重庆出版社，1989：427.

5. 瀛山书院

瀛山书院在巴县鹿角乡，道光六七年间（1826—1827 年）由耆民彭载义创建。彭载义先后捐银及田产房屋共计八千两有奇。光绪三十年（1904 年）改为鹿角乡两级小学堂。

6. 观澜书院

观澜书院在巴县东里木洞镇。书院地址初为尼庵，咸丰朝（1851—1861 年）里人加以修茸，创建书院，募置田租三十余石作为院长束脩，光绪三十年（1904 年）改为木洞高等小学堂。❶

7. 凤冈书院

凤冈书院在巴县南里石冈乡。咸丰十一年（1861 年）创建，后彭云升、朱如南等募捐重修。

8. 辅仁书院

辅仁书院在巴县东里惠民乡，同治四年（1865 年）张寿黔、张瑞同修建。

9. 行余书院

行余书院在巴县南里南彭乡，光绪二十年（1894 年）举人汤铭勋募建。后改为县立南彭乡女子小学校。

10. 登瀛书院

登瀛书院在巴县东里接龙乡，光绪三十年（1904 年）建，后改为县立接龙乡女子小学校。至民国，又改为接龙乡女子小学校。

11. 小观音场书院

小观音场书院在巴县小观音场，仅《巴县志》记载："在县内乡镇书院之建立，不亚于治城，乾隆四十三年（1778 年）至光绪三十年（1904 年），先后创有……小观音场书院。"❷

12. 文明书院

文明书院在巴县东里二圣乡，乡人雷灿阳、梅馥堂等创建。

（五）万县

1. 集贤书院

集贤书院在万县境内，详址在万县城区东门外，明嘉靖元年（1522 年）

❶ 向楚. 巴县志选注［M］. 重庆：重庆出版社，1989：428.
❷ 四川巴县志编纂委员会. 巴县志［M］. 重庆：重庆出版社，1994：553.

知县欧纂中建。❶ 据《万县志》记载："清光绪十七年（1891 年），县有书院十六所，即明嘉靖年间知县欧纂中所建集贤书院。"❷ 据此推断，集贤书院一直存续至清光绪年间仍有办学活动。

2. 刘公书院

刘公书院在万县学宫左，乾隆初年知县刘乃大创办，后改作龙神祠。❸ 刘乃大在乾隆元年（1736 年）始任万县知县，按照一般官员任职的年限推测，刘乃大出任万县知县应该在 1736 至 1755 年，则刘公书院的创建应该是在乾隆朝前二十年（1736—1755 年）。

3. 南浦书院

南浦书院的院址、创建人及创建时间均不详，只是在《万县志》中有"南浦书院旧址无考"的记载，另陆玑《新建万川书院碑记》中"万邑书院昔有南浦、西山、集贤、刘公诸名"❹ 一句，能够证明其确实存在过。按照《万县志》中记述各书院的顺序，南浦书院在刘公书院与西山书院之间，这两所书院均为乾隆时期创建，南浦书院大概也应创建于乾隆年间，但此说仅是猜测，无实据，仅供参考。

4. 西山书院

西山书院在万县治西南京街广济寺右，知县梁文五建。梁文五于乾隆三十六年（1771 年）始任知县，因此书院的创建时间大致在 1771 年至1791 年。

5. 凤山书院

凤山书院在万县东关外，乾隆四十九年（1784 年）知县孙廷锦建，并置学田。嘉庆十六年（1811 年），庠生杜越捐银五百两生息资膏火。道光四年（1824 年），知县仇如玉倡捐银二百两，邑绅江西定南厅同知赖勋、江苏安东县知县杜礼等共捐银一千一百四十两，贡生蒋丞栋、卫千总扬共柱等捐钱九百

---

❶ 常明，杨芳灿. 四川通志·卷七十九 [M]. 清嘉庆二十二年（1817 年）刻本.

❷ 《万县志》编纂委员会. 万县志 [M]. 成都：四川辞书出版社，1995：595.

❸ [清] 张琴修，范泰衡，等. 地理志·学校·书院 [G] //增修万县志·卷十一. 同治五年（1866 年）刻本.

❹ 陆玑. 新建万川书院碑记 [G] // [清] 张琴修，范泰衡，等. 增修万县志·卷三十六·艺文志. 同治五年（1866 年）刻本.

六十缗。❶ 除培修院舍置器具，并赎回旧产外，所余银钱交典当生息，以作添补山长束脩并生童膏火、奖赏及士子乡会试卷费。另《四川通志》中记凤山书院的创建时间为"乾隆初年"，此记载不太准确。《万州文史资料·第七辑·万州下半城淹没记》记述："乾隆五十四年（1789 年）知县孙廷锦复建，并改题三门：朝阳门、迎薰门、瑶琨门，另置小南门、小西门。"可知孙廷锦任万县知县的时期应在乾隆五十四年（1789 年）左右。所以，孙廷锦创建凤山书院的时间不可能是在乾隆初年。

6. 虹溪书院

虹溪书院在万县南市郭里。乾隆年间，蒲乾德捐资修筑县城城墙和文庙、武庙、张桓侯庙、考棚及虹溪书院。❷ 道光十一年（1831 年），邑绅民易光晨、秦正高、张问恒、秦德辉、冉云瑜、李自富、秦永兴、邬兴礼共捐银二千六百四十两、劝输银一百八十两、钱六十缗，于来瞿塘演易台故址建书院。置买田产五契，岁入租二十石，同治三年（1864 年）首事易濂等禀请附入万川书院经理。❸

万历五年（1577 年），易学大师来知德五十二岁时因"读《易》人醉，不满于宋儒不言象只言理"，遂弃草堂而远客万县虹溪；有《易学集注》（本名《周易集注》）十六卷留存于世，此著作被认为是明清时期巴蜀易学的最高成就；设演易台（道光年间建成虹溪书院，今为重庆市万州区龙泉小学），从此潜心习《易》。他初到虹溪研《易》时，仍难忘程朱理学，继续深究，先后著成《省觉录》《省事录》《铁凤山稿》《虹溪稿》《买月亭稿》《游华山稿》《游太和山（今武当山）稿》《游峨眉稿》《谕俗俚语》《八关稿》《四乐吟》《游白帝稿》《格物诸图》《孔子谨言功夫》《四箴》《入圣功夫字义》《弄圆篇》《心学晦明解》《河图洛书论》《理学辨疑》《革丧葬礼约》《来氏家训》《论死生有命》《论富贵在天》等一大批理学著作，订正以前所画太极图和所著《大学古本释》（后收编）。❹

来知德研究理学，反对程朱的形而上学，而注重发扬孔子"仁"的思想。

❶❸ ［清］张琴修，范泰衡，等. 地理志·学校·书院［G］//增修万县志·卷十一. 同治五年（1866 年）刻本；常明，杨芳灿. 学校·书院·夔州府［G］//四川通志·卷七十九. 清嘉庆二十二年（1817 年）刻本.

❷ 《云阳县志》编纂委员会. 云阳县志［M］. 成都：四川人民出版社，1999：1053.

❹ 梁平. "崛起真儒"来知德［G］//徐希平. 长江流域区域文化的交融与发展（第二届巴蜀·湖湘文化论坛论文集）. 成都：四川大学出版社，2014：245.

在他游山观水、抒情写意的诗文中，无不体现出孔子"仁"之寓意。例如，据来知德的《续求溪稿·来瞿塘先生日录·外篇》记载：来知德的《清风两袖歌——赠蔡今长以繁转临川》一诗，歌颂蔡今长转任离境时"清风两袖"，老百姓"扳辕卧辙"如婴儿啼哭，不忍他离任的情景十分感人，这表明只有廉政爱民的清官才会得到老百姓如此的爱戴。在《万县令越玉峰考绩序》中说他"三年三易其邑，三新其民，三新其事，解烦急以宽大；易苛政以慈爱……有慈母之于子"。来知德之所以赞颂这些实行仁政的"清官"，与他"入圣"的观念相契合，表明其企盼天下推行仁政。其《迎穷》一文，是来知德客居虬溪注《易》十年后所作，内容是表现他"学圣"已入门径，格去物欲，学颜回居陋巷，箪食瓢饮，登孔子之堂，实践孔子"仁爱"的快乐。

7. 万川书院

万川书院前身为凤山书院，咸丰五年（1855年）知县陆玑捐钱三百串，募建凤山书院。校址地基为史氏捐赠，后又购买公房，拆除后以扩大其地基。期年落成，建有讲堂三间、学舍四十余间，取名为"万川书院"。❶ 由市北历阶者二，而后至奎座，左山长书屋，右长生祠，缭以垣墙、远绝俗气，高接文笔，江山之胜尽入函丈。陆玑在其《新建万川书院碑记》中对创建过程有较为详细的记载："自咸丰乙卯（咸丰五年，1855年）春下车观风，见其（凤山书院）地势湫隘，栋宇偪仄，肄业诸生有人满虞。因典范训导泰衡，陈山长光熙，甘茂才雨，周历巡示，思廓大之。西偏得隙地甚广，询为史茂才秋田公业，与之商，慨然乐助。相度梗概，绰然有余，乃舍旧而谋新，各方劝导，以经以营，期年而落成。考万邑乃汉朐邑县地，自是沿革曰'羊渠'、曰'南浦'、曰'鱼泉'、曰'安乡'、曰'万州'，而后周则曰'万川'。其取义诸水所汇欤，于是众议'凤山'之名无甚深意，且与大宁同，请更之，遂额曰'万川书院'。"❷ 书院以"万川"为名，实是寄予了创建者对后学的美好期望，"今定名'万川'所望诸生气宇渊深，洗心涤虑，文思澄澈，月印于潭，发为文章，波澜壮阔，苏海韩湖，追踪摄景，扬清明于虎观，掞丽藻于蓝台，

---

❶ 《中华学府志》编辑委员会. 中华学府志·四川卷［M］. 北京：中共中央党校出版社，1998：13.
❷ 陆玑. 新建万川书院碑记［G］//［清］张琴修，范泰衡，等. 增修万县志·卷三十六·艺文志. 同治五年（1866年）刻本.

沾溉艺林，四方瞻仰，不其伟欤！"❶咸丰七年（1857 年），知县冯卓怀捐五百金，倡募钱四千余缗，置田庙，增膏火，定课规，移奎座于前楼，祀宋五子。邑令冯卓怀作《新立宋五子龛位记》："咸丰八年（1858 年）春二月，卓怀既倡募修治万川书院门墙，以赓陆前令未竟之工，又置田若干亩，准岁所入增其膏火，复立宋先贤周程张朱五子龛位于后堂，率诸生释奠焉。已进诸生而告之曰：在昔尧、舜、禹、汤、文孔子修道以立教，宋五子因教以明道。诸生既读其书矣，其可歧而二之置身为道外之人哉！夫十室之邑，必有忠信，万于全蜀为大邑，士气尚淳，诸生诚能读书学道，由士希贤，由贤希圣，以无负国家建置书院与有司筹增膏火淳淳造士之心，其造诣诚未可量也，已诸生欣然而退。余因叙次为之记。"❷同治二年（1863 年）增修前后过道厅，三年（1864年）周筑后垣，工程及竣，先后凡置田业十余处，岁入租二百零三石，房佃地课钱五百三十二缗。光绪三十年（1904 年），万川书院改为万县高等小学堂。

8. 岉峰书院

岉峰书院在万县三正里三甲，原为"西夏先生注经旧塾也。先生姓何氏名苏，字息夫，学者称为西夏先生。嘉庆、道光年间，先生教授于此，殁即卜葬其后……以山形对峙，若两髻然，故彦之曰'岉峰书院'"。❸金维斗、何贞介等劝捐书院是在咸丰七年（1857 年），书院规制如下：讲堂三间，后厅三间，前厅五间，东西堂各一间，厢房各三间，计用钱一千五百缗，知县冯卓怀捐银三十两，绅民捐田值银四百余两，夏育才、陈光显、何海清、何正璋、谭茂春共捐田值钱一千七百缗，林凤鸣、夏绍麒、雷金声、监生孙云程共捐钱一千二百缗。可知，书院办学所需经费赞助的数量不菲，同时，捐资兴学者热情极高。

9. 太和书院

太和书院在万县大周里一甲红岩寨，咸丰九年（1859 年）余茂林及子登庸等捐建。讲堂正屋五间，左右横屋各二间，后屋各二间，下屋三间，外楼一

❶ ［清］张琴修，范泰衡，等. 地理志·学校·书院［G］//增修万县志·卷十一. 同治五年（1866 年）刻本.

❷ 冯卓怀. 新立宋五子龛位记［G］//［清］张琴修，范泰衡，等. 增修万县志·卷三十六·艺文志. 同治五年（1866 年）刻本.

❸ 冯卓怀. 岉峰书院记［G］//张琴修，范泰衡，等. 增修万县志·卷三十六·艺文志. 同治五年（1866 年）刻本.

间，左右横屋各四间，下屋二间，厨房四间，屏墙一座，计费钱二千五百余缗。茂林捐田业，岁收租谷二十石，登庸、登先、登鑑共捐钱二千六百缗，余学洁、余凤池各捐钱二百缗，置田业二契，每年共收租谷六十石，知县冯卓怀捐银四十两。❶ 乡镇书院有如此兴学场景，实属不易；经费输入来源主体为民办资本，或能体现民间资本力量对书院的正向作用。

10. 崇德书院

光绪初年，田道宽、尤炳章在万县大周里募建崇德书院。

11. 曜灵书院

光绪四年（1878 年），谭家艘在市郭里六甲募修曜灵书院。

12. 麟凤书院

光绪十二年（1886 年），谭四汲、高文春等人在万县大周里捐建麟凤书院。

13. 为霖书院

光绪十五年（1889 年），由徐光成、陈启顺在万县三正里五甲捐建。❷

14. 白岩书院

光绪十六年（1890 年），邑绅游鉴洋在太白岩下捐资购地创建书院，第二年落成，是当时川东地区影响最大的公立书院。太白岩背负西山，面临长江，全长三公里，占地六十公顷，海拔四百零五米，早在魏晋时已成为蜀中名山。唐建攀岩亭、观德亭，相传李白游万州时，还曾在此读书，有"大醉西岩一局棋"之句。清康熙时，知州萧县拱、董维祺凡两次修建，后又倾圮，地基为强邻侵占。明代建西山太白祠，清代建白岩书院，其中主祀李白。岩间有唐、宋、明、清、民国时期的摩崖石刻六十多块，有《白岩书院碑》。❸ 1986年建太白公园，因大部门景观在峭壁之上，故有"立体公园"之称。1989 年又在园中建太白书屋，陈列李白在万州的事迹与诗文。❹

白岩书院中建有讲堂，堂后横建七间房舍，左边设藏书室；正厅循阶而下，两厢教室共二十六间；门外左筑碑楼，右拓水池，池心设一亭。书院规模

---

❶ ［清］张琴修，范泰衡，等. 地理志·学校·书院［G］//增修万县志·卷十一. 同治五年（1866 年）刻本.

❷ 万县市教育委员会. 万县地区教育志［M］. 重庆：重庆出版社，1997：39－40.

❸ 程勉中. 中国书院书斋［M］. 重庆：重庆出版社，2002：88.

❹ 丁稚鸿，等. 李白与巴蜀资料汇编［M］. 成都：巴蜀书社，2011：479.

甚宏，耗资九千缗，先后购书达一千九百四十六种。书院束脩膏火皆是游鉴洋独立捐置。知县彭修和邑绅陈寿龄、周仁勖以及孀妇陈扶氏，各捐金钱产业若干，并发商生息作书院常年经费。书院聘请当代经师长沙胡元直、江夏吴光耀任主讲。住院生童由提学❶按试，夔州府曾甄调四十名生童来白岩书院学习，并给以膏火，各县闻风而至者有数百人之多，书院讲求实学，成就者众。❷

重庆万县近代教育史中，白岩书院堪称学术水平高、教育理念新的教育组织机构。1905年，科举制度废除后，白岩书院、万川书院合并为万县中学堂。❸白岩书院的旧址曾先后办过农业学校实业所、女子蚕桑学校、高等小学学堂和军事政治学校。许多近代的名人名家如朱德等都曾在此讲学。白岩书院突破地域办学招生限制，足见其在书院向学堂转型的前夜仍具有强劲的辐射力量。

15. 崇正书院

光绪十七年（1891年），地方乡镇团总曾国隆在万县大周里十甲创办崇正书院。

16. 南乡书院

光绪十七年（1891年），陈策超在市郭里四甲创建南乡书院。❹书院在白羊乡场外一里许，为南岸童生秀才读书的场所，后为白羊小学校址。❺

（六）涪陵

1. 钩深书院

钩深书院院址在四川涪州北岩山，即宋代涪州的北岩书院，历经宋、元、明三代至清代依然存在。北宋绍圣四年（1097年），程颐以党论谪涪州，辟堂山上，著述其中，成《易传》。宋符中（1098—1100年），黄庭坚题其堂曰"钩深"。嘉定十年（1217年），范仲武请建为北岩书院，以奉祀程颐。❻康熙年间（1662—1722年）书院曾遭毁坏；乾隆九年（1744年），知州将罗克昌

---

❶　提学：官名，清末省级教育行政长官。光绪三十一年（1905年）设。每省一人，正三品，总理全省学务，掌管与学生授业科举之事。

❷　《中华学府志》编辑委员会. 中华学府志·四川卷［M］. 北京：中共中央党校出版社，1998：12.

❸　欧阳桦，李竹汀. 学舍百年——重庆中小学校近代建筑［M］. 重庆：重庆大学出版社，2014：13.

❹　万县市教育委员会. 万县地区教育志［M］. 重庆：重庆出版社，1997：40.

❺　中国人民政治协商会议四川省万县委员会文史资料工作委员会. 万县文史资料选辑·第三辑［M］. 内部交流本，1989：81.

❻　顾明远. 教育大辞典·卷八［M］. 上海：上海教育出版社，1991：62.

捐资赎地重建祠宇，并改北岩书院为钩深书院❶；嘉庆八年（1803 年），知州李炘又增修书院山门及门内仰止亭，将正堂二间改建为三间，中祀程子，右为四贤祠，后为讲堂，院内两端建为学生宿舍，东西书舍二所，看司宅一所。此格局直至民国初年未变。四贤祠亦名四贤楼，首建于南宋，清代乾隆年间迁入钩深堂院内。四贤指程颐、黄庭坚、朱熹、谯定，后来夏亚夫死后，从祀于北岩书院，增为五贤。❷ 罗克昌、李炘两任知州均设四贤祠于程子祠之左。

　　五代十国之际，成都著名诗人花蕊夫人的诗句广泛传播于涪州。她的一百首宫词被《全唐诗》收录，诗本手抄稿还流传到涪州民间，辗转传抄，其中两首"经州人刊刻，立于县尉署内"以资纪念，后移至涪陵钩深书院——这就是涪陵广为流传的"花蕊夫人诗碑"。此碑虽历经劫难，但总算保存下来，至今为涪陵文物部门收藏。涪陵收藏的"花蕊夫人诗碑"刊刻的两首诗，原词如下：❸

其一

翔鸾阁外夕阳天，树色花光远接连。

望见内家来往处，水门斜过辇楼船。

其二

内人追逐采莲归，惊起沙鸥两岸飞。

兰棹把来齐拍水，并船相对湿罗衣。

2. 鹤鸣书院

　　鹤鸣书院在鹤游坪分州署左。道光二十五年（1845 年）《涪州志》载："沈家场（距分州城十里）、白家场（距分州城三十里）各有乡学一所。"今鹤游镇境则设有鸣鹤书院。鸣鹤书院（又称鹤鸣书院），嘉庆十六年（1811 年）州同刘钦创设，以分州署左侧昭忠祠上殿作讲堂，两廊和下屋的七间房作学生住读之所，以没收罪犯的充公田土收租（年收三十余石）作延师束脩。这所书院直开办至清末。清末废科举办新学，鹤游坪亦著先声。清光绪三十三年

---

　　❶　关于罗克昌捐资重建书院的时间，《北岩名胜志》中记为"乾隆十四年（1749 年）"，而《涪陵县续修涪陵州志》、嘉庆《四川通志》及《中国书院辞典》中均记为"乾隆九年（1744 年）"。此处笔者取"乾隆九年（1744 年）"。

　　❷　蒲园树．北岩名胜志［M］．涪陵市旅游局，1996：17；王鑑清，施纪云．建置志·书院［G］//涪陵县续修涪陵州志·卷五．民国十七年（1928 年）铅印本．

　　❸　马培汶．历史文化名人与涪陵［M］．重庆：重庆出版社，2006：52．

（1907 年），州同史悠彦创设"保和寨官立圣公高等小学堂"，至民国时期，改名"圣公小学"继续开办，成为鹤游坪地区师资力量最强、人才辈出的名校。❶

3. 涪陵书院

涪陵书院在城西，同治九年（1870 年）州牧徐浩捐廉创建，有"书院记"对此有简单记述："涪州旧有钩深书院，在大江对岸北岩，每春夏水涨，盘涡汹涌，肄业者难于渡济，而士风日上，从学日多，学舍亦隘不能容。浩叔篆是州，意在培植文化，倡首捐廉，与阖邑绅士筹款于附城，另置一院，即因地以名之额曰'涪陵书院'，延师主讲。俾肄业两得其便，庶相互砥砺，咸思有以旧兴焉。"❷ 至光绪三年（1877 年），州牧濮文升改名为"桂馨书院"❸。

4. 静修书院

静修书院在涪州长里孝和寺。岁收租谷十石，光绪三十二年（1906 年）移入劝学所管理。❹虽始建时间无记载，但可知其在光绪三十二年（1906 年）前创建。

5. 普静书院

普静书院在治平。《涪陵市志》记载："清光绪年间，还有静修书院、普静书院分别设于长里孝和寺（今万寿乡四方村境内）、治平（今珍溪镇附近）。"❺

6. 文成书院

文成书院在鹤游坪白家场附近数里许设置，有学田，匾额题"文成书院"四字，事实上此书院即是白里乡学。❻清代地方书院有的办学程度较低，与乡村学校混同，这里是可资证明的例证。

7. 石阳书院

石阳书院在涪州。❼

❶ 《神秘古镇——鹤游》编委会. 神秘古镇——鹤游［M］. 内部交流本，2005：23.
❷❹❻ 王鑑清，施纪云. 建置志·书院［G］//涪陵县续修涪陵州志·卷五. 民国十七年（1928年）铅印本.
❸❺ 四川省涪陵市志编纂委员会. 涪陵市志［M］. 成都：四川人民出版社，1995：1192.
❼ 胡昭曦. 四川书院史·同治涪州志·卷三·建置志［M］. 成都：巴蜀书社，2002：158.

（七）江北厅

1. 嘉陵书院

嘉陵书院设于江北厅治西桂花街❶，是江北厅最早的书院。因自乾隆二十三年（1758年）分设后，江北治内向无书院。嘉庆十一年（1806年），同知张瑞溥因义学不足以兴文教，乃购熊姓住房略加修整建立程度更高的书院。嘉庆十八年（1813年），同知米乔龄拟建，取名"金沙书院"❷。嘉庆二十年（1815年）集乡里绅士劝募捐输，张瑞溥自己又捐银一千两，并劝全厅士绅集资购买绅民屋房，正式创办嘉陵书院。集全厅生徒训课其中，以此扩大书院的规模。❸嘉陵书院建院之初，聘成都人吕翼文、周吉卿任山长主持学务；教习内容为经书、八股文和试牒诗等；教学方式为自学钻研，相互切磋，山长讲解指导。书院常年有生童三百余人。道光元年（1821年），厅丞张瑞溥、翟凤翔再予改建，举人周吉卿任主讲，求学者日众，声誉日隆。其后，黄霁亭、杨德坤、汪先焕等学赡才富之士先后任书院山长。杨德坤有《三缠堂文集》《尚支诗集》问世。黄霁亭掌嘉陵书院时，时人有"槐市春风、泮材时雨，矜佩含芳、英才蔚起"之誉❹。光绪二十八年（1902年）改办江北厅高等小学堂，光绪二十九年（1903年）更名江北厅官立小学堂。❺光绪三十一年（1905年），厅立小学堂与厅立模范小学堂合并建成高、初级合校的江北厅两级小学堂。这种建置的变化是清末1904年1月颁布"癸卯学制"后有关地方小学堂组织编制的典型。

2. 崇儒书院

崇儒书院在江北厅王家场佛慈寺，道光四年（1824年）黄矩创办。

3. 三益书院

三益书院在江北厅石船镇太虚寺，道光六年（1826年）徐兰芳创办。房屋造型典雅，林木扶疏。书院的讲学在内容上不只是传授儒家的知识，还重视讲明义理，更注重把所讲授的义理在身心修养上躬行实践。教师特别注重对学

---

❶ 重庆市江北区地方志编纂委员会. 重庆市江北区志［M］. 成都：巴蜀书社，1993：729.

❷《重庆百科全书》编纂委员会. 重庆百科全书［M］. 重庆：重庆出版社，1999：493.

❸ 中国人民政治协商会议江北县委员会文史资料研究委员会. 江北县文史资料·第三辑［M］. 内部交流本，1988：111.

❹ 中国人民政治协商会议江北县委员会文史资料研究委员会. 江北县文史资料·第七辑［M］. 内部交流本，1992：214.

❺ 重庆市渝北区地方志编纂委员会. 江北县志［M］. 重庆：重庆出版社，1996：692.

生个人的指导启发，学生亦特别重视道德修养。教师特别重视身教，以"人师"自勉自任。教师的讲稿名之曰"讲义"，学生记录老师的讲话，名之为"语录"，足见书院教学的规范有序，迥异于同期的地方官学。这种理学类型书院在清代十分普遍，且科举预备的色彩至为浓厚。民国初，三益书院改为"江北县石船乡区立两级小学"❶。

4. 养正书院

养正书院在静观，道光六年（1826年）王元享创办。

5. 偏岩书院

偏岩书院在江北偏岩，同治年间（1862—1874年）唐雨田等集资创建。❷

6. 集贤书院

集贤书院院址在明月场，创办于光绪年间（1875—1908年）。书院名称沿用至民国，至民国七年（1918年）始改为"江北县明月乡区立两级学校"❸。

7. 逊敏书院

逊敏书院于光绪六年（1880年）由贡生罗骅亭主持兴办，由云山寺原逊敏义学改建而成。后又相继改为塾馆、逊敏小学。1945年，王朴在该处创办私立莲花中学。新中国成立后，改为江北县第一初级中学。❹

8. 三台书院

三台书院于光绪十一年（1885年）由地方士绅在廖家台东坡创建。

（八）南岸区

1. 朋云书院

朋云书院在南岸区迎龙镇，刘庆广为创朋云书院，独立难持，先于嘉庆五年（1800年）倡劝乡里二十六人各捐银两，仍不足，遂以经营生息，四五年后刘庆广衰病，即由刘庆梅、张怀远接办。越二十年，资产日益丰富，至道光十七年（1837年），刘灿藜乃集议建立朋云书院。❺ 朋云书院历三十八年之久，几易经办人手，不改初志，备尝艰辛终成美举。

❶❹　中国人民政治协商会议江北县委员会文史资料研究委员会. 江北县文史资料·第七辑［M］. 内部交流本，1992：215.

❷　重庆市江北区地方志编纂委员会. 重庆市江北区志［M］. 成都：巴蜀书社，1993：729.

❸　中国人民政治协商会议江北县委员会文史资料研究委员会. 江北县文史资料·第七辑［M］. 内部交流本，1992：214.

❺　四川巴县志编纂委员会. 巴县志［M］. 重庆：重庆出版社，1994：554.

2. 广益书院

广益书院在城内督邮街,光绪二十年(1894 年)英国基督教公谊会英籍人士陶维持、陶维义、陶维新、范瑞辅等人来渝,经川东道道台黎庶昌批准,在都邮街公谊会内创办广益书院,陶维持任第一任学监。[1] 初期房舍简陋,每届收一班。学生二十余人,陶维新任校长。[2] 后迁至南岸文峰塔下,更名为广益中学。[3] 现为重庆五中。

(九)永川区

1. 桂山书院(锦云书院)

桂山书院在治东街,康熙五十八年(1719 年)知县沈镛捐俸购买张万铨街基创建。《永川县志》、嘉庆《四川通志》及《中国书院辞典》中均作以上记载,但彭时捷《锦云书院碑记》中却有不同的记述:"乾隆壬申(即乾隆十七年,1752 年),予来治永川……考其地有桂山书院,前令江右罗君讳士哲之所建也。仅十年余,而老屋旧椽,不蔽风雨,邑人士未有鼓出其门者。"依彭时捷所记桂山书院之始建应是在乾隆初年,而创建者乃前县令江右(今属江西一带)罗士哲,现今普遍认可的是前一种观点,笔者也无法判断孰是孰非,存此待考,仅供读者参考。

锦云书院在永川县古察院基。乾隆二十七年(1762 年)知县彭时捷因桂山书院"旧址狭隘不足,且无学田不能垂久"而迁地另建,其对创建书院的过程有简单记载:"予乃捐八十金,置田数亩。随据绅士等呈请兴学,先后愿输废寺、闲田、山土三百余亩,为脩脯膏火之赏。然后谋立学舍,与邑尉郑君王臣、儒学王君楷卜治东锦云山阳,相基绘图,授邑庠等董事其事,各皆踊跃,乐输良材、坚甓,不可胜用。于是,为立讲艺之堂、栖士之舍、宾客之位、游息之所、庖厨之次,百尔器具,工善吏勤,晨夜并作,凡五阅月而竣。既迁就地,遂更新名,来学者几百人焉。"[4] "锦云"一名之由来是当时川东观察张九镒经地永川,将境内锦绫山更名锦云山,书院也因此更名为"锦云"。书院建筑设计如下:外讲堂三间,照厅三间,内讲堂三间,东斋九间,西斋九

❶ 何智亚. 重庆老城 [M]. 重庆:重庆出版社,2010:147.

❷ 刘吉西,李栋,赵永吉. 四川基督教 [M]. 成都:巴蜀书社,1992:373.

❸ 重庆市南岸区地方志编纂委员会. 重庆市南岸区志 [M]. 重庆:重庆出版社,1993:8.

❹ 彭时捷. 锦云书院碑记 [G] //重庆府志. 清道光二十三年(1843 年)刊本;陈谷嘉,邓洪波. 中国书院史资料 [M]. 杭州:浙江教育出版社,1998:1203.

间，厨舍四间，东西长粉墙二道二门三楹，头门一间，院后立奎星阁一座。

光绪二十六年（1900 年），永川知县罗崇龄废锦云书院，聘黄秉湘为监督，创办当时四川最早的官办学堂之一——达用学堂：仿照日本学制办学，设经学、英文、日文、历史、地理、数学、格致、博物、修身、乐歌、体操、图画等科❶；聘日籍教师山本策吉、神田正雄、雨根田辉任教。光绪三十二年（1906 年），更名为重庆府分立永川中学堂。宣统元年（1909 年），改为永川官立中学堂。1912 年春，改为永川县中学堂，同年秋又称永川县立中学。1925 年开办女生部，1942 年开设高中部，1943 年女生部划出，单独成立永川县立女子初级中学。1950 年，与永川县立女子初级中学合并。1951 年又与永川县私立英井中学、私立达用高级商业学校合并，改称川东区永川中学校，以原英井中学校地为校址。校园依山傍水，环境幽静，风物宜人，1953 年改称四川省永川中学校，延续至今。❷

2. 东皋书院

东皋书院在永川县小南门外，文昌宫左，初设时侨寄东山寺，具体创办时间及创办人不详。乾隆五十三年（1788 年）知县张缙移建文昌祠，规制较锦云书院小，内讲堂、山长住室共三间，外讲堂一间，讲堂后连右斋三间，下厅左右斋七间，厨舍二间，院门一间，后复建过亭三楹。以"东皋"命名书院是因为地脉由东山蜿蜒而来，东山旧谓之"东皋"。光绪三十三年（1907 年）更名为官立小学堂，后俗称东皋学堂。1912 年，又更名为永川县中学堂。

3. 经味书院

"经味"即肴馔六经之意。经味书院在东街老当铺，光绪十九年（1893年）知县曾许荫署任，以士子株守时文，鲜讲经学，仿四川成都尊经书院体制，创立经味书院，俾肄业者专习经古文字、儒学经典，详禀添设并延聘书院院长主讲。一时苦无学舍，借寓昭忠祠后，邑绅刘鸣珂等以公买当铺全房一契捐作书院，略为建置内讲堂三间，外讲堂三间，后宅住屋三间，新建过亭三楹，左右斋各一间，左院上学舍三间，下学舍三间，左右斋各一间，厨舍二间，外接照墙学舍三间，院门一道，书院始有定址。

---

❶ 中国人民政治协商会议重庆永川市委员会学习文史委员会. 永川文史资料选辑·第十七辑 [M]. 内部交流本, 2001: 108.

❷ 《中华学府志》编辑委员会. 中华学府志·四川卷 [M]. 北京：中共中央党校出版社, 1998: 459.

经味书院成立较晚，因无田土，乃规定在城中收的挑夫力行钱每挑（一般以一百斤为一挑计）八十文解决。不足之数，由地方官筹款支付。经味书院老师薪水每年二百吊钱。其他费用，比照锦云、东皋书院付给。

（十）江津

1. 几水书院（几江书院）

几水书院，嘉庆《四川通志》作"江津书院"，原名几江书院，在江津城隍祠左。1741 年，邑令杨纯伯创修。1744 年，邑令彭维铭增建，乾隆十七年（1752 年）捐廉一百六十九两，凑置田业；1767 年，邑令曾受一增修，嘉庆九年（1804 年）邑令徐鼎重修，道光十年（1830 年）邑令朱琦移建城东考棚侧，规模爽垲，学舍光明，复捐廉二百金，增修正厅及左右房于讲堂后；自彭维铭起，历任知县添置产业，年收租息三百余石以资膏火。❶ 光绪三十年（1904 年）改办师范传习所。民国时期，战乱频发，校园为驻扎军队之所。❷

2. 桂林书院

桂林书院在江津县治南八十余里，清道光十三年（1833 年），杨维翰率弟侄筹建。

3. 育才书院

育才书院在江津县治南城外石子山，清咸丰年间（1851—1861 年）李信存、高延辅等捐募创建，宣统时（1909—1911 年）改设高等小学堂，光绪三十年（1904 年）改设两等学校。民国元年（1912 年）因军事停辍，民国三年（1914 年）改为县立乙种农业学校，民国五年（1916 年）改办育才高小学校，即以原有膏火产业、租息作为校款。❸

4. 莲峰书院

莲峰书院在江津县治北四十里普莲寺内，清同治十三年（1874 年）李信存、高延辅创办。

5. 志成书院

志成书院于同治九年（1870 年）由邑人陈麟图、江一青创建。❹ 其他信息不详，此记载只在《中国书院史》历代书院名录中出现，笔者所查其他资料

❶ 季啸风. 中国书院辞典［M］. 杭州：浙江教育出版社，1996：277.
❷❸ 聂述文，刘泽嘉. 学校［G］//江津县志·卷八，民国十三年（1924 年）铅印本.
❹ 李国钧. 中国书院史［M］. 长沙：湖南教育出版社，1994：1174.

中未见有此书院记载，存此待考，仅供参考。

6. 双峰书院

双峰书院在江津县治南太和场，始建时间及创建人不详。清同治元年（1862 年）因兵乱被焚毁，同治五年（1866 年）张海门捐地并募资修复。光绪三十年（1904 年）改为初级小学，民国时改设国民学校。

7. 聚奎书院

聚奎书院在江津县治西白沙镇黑石山。程倬云、刘熙亭等捐资创建，肇始于清同治九年（1870 年）复经邑令国璋募修，1874 年集资银三千六百两之后，张元富集资建书院，又得富商陈宝善捐银一千两。❶ 历一年半，工程未完而经费已用尽，书院便告停顿。光绪五年（1879 年），杭阿坦·国璋（蒙古镶白旗人）任江津知县，亲自出面劝募集资，建院工程恢复，不到一年全部竣工。光绪六年（1880 年）由白沙总团张元富定名为"聚奎书院"。建成院舍除厅、堂外，四周有师生学习、生活用房二十间，占地约六亩❷，周围绿树簇绕，门前平地上有两株四百年的参天古樟，晨夕鸟雀跳跃、飞翔、栖息其间，鸣声悦耳，清脆动听。书院院容幽静、淡雅，其原貌至今犹在。

聚奎书院的首任山长为程绥仁（举人），继任的有程德灿（举人）、周庚（举人）、李荫南、承德音（举人）、邓鹤翔（拔贡）等。书院以教授举业为主，满足士子科举考试的预备教育要求。除授"四书""五经""春秋三传"、《孝经》和训练八股文体裁写作外，尚须学习《二十四史》《方舆纪要》《文献通考》等史地课，已为应试时作策论之需。山门内为广场，继为四合大院，上方供奉孔子牌位，中为讲厅，两侧天井外为读书室，后为孔子堂，两侧为学生自习室，周围为教师住所，以上厅室场所及周边环境迄今保存完好。❸ 光绪三十一年（1905 年）改为聚奎学堂。光绪三十二年（1906 年）改办高等小学堂。现为江津市聚奎中学。

8. 凤鸣书院

凤鸣书院在江津县治西十全镇朝阳寺。清光绪十五年（1889 年）建，光绪三十年（1904 年）改为初级小学，光绪三十三年（1907 年）改办国民学

校，原有膏火资金及少量学田作为办学款项。❶

9. 文峰书院

文峰书院在江津县治西十全镇上仙女山寺，清光绪十五年（1889年）建，提庙款并募捐作膏火，光绪三十年（1904年）改为初级小学校，光绪三十一年（1905年）改为高等小学堂，即以原提出款作校中经费。❷ 文峰书院和凤鸣书院的创办人为同一人，因史料缺乏，其姓名尚不可考。

10. 余庆书院

杨维翰率弟侄建成桂林书院后，即建余庆书院。岁收租谷八百三十二石❸，以此作为维系书院办学运转之资金。

11. 钟山书院

钟山书院在县治东六合镇钟山坝。

12. 清峰书院

清峰书院在江津县嘉乐乡，其创始人及创办时间均不详。

（十一）合川

1. 濂溪书院

濂溪书院即前代合宗书院，经明季兵燹，片瓦无存。清康熙四十二年（1703年），知州蔡之芳慨其缺毁，捐俸复修，百年废迹，灿然改观。院中建光霁堂，即讲堂，后筑寻乐亭，祀濂溪先生于中亭，后为山长寝室与诸生讲舍。乾隆十二年（1747年），知州宋锦因倾圮不可居，椽瓦栋梁、门窗丹垩捐廉悉焕然新之。❹ 此后历任知州姚孔镛、王采珍、周澄和等均增置田亩，计岁收租谷五百石以供束脩，教学、祭祀绵延不绝。❺ 光绪三十年（1904年），濂溪书院改为合州中学堂，光绪三十四年（1908年）内建高等小学堂，1914年更名"合州县立中学校"。

2. 瑞山书院

瑞山书院，最早为南宋养心堂书馆，清初为尼僧青竹庵庙地。乾隆五年（1740年）知州左修绪迁尼僧于南津街观音阁，将此地改建学舍，名"接龙义

---

❶ 聂述文，刘泽嘉. 学校［G］//江津县志·卷八. 民国十三年（1924年）铅印本.
❷ 聂述文，刘泽嘉. 学校［G］//江津县志·卷八. 民国十三年（1924年）铅印本.
❸ 重庆市教育委员会. 重庆教育志［M］. 重庆：重庆出版社，2002：36.
❹ 郑贤书，张森楷. 学务［G］//合川县志·卷二十六. 民国十一年（1922年）刻本.
❺ 季啸风. 中国书院辞典［M］. 杭州：浙江教育出版社，1996：297.

学"。五年后，知州周澄又捐资补修，道光初乃改名"瑞山"，知州李徽典题有"瑞山义学"四字匾额。光绪二十三年（1897年），知州张熙谷禀改名以书院，然书院延师的方式仍由官聘，"瑞山义学"更名为瑞山书院。1904年改为初等寻常小学堂，又称瑞山小学。民国以后，瑞山书院改为兴里高等小学校、中区高等小学校、第一区区立瑞山小学校，简称瑞山小学。❶ 曾为瑞山小学高才生的现代实业家、教育家卢作孚先生，怀着对母校的深厚感情，在学校濒临停办的危急关头，毅然决定由民生公司接办瑞山小学，并亲自担任学校董事长和校长。1944年秋，卢作孚先生又将瑞山小学扩大为瑞山中学，并继续担任学校董事长。瑞山中学之后成为一所具有悠久历史传统和深厚文化底蕴的学校。

3. 崇儒书院

崇儒书院在合州，道光二十一年（1841年）邑人李正权建。❷

4. 翘秀书院

翘秀书院在合川太和镇。光绪五年（1879年），太和镇设翘秀乡学，因常年经费不足，师生稀少。光绪七年（1881年），麻哈、夏源在合州太和场创办翘秀书院。❸ 后经驻太和镇盐官夏垣与地方士绅张若焕等多方努力，翘秀书院有了一定的发展。光绪二十八年（1902年）更名为翘秀高等小学堂，1921年前后改为翘秀两等小学。新中国成立后，更名为合川市太和镇完全小学校至今。❹

（十二）南川

1. 丹山书院

丹山书院于乾隆三十年（1765年）由同知郑国祠创建。

2. 隆化书院

隆化书院在南川城南二里鳌头峰，建筑面积七亩（约五千平方米）。清乾隆二十二年（1757年）知县应士龙创建，初时已稍置田产，后不断扩充。书院以"隆化"为名，是因为"南川古称隆化，而书院教化士民，建于乾隆年

---

❶ 郑贤书，张森楷. 学务 ［G］//合川县志·卷二十六，民国十一年（1922年）刻本.

❷ 熊明安，徐仲林，李定开. 四川教育史稿 ［M］. 成都：四川教育出版社，1993：594.

❸ 重庆市教育委员会. 重庆教育志 ［M］. 重庆：重庆出版社，2002：849.

❹ 《当代重庆教育总览》编委会. 当代重庆教育总览 ［M］. 北京：中国建材工业出版社，2002：457.

间，因舆地以取义，此隆化所由名也"❶。书院经费每年有学田租谷六百三十五石，是官办书院的典型，由县学学官教谕调任院长管辖书院，属当时南川所建的五所书院中规模最大、等级最高的一所。该书院的办学思想推崇孔孟，教学内容包括习读"四书""五经"，讲经义，重诗文，习楷书、行书，教学目的以应科举选士的要求。教师都是名高望重的秀才、举人、进士。这些教学人士中，有理学名士、官学教师，至晚清以后，新式人才任教职者开始出现，甚至还有初具民主革命思想的学者执鞭教坛。❷

嘉庆十年（1805年）到清朝末年，历任知县蒋作梅、徐明湘、彭履坦、王臣福、黄际飞、张涛等先后增修斋舍、添置田租。每年2月，知县亲送诸生入院，行释菜礼。❸ 院长除给住院诸生授课外，每月还集全县文人雅士讲课两次，知县每月讲课一次，并模仿科举规定举行考试。

光绪三十二年（1906年），隆化书院被改为县立高等小学堂，初名南川县立师范传习所，仅一年即停办。1927年秋，改办南川县立国民师范学校，翌年，迁至原科举考棚，至年底第二次停办。1930年秋，在后圃设南川县县立简易师范学校，至1932年年底第三次停办。1938年7月，在后圃办南川县立简易乡村师范学校，1939年11月迁至白净寺。1940年2月，重迁至隆化书院旧址。1949年9月，更名为南川县立师范学校。1950年更名为南川县立中学附设师范班，迁至普泽寺。1952年1月，第四次停办。1958年，在北校场复校，定名为南川师范学校。1961年3月，迁至华尔寺。❹

3. 龙川书院

龙川书院在南川西丰里六甲龙川库（今大观镇龙川村），旧有韦、李二姓公共清明会。乾隆二十四年（1759年）因争公讼，禀请归官，知县冀宣明命首事韦在明、李浩等改建为乡学，名"龙川书院"，并且"申详上宪，永为定制"。李明道、韦奎垣等庙地，共兴院事，田胜三十八石交二姓经管、延师。

❶ 应士龙. 隆化书院碑记 ［G］//柳琅声，章麟书. 南川县志·卷七·学校. 民国十五年（1926年）铅印本.

❷ 周德贵，唐世叙. 刘伯承早期警卫营长——韦奚成 ［M］. 中共南川市委党史研究室，1999：7-8.

❸ 释菜礼，是古代入学时祭祀先圣先师的一种典礼。亦作"释菜""舍菜"，即用"菜"来礼敬师尊。仪式上通常要摆放代表青年学子的水芹、代表才华的韭菜花、代表早立志的红枣和代表敬畏之心的栗子。

❹《中华学府志》编辑委员会. 中华学府志·四川卷 ［M］. 北京：中共中央党校出版社，1998：273.

冀宣明政务闲暇时，屡往书院，与诸生执经问难，一时称为盛事。❶《咸丰·南川县志·卷二·学校》载："龙川书院，在治西丰六甲距城六十里，旧为龙川庙，乃韦奎垣、李明道捐施庙地，乾隆二十四年不戒于火，知县冀宣明命首事韦在明、李浩等，即庙址创为乡学名龙川书院。"❷龙川书院建于庙址上，施与庙地香火，供与贫民学习，不受分文。可见，书院办学带有义学性质，旨在传授乡民子弟基本知识及技能，提高其道德行为水准。书院的教学程度及学术水平不高。

4. 蓬莱书院

蓬莱书院于嘉庆六年（1801 年）由知县易昌创建。

5. 育才书院

育才书院俗称总乡学，在南川县城西街文昌宫侧。道光五年（1825 年）知县彭履坦创建，当时四川总督戴礼饬属县创设乡学，彭履坦倡捐银四百两，并募钱六千余缗，买田租四百五十石，于四路分置乡学二十二所，城内西街文昌宫侧建育才书院，设计堂三间，左右书房各一间，后书房三间，厨房三间，照壁一座。延请本邑文望素高之人主讲。每年收租谷一百石供书院开支，每月课文一次，以谷物嘉奖，已入学者均参与。光绪十二年（1886 年）知县张涛以院宇湫隘，将书院移至县科举试院（旧考棚）右之旧训导署。光绪三十一年（1905 年），改为学务研究所。❸

清代书院有时与地方乡学混称，这里可提供例证。书院在清末学堂高潮改为教育研究机构，这种情形少见。这一方面，表明中国近代教育科研起步于清末，而且声势迅猛；另一方面，书院的传统积累中有研究的因素，在此得以发挥。

6. 专经书院

专经书院在后圃，原为徐姓旧宅。光绪九年（1883 年）春，知县张涛在任，其日久热心文化，以邑士但攻时文制艺，鲜窥经史学术，终乏致用提升根底，于是他首捐廉银三百两，募捐五六千贯，买徐姓旧宅改为专经书院。邑金

❶ 柳琅声，章麟书.学校［G］//南川县志.卷七.民国十五年（1926 年）铅印本；南川县教育局.南川县教育志［M］.重庆市庆岩综合加工厂印刷组，1987：68.
❷ 道坚法师.华岩杂录［M］.北京：宗教文化出版社，2011：93.
❸ 柳琅声，章麟书.学校［G］//南川县志.卷七.民国十五年（1926 年）铅印本；南川县教育局.南川县教育志［M］.重庆市庆岩综合加工厂印刷组，1987：68.

竹寺捐田租一百石，提尹子祠田租九十石，招邑人刘龙书集股，存银五百两当生息。继任楼藜燃，袁桂芳续办，先后延治经史古文之学者主讲，招考本县学子二十名入院肄业，月给膏火钱若干，并讲经史文字、诸子古文词赋诸籍，按月课试。规章学约颇为严密，及至光绪、宣统之交卒被破坏，面临倒闭。清末"新学制"颁布，田租归于新设立的教育行政机构劝学所。光绪三十二年（1906 年），改为县立第一女子高等小学堂。❶

7. 海鹤书院

海鹤书院在南川城西龙济桥畔的尹子祠，光绪二十七年（1901 年）知县雷橡荣创建。因主讲者（云南人）赴他处任知县公干而停办，改由候补知县张景仓主讲，聘请名高望重的秀才、举人、进士任教，课程偏重研习经史古文，悉仿专经。书院学生的主要任务是"习经义、学诗文，应科举"❷。海鹤书院现为南川中医院所在地，原书院受城市发展的影响，损坏较为严重，几处遗存的房屋显得孤立、陈旧，已无当年的面貌。

尹子祠建于 1879 年，知县黄际飞、举人徐大昌为纪念东汉学者尹珍来此设馆讲学所建，为南川古文化发祥地。据记载，当时有祠堂三间，正堂中间供有祀尹子的牌位，堂侧厅柱上有徐大昌所撰楹联。书院有左右角门通往堂后小山丘，丘上有六角亭，三层飞檐，临空孤耸。逾山沿阶而下，有草亭建于临江小台上，供垂钓观澜。左右有横楼三间，书院所在基址山石嶙峋，排叠成峰，形态出神入化。半岛顶端处建一舫斋，水池居中，形若弯月，碧波荡漾，涟漪漫漫，叠浪折痕。池外茂林修竹，参差摇动，沙沙作声，扶疏斑驳。与入门大道相隔，弯环折转，别有景象，意趣更妙，颇显曲径通幽之妙。❸ 这种自然美景与书院人文内涵相互融合，发挥文化涵养与情感渗透的力量，有助于提高教育效果及文明化育的力量。

（十三）綦江

1. 瀛山书院

瀛山书院在綦江县治南关内。康熙四十九年（1710 年），知县许国棠建于县治南，因瀛山而得名，"瀛山"是綦江境内的佛教名山。乾隆十九年（1754

---

❶❷ 柳琅声，章麟书. 学校［G］//南川县志·卷七. 民国十五年（1926 年）铅印本；南川县教育局. 南川县教育志［M］. 重庆市庆岩综合加工厂印刷组，1987：69.

❸ 欧阳桦，李竹汀. 学舍百年——重庆中小学校近代建筑［M］. 重庆：重庆大学出版社，2014：14.

年），知县蔡青钱重修书院。乾隆四十九年（1784 年），知县冯汝弼改修学宫，遂并修书院，越两年，书院建成。❶ 书院建筑设置坐北向南，头门三间，东西为厨舍，其内左为讲堂，右为魁星楼，上厅三楹，继进两侧厢房，其上为万寿龙亭。凡六向书舍一十三间，题额曰"瀛山书院"。据同治《綦江县志》卷三记录书院创建及变迁情形，其中颇有戏剧性色彩：

乾隆五十九年（1794 年），老鸦窝私铸之案，制军临渝，亲将至綦督办，邑令吴巩就书院为行台，群上纷集，昼夜赶修头门，改为东向内厅，事后添八鹤屏门，借拆关庙左廊为上厅，旁列翼室，缭以週垣，丹垩一新，窗户重启，诸顶棚、屋壁裱糊洁白如雪，洞福制军不曾来，而瀛山书院成钜观矣。

嘉庆三年（1798 年），县中士绅鉴于书院"束脩膏火有名无实"，提请官府召集五里绅士，议定章程，改分散管理的学田为书院管理，每年所收田租谷悉归书院开支。道光五年（1825 年），知县宋灏着文昌宫斋长王鹤年、吴昌才等重新修葺，疏通沟渠，展宽阶梯，诸败壁破窗朽坏木料，一应皆补葺完好，施油漆以复当年之旧。又禁止农民在院后山坡耕种，用以栽植竹柏，美化环境。道光六年（1826 年），宋灏手书"綦阳士气"匾额。道光十三年（1833 年）至十四年（1834 年），知县邓仁坤又培修山长客厅、书房、卧室，添小房一间，头门内外焕然一新，拆修照墙，易"綦阳士气"额曰"为君子儒"。同治十年（1871 年），知县田秀栗鉴于书院教学废弛，乃重新加以整理，修订管理条规，延聘品学兼优的教师任教。光绪十六年（1890 年），书院山长为邑人吴泽棠，后邑举人张华庭由黔归綦，司掌最末一任山长，清末书院毁。綦江地处边陲，至光绪三十一年（1905 年），始有县人王浒平商筹各方势力，将瀛山书院改为甲校，办理一年告终。❷ 1938 年以旧基改建为私立瀛台小学，1941

---

❶　关于瀛山书院的创建时间，颇有不同的说法。嘉庆《四川通志》和《中国书院辞典》皆认为书院的创办时间是清康熙四十九年（1710 年），知县许国棠建；胡昭曦先生《四川书院史》作"康熙五十一年（1712 年）知县冯汝弼建"，资料来源于嘉庆《重庆府志》及民国《南川县志》，前者笔者未见，后者中似乎并没有关于綦江瀛山书院的记载。笔者之所以采用"乾隆五十一年（1786 年）"一说是因为所查同治《綦江县志》中有这样的说明，新《通志》载：康熙四十九年，知县许国棠建，乾隆十九年，知县蔡青钱建修，实无其事。误以为康熙四十九年知县许国棠建，乾隆十九年知县蔡青钱重修是有缘由的，事实上许国棠和蔡青钱并没有创建瀛山书院，但他们确实曾经与綦江书院的田产有关，在冯汝弼创办瀛山书院后，这些田产归入瀛山书院，这在《瀛山书院义田记》中有较为详细的记述。所以按照同治《綦江县志》的记载，笔者认为瀛山书院的创建时间为乾隆五十一年较为准确。

❷　《綦江县教育志》编辑组．綦江县教育志［M］．内部交流本，1985：52.

年改为县立登瀛乡中心小学。

2. 明善书院

明善书院在綦江县东溪镇现书院街小学内，创办于道光年间，为綦江县人、进士、汉中知府陈燮坤主持修建。后因房屋、田产管理人员失职，院内房屋失修，田产为权势者霸占，废弃二十余年。同治十一年（1872年），经綦江县知县田秀栗出面，清还田产，修理院舍，聘县中训导肖世楷为山长，肖悉心筹划，使该院日益壮大完善。往后几经变化，至清光绪三十三年（1907年）年初东溪初等小学堂成立，该书院宣告结束。❶

3. 育英书院

育英书院在綦江县石角，为罗氏宗祠私立，院址在今新民乡欧家村，创建于清光绪十年（1884年）。❷

（十四）长寿

1. 凤山书院

凤山书院原在长寿县治乐温城紫云岩下。雍正年间（1723—1735年），知县台螺迁于县城东门外铜鼓山下文昌阁。乾隆年间（1736—1795年），知县齐永龄、曾受一、陈善教先后培修、置田。收租二百余石，设斋长管理之，用作山长束脩及诸生膏火之用。同治初年，于院内附设贫寒子弟求学赴试的宾兴机构，邑人舒藩捐置田业，收租二十余石，嗣增至一百余石，作生员乡试宾兴礼，每三年公举绅士经管。❸ 光绪二十九年（1903年），知县唐我圻、教谕陈洪泽奉文筹办学堂，先于书院开设师范传习所，一年毕业，次年建筑林庆新校，并筹办初等小学堂，设学董管理。后书院出租给邑绅办私立蚕桑公社，四年后停办，由佃人居住，直至清末。1943年改为荣誉军人医院。

2. 鳌峰书院（卓英书院）

鳌峰书院在长寿县鳌峰山麓，乾隆二十九年（1764年）知县俞尔昌捐薪俸购地，1776年建成。❹ 道光八年（1828年），知县胡光瓒迁书院于城东门外里许（今物资局），更名卓英书院。1834年，知县马百龄增置供三百人使用的桌凳，并修县城东门至书院的石板路。咸丰元年（1851年），知县史致康复名

❶❷ 《綦江县教育志》编辑组. 綦江县教育志 [M]. 内部交流本，1985：45.

❸ 代数，黄荣. 长寿县教育志 [M]. 内部交流本，1987：2.

❹ 熊明安，徐仲林，李定开. 四川教育史稿 [M]. 成都：四川教育出版社，1993：586.

鳌峰书院。光绪初年，县人翰林毛潋掌院，筹资购置图书，经史子集俱备。❶

3. 鸿程书院

鸿程书院在长寿仁和乡（今乐温乡），清光绪年间（1875—1908 年）由知县曹鸿斋、同邑举人张玉成筹办，光绪三十一年（1905 年）改为初等小学堂。❷

4. 香泉书院

香泉书院在长寿县北，明邑人李氏建，嘉庆年间（1796—1820 年）已经废圮，但书院院基仍然存在。❸ 至于嘉庆之前是否有办学活动，尚难知晓。

（十五）大足

1. 宝鼎书院

宝鼎书院在大足城内东街，兼摄知县行署。雍正六年（1728 年）创建，乾隆六年（1741 年）知县沈潜改为义学，乾隆二十四年（1759 年）知县赵宪高揖俸重修义学，易名"宝鼎书院"❹。乾隆五十三年（1788 年），知县何隆武倡建于县城治北，更名"棠香书院"。知县熊士炫、署县沈潜及邑绅相继增置学田。❺

2. 棠香书院

棠香书院在大足县署后北街，乾隆五十三年（1788 年）知县何隆武建，将宝鼎书院并入其中，"置田，岁收钱六十余千谷五十余石，知县何隆武、熊士烺，署县沈潜、何琳、潘相、宫鑑桂，暨邑绅相继增置"❻。嘉庆二十三年（1818 年），知县张澍重修讲堂及过厅各三间，左右厢房各四间，大门一座，四周围绕以墙垣，规模宏敞，尽堪育才。光绪三十年（1904 年），改为大足县立高等小学堂。

3. 凤池书院

凤池书院在大足县云路场，道光年间（1821—1850 年）云路场高登级、张正万、刘铨章捐资创建，购买田业，年收租谷六十石，岁延举贡生员前来书

---

❶ 四川省长寿县志编纂委员会. 长寿县志［M］. 成都：四川人民出版社，1990：440.

❷ 代数，黄荣. 长寿县教育志［M］. 内部交流本，1987：2.

❸❻ 常明，杨芳灿. 学校志·书院·重庆府［G］//四川通志：卷七十九. 清嘉庆二十二年（1817 年）刻本.

❹ 重庆市教育委员会. 重庆教育志［M］. 重庆：重庆出版社，2002：845.

❺ 熊明安，徐仲林，李定开. 四川教育史稿［M］. 成都：四川教育出版社，1993：578.

院主讲,其束脩经斋长支给。❶

4. 凤山书院

凤山书院在大足县金银坳与落景桥之间,道光年间(1821—1850 年)高登级、张正万、刘铨章等捐资创建。❷

5. 敖溪书院

敖溪书院(一作鳌溪书院)在大足县中鳌场,道光年间(1821—1850 年)中敖场人建。1926 年,在此成立高等小学校。1940 年,实行行政教学合一,学校命名为中鳌镇中心学校。新中国成立后,更名为中敖区中心小学。1982年,学校改为"大足县中敖镇小学"❸,沿用至今。

6. 鼎新书院

鼎新书院在大足县中敖场西乡普照寺,咸丰年间(1851—1861 年)中敖场镇人蒋作霖与罗全史、陈屏藩等创办。

7. 集成书院

集成书院于咸丰年间(1851—1861 年)由中敖镇人蒋作霖之弟蒋作宾创立。

(十六) 铜梁

1. 巴川书院

巴川书院在铜梁县迎恩门(西城门)内,今邱少云烈士纪念馆及铜梁中学教工宿舍处。清乾隆二十五年(1760 年),知县蔡玉华率士民兴建,以巴川河得名。前为得(一作德)英堂,后为退省轩,左右斋各七间。每年由知县聘请文章道德深孚众望者为院长,督教入院诸生读书作文,院长每年束脩为铜钱一百四十缗。乾隆四十一年(1776 年)、四十二年(1777 年),知县贵逢甲、姜蟠甲先后拨置义田,岁收租谷三百石(每石谷重三百二十四斤),充作束脩膏火之费,由董事、斋长经营。嘉庆元年(1796 年),知县陈焕章增建四周围墙、书院大门及仓储库房。1820 年,知县蔡开来捐俸银进行补修,在四周增设花圃、园林,书院四周松柏掩映。道光十四年(1834 年),邑人李正朝捐田业一契,以助住院诸生膏火。咸丰十年(1860 年),书院遭兵勇破坏,竹

❶ 王德嘉. 学校 [G] //大足县志・卷二. 清光绪年间刻本.
❷ 四川省大足县教育志办公室. 大足县志・教育 [M]. 北京:方志出版社,1996:955.
❸ 《当代重庆教育总览》编委会. 当代重庆教育总览 [M]. 北京:中国建材工业出版社,2002:574.

林砍伐殆尽。书院事务原是责董事、斋长经理，同治四年（1865 年）知县于腾改归地方官经理，每年出入款目仍据实晓谕。1873 年，知县杨利川确定，每岁由宾兴款内提拨六十缗，补足山长束脩二百缗，并以县教谕为监院，岁脩一百五十缗。同年，总督吴棠、学政夏子阳颁给书院"九经""汉书"等典籍八百余卷，藏于院内退省轩。❶

　　光绪二十八年（1902 年）知县钟尔谷奉令兴学堂，遂归并巴川、琼江两书院，就巴川书院址办小学堂，命名为"巴琼学堂"，兼寻常高等两级小学。原巴川书院院长、进士陈昌（世五）继任总教习。不久改名"铜安小学堂"，对外行文署"铜梁县小学堂"，即巴川镇第一小学前身。1903 年就巴川书院旧房改建小学堂新舍。次年，新舍落成，更名为"铜梁县高等官立小学堂"。1907 年，改为中学堂，先行试办，张汝弼任监督。❷ 现为重庆市铜梁中学，为重庆直辖市重点中学。

　　2. 琼江书院

　　琼江书院在铜梁县安居镇化龙山上，以琼江而得名。乾隆二十六年（1761年）知县蔡玉华倡议创建，并拨巴川书院租谷一百六十石以资岁修。❸ 道光五年（1825 年），乡人、议叙八品衔周德亨捐银六百两，改建书院于石板街。咸丰十年（1860 年），因遭匪患，门窗器具全被损坏。同治二年（1863 年），知县傅翼捋拨盐称所积之余，进行补修，至今尚完整保存。其山长的延聘及束脩与巴川书院相同。

　　3. 文昌书院

　　文昌书院在铜梁虎峰镇，乾隆四十一年（1776 年）乡人温清、张勿、郑琨等人捐资兴建。

　　4. 龙门书院

　　龙门书院，在铜梁县西龙门滩，嘉庆十五年（1810 年）知县周启勋创办。置有学田租，岁租五十石，以作教师薪资及膳食费用。

　　5. 玉堂书院

　　玉堂书院在铜梁班竹场侧，清嘉庆二十四年（1819 年），乡绅刘玉藻（在玙）捐田六十四亩，于班竹场右侧创立"玉堂乡学"。次年，其孙席珍又捐田

---

❶ 铜梁县教育局. 铜梁县教育志［M］. 铜梁县印刷厂，1989：124.

❷ 铜梁县教育局. 铜梁县教育志［M］. 铜梁县印刷厂，1989：325.

❸ 铜梁县教育局. 铜梁县教育志［M］. 铜梁县印刷厂，1989：125.

五亩，街房两间，添置院舍。于道光三年（1823 年）落成，名曰"玉堂书院"。❶ 书院重金聘请品学兼优的杨孝廉主持教务，继而珍侄琼材捐田四亩，扩充校产，并出资增修院门。珍子抢材、超材又建亭院内，院落规模逐步完整。

6. 青藜书院（玉瑶书院）

青藜书院在铜梁班竹场班竹林，道光八年（1828 年）刘鉴元（用光）捐田四十亩，设小学于玉堂书院西面班竹园处，定名为"玉瑶书院"（玉瑶，为刘用光父名），年收租谷二十四石，用作教席薪金、田赋以及办公费用等。❷ 1834 年，平滩族人刘介夫提议、刘用光同意，将玉瑶书院迁至滩场黑龙池，并购僧舍三间，作为建院之地。当地匠人刘汝璧、刘汝迪兄弟负责修建，数月竣工，称作"用光乡学"，后经县令彭以增更名为"青藜书院"，并撰有《新建青藜书院记》刊石。刘用光每年另捐稻谷八石，补助教席薪水，又恐难以长期维持，常想添置义田，保障书院经费来源，但未实现就去世了。1855 年，用光子济舟募得书院后张姓地基，扩建讲堂三间，厢房四间。又于 1859 年，购买距班竹场一里许"石坎子"处田土十六亩，每年收租十石，以实现其父亲身前凤愿。清末，在"废科举、兴学堂"的浪潮下，青藜书院停办。刘焕溪将玉瑶书院与青藜书院校具、校产并于"玉堂"，创办初等小学堂，取书院名各一字，名为玉青初等小学堂，自任校长。

7. 槐清书院

槐清书院在铜梁侣俸乡，道光十八年（1838 年）王思义、王思九兄弟共建，捐学田，岁租粮三十石，以供费用。

8. 岳阳书院

岳阳书院在铜梁东郭乡九村五桂桥头，光绪年间（1875—1908 年）刘步蛟捐建，有田租三十二石，作教师工薪之用。

9. 萃英书院

萃英书院在铜梁南郭八村，清光绪十年（1884 年）冷熙斋创建，捐学田，岁收租谷六十石，以供束脩之用。

10. 紫阳书院

紫阳书院在铜梁旧县镇，光绪十八年（1892 年）由朱克兴创办，岁收租谷六十石。

---

❶❷ 铜梁县教育局. 铜梁县教育志［M］. 铜梁县印刷厂，1989：120.

11. 蓉池书院

蓉池书院在铜梁县维新乡，光绪年间（1875—1908 年）由蒋姓氏族创建。❶

（十七）潼南

1. 云龙书院

云龙书院在潼南县古溪场，嘉庆二十三年（1818 年）将会资建正院。咸丰三年（1853 年），夏建寅等续募资修抱厅两廊。光绪中期，匡明善捐田二十亩，张光年捐田六亩，朱家蒸、蒋季坤捐银一百两，作为书院经费。清光绪三十一年（1905 年），里绅夏礼南、张联辉等倡办新学，改为高、初两等小学堂。❷ 1915 年，全年田租收入大洋银三百元，公款拨款大洋银七十八元，作为学校办学经费。

2. 玉山书院

玉山书院在潼南县玉溪镇，嘉庆二十五年（1820 年）至道光三年（1823 年）知县吕肇堂，里绅梁志泰、陈思典、魏仁泰、陈洪明、唐京佩等募修。光绪三十一年（1905 年）改为高、初两等小学堂。❸ 1908 年，陈顼夫、梁含光等筹办新学，改为玉溪公立两等小学堂。

3. 集义书院

集义书院在潼南县上和镇，清道光元年（1821 年）知县吕肇堂创建，光绪十三年（1887 年）周龙山、屈蟠溪迁书院于禹庙后侧。❹

4. 潜龙书院

潜龙书院在潼南县玉溪乡金堆寺，清道光三年（1823 年）知县吕肇堂创建。

5. 鉴亭书院

鉴亭书院在潼南柏梓潼镇书院坡，道光十三年（1833 年）里绅蔡鸣谦、夏欣荣等筹资兴建❺，在乡间置有学田，城内设有饼行，经费较充裕。光绪二十九年（1903 年），鉴亭书院改为初等小学堂。光绪三十二年（1906 年），大

❶ 铜梁县教育局.铜梁县教育志［M］.铜梁县印刷厂，1989：125.
❷❹ 四川省潼南县政协文史资料委员会.潼南文史资料·第五辑［M］.内部交流本，1985：129.
❸ 潼南县地方志编纂委员会.潼南县志［M］.成都：四川人民出版社，1993：688.
❺ 四川省潼南县政协文史资料委员会.潼南文史资料·第五辑［M］.内部交流本，1985：130.
《中国书院辞典》第 293 页记鉴亭书院的创办时间是清咸丰四年（1854 年）。

佛寺、梓潼两镇士绅将书院改为高等小学堂，学款由劝学所拨支，原有学田与饼行分归大佛寺与梓潼两所初等小学堂。1924 年，经校长杨鼎鑫等增修校舍，高等小学迁城内南华宫，在书院遗址创办潼南县立初等中学。1945 年，添办高中。新中国成立后，潼南县立女子初级中学校与私立潼光中学校合并于此。现为重庆市潼南中学校。

6. 龙翔书院

龙翔书院在潼南县龙德场，清咸丰三年（1853 年）创建，清末改为初等小学堂。1915 年由陈灵芝改为公立初等小学堂，全年学款收入大洋五十元。

7. 汇川书院

汇川书院在潼南县三汇场，清咸丰四年（1854 年）岁贡周明昱募修。宣统元年（1909 年），黎子超、郑炳磐等创办公立高、初两等小学。1915 年，全年学款收入约大洋三百三十元。❶

8. 朝阳书院（梓义书院）

朝阳书院在潼南县柏梓镇，清同治五年（1866 年）里绅龙茂才、樊之鉴等筹建，初名梓义书院。年收学租九十石，钱一百五十串，作为书院经费。宣统二年（1910 年），由夏建倡办初等小学。1913 年改为柏梓公立高等小学，1929 年学校迁观音桥，书院遗址渐毁。❷

9. 禹门书院

禹门书院在潼南县复兴场禹庙，清同治七年（1868 年）创建。

10. 诸英书院

诸英书院在潼南县米心乡，清同治八年（1869 年）创建，清光绪三十一年（1905 年）改为高、初两等小学堂。

11. 登云书院

登云书院在潼南县塘坝场七村，光绪六年（1880 年），乡绅王泽薄、彭鸣宾，监生张镜明、伍显仁倡建。在塘坝场有学田作为书院经费。光绪三十四年（1908 年），改为公立高等小学。1915 年，改为公立高等小学。1924 年，学校迁禹王宫，书院旧址今为民居。

12. 育秀书院

育秀书院在潼南县太平乡慈光寺，道光二十三年（1843 年）创建。在太

---

❶ 四川省潼南县政协文史资料委员会. 潼南文史资料·第五辑［M］. 内部交流本，1985：130.
❷ 四川省潼南县政协文史资料委员会. 潼南文史资料·第五辑［M］. 内部交流本，1985：131.

平场有学田。1913 年，由段大成等筹设初等小学。1915 年，全年收入学款大洋三十八元。❶

13. 奎光书院

奎光书院在潼南县卧佛镇，清代中期为义民张世文、张世学捐资兴建。有学田四十亩，用作书院经费。❷

14. 桂香书院

桂香书院在潼南县五桂场，清代中期兴建，1912 年由李鸿宾倡设初等小学。1916 年，全年学款收入大洋一百六十元。1917 年，改为初等小学校。❸

15. 明月书院

明月书院在潼南县崇龛乡，清代中期兴建。在崇龛乡有学田，作书院经费。

16. 仁和书院

仁和书院在潼南县花岩乡，清代中期兴建。在花岩乡有学田，作书院经费。

17. 天成书院

天成书院在潼南县复兴场，清代中期修建。清光绪三十二年（1906 年）陈翔夙、黄中美等改办复兴场公立高、初两等小学堂。1915 年，全年学款收入大洋约二百八十五元。❹

（十八）璧山

1. 重璧书院（璧江书院）

璧江书院在璧山县南门外文昌宫，乾隆元年（1736 年）时任璧山知县黄在中创建。取名"璧江"是因宋时县名"璧江"之故。院址以补葺文昌宫正殿、后殿，再沿正殿建造左右厢房各三间，又正厅、头门各三间，作为生童作习用房，黄在中自捐俸禄聘请山长训课生童。乾隆五年（1740 年）置学田七百一十二亩，每年所收租银除补文武诸生参加乡试费用和文庙、文昌宫春秋祭祀与服务人员伙食外，余作山长束脩和诸生膏火。乾隆十五年（1750 年），邑令孙式郭迁书院于南门内原文庙旧基，修讲堂五间，诸生书室十四间，头门、

❶ 四川省潼南县政协文史资料委员会. 潼南文史资料·第五辑［M］. 内部交流本，1985：132.
❷❹ 四川省潼南县政协文史资料委员会. 潼南文史资料·第五辑［M］. 内部交流本，1985：130.
❸ 四川省潼南县政协文史资料委员会. 潼南文史资料·第五辑［M］. 内部交流本，1985：131.

二门各一间，并更名"重璧书院"。时过八十四年（1834 年），院址建筑倒塌，由邑人李朝勋、李朝杰和李朝堂改建讲堂三间、书室二十间、后房三间。同治三年（1864 年）又增修后房三间，头门内建廊厅接讲堂，院内东有房库，西有九曲池。❶ 书院名称从"璧江"到"重璧"，内中究竟含义如何，不得而知。书院办学无规范学制，生童阅读研习全为科举及第攻读。教师多系退职赋闲在家的知县或县丞，亦有未接受官职的举人。曾任重璧书院主讲的吴奎楼，又名吴克英，字慕黎，号奎楼，璧山县人，太学生员。自幼勤奋好学，好古文辞，精于书法，性格傲岸直言，豪放不羁，屡试春闱，皆不得志。所著甚丰，多为伤时感世之作。❷ 有《赠别》一诗，摘录如下：

赠别

山静水平人影斜，但闻儿女话桑麻。

璧江百里十千户，雀鼠何曾有角牙。

可怜苦海沦诸仙，造大云梯送上天。

父老他时谈故事，白袭杜厦刘公田。

只怕西风起戍楼，浴凫飞去冷江洲。

边尘不到汉天子，安得一年当道留。

此诗系吴克英赠其好友刘善源所作。刘善源，贵州人，光绪十五年（1889 年）任璧山知县，倡办宾兴，募捐万余金，置田业数百亩为办学之经费来源，为发展璧山教育做出很大贡献，在离任时，吴克英赋《赠别》一首诗颂之。

2. 璧南书院

璧南书院在璧山县丁家镇西文庙内，道光二十四年（1844 年）永川县举人范天烈创办，无固定学制，生童全读"四书""五经"。因文庙是红砖墙，旧时入学称入黉门，故人称黉学书院。❸ 创办恰满一个甲子年，时值《奏定学堂章程》（"癸卯学制"）公布，两年后由本镇张明安接办，改名体用学堂，照章程办学。清末改为璧山县南区公立丁家高等小学堂。❹

---

❶《重庆百科全书》编纂委员会. 重庆百科全书［M］. 重庆：重庆出版社，1999：32.

❷ 中国人民政治协商会议四川省璧山县文史资料委员会. 璧山县文史资料选辑·第十一辑［M］. 内部交流本，1997：84.

❸ 璧山县教育局. 璧山县教育志（1667—1985）［M］. 内部交流本，1990：62.

❹ 中国人民政治协商会议四川省璧山县文史资料委员会. 璧山县文史资料选辑·第三辑［M］. 内部交流本，1990：2.

（十九）荣昌

1. 玉屏书院

玉屏书院在荣昌县治东北，乾隆十一年（1746 年）知县许元基捐建。乾隆四十三年（1778 年），邑绅颜怀绅等捐款置田，作为书院经费。❶ 乾隆五十年（1785 年），知县朱珏改建于玉屏北街，有讲堂五间、大堂三间、学舍六间，广置学田。咸丰十年（1860 年），毁于兵火。次年，知县饶宪章拨款补修，先后置学田十处，岁收租谷以供办院经费开支。光绪三十四年（1908 年），玉屏书院改为荣昌模范女子小学堂。宣统三年（1911 年），在院址建县立女子小学堂。1930 年，改建荣昌县立女子初级中学校。❷

2. 丹凤书院

丹凤书院在荣昌县城东关外，道光二十七年（1847 年）代理知县沈瑛将东门义学改为书院。清末书院改制时，丹凤书院改为小学堂。

3. 棠香书院

棠香书院在荣昌县吴家铺，道光二十七年（1847 年）代理知县沈瑛将吴市义学改为书院。光绪三十年（1904 年），改为吴市高等小学堂。❸

4. 宝盖书院

宝盖书院在荣昌河包场，道光二十七年（1847 年）代理知县沈瑛创建，在清末书院改制中改为小学堂。❹

（二十）黔江

1. 汤氏书院

汤氏书院为民间书院。明崇祯末年，浙江嘉兴秀水人汤琼随父寄居黔江，教书为生。其子学尹，康熙举人，在广西为官，晚年返黔，聚生讲学。其孙忠恕，继承家志，终身从教。黔江、彭州儒生大都出其门下，人称"儒林三汤"❺。汤氏三代教学场所皆为民间书院。

2. 三台书院

三台书院在黔江县治西，乾隆十九年（1754 年）知县顾维钫建，因面三

---

❶　季啸风. 中国书院辞典［M］. 杭州：浙江教育出版社，1996：281.

❷　中国人民政治协商会议荣昌县委员会文史资料研究组. 荣昌文史资料选辑·第三辑［M］. 内部交流本，1987：55.

❸❹　《荣昌县志》编纂委员会. 荣昌县志·教育［M］. 成都：四川人民出版社，2000：29.

❺　四川省黔江土家族苗族自治县县志编纂委员会. 黔江县志［M］. 北京：中国社会出版社，1994：450.

台山，故名"三台书院"。1755年，知县宋在书增修。次年更造讲堂及书房、厨房。1774年，知县翁若梅再造讲堂五间于城西河壩，垦田数十亩，所入租谷为书院膏火资金。嘉庆十三年、十四年两年（1808年、1809年），知县吕肇堂、刘炳相继劝捐乐输，买北郊官壩朱高基之田一段，价二百八十两，租用为山长束脩。光绪三十三年（1907年），撤书院，合并为联合镇第一小学堂。❶三台书院自乾隆始建，历乾隆、嘉庆、道光、咸丰、同治、光绪六朝，共一百五十余载，为清代黔江地方社会的文化教育事业做出了突出的贡献。据记载，三台书院曾有藏书一千余册，先后有几千人在此学习，为黔江培养了大批有用人才。其中，较为著名者有陈其杓、李灼、龙辉廷、程琪芝、陈景星。

三台书院为木结构建筑，它的建筑结构具有非常独特之处，在采光及排水处理上也都非常巧妙，从1754年至1907年，在一百五十余年中历经风雨，都保存完好。它不仅是目前黔江城内唯一幸存的古代建筑，也是渝东南现存唯一的古代书院建筑，它承载着黔江这个城镇文化教育的历史，符合古、稀、少的原则，具备较高的研究和保护价值，是研究清代教育制度的珍贵实物资料。

3. 丹兴书院

丹兴书院在三台书院后，乾隆十九年（1754年）建，建筑用地共耗资五百五十缗，其他费用支出更多。环境壮观雅致，"前临流水，后倚崇山"❷，庶诸生肄业其间。

4. 墨香书院

墨香书院在黔江县署北寨子顶，知县张九章建。乾隆十九年（1754年），黔江知县顾维钫曾经创办过三台书院。光绪十五年（1889年），黔江县举人程其杓向知县张九章请求，将其县城北的文庙房舍改为书院，得到张九章的批准。同年，创办了墨香书院，正殿仍供先师神龛，每岁八月二十七日士绅咸集，襄祀两旁。后又拨款整修校舍，置买田业，保证办学经费。张九章亲自讲学，墨香书院办学颇为兴盛。光绪三十三年（1907年）春，在墨香书院处建黔江县官立高等小学堂。❸ 至今房屋尽毁，仅存遗址。

---

❶ 常明，杨芳灿. 学校志·书院·酉阳直隶州 [G] //四川通志·卷七十九. 清嘉庆二十二年（1817年）刻本.

❷ 四川省黔江土家族苗族自治县志编纂委员会. 黔江县志 [M]. 北京：中国社会出版社，1994：450.

❸ 肖东发，赵年稳. 中国书院藏书 [M]. 贵阳：贵州人民出版社，2009：55.

（二十一）开县

1. 盛山书院（芙蕖书院）❶

盛山书院原名芙蕖书院，在开县东门外大觉寺侧。雍正十二年（1734年），知县沈震世捐建，有门楼一座，房舍两进十余间，订条约立石碑，置学田两处，年收租谷二十八石，银约三十两。乾隆七年（1742年），知县秦有年增修，砌以石路。嘉庆十年（1805年），知县马鸣銮捐建奎阁，增置学田。1820年，知县徐以道移建于盛山之麓，改名盛山书院。先后共置学田十五处，收租谷六十八石余及课钱二百八十多缗以供费用。❷

开县地处川东一隅，交通不便，信息闭塞，教育未被重视，故人才不济，士林不旺。清代嘉庆以前一千多年，县人中进士的仅三名，中举的十六人（含武举九人）。清代中后期直至科举废除的百余年间，入学中举者骤增，有进士四人，举人二十人。虽比近邻忠县有所不及，却以光绪三十一年（1905年）"公车上书"签名者在省内仅次于成都、华阳两县而被赞为"举子之乡"。

2. 汉丰书院（开阳书院）

汉丰书院旧名开阳书院，在开县城外南街。道光九年（1829年），知县孔昭焜建。道光十一年（1831年），署县魏煜移置城外西街（今开县中学校旧址）。道光二十五年（1845年），署县郑安仁改名汉丰书院。❸ 清末，汉丰书院改为高等小学堂。

3. 临江书院

临江书院在开县临江镇，咸丰年间（1851—1861年）已存在。❹ 因近代临江工商兴盛，促成乡镇经济繁荣富庶，文风蔚起，地方士绅遂热心办学，将嘉庆二十四年（1819年）设置的临江义学改为临江书院。❺

（二十二）忠县

1. 仰白书院（临江书院、白鹿书院）

仰白书院在忠州治城东门外学宫右侧，清乾隆五年（1740年）知州刘乃

---

❶　芙蕖为荷花的别名。四川省开县志编纂委员会写的《开县志》1990年版第423页，季啸风的《中国书院辞典》1996年版第290页，均作"芙蓉"，皆错。

❷　常明，杨芳灿. 四川通志·学校志·书院·重庆府·卷七十九［M］. 清嘉庆二十二年（1817年）刻本。

❸　胡昭曦. 四川书院史［M］. 成都：巴蜀书社，2000：161.

❹　四川省开县志编纂委员会. 开县志［M］. 成都：四川大学出版社，1990：423.

❺　万县市教育委员会. 万县地区教育志［M］. 重庆：重庆出版社，1997：40.

大迁元代建于治城东北隅学宫内的龙虎书院于此处，建屋五楹作讲堂，于左右建斋房十间作学者食宿之所，改名"仰白书院"。1775 年，知州甘隆滨为书院增设斋房十间，修建大门，易名为"临江书院"。书院规模初具，而膏火犹属捐廉分给。道光四年（1824 年），知州吴友箎见书院膏火缺乏，倡导捐资并首捐俸银三百两，一时官绅士庶踊跃捐输，为时一年，捐资共计一千七百余两，以添置学田，培修书院，将数十年塌圯之讲堂、斋舍修葺一新。计前后左右共建斋舍四十间，每间桌椅板凳无不具备，学田年收谷计一千一百六十余石。因毗左有白鹿洞，次年又易名为"白鹿书院"。白鹿书院设院董事会，下设山长一人，管理学务，山长之下设斋长两人，管理银两膏火。❶ 由此山长束脩、生童膏火有所仰给，书院规模宏备，享有盛誉。光绪三十一年（1905 年），知州任睿之于白鹿书院附设师范传习所，由教谕辜作霖、训导黄应霖主讲，授简易学科一年结业。❷ 1906 年，白鹿书院改为忠州高等小学堂。❸ 民国时期，曾先后更名为忠县县立白鹿小学、忠县县立第一小学和忠县东坡镇中心国民学校。1998 年至今为重庆市忠县实验小学❹。

2. 龙虎书院（宏文书字）

龙虎书院是元朝至元二十一年（1284 年）重庆府唯一的一所新建书院，明朝修复，依然存在。程腾凤在《绍鹅书院设立膏火记》中记载："忠郡有书院由来久矣，元名龙虎书院，明朝三百余年虽有新学之建，仍以龙虎名之，因而不改。"❺ 道光二年（1822 年），知州李绍祖等捐龙滩典价钱一百四十三缗，培修龙虎书院。❻ 这说明龙虎书院在清朝仍然进行教学和学术研究的活动，只是到底是从明朝修复后一直存在，还是后来荒废又在清朝修复的，还未能考察周详。

3. 绍鹅书院

绍鹅书院在忠州拔山，咸丰二年（1852 年）知州强望泰以忠州幅员辽阔，远乡生童到州城书院爬山越岭，步履维艰，肄业者少，考课者稀，乃命拔山巡检叶湘募捐就拔山建一书院，名曰"绍鹅书院"。乡绅张旨堂捐银尤多，书院

---

❶ 四川省忠县教育委员会. 忠县教育志（1840—1989）［M］. 重庆：忠县国营印刷厂，1993：63.

❷ 四川省忠县教育委员会. 忠县教育志（1840—1989）［M］. 重庆：忠县国营印刷厂，1993：11.

❸ 四川省忠县教育委员会. 忠县教育志（1840—1989）［M］. 重庆：忠县国营印刷厂，1993：203.

❹ 重庆市政协，《橘城忠州》编辑委员会. 橘城忠州［M］. 重庆：重庆出版社，2010：267.

❺ 吴洪成. 重庆教育史·第一卷［M］. 重庆：西南师范大学出版社，2006：148 – 149.

❻ 四川省忠县教育委员会. 忠县教育志（1840—1989）［M］. 重庆：忠县国营印刷厂，1993：182.

束脩、膏火给养充足。书院建筑有正房五间，讲堂两间，头门三间，横房十二间，厨房两间，聊以敷用。❶

冯承泽（1856—1928年），字笏轩，生于清咸丰六年（1856年），忠县东云乡人。少年好学，常深夜苦读。十九岁考取秀才，入东川书院攻读经史。以诗著名，有"文章误我三年易，贫贱依人百事难"这样脍炙人口的诗句。清光绪十四年（1888年）中举人后即从教，曾在绥定府、丰都及涪陵等地书院任职。返乡后，在忠州白鹿书院、绍鹅书院做院长十六年。清光绪三十二年（1906年），忠州中学堂创办，冯主讲经史，对经史子集典故，学生每有疑义，冯一一解答，并能准确指出其典故出处。民国后，在忠县县立中学校教书十多年，学生遍及川东。❷ 以下摘录冯承泽任绍鹅书院院长时有感而发的四首小诗：

绍鹅书院感兴四首

（一）

一帘疏影挂斜阳，转眼灯明夜色苍。

橐里钱空离聚苦，梦中家远去来忙。

文章莫忘求时尚，品概终须近古狂。

小坐西窗看冷月，半林松桧晓风凉。

（二）

名场潦倒误因循，自信嵇康懒是真。

他日只凭书葬我，此身堪笑墨磨人。

箱留朴被何妨典，案有琴尊不算贫。

一榻寒毡青坐拥，深山老作太平民。

（三）

遣兴何须绝妙词，眼前景况是新诗。

夕阳芳草搜奇语，梦雨灵风动邃思。

萧瑟年华愁易老，缠绵心绪苦难支。

灾林小鸟君休笑，祈允鹡鸰借一枝。

---

❶ 四川省忠县教育委员会. 忠县教育志（1840—1989）[M]. 重庆：忠县国营印刷厂，1993：203.
❷ 忠县政协社会事务办公室，忠县史志协会，忠县诗词楹联研究会. 忠县文史资料·第四辑·近现代忠州名人诗词集 [M]. 内部交流本，2003：81.

（四）

卅年奔走涴儒冠，一席能容强自宽。

身爱小林兼爱竹，性宜诗酒不宜官。

萧条我只耽闲散，慷慨人谁策治安。

忽忆朔风吹面紧，蓟门烟树不胜寒。

（二十三）梁平

1. 桂香书院

桂香书院在梁平县城南门内学署前，孔庙右侧桂香楼下，书院也因"桂香楼"而得名，可谓清代梁山县的最高学府，为康熙二十三年（1684年）知县黄建中筹建，乾隆二十年（1755年）知县鲁庆重修扩建。乾隆四十五年（1780年），知县范麟于后堂安设朱子神位，颜其额曰"正学"。嘉庆六年（1801年），邑令胡永培重设朱子神龛。道光四年（1824年）时任知县刘衡及道光十三年（1833年）知县臧翰又捐款重修。前为大门，中间有讲堂三间，两斋（厢）各三间，后堂三间，围墙、厨房、浴室俱全。并置买田产，每年共收租谷六百多石，作修脯（工资伙食）、膏火之需，年终造册核实。❶ 光绪三十二年（1906年），书院改为梁山县立高等小学堂。1908年，知县宋万选书"梁学中枢"四字匾额悬于书院正殿。❷ 1917年张世彦任视学时，将学宫、书院拆并，改建劝学所。

2. 峡石书院

峡石书院在梁山县城东五十里的峡石。

3. 作育书院

作育书院在梁山县北龙门场。

4. 新盛书院

新盛书院在梁山县新盛场。

5. 双桂书院

双桂书院在梁山县西仁贤乡。

6. 巨奎书院

巨奎书院在梁山县巨奎场。

---

❶ 梁平县政协文史委员会．梁平县文史资料·第七辑［M］．内部交流本，2003：122．

❷ 梁平县地方志编纂委员会．梁平县志［M］．北京：方志出版社，1995：562－563．

（二十四）云阳

1. 云安书院（飞凤书院）

云安书院在云阳县署东街，乾隆二十三年（1758 年）知县沈宪倡捐，以城东社学改建。为屋三进，中为讲堂，入门两序为生徒房舍，后为先圣殿。讲堂旁有小轩数楹，中间假山园石为游憩之所。岁聘举贡有经史文艺专长并德行厚望者为山长，延聘硕学鸿儒任教习，如遇月课季会，沈亦亲课诸生。乾隆四十四年（1779 年），知县严作明增修并置学田。咸丰二年（1852 年），视学彭锡珑所作《云安书院记》中载："今已治者，有以乐严侯之乐，是异日继余者成，亦有以乐余之乐，故云安书院之遇也。石生幸其筹之严侯，名作明，浙江余姚人……"县人举于乡试者五人——钟光耀、卢忠修、王廷珍、湛福春、邓光熙，世居县地。同治六年（1867 年），该院学生五人同时中举，大概即指上述人等。为此，知县高以庄以"人才鼎盛向往未见"而更名为"飞凤书院"❶。清人有"五凤齐飞入翰林"之美赞。先后主讲于书院者多为学界名流，以大竹举人王小云（怀孟）、开县进士陈友松（崑）两人最为著名。光绪三十二年（1906 年），书院改设劝学所。原书院遗址现为云阳县教育局。

2. 陆吴书院

陆吴书院在飞凤书院之左。乾隆年间（1736—1795 年），江西籍人醵钱为纪念其乡贤——宋代陆九渊、吴澄两位先生，筹资创办"陆吴书院"，亦称二贤祠。基制甚宏，后长久废止，被其乡人斥买，屋宇殆尽。❷ 陆九渊（1139—1192 年），南宋抚州金溪（今江西金溪）人，著名理学家。吴澄（1249—1333 年），宋元间抚州崇仁（今江西崇仁）人，著名学者。明末清初，大量湖广移民迁入四川，被称为"湖广填四川"，旅居云阳的江西人集资建书院祀乡贤，该书院的建设当与此次移民有关。

3. 云峰书院

云峰书院在县城之北六十里双江镇石佛寺。道光二十年（1840 年）里人邬世文所建，世文出私钱自建云峰书院于石佛寺，讲堂、学舍、庖厨皆俱。并以二千余两购腴田数十顷，以供常费。延师讲授，设月课，奖金有差。❸ 邬氏

❶ 万县市教育委员会. 万县地区教育志［M］. 重庆：重庆出版社，1997：41.
❷《云阳县志》编纂委员会. 云阳县志［M］. 成都：四川人民出版社，1999：857.
❸《云阳县志》编纂委员会. 云阳县志·卷二十四·耆旧一［M］. 成都：四川人民出版社，1935.

是云阳的大姓家族，族中热心教育事业者也甚多。民国《云阳县志·卷二十六·士女》亦记载："邬世文，字质中，原籍湖南湘乡。康熙末，曾祖玉石迁县北黄石甲。世文性刚直，乐善好儒。道光二十年（1840年），辍私钱自建云峰书院……子远泽。"❶《云阳县志·学校》中记载："邬氏于其里为巨族，族多富家而饶，子弟世文雅向儒学，虑其失教，辍公产，建家塾，一以岁入租金延师讲肄并士友往学，供其膏火，以收丽泽之益。"❷ 可知，云峰书院的创建，表明清代某些乐善好施的大姓家族通过创办教育，延师讲授，传授儒家礼仪，谋求子弟登科及第，同时产生辐射作用，有利于提高民众素质，改变社会风气，教化乡民。邬氏一族还热心社会公益事业，但邬氏族中刻苦学习者甚少，其创建书院的原意并没有完全实现。清末书院废止后，改为初等小学堂。❸

清代重庆书院中有为数不少或相当比例创建于鸦片战争之后，其时社会剧变，教育相应调整变革。但由于书院的教育作用及社会影响，以内陆地区为代表的中国广袤土地上，书院的力量仍十分强大。之后半个世纪内，沿海地区新教育方兴未艾，书院改制之议渐出，内陆边疆的书院仍有势头，显示顽强之态。这种不平衡性的价值问题在后现代主义教育视域下十分复杂，不能做简单正负关系的判断。

此外，邬世文一族乐善好施，不仅振兴云阳教育，还为云阳社会事业奉献力量。其子邬远泽继承先父善举，"县中公善，如文峰塔、圣庙、孝棚、宾兴、社仓学署及桥渡、道路、棺药，或独任，或倡募，先后费逾巨万。同治元年，蓝大顺将至，县令高以壮，以属远泽及彭义壮筹费，立集巨款，城防以立。"❹

4. 凤鸣书院

凤鸣书院在云阳县城西南六十里凤鸣镇土门甲二磴场，因院址地形像只引颈长鸣的凤凰，故名。❺ 道光二十七年（1847年），里人集资在县南从善里（后为凤鸣镇）二磴场凤鸣义学旧地改建凤鸣书院。此地土田沃衍，丘壑隐

---

❶ ［日］山田贤. 移民的秩序：清代四川地域社会史研究［M］. 曲建文，译. 北京：中央编译出版社，2011：103.

❷ 肖永明. 儒学·书院·社会 社会文化史视野中的书院［M］. 北京：商务印书馆，2012：110.

❸《云阳县志》编纂委员会. 云阳县志·卷十一·学校［M］. 成都：四川人民出版社，1935：6.

❹ ［日］山田贤. 移民的秩序：清代四川地域社会史研究［M］. 曲建文，译. 北京：中央编译出版社，2011：103.

❺《重庆百科全书》编纂委员会. 重庆百科全书［M］. 重庆：重庆出版社，1999：368.

秀，为南乡大聚地，多华宗巨家，富而好礼，其父老以子弟赴云阳县求学沾染一些不好的习惯，于是在本地创立书院，规制仿五溪书院。马冷、吴登俊学识渊博，掌教最多，百里内学子竞相来此，讲学之声贯于宅镇。《凤鸣书院记》载："云邑地方数百里，读书士子不下千余人，云安不能容，而以凤鸣济之也。"❶光绪三十一年（1905 年）改为凤鸣高等小学堂，后四易校址，并定名为凤鸣镇中心小学。❷凤鸣书院是云阳县创办的九所书院中延续至今而没有毁迁的唯一书院，现为重庆市重点中学——云阳县凤鸣中学。

5. 崇善书院

崇善书院在云阳县恒合乡里坪里甲文武宫，道光年间（1821—1850 年）乡人集资创建，并置学田，岁租十余石，作常年经费。清末改为初等小学堂。

6. 五溪书院

五溪书院在云安监场东岸，即旧监大使署。后来大使署北迁几里，咸丰二年（1852 年），云安盐场大使陈延安将旧盐大使署地改建为书院。因此地地势平旷，襟带溪流，远离市嚣，颇宜吟诵，汤溪上游有五条小溪自两山汇流，故以"五溪"为名。云安监场的风俗习气虽沾染豪奢，但也很向往儒学，所以延名师讲学，生徒众多，守令购置经史子集四部善本书籍，书院藏书略备。❸光绪二十四年（1898 年），县人陶懋鑫建议将五溪书院改为新式学堂，开全县新学之先河。❹光绪三十二年（1906 年），大使周毓渝改设高等小学堂，以陶懋鑫为堂长，后周毓渝又筹资增设初级小学四所，不过很快合并为两所，分别设于溪北文昌宫和溪南梓潼宫。

近代书院改制的第一轮风波出现在维新变法时期，称为"戊戌改制"，但很快随着"百日维新"的失败而破灭，此时全国改书院为学堂的数量极少，地处三峡崇山峻岭之中的云阳出现此种个案，实属罕见，令人惊讶之余，也感叹重庆各地风气新潮动态之迅猛。

7. 云龙书院

云龙书院在云阳县南云龙乡，光绪初年里人曾锡光募钱创建，老儒周维城、孙少侯参与其间，书院堂宇粗具。后以里中读书者少又难于得师，少侯常

❶ 《云阳县志》编纂委员会. 云阳县志·卷十·艺文 [M]. 成都：四川人民出版社，1935.

❷ 《云阳县志》编纂委员会. 云阳县志 [M]. 成都：四川人民出版社，1999：865.

❸ 胡昭曦. 巴蜀历史文化论集 [M]. 成都：巴蜀书社，2002：321.

❹ 《云阳县志》编纂委员会. 云阳县志 [M]. 成都：四川人民出版社，1935.

挈徒肄业其间，讫无成效，后因经费不继，遂废弛。

8. 象山书院

象山书院在云阳县高阳乡之洞溪坝，光绪初年，里人曾锡光募资在蕙草场建象山书院。每岁以其祠产若干延师教授，老儒谭北蓝聚徒讲授甚久，其子谭用霖继立。书院改制后改为家塾。

9. 曜灵书院

光绪二十八年（1902 年），里人谭楷生捐资在县南建"曜灵书院"。书院生员都以应科举登仕途为目的，办学活动无学制期限的特别规定。这是科举应试书院的代表，规模不大，名望有限，资源也无丰厚可言，却在忠实地履行应试训练的辅导、讲解活动，教学年限及课程编制都显随意散漫。

（二十五）奉节

1. 圣泉书院

圣泉书院在奉节白马寺西，顺治末至康熙初傅汝和建。❶ 傅汝和为清代御史傅作楫之父。傅汝和迁居夔州后，罄尽所有家财建立私人书院，招收奉节、巫山两县子弟入学，育人无数，俊彦辈出。❷ 傅作楫，字济庵，号圣泉，奉节人（原籍巫山），生卒年代不详，康熙二十六年（1687 年）丁卯科举人。❸ 傅作楫始任黔江儒学教谕，因功绩卓异，选直隶良乡（今属北京市房山区）知县。康熙三十五年（1696 年），顺天府乡试主考，迁升御史。康熙四十一年（1702 年），奉命"典试浙江"，负责人才选拔，后至河南道巡视北城，升太常寺少卿。至 1703 年，再次升都察院左副都御史。1707—1709 年出征青海厄鲁特，督办粮饷。1718 年，傅作楫在经历了宦海浮沉、世态炎凉后不愿为官，乞假还乡回到奉节。他从 1687 年中举做官，到 1718 年告老还乡，经历了三十余年的官宦生涯，其间虽无大起大落，却也风波不断，坎坷备尝。晚年将自己住宅捐出，接管其父创办的圣泉书院，继承父亲遗志，兴学育人，造福桑梓。傅作楫曾作《圣泉书院诗》❹ 一首，描绘书院周围壮丽的山川和优美的环境，歌颂教师甘于清贫、乐育后进的高尚品质。其诗云：

---

❶ 重庆市奉节县教育委员会. 奉节县教育志 [M]. 重庆：重庆市奉节县印刷厂，1998：63.

❷ 《夔州诗全集》编辑委员会. 夔州诗全集·清代卷 [M]. 重庆：重庆出版社，2009：67.

❸ 政协四川省奉节县委员会文史资料委员会. 奉节文史资料选辑·第七辑 [M]. 内部交流本，1998：182.

❹ 政协四川省奉节县委员会文史资料委员会. 奉节文史资料选辑·第七辑 [M]. 内部交流本，1998：188.

江县分夔北，山斋接楚南。

岭头行虎迹，峡底蛰龙潭。

地险三巴扼，民风九郡参。

包茅同楚贡，火布入齐谈。

木石居犹近，金银气不贪。

一毡仍首葍，千树种椴楠。

近浦开明镜，遥峰上郁蓝。

谷疑青灌口，地似绿天庵。

倚竹常清啸，当杯独翠酣。

兴来携绿绮，春到载黄柑。

牧唱无冬夏，奚童有二三。

叟常寻角里，仙或访苏耽。

花径长吟咏，松根任剧谈。

白鸥随钓艇，红叶压樵担。

翠鸟鸣衣桁，青芝满药篮。

有时欣自赏，无事只闲探。

瀑水当阶溅，山窗宿雾含。

文心真大快，幽梦亦何惭？

桃李滋春雨，烟云扫石岚。

莓从飞翠落，频眺碧毵毵。

2. 文峰书院

文峰书院在夔州府科举考试院西，旧在府治东，原为义学。乾隆四年（1739 年），知府邑俊迁建现址。1742 年，书院学子考上生员占该府半榜人数。1743 年，复募捐八十六金购置大宁井灶作束脩经费。1746 年，考上生员的又占半榜，学风甚盛，又获捐赠购买附近民地，扩建院舍，年久废弛。嘉庆初年，署府严士鈜重修。1812 年，知县蔡星移建文昌宫右，主讲者年薪一百三十六两，由府州致送。后舍宇倾圮。道光六年（1826 年），知府恩成倡修文昌庙，将书院屋舍移交文昌庙，另于文昌庙后购置屋舍，价银二百四十两，又捐银一百六十多两，将房舍改建一新。同治七年（1868 年），知府蒯德模组织募捐数千金置田产，以其租谷作束脩、膏火开支。❶ 光绪三十年（1904 年），

---

❶ 重庆市奉节县教育委员会. 奉节县教育志 ［M］. 重庆：重庆市奉节县印刷厂，1998：589.

署知府方旭就该书院成立夔州府学务所,所内附设县学务局。1905 年,改设县劝学所。次年,又设夔州维新女学。

3. 莲峰书院(云安书院)

莲峰书院的前身为云安书院。云安书院原址位于关部税厅旧址,乾隆三十年(1765 年)知府徐良创建。❶乾隆二十九年(1764 年),知府徐良(毕亭)莅任。因奉节县府旧址曾作关部税厅,久已废,次年遂就原基地,周以垣墙,前立大门,中建讲堂,后作学舍,并补修旧有零星小屋。书院办学读书游憩之所,可称完备,延聘名师,招本地及周边六县子弟来学。赞助作为者有松茂道李本。但该院地近闹市,常有夔关监督驻寓其中,求学诸生,不免见异思迁。

1768 年,夔州知府李复发见云安书院太近闹市,有碍生童学业,遂捐俸银及征募集资共三千五百余两,"择城郊隙地爽垲者予以值,剪地营葺,凡门堂室庑,斋房学舍,以及亭榭池台垣墙之属,罔不具备,越岁落成,规制宏敞。环山临江,登高眺远,佳胜毕露,旷然若隔尘嚣外也"❷。自此,办学环境的自然风貌增色不少,安静淡泊。云安书院易名为莲峰书院,因建于府治后卧龙山下(今奉节县中学东侧),山西北有莲花峰,故名莲峰书院。时规制宏备,筑莲峰、莲奎、莲院、莲壁四井灶,置学田,岁收钱八十八缗。❸李复发又捐俸置学田,买大宁盐厂官灶四眼,每年收租银八百八十八余两,以为书院院长、教师及其他职事束脩、学生求学膏火补充的开支。招六属县生童,延名师课读。发动僚属捐助,给生童以津贴。差遣人购闽版经籍陈置院斋,供诸生阅读。乾隆三十四年(1769 年),李复发为书院制订章程,乾隆三十七年(1772 年)又增订章程,内容包括:规定经费管理;以后各任郡守和县令必须重视书院,尊重师长,授业师薪俸每年二百六十两,由官府致送;每年正月由府考试,收录生员三十名,童生十名。❹乾隆三十八年(1773 年),李复发卒于任所。两年后,知府江权培修书院。翌年,仲纯信按公众请求,在书院旁为李复发建修祠堂,供奉其牌位,名李公祠,亦作《移祀李太守书院新祠记》,

❶ 重庆市奉节县教育委员会. 奉节县教育志 [M]. 重庆:重庆市奉节县印刷厂,1998:63.

❷ 政协四川省奉节县委员会文史资料委员会. 奉节文史资料选辑·第四辑 [M]. 内部交流本,1993:24.

❸ 李复发. 莲峰书院章程碑记 [G] //陈谷嘉,邓洪波. 中国书院史资料. 杭州:浙江教育出版社,1998:1654-1656.

❹ 政协四川省奉节县委员会文史资料委员会. 奉节文史资料选辑·第四辑 [M]. 内部交流本,1993:25.

记有"院东偏旧曰'片云轩'者，面对崇山，旁罗修饰，有泉泓然，有木森然，为公昔时讲学宴游之所"。

嘉庆九年（1804 年），知府周星福修葺书院；道光二年（1822 年），县令万承荫倡捐重修，未竣工离去；道光四年（1824 年），知府恩成捐银一千七百两继续修建完工。同年，恩成对书院章程做适当修订：每逢"科场"之年，生员于三十名之外多取二十余名；小考年，童生于十名之外多取二十余名，称此定额招收生徒为"内课"。内课生每月均有津贴，以每月考课成绩定多少：考列超等、特等者每名给津贴九百文；考列一等者每名给津贴四百五十文。每月三课：官课初三，师课十三、二十三。一课不到扣十日津贴，两课不到扣二十日津贴，三课不到除名。未经录取而参加考课者，列为"外课"，"外课"考超等者有奖赏、无津贴，三次考课超等者准升为"内课"。书院学风极盛，应课者常百余人。

书院山长有名可查者有：张正椿、胡元善、黄遵素、刘德铨、潘霭初、罗绍烈、甘家斌、阴纪世、杨世英等。莲峰书院主讲，亦多硕学名士，其中较著者有张凤翥，字梧冈，号渔村，浙江上虞人。乾隆十三年（1748 年）进士。曾任彭山县令，政绩卓著。罢官后，夔州知府李复发、江权、仲纯信，前后延聘主持莲峰书院。张凤翥品端学富，训课有方。❶ 在夔六七年间，所辖六县学子多来就学。进士刘兆藜、司为善，举人程训、陶起来、陶起骏，拔贡陈镇皆其门下高足。张凤翥后返归浙江故里病故，有《渔村诗稿》《夔门和社诗集》《莲峰诗集》行世。其律诗《入莲峰书院主讲赠李太守潜夫》云：

> 文翁再见官符来，欲使狂波滟灏回。
> 筑室莲峰丹雉集，藏书石室紫云开。
> 六城桃李春来放，三峡风雷笔底催。
> 自恨饮河虚绛度，快逢南斗映中台。

此外，莲峰书院主讲名师还包括胡元善，字葆初，号少岩，四川资州井研人。少聪慧能文，入州学时年仅十二岁，学使目为神童。乾隆四十四年（1779年）中经魁，任夔州府教授。夔州诸生多以诵习现成的八股文为捷径，胡元善训以文必以经史为基础，于是文风一变，六属县生童来就学者常五六十人。

---

❶ 政协四川省奉节县委员会文史资料委员会．奉节文史资料选辑·第四辑［M］．内部交流本，1993：28.

历任郡守皆重其品学，敦聘为莲峰书院主讲，后升任云南某县知县。黄遵素曾与胡元善共主莲峰书院讲席。黄遵素，字绘之，号竹亭，四川绵竹人，举人，以教职用。嘉庆初年，任奉节教谕。他酷爱风雅，常召集生徒讨论诗赋之法，每校批课卷，必为辨正字画，示以颜真卿千禄碑。郡中士子识诗律，工字画者，全赖其力。刘德铨，字勋台，湖北黄陂人，同进士出身，曾任四川潼川知府、茂州知州，道光初年受知府恩成聘请主讲莲峰书院。张正椿，字友榆，道光二十三年（1843年）举人、二十五年（1845年）恩科进士，授翰林院编修。咸丰九年（1859年）督广西学政，所取多知名之士。罢官辞归，受聘主讲莲峰书院。甘家斌，邻州人，曾任大理寺正卿，道光二十五年（1845年）前后主讲莲峰书院。❶ 同治九年（1870年），知府鲍康又增修文峰塔，添助莲峰书院膏火。❷ 同治十年（1871年），知府蒯德谟重修莲峰书院，捐俸银并捐资达数千两置田产作膏火费。光绪三十年（1904年），署夔州知府方旭就莲峰书院改设师范讲习所，翌年（1905年）改为奉节县高等小学堂。莲峰书院从开办到结束共一百三十六年历史，学风不衰，科举中试者不少，显示其办学力量翘楚学林，社会感召及影响力深远。

4. 峨麓书院

峨麓书院于同治二年（1863年）创建，奉节文士金正科、李永蔚及社会贤达捐款建峨麓书院于柏杨坝中街。由本地绅士聘请山长，每年县署按月课给发膏火补助，管理及教学人员束脩均由县署筹款。❸ 书院堂、室、斋舍布局有序，设备齐全。山长由乡绅组织敦聘，县署核准。首任山长余湘浦（拔贡）、斋长何进臣（拔贡）。宣统二年（1910年），山长改称掌院，由乡绅推荐，奉节县正堂批准委任，首任掌院金浚庵，主讲者另由掌院聘请，授业生徒。授业时间为二月至十月，圣人节、端午节和中秋节放假。学生为十五岁以上受过启蒙教育的青年。教材为"四书"、《古文观止》之类。清末书院改制，改为高等小学堂。1916年，峨麓书院改为南区区立两等小学堂。

5. 桂香书院

桂香书院在城北一百二十里之莲峰寺，同治四年（1865年）建。

❶ 政协四川省奉节县委员会文史资料委员会. 奉节文史资料选辑·第四辑 ［M］. 内部交流本，1993：29.

❷ 政协四川省奉节县委员会文史资料委员会. 奉节文史资料选辑·第四辑 ［M］. 内部交流本，1993：28.

❸ 重庆市奉节县教育委员会. 奉节县教育志 ［M］. 重庆：重庆市奉节县印刷厂，1998：63.

6. 学古书院

学古书院在吐祥坝的天王寺，同治四年（1865 年）建。光绪十九年版《奉节县志》记载："天王寺在县南吐祥坝，距城二百二十里。因地处明时古刹，因而乡人就庙添设学古书院。"❶

7. 双峰书院

双峰书院在夔州府，同治元年（1862 年）毁。1867 年，张海门捐建。❷

8. 晋阶书院（少陵书院）

晋阶书院在夔州府东旧西瀼草堂，宋为少陵书院。少陵书院在东城外小河对岸杜公祠内，宋时已建，年久圮废。清康熙四十一年（1702 年），夔郡司马毛文铨，字晋阶，捐俸买田三十亩，于少陵书院遗址建房五十间，兴办义学，聘请名师，招收所属各县子弟入学，一时人文蔚起。观察（清代道员的俗称）李兴祖道经夔门，亲诣其处，见其形势轩敞，规模壮阔，生徒济济，遂题名为"晋阶书院"。数年后，书院日渐萧条，院舍朽坏。康熙五十年（1711 年），太守刘天观捐俸重修，建院舍数十间，桌几床凳器用悉备。不吝脩脯，敦聘名师。招收各属县生童，月给饔餐。每岁所费约计千金。乾隆十年（1745 年），书院迁到城内，年久圮废。乾隆三十年（1765 年），太守李复发于其旧址改建毛公祠。乾隆三十九年（1774 年），太守江越门又迁毛公祠于文昌宫内，毛公祠旧址改建杜公祠。同治九年（1870 年），县令吕辉捐资于杜公祠旧址重建少陵书院，在杜公祠内添设讲堂、书斋数十间。同治十二年（1873 年），县令吕辉捐俸迁建少陵书院，又得林映堂、余光旦、罗士番、刘定元等士绅以及宾兴会、香山寺捐助，计银三百八十两、钱三千八百五十五串。以后邑令路朝霖捐银一百两。该院置田产九契，铺面两间，住宅一院，地基一段，年收租谷八十五石余，佃钱三百五十二串。❸ 学生极盛。少陵书院于废科举后停办。清末有名士刘辅宸等任少陵书院主讲。刘辅宸（1863—1948 年），邑庠生，历任里正、夔关督办、夔州府文案，后主讲少陵书院，工诗、善书、能画，有《烟霞三人诗集》，中有《七律》一诗，诗曰：

❶ 四川省奉节县志编纂委员会. 奉节县志 [M]. 北京：方志出版社，1985：94.
❷ 熊明安，徐仲林，李定开. 四川教育史稿 [M]. 成都：四川教育出版社，1993：597.
❸ 政协四川省奉节县委员会文史资料委员会. 奉节文史资料选辑·第四辑 [M]. 内部交流本，1993：36.

乾坤逐处翠华丛，浓淡全凭化育工。

叶发惟欣来夜雨，花开最惧有朝风。

颜青幽雅全凭素，色白光明不在红。

令及初冬成熟候，一家老幼会参同。❶

9. 北堂书院

北堂书院在公平乡，光绪七年（1881 年）奉节邑庠生毛解之募得同人之助，于冉公祠添建房舍数间创建。毛解之与其侄毛书城、毛书镛将院后毗连之田地一部分捐入书院，出租收入做书院膏火费用。❷ 1893 年，知县曾秀翘募捐置学田，岁租粮五百石。1882 年，公平乡儒生史鸿烈撰《北堂书院创立记》刻石立碑于北堂书院（现嵌于公平乡政府壁间），碑文阐明北堂书院命名的由来和创办经过。碑文如下❸：

粤稽圣王之世，家有塾，党有庠，州有序，乡学原与国学并重，故作人之化，隆于三代。虽其后治术各殊，而学则历代不废。至我国家，宣明圣教，培植人才，讲学之典，尤加意焉。即如本省增添尊经书院，本邑除添设义学外，又增修晋阶、少陵、文峰书院，学校之设亦详且尽矣。无如穷乡僻壤，限于方隅，厄于时势，不能共沐其泽。以故我境采芹于泮水，食饩于上庠者，指不胜屈。而躬瘠鹑荐，名题雁塔，寥寥无人？岂天之降材有殊乎？抑造就之未深耳！乡先辈毛君凤梧，每于宾朋宴会时谈及此，辄欷歔者久之，慨然有捐资培植之意，惜有志未遂。其少君解之，邑名士也，于令尊捐馆后，倡修书院，岁在辛巳之年，募得同人之助，创建院宇数间，用成先人之志。复念始基虽立而膏火无出，仍属有名无实，爰与令侄书城、书镛将院后毗连之田地一分，栽种贰斗，捐入书院，永归院内斋长招佃收租，以作膏火之资。其界仍照契窖石錾字为界，随拨条粮钱壹钱捌分伍厘叁毫。

吁此举也，他日天之报施毛君，俾后嗣昌炽，固于此可卜。即吾乡之来学者，得此而鼓舞兴奋之，将文运渐开而文人蔚起也，亦谁不仰毛君栽培之力也哉！噫嘻乎！国有贤臣，邦家之光；乡有善士，闾里之荣。解之君善继善述，而又能本实行以行实事，诚一乡之善士也。伏冀毛君昌之于前，众人和之于

---

❶ 政协四川省奉节县委员会文史资料委员会. 奉节文史资料选辑·第五辑 [M]. 内部交流本，1995：123.

❷ 重庆市奉节县教育委员会. 奉节县教育志 [M]. 重庆：重庆市奉节县印刷厂，1998：63.

❸ 政协四川省奉节县委员会文史资料委员会. 奉节文史资料选辑·第三辑 [M]. 内部交流本，1992：92.

后，他日增房廊、添膏火，将书院扩而大之，更有望于乡之善士焉！

北堂书院有许多楹联，情景贴切，对仗工稳。其一联曰："乡学何分南北，愿诸生言有效，动有法，忠孝立基，不愧读书真种子；名山早储英俊，从此日业加修，德加勉，中和在抱，发为经世大文章。"❶ 在该书院执教的多为名士。如毛传诗（字寿民），光绪十八年（1892年）岁贡（恩科）；毛书杰（字子英），光绪十五年（1889年）以科试一等第一名补廪，光绪三十一年（1905年）岁贡；毛声伯（字继先），光绪三十年（1904年）入邑庠。书院士子逢科考多有入县学或府学者。当地人为书院题赠匾额"文翁遗范"。光绪末年，各地相继创办新式学堂。光绪三十二年（1906年），毛解之将书院改北堂书院初等小学堂。同年春，知县侯昌镇出巡北岸各乡。曾视察该学堂，给予好评，次年二月，为鼓励民众捐资办学，表彰毛解之办学功绩。

（二十六）巫山

圣泉书院旧名巫峰书院，在巫山县城西北台山下，乾隆十五年（1750年）知县钱基建，以大宁盐厂井灶税作为办学经费。❷ 乾隆四十三年（1778年），知县段玉裁改为圣泉书院，以郦道元《水经注》中记：巫山城东有孔子泉亦曰圣泉得名。❸ 光绪《巫山县志》亦载本县圣泉书院，"巫山城东有孔子泉，亦曰圣泉，（故）改名圣泉书院。又巫山十二峰，其一曰圣泉峰，泉所出也。"圣泉水今存，同时文峰山顶亦有泉，常年不涸，且与圣泉水相应，只一箭之遥。❹ 段玉裁在任期间重教兴学。《巫山县志》记载，"公余时，入书院与诸生讲文艺"，足见其学者风范和对文化教育的重视。特别是当他发现"书院斋舍迫迮"，就重修了圣泉书院，"复为置屋六楹"，从而使师生便于开展教学活动。重教兴学也是段氏区别于一般知县的难能可贵之处。❺ 道光元年（1821年），巫山知县沈鸿逵补修，添建斋舍八间。道光四年（1824年），知县杨佩芝捐资置讲堂、几案及桌凳等，规制完备。❻ 光绪三十年（1904年），改办为巫山县官立高等小学堂。

❶ 政协四川省奉节县委员会文史资料委员会. 奉节文史资料选辑·第三辑［M］. 内部交流本，1992：93.

❷ 四川省巫山县志编纂委员会. 巫山县志［M］. 成都：四川人民出版社，1991：459.

❸ 常明，杨芳灿. 学校志·书院·夔州府［G］//四川通志·卷七十九. 清嘉庆二十二年（1817年）刻本.

❹ 四川省巫山县志编纂委员会. 巫山县志［M］. 成都：四川人民出版社，1991：690.

❺ 中国人民政治协商会议巫山县委员会社会文教委员会. 巫山县文史资料·第五辑［M］. 内部交流本，2001：299.

❻ 季啸风. 中国书院辞典［M］. 杭州：浙江教育出版社，1996：284.

（二十七）巫溪

凤山书院在大宁县（今重庆市巫溪县）凤凰山上，嘉庆十二年（1807年），知县郭南英改县衙公房为凤山书院，置田产及图书以待学者。❶凤山书院所用教材，除"四书""五经"和朱熹的《四书章句集注》外，还有《周易集解》《性理精义》《圣谕广训》等书。❷光绪三十一年（1905年），凤山书院改为大宁县第一高等小学堂。

（二十八）城口

1. 新城书院

新城书院在城口厅（今重庆市城口县）新城，道光七年（1827年），同知吴秀良建。❸新城书院有讲堂五间、书舍十二间、龙门一座、头门三间、住房三间、东西书房四间、厨房一间，颇具规模。❹道光二十三年（1843年），通判刘绍文募捐培修新城书院。❺光绪三十一年（1905年），新城书院改称城口县高等小学堂。

清代城口教育经费主要来源为学田租谷租银、房产契税、乡绅捐募、放债息银和米市收入。开支主要用于兴建学院学舍、制备桌椅什物、馆师薪俸、延请山长、生童膏火等。经费由学署掌管，书院推举首士具体经理。道光《城口厅志·学校》记载：道光二年（1822年）高观场街基七十四间半，拨给城口厅学署收租课钱文，每年收地租钱二万五千一百三十缗。道光七年（1827年），城口厅同知吴秀良同文武官员及士民等共同捐款创建新城书院。❻清末兴学，政府也拨部分教育经费给城区初、高等小学堂；农村学堂仍靠学田租谷、乡人捐赠。

2. 凤仪书院

宣统三年（1911年），设凤仪书院，地址在城西门外，有专职教员一人，兼职教员数人，多属清末秀才。古代书院的办学宗旨主要是为童生及生员获取科第功名服务。❼该书院创办于清政权封建统治瓦解的同一年，其时科举已

---

❶ 《巫溪县志》编纂委员会. 巫溪县志 [M]. 成都：四川辞书出版社，1993：602.

❷ 《巫溪县志》编纂委员会. 巫溪县志 [M]. 成都：四川辞书出版社，1993：574.

❸ 胡昭曦. 四川书院史 [M]. 成都：四川大学出版社，2006：187.

❹ 《城口县志》编纂委员会. 城口县志 [M]. 成都：四川人民出版社，1995：653.

❺ 《城口县志》编纂委员会. 城口县志 [M]. 成都：四川人民出版社，1995：11.

❻ 《城口县志》编纂委员会. 城口县志 [M]. 成都：四川人民出版社，1995：651.

❼ 《城口县志》编纂委员会. 城口县志 [M]. 成都：四川人民出版社，1995：656.

废，学堂制度推行，书院改制大体完成。因此，书院的建立是否属学堂代名词，其课程及教学如何，均有待考证。

（二十九）垫江

凌云书院在垫江县桂溪镇东北四点三公里处。乾隆八年（1743 年）十月，知县丁涟倡建，乾隆二十二年（1757 年）建成竣工。因院西有凌云桥，院北有凌云洞，故取名"凌云书院"。乾隆五十八年（1793 年），书院坍塌，知县俞廷举重修扩建并置田，岁收租谷六十石。乾隆六十年（1795 年），知县陆兹增修。道光二年（1822 年），知县张之沣再予扩建，并完善院中设施。同治二年（1863 年），滇军扰境，书院半遭兵乱所毁；同治六年（1867 年），知县罗教忠捐募集资，予以修葺重建，并增建考棚以试士。

凌云书院教学采用个别钻研，相互问答，集众讲解相结合的方法。内容以儒家经籍为主，间亦议论时政，不只传授、研究儒家知识，更注重在明礼仪的基础上修养身心、躬行实践。教师不仅重言教，对学生指导启发，加强道德修养，同时也重视身教，以"人师"自勉。书院讲学者亦称"山长"，有"人自为教，不领于官府"之意，山长若除讲学之外兼管院务的，称"院长"。程伯銮（1779—1826 年），字次坡，初名中铮，城南乡人，生长于官宦之家，幼聪敏，史称其"三岁即识字，髫龀时能写长对，作古今体诗"，嘉庆元年（1796 年）参加童生考试，诗文俱佳，州县皆夺榜首。嘉庆九年（1804 年）又中甲子科举人，次年乙丑科举进士，入庶常馆。三年后授翰林院编修。嘉庆十四年（1809 年），奉母命返乡教学，主讲凌云书院，从学者甚众。❶ 清代翰林李惺少时曾就读于此。嘉庆四年（1799 年），李惺考取童生，选入县公学——凌云书院培养，时年十四岁。至嘉庆十三年（1808 年），李惺乡试考中举人，时年二十三岁。❷ 凌云书院为垫江县乃至渝东地区培育了一代又一代人才。直至清末兴新学、废科举，凌云书院改为县"劝学所"。❸ 光绪三十二年（1906 年），又在书院旧址开办师范传习所。1912 年，创办县立中学。之后，凌云书院以一种新的办学形式继续其教书育人的使命。

---

❶ 宋久成. 千年古县概览 [M]. 北京：社会科学文献出版社，2013：487.
❷ 政协垫江县委员会文史资料委员会. 垫江县文史资料选辑·第三辑 [M]. 内部交流本，1992：117.
❸ 垫江县教育局. 垫江县教育志 [M]. 内部交流本，1989：66.

（三十）丰都

1. 鹿鸣书院（平山书院）

鹿鸣书院在丰都城区北门内。清乾隆四十三年（1778 年）知县张伟在丰都县学署西创建，有后堂五间，左右厢各三间，讲堂五间，左右斋各六间，门房两间，四周院墙围绕。书院置学田，岁收租钱一百缗。其后，县令朱禹州又将县治西庑改名"听鹿轩"，其用意在于"冀有如老泉者续成佳话也"❶。至道光十七年（1837 年），知县李谦改名为平山书院。道光十八年（1838 年），训导邹桂林以教谕旧署一区增入书院。其间进士李谦有《重修平山书院记》一文，进一步解释了丰都平山书院、鹿鸣书院的关系。文曰❷：

> 邑之山曰"平都"，秀出五鱼双桂之东，前明进士杨君孟瑛少读书其下，建书院曰"平山"，后邑令万谷更名曰"凌云"。国朝初，前令有王君廷献者，曾经修建，而基址亦湮没不可考。今之鹿鸣书院则张君伟所首创也。伟，黔南人，令斯邑。于乾隆戊戌始择地黉宫右，构讲堂斋舍共二十余楹，固以缭垣，聚俊秀而弦诵之，更肇嘉名。今其残碑尚存，而字迹半蚀。六十年来，门垣就颓，瓦础缺落，后之人非修举振兴其不鞠为茂草，而名存实亡也。盖亦仅矣，余自癸巳莅斯邑，亟谋修缔，念兴教之有，由惧前功之废，坠蠋廉倡始。而首事余登、孝廉王正极、茂才等转相劝谕都人士咸踊跃输赀。存及三年，经费以裕，增山长之修脯，添诸生之膏火，条规次弟举矣，乃于戊戌十一月越次年己亥四月而工告竣，肃然焕然，规模较旧加闳。于是董事诸君子以书院名屡易，请仍题曰"平山"，示复古且请为文勒石用垂永久。余惟国家以兴贤育才为亟诸生，果志切观摩修厥，道艺于院，名何择焉。抑既以斯山为斯邑巨镇，欲标其名而不他邑书院得袭也，谓当崇经术，懋实学，相与讲贯服习，俾人材辈出而扶舆得效其灵，其母徒弋声华，使平山类终南之捷径也。又母或作辍靡常舍业而嬉，使平山迹近于童且蒙不毛之诮也，可无勉哉。诸生以为然，遂辑其语以为记。斯役也，诸寅好为司铎，邹君少尉，刘君例得并书。至于兹院之建于乾隆戊戌，重修于道光戊戌，其年前后，偶合若有数焉，非所知也，修举振兴所重望于后之君子。

清代丰都籍官员湛露青为乾隆十年（1745 年）拔贡，官温江教谕。乾

---

❶ 四川省眉山三苏博物馆，四川师范大学学报编辑部. 三苏散论·纪念苏东坡诞辰九百五十周年［M］. 四川师范大学学报丛刊，1987：37.

❷ 黄光辉，郎承诜. 丰都县志·学校·卷五［M］. 民国十六年（1927 年）铅印本.

隆四十三年（1778 年），知县张伟建鹿鸣书院，倡兴文教，培植贤士，希冀其境内俊秀作客"王家"，"邑侯张公（伟）殷殷教化之心当记"。《丰都县志》卷十一中，湛露青作《建修鹿鸣书院记》记录了书院修建历程及规模，文曰：

古有学校无书院，唐开元间乃有书院名，迨有明而浸广，而后世所称则以鹿洞、鹅湖为最盛，要其宗旨不外讲道德、课文行，与党、庠、术、序之教同原而殊辙焉。则书院者，其古学校之遗意欤。我朝文教极盛，凡省会府州县各有书院，教其境内俊秀，而吾丰独缺焉。盖二百年于兹矣，前任数公屡与斯议究，难于创始未果。成岁丁酉，我邑侯张公来莅兹土，孜孜以造就人才为首务。戊戌夏，协学师文公、县尉咸公及邑绅士捐奉捐赀，选地学宫旁，鼎建大门、讲堂、东西书屋，即延师督课其中。阅三稔，复建居室、东西厢及厨厕，诸制俱举，今二月工竣。颜曰"鹿鸣书院"，因院后山名，且取诗歌鹿鸣之义云，窃谓古循良之治，莫重于教化，若文翁之立学舍，卫飒之修教，制其良法美意，诚可为后世法。今书院之建，我侯作其权舆，复勤于训课，将以振兴文教而存古学校之遗，其所关岂浅鲜哉？自兹肄业者可以奋然兴矣。韩子谓"业精于勤，荒于嬉"，周子"名胜耻也，实胜善也"，尚其争自琢磨，共相砥砺，发为文章，尤当崇实黜华，不揣帖括声律为弋，取科名之具，而科名初不外是以步云攀挂，作宾王家，享笙簧酒礼之奉。斯于鹿鸣之义有取焉，又安在鹿洞、鹅湖之盛，不可复见于平都乎？是为记。

由上述可知，丰都绅民对鹿鸣书院的创办寄予了巨大期望，希望借书院"以振兴文教而存古学校之遗"，进而促进丰都乃至渝东地区社会的进步。光绪三十一年（1905 年），书院改为丰都县立高等小学堂。

2. 五云书院

五云书院在丰都县新城县署。同治九年（1870 年），平山书院毁于洪水，因此"假玉鸣寺为之治，迁葺县署，以聚生徒"❶。此处的平山书院原为明时杨孟瑛所建。光绪三年（1877 年），迁新城县署，改名五云书院。光绪十八年（1892 年），知县付达源将院址更换到城北城善堂，建"经古书院"，未成。光绪十九年（1893 年），知县蒋履泰成之。中为讲堂，通三间，左右客堂各一

---

❶ 四川省丰都县教育局. 丰都县教育志［M］. 成都：丰都县丰都中学印刷厂，1989：29.

间，东西斋舍各七间，前立正门三间，后门一间，后屋五间，屋左右厢前后各二间，仍叫五云书院。同治三年（1864 年），举人王元曾于咸丰十一年（1861年）拔贡中试，授湖北南漳知县，颇励勤，为官八个月，判结积讼千余案。调沔阳州，筑大堤防水患，百姓称颂。后以奉养老母回丰都，主讲五云书院。❶ 光绪三十一年（1905 年），五云书院改为县立小学堂。❷

（三十一）武隆

1. 江华书院

江华书院位于武隆县江口镇下街。同治十三年（1874 年），知县庄定域从该镇文武庙款项内拨出部分经费，将义学改建为书院。庄定域，直隶省顺天府大兴县（今属北京市大兴区）人，同治十三年（1874 年）来武隆县任知县，倡修书院，月课生童，捐廉奖优。四川武隆县江口镇上街人李铭瑛，字仲卿，清朝同治年间（1862—1874 年）进士，于同治十三年（1874 年）任职江华书院主讲，培育子弟，成效卓著。李铭瑛长于诗词散文，善书法，江口镇至今尚留存"平易道路"摩崖题刻一方，传拓临摹者甚多。❸ 清末书院改制，江华书院于光绪三十三年（1907 年）改设为敬信学堂。

2. 白云书院

白云书院在明朝已经建立，曾一度改为家族私塾。清同治年间（1862—1874 年），刘氏后裔与当地文士重新修复书院，恢复教学。❹ 光绪二十七年（1901 年），白云书院改为高等小学堂。

（三十二）石柱

1. 南宾书院

南宾书院在石柱厅治东，以境内南宾河得名，于乾隆三十八年（1773 年）由厅中绅士创建。乾隆皇帝曾诣令各省府州县皆立学。官置书院，增科广额，以官延师教授境内俊秀者。1775 年，同知王蒙绪增建，学田岁收钱四百五十

---

❶ 中国人民政治协商会议四川省丰都县委员会文史资料研究委员会. 丰都文史资料选辑·第二辑 ［M］. 内部交流本，1985：56.

❷ 黄光辉，郎承诜. 丰都县志·卷五·学校 ［M］. 民国十六年（1927 年）铅印本.

❸ 黄森荣. 涪陵地区书画名人录 ［M］. 涪陵：涪陵文化局，1986：50.

❹ 季啸风. 中国书院辞典 ［M］. 杭州：浙江教育出版社，1996：283.

缙。❶ 书院门东南向，内构讲堂三间，东西房各三间，院长居室五间，诸生居室五间。院西南建有厨房，教师所居名为"德凤楼"，取师之五德（温、良、恭、俭、让）如凤之五彩意。弟子所居名为"梅花楼"，取诸弟子之学行冠士林，如梅花之冠群芳。讲堂名叫"琢玉堂"，取"玉不琢，不成器；人不学，不知义"之意。书院于创建之年五月落成，计用工钱九百二十两。❷ 南宾书院建成之时，即于琢玉堂明文规定，对学员"琢之以经书，琢之以史鉴，琢之以讲贯，琢之以体察"。"四书""五经"为学员必读，《二十四史》《资治通鉴》为学员必修。王綝绪亲自为诸生授经史，口讲指画无倦色。书院主持人被称为山长，由山长招请贡生、宿儒、举人任教，传经授徒。诸生学习主要方式有听、讲、讨论及自修。平时举行定期的科举式模拟考试，一般每月举行两次；一次由政府官员出题考试，称"官课"：一次由山长出题考试，称为"斋课"。石柱直隶厅无考院，凡举行考试，便于厅署中大堂前设布棚以作考棚。"月课"则在内署地举行。道光二十年（1840年），才建考院于署北（今为石柱县人民武装部所在）。书院的思想教育以"忠君尊孔"为内容。在学署"明伦堂"左侧立的《晓示生员卧碑》中，明确规定"养成贤才，以供国家之用"，"上报国恩，下立人品"，"学为忠臣清官"。办学的宗旨，实际是为清王朝的统治培养忠实恭顺的奴才。同时严格控制生员的思想行为，不论军民利病，"不许生员上书陈言，如有一言建白，以违制论，黜革治罪"。生员"所作文字，不许妄行刊刻"，更不能"立盟结社……违者听提调官治罪"。又对生员灌输因果报应思想，"心善德全，上天知之，必加以福"❸。说到底，无非是培养规规矩矩、服服帖帖的"贤才"以供朝廷使用。

南宾书院建成后，师生用度曾出现无着落的窘境。厅贡生冉天拱，生员陈蕴才、谭其义、马宗祥都建议说，石柱地处边地，厅境内的人多信佛。佛寺田产丰足，可抽拨寺产为书院费用。王綝绪采纳他们的建议，于是制订抽拨方案：规定佛院寺田租谷不及五十石者免拨，超过五十石者，量拨十石，依次而加。王綝绪曾作《南宾书院膏火记》，记录书院的经费状况。全文

---

❶ 常明，杨芳灿．学校志·书院·石柱直隶厅［G］//四川通志·卷七十九．嘉庆二十二年（1817年）刻本．

❷ 《石柱中学校志》编委会．石柱中学校志（1910—2000）［M］．重庆：重庆市教育委员会，2000：72．

❸ 《石柱中学校志》编委会．石柱中学校志（1910—2000）［M］．重庆：重庆市教育委员会，2000：73．

如下❶：

昔闽中建宁府，崇安县有学无田。宋淳熙七年，知县事赵某取境内浮屠之绝不继者，五所悉归，其田于学为士子用，朱子记之。先序三代学校之盛，继言周衰以来士子之贫，终言浮屠氏乱礼绝亲，而丰屋良畴之当禁，以见赵令取归于学，之为得也。余家居时读其文，义其事，有志未逮者久之。乾隆辛卯，田丰都令来守石柱厅。石柱古南宾县，宋南渡后为土司地，文教未修。雍正间，宣慰马宗大乃建夫子庙，至乾隆壬午始改直隶厅，一切治具皆草创。甲午、乙未两年，余于文庙左侧，建南宾书院，造士落成后，苦无师生、用度。厅选贡冉天拱，生员陈蕴才、谭其义、马宗祥等佥称边地信佛寺田丰足，或可抽拨为书院资，余有触于考亭之记，允之。爰定议其租谷不及五十石者，免拨，二百石者量拨十石，以次而加及。按寺查理其田，半为各庙主孙曾占种，且或典当有名无实，遂遵例严为厘正。田皆归寺，乃如原议抽拨。僧无田而有田咸乐割捐，共得田十九所，详请归入书院。岁获租谷一百八十二石，租钱万二千六百。盖与考亭所记崇安县学田，异事而同辙也。余读记时之志稍酬焉，然犹不足用也。计师弟子束脩膏火及役人口食，岁需四百金有奇，而租谷价值中岁仅计一二百金，乃挪移拮据以足之，恐后来不可为常也。乾隆己亥，复查出高岗寺僧盗卖寺田一所，岁收租谷十二石五斗；乡民向如光改约包占方斗山寺基一所，岁收租钱四万二千有零；又境内废寺田地废多，土司特失察其私垦私售者，率已逃亡故绝，且年久，或几易主，难于彻底清理。而现执业者恐人揭发，逐自首缘由，各量其田地之多寡肥饶，愿捐钱入书院开销，祈批明契约，以免后议零星，收积除添补二年来膏火不足之额，并赎取高岗争田价与文庙修造所用及院中贫生本年秋试资斧外，实贮钱五十万，贷之酤买，岁生息钱九万。三项合计百金有余，亦详归书院用度，庶免挪移拮据之苦，而可垂永久矣。要皆自寺产得之，则仍朱子记崇安县学田遗意也，谨勒石识之。其田地之坐落界至，礼书吏设有印簿备案，不详录。

光绪三十一年（1905 年），石柱直隶厅遵清政府之命，将南宾书院改为石柱直隶厅官立高等小学堂。❷宣统二年（1910 年），石柱直隶厅又遵指令，将

❶ ［清］王槐龄. 补揖石柱厅志·艺文·第十卷 [M]. 道光二十三年（1843 年）刻本.

❷《石柱中学校志》编委会. 石柱中学校志（1910—2000）[M]. 重庆：重庆市教育委员会，2000：3.

石柱直隶厅官立高等小学堂更名为四川东道石柱直隶厅官立中学堂，为今石柱中学的前身。

2. 华祝书院

华祝书院在丰都县南岸桥头坝（时属丰都县，今石柱县桥头乡），光绪十九年（1893年），桥头坝绅士杨宗模募捐建华祝书院于桥头坝下街文昌宫内。❶知县瞿颉、方宗敬、李谦先后置田地凡四十五处。❷清末改为学堂，1911年废，民国以后并入县内其他学校。

（三十三）彭水

1. 摩云书院（云上书院）

摩云书院原在县署后东山，面向摩围、云顶二峰，故得名"摩云书院"。康熙五十七年（1718年），知县朱雷始置学地。乾隆四十四年（1779年），署县温清迁建彭水县城南。乾隆五十三年（1788年），署县钟莲制定延聘师资课程计划及经费管理章程，改名"云上书院"。嘉庆十七年（1812年），署县罗德严重修，增设膏火资助优秀或贫寒学子。❸咸丰八年（1858年），王鳞飞"来摄县篆，适值土匪廖美连之狱，奉旨擒治，王君声色不形，限期翦灭，查收产业，约值二万余金。自诸大府拨充本县公费，得充所请，后遂以署后廖氏新修住宅改为'新云上书院'。其旧书院变价生息，并归新书院备支应杂用，于是山长束脩、生童膏火均计息加丰。更以奇赢，详定蔚文堂规条，一切有关文教之需，悉于中取给焉。"❹ 这里描述了书院新修改建中对原书院资源的转换，充公田产资金投入新设书院以及经费支付项目等情形。

清代官员陶澍有诗《赠摩云书院山长》："化雨无私，忆往昔踏月来过，曾话春风一席；摩云有志，愿诸生凌霄直上，毋忘灯火三更。"❺上联回忆昔日来访经过，折射出自己亲密老友的身份，配以下联勖勉诸生立志成名，以此加重下联勖勉的分量，其间流露的心怀实属至情所致，语重心长，给来院诸生

❶ 《石柱县志》编纂委员会. 石柱县志 [M]. 成都：四川辞书出版社，1994：488.
❷ 田秀栗，徐其岱. 学校·书院 [G] //丰都县志·卷二. 清光绪二十年（1894年）刻本.
❸ 常明，杨芳灿. 学校志·书院·酉阳直隶州 [G] //四川通志·卷七十九. 嘉庆二十二年（1817年）刻本；[清] 冯世瀛. 学校志·书院 [G] //酉阳直隶州总志·卷五. 成都：巴蜀书社，2009.
❹ 张锐堂. 新云上书院碑序 [G] // [清] 冯世瀛. 酉阳直隶州总志·学校志·书院·卷五. 成都：巴蜀书社，2009.
❺ [清] 陶澍. 陶澍全集·诗集对联 [M]. 长沙：岳麓书社，2010：383.

以亲切感受和巨大鼓舞。❶"化雨"一词出自《孟子·尽心上》,"君子之所以教者五,有如时雨化之者"❷。本诗以"化雨"比喻教育像及时的雨水滋润土地。"踏雪"出自《世说新语·任诞》,"王子猷居山阴,夜大雪,眠觉,开室命酌酒:四望皎然,因起彷徨,咏左思《招隐诗》。忽忆戴安道。时戴在剡,即便夜乘小船就之。经宿方至,造门不前而返。人问其故,王曰:'吾本乘兴而行,兴尽而返,何必见戴。'"❸"春风"来自宋侯仲良《侯子雅言》,"朱公掞来见明道(程颢)于汝,归谓人曰:'光庭(朱公掞)在春风中坐了一个月'。"❹后来用"如坐春风"比喻受到良好的教育。读此诗,方能体会摩云凌霄、灯火三更,更是在发愤读书的艰苦生活中突出描写为传统习俗所赞赏的一面,使诸生乐于接受,以苦为甜。教学活动除兴趣及美感走向乐学之外,学生心理因素中的毅力、意志及注意力集中等因素须有效发挥,并以愿景、目标加以结合,使其具有向往、期待之心理,体验成功之后的成就,这都是乐学的重要内容。

2. 丹泉书院

丹泉书院在彭水县郁山镇丹泉井侧,与丹泉井隔路相结,并以井得名。丹泉书院为清代乡村书院,原为宋朝著名诗人黄庭坚(黄山谷)所建造的万卷堂遗址。嘉庆二十三年(1818年),知县杨于高、巡检朱维垣建。❺丹泉书院的办学经费源于民间,由绅民集资所办,书院为土木结构,有平房二座,教室六间,讲堂、住室、过厅四间,石池一座(传说为黄山谷洗墨池)。❻据悉,宋代绍圣二年(1095年)正月,黄庭坚忍屈遭冤,离乡背井,于四月廿三日才到达极为偏僻荒凉的黔州。后来,他住在彭水郁山镇开元寺,镇上有口井,位于该寺山门下右侧,水清甘洌,黄庭坚爱取此水烹茗。后来居民为怀念诗人,称其为山谷井。镇上另一口井,相传山谷在此炼丹,因而称之为丹泉井。然而时势变迁,丹泉井早已埋没。现在郁山镇小学校址,是当年讲学的丹泉书院。在彭水县城之南,"涪翁晚策杖,坐此观江涨"的绿阴轩旧址还在。当时

---

❶ 苏渊雷. 绝妙好联赏析辞典 [M]. 上海:上海辞书出版社,1994:666.

❷ [战国]孟子. 墨香斋译评 [G] //典藏文化经典·孟子(双色插图版). 北京:中国纺织出版社,2015:269.

❸ [南朝宋]刘义庆. 钱振民点校·世说新语 [M]. 长沙:岳麓书社,2015:167.

❹ [清]马疏,王忠禄,郝润华. 日损益斋古今体诗校注 [M]. 天津:天津古籍出版社,2014:25.

❺ 胡昭曦. 四川书院史 [M]. 成都:四川大学出版社,2006:189.

❻ 《重庆百科全书》编纂委员会. 重庆百科全书 [M]. 重庆:重庆出版社,1999:317.

在枝繁叶茂、绿荫匝地的黄桷树下修起轩亭，四壁临风，俯瞰乌江，水波碧透，景美色秀。轩下石壁遍布。"绿阴轩，山谷书"遒劲有力的楷书，在摩崖石刻中最为醒目。❶。

清代川东道台锡珮曾为丹泉书院题诗曰："从渝州按步而来，喜闻岩邑弦歌，真不愧祠列三贤，堂开万卷；由山谷读书所在，守得墨池楷范，又何难诗雄四海，文冠一时。"❷ 由此可见，清时的丹泉书院必是闻名遐迩的。著名教师朱鹿岩曾在此执教三十二年，先后共教学生二百多名。其中，京考恩科第一名一人，二甲进士二人，省考中举人四人，府州考中秀才二十三人。书院共办了八十九年。❸ 1907年，清朝废科举，兴学堂，改为丹泉小学堂。今为彭水县郁山镇中心小学校。

3. 汉葭书院

汉葭书院在彭水县城南门内，东山之麓。道光三十年（1850年），由县廪生向洪恩、陈朝禄、王启方等众人募建。❹ 筹建中购买书吏谭姓住宅为基，头二门，上下厅堂，左右厢，书院初步设施一一具备。每年由绅首等延请山长，除书院自有公产外，由蔚文堂添送束脩钱四十缗。《彭水县志》曾记："向洪恩，号溥泉，彭水城郊乡千洞村白腊湾人。贡生，曾任儒学训导，迁修学宫，倡修汉葭书院。"❺ "王启方，字文卿。清兴化人。嘉庆二十一年（1816年）举人，任四川乐山知县。补彭水县，建汉葭书院。躬亲讲学，以教士子。"❻书院办学经费得到一位窦氏家族张姓寡妇的极大支持："窦张氏，南川县人。桑柘坪窦家坝监生窦天佑妻。夫亡时，遗产不上千金，她善理财，积资上万。好施舍，修汉葭书院，捐钱二千串，迁修学宫，捐五百串。"❼寡妇乐善好施、捐资兴学在重庆教育史记载颇多，其中缘由是否有民俗学或民族宗教性有待探讨。

彭水《汉葭书院章程》称："书院斋长一名。每年由首事于肄业中择谨慎

❶　黄庭坚. 书法、综合编·第三卷［G］//黄君. 黄庭坚研究论文选. 南昌：江西教育出版社，2005：1213.

❷　邓洪波. 中国书院楹联［M］. 长沙：湖南大学出版社，1999：233.

❸　《重庆百科全书》编纂委员会. 重庆百科全书［M］. 重庆：重庆出版社，1999：317.

❹　《彭水县志》编纂委员会. 彭水县志［M］. 成都：四川人民出版社，1998：600.

❺❼　《彭水县志》编纂委员会. 彭水县志［M］. 成都：四川人民出版社，1998：920.

❻　南京师范大学古文献整理研究所. 江苏艺文志·扬州卷·下册［M］. 南京：江苏人民出版社，1995：877.

一人以作斋长……凡有进出账目，由斋长登记。如有租佃不清，亦由斋长禀明查究。"此外，汉葭书院在对教师聘选上也颇为规范，"选聘邻区进士、孝廉、品学兼优者主讲"❶。看来，汉葭书院虽处偏远山区县域，但办学层次规格颇高，而且书院师资、经费等管理制度建立周全，实属少见。清末大兴书院改制，汉葭书院于光绪三十年（1904 年）停办，改为新式学堂。

4. 鹿山书院

鹿山书院于光绪十七年（1891 年）由士绅徐壁斋等建，在彭水县大河坝乡保家楼场白鹿井侧。❷清代彭水知县张继增曾作诗一首《题鹿山书院》，诗曰："此地是山谷旧游，愿诸生春诵夏弦，希古抗心，无惭后起；其人乃国民分子，叨圣代育才造士，学成效用，共济时艰。"❸"春诵夏弦"的意思是指古时教学因时节而变更课程，春日诵读，夏日学琴。如此看来，清代鹿山书院的教学课程较为丰富灵活。清代酉阳知州李焕亦曾作《题鹿山书院》一诗："证经讲史，愿多士研求实学；扶危拨乱，为国家造就人才。"❹可见清代官员对书院办学抱有远大期许。

（三十四）酉阳

1. 钟灵书院（二酉书院）

钟灵书院在酉阳州治北。乾隆二十二年（1757 年）知州李光埈建，知州张兑和落成，贵州铜仁张素曾记有《钟灵书院碑记》，全文如下❺：

钟灵书院者，以治州之西（按，当作"北"）有山曰钟灵，故得名焉。肇事始于前刺史少溪李公，成于我伯兄绣园（知州张兑和）先生，岁捐俸延师，择子弟之秀者而课之。所以广教化，育人才也。丙戌，予来酉阳，因览山川之胜，窃念灵秀之气，蕴毓既久，必有钟之于人，而著为事业，发为文章，以彪炳一时，辉映千古。酉阳自汉以来，冉氏累叶以武功显，而文学或不传。夫蜀之学起于文翁，广南之学起于昌黎，传之固重，赖有人也。酉阳得少溪、绣园二公，后先相继，以振兴文教为己任。生斯土者，秉灵秀之姿，崇大雅之化，知必有卓然崛起

❶ ［清］庄定域. 彭水县志·学校志·卷二十一 ［M］. 光绪元年（1875 年）刻本.

❷ 胡昭曦. 四川书院史 ［M］. 成都：四川大学出版社，2006：189.

❸ 汪家生. 历代诗人咏黔州 ［M］. 北京：中国戏剧出版社，2010：128.

❹ 汪家生. 历代诗人咏黔州 ［M］. 北京：中国戏剧出版社，2010：126.

❺ 张素. 钟灵书院碑记 ［G］ // ［清］冯世瀛. 酉阳直隶州总志·卷五·学校志·书院. 成都：巴蜀书社，2009.

于其中者，顾予犹有说焉。天地之生，莫灵于人，而人莫灵于心，反求在己，乃云有得。彼乞灵于山岳，诿成败于师儒者，谬也。有志之士，独居深念，慨然奋兴，是灵秀之气所为萌动，不可掩遏者也。由是培之以孝友，节之以礼让，泽之以诗书，名师益友相与切磋观摩，以成其德，此乃所谓人杰地灵也。以其所学，垂为风俗，其有功于后来者不浅，而于少溪、绣园二公建学命名之意，庶几相为慰藉也夫。

钟灵书院因钟灵山而得名。乾隆三十七年（1772 年），署州邵陆置学田。嘉庆十四年（1809 年），署州姚钟英、州判丁必荣重修，增置学田。后学署倾圯，酉阳县学官借住于书院中，肄业生童仅得半而居之。嘉庆二十四年（1819年），知县段逢藻以书院杂于营中，非肄业之所，改建于治南，因面对"二酉洞"，故易名"二酉书院"。咸丰五年（1855 年），署州凌树棠重修，门墙堂庑焕然一新。院址择定在酉阳州城龙洞沟巷口（即今军分区东南隅），州牧凌树棠续修。历任山长为秀山传胪李稷勋，酉阳进士陈继薰，举人陈序乐，举人朱德盅（枕虹）等。❶❸ 书院经费，有文庙利息银、济仓羡余钱（羡者，余也，羡余钱，即是积余的钱），历任州牧以及仗义人士所捐田土和银钱，历时久远，常有增益，故收入尚属丰富，开支不致有匮乏之虞。

2. 龙池书院（龙翔书院）

龙池书院在酉阳州东南九十里，龙潭镇州同署右侧。雍正十三年（1735年），清政府加大力度推行"改土归流"政策后，渝东南民族地区大力发展书院。❷ 雍正十四年（1736 年），清政府饬令将酉阳州改为酉阳直隶州，龙潭镇的士绅名流即开始筹建龙池书院，是专为州属各县培养进省赴京应考生员的场所。❸ 龙池书院吸收十五至二十岁的学生入学，授课内容以"四书""五经"为主，兼授八股文及古诗词等写作方法。书院学生来源于州属酉阳、秀山、黔江、彭水四县。❹ 乾隆二十七年（1762 年），知州刘复仁首捐廉三十两，绅民张祖谋、李联柏、熊允乔、任维智、黄显等复募银五百五十余两，用作建院费用。遂组织人力庀石鸠工，数月而就，改名龙翔书院。嘉庆二十二年（1817

❶❸　中国人民政治协商会议酉阳土家族苗族自治县委员会. 酉阳文史资料选辑·第三辑 ［M］. 内部交流本，1984：46.

❷　孟铸群，陈红涛. 中国民族教育论丛·四·四川民族教育研究 ［M］. 北京：中央民族学院出版社，1989：535.

❹　《酉阳县志》编纂委员会. 酉阳县志 ［M］. 重庆：重庆出版社，2002：518.

年）秋，新任知州黎永清复捐廉五十两，绅民黄永清、田广新、田毓异、王明典"各捐银钱田土，鼎而新之"。后渐倾圮。❶ 道光十八年（1838 年），署同知州钟叶篪倡首重建，制度一新，凡正厅五间，抱厅三间，厨房亦三间，头门一间，四围绕以高墙，饰以照壁，规模宏壮，院宇深沉，远胜原先之故貌。据《增修州总志》云："同治年间，更加修整，而常年经费，在原有基础上，又由龙潭黄丝税率上附加若干。"❷ 每月要考月课，课程、教学以及管理规章与二西书院相同。书院置山长一人，斋长二人。生童月考成绩优良者，奖以膏火费，以资鼓励。历任山长在同治以前无据可稽，在同治以后有县人冯壶川、刘小石、朱枕虹、张诚文、王大章等。

3. 龙潭经院

龙潭经院在酉阳龙潭镇北灯笼铺，光绪二十六年（1900 年）王森泰创建，虽称经院，实为书院。其创建背景大致是：清光绪三年（1877 年），龙潭王森泰自置地基修建房屋于龙潭镇北灯笼铺，以作其子王大章读书之所。光绪二十六年（1900 年），王大章中举后，王森泰欲建书院。沿地方旧规，书院须由龙潭人，且具有举人资格才能掌院，请以其子长院，但苦于未遂，便又向直隶州知州赵藩申诉。赵藩说："你自捐资产另建书院，我则明令委任王大章为山长。"而后，王森泰即将王大章之斋舍房改建为书院，王大章首任院长。他虽当上了山长，但由于年纪还轻，其父又是商人，群众对之信任不高，学生也不多。王大章因此更加奋勉，学而不厌，诲人不倦，勤劳著作，刻苦钻研。其由龙潭到渤海，一路见闻，都写诗以志之。后来被有识之士，将其学识褒扬一番。从此，群众方知其确有真才实学，前往就学者，日益增多。书院采用的教学方法，仍是古今并重，月课季考，对成绩优良者，增发膏火费。院中一切开支，均由私人所捐之学田作为经费。其学生之成才著名者有邹杰（字汉卿）、陈赞廷、陈伯贞等人。❸ 光绪二十年（1894 年），酉阳著名学者王槐庭先生讲学龙潭经院，州内外青年慕名往学者甚多。"（邹）杰亦投贽门下，槐庭独器之。"在王槐庭先生精心培育指引下，文思大进，于"史汉诸书，乃尝涉猎

---

❶ ［清］冯世瀛. 学校志·书院［G］//酉阳直隶州总志·卷五. 成都：巴蜀书社，2009：128.

❷ 中国人民政治协商会议酉阳土家族苗族自治县委员会. 酉阳文史资料选辑·第三辑［M］. 内部交流本，1984：47.

❸ 中国人民政治协商会议四川省酉阳土家族苗族自治县委员会文史资料委员会. 酉阳文史资料·第十五辑［M］. 内部交流本，1993：38.

之"，并"时时挹其精粹，每一文成，遂卓然有以绝其蜚流"，成为王槐庭先生最得意的学生。❶ 光绪三十二年（1906 年），龙潭经院开设桑蚕学校。光绪后期改制，龙潭经院改办为龙潭高等小学堂。龙潭经院旧址今为重庆市酉阳区第一中学的校址，简称酉一中。

4. 酉西书院

酉西书院在酉阳龚滩镇中街，清光绪元年（1875 年），龚滩镇巡检司郑子从和地方士绅自筹经费创办，院址在镇中街四方井，办院经费，除筹集捐资之外，由盐帮力资项下附加。❷ 按照当时清政府的规定，县以上才能设书院，乡镇只能设义学。但是龚滩镇地处边陲，离州署一百八十华里，位于川黔交界处的乌江中游，水路航运可称方便，是酉阳商品集散之地，商业繁荣，文风蔚起，地方人士热心办学，故在龚滩镇创建酉西书院。开设生童常课，延师为乡党子弟课读。兴考月课，成绩优良者发膏火费六百文。书院掌教，亦名山长，每年脩金铜钱三百二十缗。任教者须有举贡生员的身份地位。

酉西书院历任山长有进士陈容芝、举人朱德芝、贡生饶徽五、拔贡杜万青、举人易明斋、贡生董吉人、刘益三、石昌酉等。光绪二十四年（1898年），清廷明令奖励新学，但由于变法维新失败，推广新学的政令延至光绪二十七年（1901 年）才付诸实施。此时清廷又通令各省级书院改办高等学堂，府州级书院改办中学堂，县级书院改办两等小学堂。光绪三十三年（1907年），酉属各县书院先后改为学堂。酉西书院及上、下街两所义学合并为一校，名曰酉阳龚滩两等小学堂。❸ 至此，酉西书院作为书院的使命结束，开创近代学堂办学新的里程碑。

（三十五）秀山

1. 秀山书院

秀山书院在秀山县治内❹，具体位于镇远卫城新西门外西秀山麓，始建

---

❶ 中国人民政治协商会议四川省酉阳县县志编修委员会. 酉阳文史资料选辑·第二辑［M］. 内部交流本，1983：19.

❷ 中国人民政治协商会议酉阳土家族苗族自治县委员会. 酉阳文史资料选辑·第三辑［M］. 内部交流本，1984：48.

❸ 中国人民政治协商会议酉阳土家族苗族自治县委员会. 酉阳文史资料选辑·第三辑［M］. 内部交流本，1984：49.

❹ 常明，杨芳灿. 学校志·书院·酉阳直隶州［G］//四川通志·卷七十九. 嘉庆二十二年（1817 年）刻本.

于康熙四十四年（1705年），早已无存。重庆著名书法名家李稷勋曾任秀山书院院长。李稷勋（1857—1918年），又名稽勋，字姚琴，重庆秀山县人，清光绪丁酉（1897年）举人。李稷勋在赴京应试前，对秀山文苑、实业多有劳绩，并担任过秀山书院院长，又创办秀山矿务局，主事开采孝溪沟锑矿。他擅长诗文，著有《矕庵诗录》四卷，修撰《秀山县志》十一卷。精于书法，字体近颜真卿，风骨清隽。❶光绪三十二年（1906年），改秀山书院为高等小学堂。

2. 苹香书院

苹香书院在秀山县，建于同治四年（1865年），由时任知县张锐堂建。❷苹香书院旧为社学，同治四年（1865年）知县张锐堂大兴四乡社学，其经费于牛油两市征取，初并为官利，锐堂悉免之以资社学，凡岁收钱一百二十缗。光绪十一年（1885年）以社学敝弛，民士牒呈，整顿学务，并提高程度。知县余恩鸿、王寿松为乐育人才，予以采纳。起初，学无定所，皆假赁祠宇，及是大树栋楹，规制宏固，寿松题其额曰"苹香书院"。石耶里节妇杨氏施置膏火田若干亩，岁租谷若干石，并刻石书院中。❸光绪三十二年（1906年），改为初等小学堂。

3. 梅江书院

同治十三年（1874年），建立梅江书院。梅江书院兴自咸同年间（1851—1874年），随之废弛。其经费亦出于油市，市侩欺侵，故费日益见绌。知县余恩鸿、王寿松严剔宿弊，兴复教育。光绪十六年（1890年），寿松又增置膏火，邑人组织绅民饶积谷以换取租息，计有谷五百余石，交付商业经营以获取利息，"凡岁得钱一百五十余缗有奇，尽以赡生徒焉"❹。光绪三十二年（1906年），梅江书院改为初等小学堂。

4. 凤鸣书院（凤台书院）

凤鸣书院在县治南门外二里，今秀山县三一九国道西侧。原名凤台书院。嘉庆二十三年（1818年），县人徐映台、卓玉璿、杨毓秀、谭渊、孙宗瑛写报告请知县祥善兴修凤台书院。民士助资，因与凤凰山遥遥相望，学童读书声又

---

❶ 柏世友，柳定祥，李健. 中国长江三峡大辞典［M］. 武汉：湖北少年儿童出版社，1995：76.

❷ 熊明安，徐仲林，李定开. 四川教育史稿［M］. 成都：四川教育出版社，1993：597.

❸❹ 王寿松. 秀山县志·卷七·礼志［M］. 清光绪十七年（1891年）刻本.

似闻听凤鸣，遂于道光十五年（1835 年）改为"凤鸣书院"。❶ 凤凰山位于秀山县城南三公里处。山上茂林修竹，正午以后山林翠绿，于阳光下金光闪烁，如凤凰羽翅，故有"凤凰展翅"之美誉。

凤鸣书院是秀山最早的书院，入院学生分为两类：一类是已入学尚未中举的秀才，另一类是尚未入学的童生。院内课程仍然是"四书""五经"及准备应试的诗文等。院内一切开支，都是以私人捐助的学田租谷收入作为经费，凤台书院初办时经费为每年学田租谷收入一万七千多斤，铜钱五十多缗。

凤鸣书院的大门两侧挂木刻对联一副："碧海树丹珠，水涌鱼泉，定有巨鳞变化；丹山真养格，墙依凤岭，快看神鸟高翔。"❷ 原院门为西向，大门口两边有清廷下诏设立的"旌表"，山门内石头牌坊两座，雕刻精致，雄伟壮观。房屋建筑为一楼一底穿斗木结构，为西东向四进三横七天井四合院布局庭院式建筑。院内均系木格窗子成行的挑柱，形成宽阔的檐廊。庭院内种植二十四株桂花树，四棵古楠木，一株古紫金花树，以及鱼池及屋前古井。原来还有后花园和孔圣殿，总面积三十余亩。❸ 正堂为讲堂，其余小四合院为师生休憩场所。左边四合院的中央建有四方泮池，头门三间，东西厢各六间，讲堂五间，抱厅一间，后堂五间，仓廒二间，厨房二间，院内古树萧森气象，极为宏敞。1819 年，知县祥善率士民捐修中讲堂，东西两厢及头二门，共二十六间，仓廒三间，厨房三间。除修造支出外，余钱二千七百八十八缗，置田一百二十三亩作为学田。咸丰八年（1858 年），廪生聂吉琛复捐田八亩，每岁约收谷三百石，与佃户平分，又收租钱十八至十九缗不等，以此用作每年束脩膏火及修补院舍等经费。学田由书院斋长掌控，以后增扩学田及校产，每年收受租谷一万七千余斤，厂肆及地基数所，岁收租钱五十余缗。邑煤油行公费，岁助钱一百二十缗，并为院长束脩及资助生童膏火之费。书院共有田产二十多处。道咸年间，知县于蔚华、朱东瀚、彭以增、李渐鸿、张锐堂皆留心教育，于蔚华尤其注意，书院办学鼎盛"文雅风流，相映一时。院舍宏敞，棂户洞明，讲堂内外丛桂阴森皆近百年物，绿叶秋华，有助幽愒"❹。

---

❶ 李乡状. 四川重庆游［M］. 长春：吉林文史出版社，2005：217.

❷ 中国人民政治协商会议四川省秀山土家族苗族自治县委员会文史资料委员会. 秀山文史资料·第二辑［M］. 内部交流本，1985：44.

❸ 中国人民政治协商会议四川省秀山土家族苗族自治县委员会文史资料委员会. 秀山文史资料·第六辑［M］. 内部交流本，1991：132.

❹ 王寿松. 秀山县志·卷七·礼志［M］. 清光绪十七年（1891 年）刻本.

光绪三十二年（1906年），遵清廷"废科举、兴学堂"的廷谕，改凤鸣书院为秀山县高等小学堂，同时亦办起了初等小学堂和实业学堂。1917年，秀山第一所高等小学校设立于院内；1925年，改为县立初级中学。新中国成立后为秀山县第一中学，秀山中学校现为秀山民族中学。

三、清代重庆书院的嬗变历程及主要特点

以上具体梳理、呈现了重庆清代各地的主要书院，包括书院设立、经营及影响等诸多方面的信息，应该是目前该专题较为详尽而丰富的探讨结果。在此基础上，以下将进一步勾勒清统治期重庆书院的历史轨迹，并概括其变化的主要特点。

（一）清代重庆书院的曲折轨迹

由于社会形势的变化，清朝历代统治者对书院采取了不同的政策，书院在清代经历了由禁止、限制，到鼓励、倡导，再到改革、废止的过程，大体分四个发展阶段：顺治、康熙时的恢复发展，雍正、乾隆时的兴盛繁荣，嘉庆、道光、咸丰时的相对低落，同治、光绪时的转化废止。

清初几十年间，汲取明末学子借书院讲学广聚门徒、讽议朝政的教训，统治者为压制人们的反清情绪而严禁创设书院。顺治九年（1652年），清政府下令："各提学官督率教官生儒，务将平日所习经书义理，着实讲求躬行实践。不许别创书院，群聚徒党，及号召地方游食无行之徒，空谈废业。"❶受此影响，书院一度处于沉寂、停滞状态，直至顺治十四年（1657年），才允许修复书院。顺治时期（1644—1661年）的重庆书院，呈现出一种凋敝的情形。

康熙年间（1662—1722年），随着南明政权的覆灭、台湾割据政权的灭亡、三藩之乱的平定、准噶尔叛乱的镇压、《尼布楚条约》的签订，国家开始统一，社会趋向稳定，政权得到巩固。清政府也逐渐认识到书院的政治作用，对书院采取适当宽松的政策，但同时又不解除禁令，正如邓洪波先生所言："意在笼络人心，而又防止书院走向明末清议朝政之路，从源头上阻断明遗民利用书院反清的一切可能，将书院疏引导入其所设计好的发展轨道。"❷康熙

---

❶ ［清］陈梦雷. 古今图书集成·选举典·学校部·卷三八三［M］. 清光绪年间刻本.
❷ 邓洪波. 中国书院史［M］. 上海：上海东方出版中心，2006：429.

六十一年（1722 年），清政府对书院的态度发生转变，由抑制转而提倡，积极创设、修复书院，使书院逐步走向复苏。这主要表现在清廷向各地书院赠送书写匾额，这一举动已流露出发展书院之意。《清朝文献通考》记载，康熙二十五年颁发御书"学达性天"四字匾额于宋儒周敦颐、张载、程颢、程颐、邵雍、朱熹祠堂，以及白鹿洞院、岳麓书院，并颁发讲解经义文史诸书❶；康熙四十二年，御书"学宗洙泗"匾额，令悬山东济南省城书院❷；康熙四十四年，御书"正谊明道"匾额悬董仲舒祠，"经述造士"匾额悬胡安国书院❸；康熙六十一年，颁御书"学道还淳"匾额于苏州紫阳书院。❹ 据邓洪波先生统计，康熙年间赐额书院就有二十三所。从赐额的名称中，可以明显看出康熙皇帝对程朱理学的提倡以及希望借助书院讲学，统一读书人思想的目的，也向民间传递了一个积极的信号，各地官府和士绅可以开始争相兴复、创建书院了。

雍正、乾隆年间，书院迎来了繁荣发展。雍正十一年（1733 年），清政府认为办书院是"兴贤育才"之举，令各地督抚于省城创办书院，并给予一千两银子的经费支持，先后修复、创建省会书院。此后，各府州县纷纷效仿设立书院。乾隆皇帝本人还通过亲办书院，赐给书院金银、匾额，从书院中择优举荐人才等措施，带动全国出现兴办书院的热潮。仅乾隆一朝新建、修复的书院共计三十七所，是康熙时期的五倍之多。无论从数量还是区域，设立的书院均超越前朝，极大促进了清代文化事业的繁荣。

嘉庆、道光、咸丰时期，随着康乾盛世的落幕，内忧外患，政局腐败、财政匮乏、战乱频繁等社会危机纷至沓来。书院教学举步维艰，陷入衰败。由于师资力量下降、规章制度受到破坏、办学经费严重不足，导致书院数量及入学人数急剧减少。三个王朝统治期间共六十余年，重庆新建、修复以及重建的书院共计五十五所，仅仅相当于乾隆朝书院总数的一半多。尤其是长期的战乱，直接造成书院毁弃、破坏严重，出现全面衰败的景象。

同治、光绪时期，书院得到了短暂的复兴。同治二年（1863 年），清政府颁布谕旨："近来军务省分各府州县，竟将书院公项藉端挪移，以致肄业无人，月课废弛。嗣后由各督抚严饬所属，于事平之后，将书院膏火一项，凡从前置有公项田亩者，作速清理。其有原存经费无存者，亦当设法办理，使士子

---

❶❷❸❹　［清］张廷玉. 清朝文献通考·卷七十三［M］. 杭州：浙江古籍出版社，1988.

等聚处观摩，庶举业不致久废，而人心可以底定。"❶ 书院开始恢复和发展。同治朝的十三年中，重庆修复和重建前代书院共十九所，光绪朝修复和重建书院四十一所。至光绪二十七年（1901 年）书院废止前，同光两朝新建、修复书院共计六十所。书院总数超越了乾隆时期，发展速度却居于清朝各代之首。尽管如此，同光时期书院繁荣不过是昙花一现，频遭战乱、灾荒、外敌入侵等，使重庆书院损毁现象十分突出。

鸦片战争以来，伴随着国门被打开，一些西方传教士开始在通商口岸设立教会书院，引入西方哲学社会科学与自然科学。尤其在洋务运动、维新变法运动的推动之下，向西方学习的观念深入人心，此时书院调整了教学内容，兴起书院改革的风潮。《辛丑条约》等丧权辱国条约的签订，加速了书院的改制历程，在湖广总督张之洞、两江总督刘坤一等倡议下，光绪二十七年（1901 年）清政府下旨："著将各省所有书院，于省城均改设大学堂，各府及直隶州均改设中学堂，各州县均改设小学堂。"❷ 至此，清代书院最终完成向新式学堂近代化教育转化的艰辛历程。清代重庆虽地处西南，但在全国维新思潮的冲击下，重庆区域的书院也不免受此影响。《渝报》第八册载《川东建置中西学堂述义》中称："中西款后，天子赫然维新百度，明诏各行省设学堂，以诰天下士。先于京师立官书局，以树之标帜，以风动四方，自是新学之议遍天下。"❸ 为响应康有为"废科举，兴学堂"的改革，重庆也开始建立本区域内的第一批新式学堂，如重庆设川东中学堂，购上海江南机器局所出西学书籍；江津设西文学堂；合川书院设数学班；永川县将锦云书院扩建后改为达用学堂；丰都县也以"拯救中华，服务桑梓"为宗旨，将五云书院改为县立小学堂。创建新式学堂渐渐成为重庆的一种潮流。同时，为更有效地推行新学，兴办洋务，清政府于 1901 年开始公开选拔一批科甲出身的士子，官费资助其赴日、赴美留学，学习西方国家先进的政治、经济、军事、科技和教育经验，为日后各地新式学堂的推广创造了条件。《綦江县教育志》记载有当时綦江县出国留学的名单，如表 4 - 2 所示。

---

❶ ［清］昆冈，等. 大清会典事例·卷三九六 ［M］. 北京：中华书局，1991.

❷ 陈谷嘉，邓洪波. 中国书院史资料 ［M］. 杭州：浙江教育出版社，1998：2482.

❸ 王笛. 跨出封闭的世界——长江上游区域社会研究（1644—1911）［M］. 北京：中华书局，2006：452.

表4－2　清代重庆綦江县政府资助出国留学人员简况❶

人　名	籍　贯	留学学校
曲厚荃	县城厚街人	日本宏文师范学校
屈荪坞	县城厚街人	日本宏文师范学校
池龙珠	永新人	日本早稻田大学
杨晴霄	赶水人	日本早稻田大学
杨锦云	赶水人	日本福冈大学
罗振声	东溪人	法国里昂大学

　　书院的发展与中国古代封建社会的发展轨迹相一致，清王朝在走向没落的前夕迎来了历史上的"同治中兴"，书院也在即将退出历史舞台之前，在光绪朝出现了一段前代未曾有过的辉煌拓展。为更清晰形象地将重庆书院的发展轨迹展现给读者，现将清代重庆书院各年代分布统计数据整理如表4－3所示。

表4－3　清代重庆书院年代分布

时　间	新建、修复书院数	百分比	排　名
康熙年间（1622—1722年）	7	3.8%	7
雍正年间（1723—1735年）	2	1.1%	8
乾隆年间（1736—1795年）	37	19.9%	2
嘉庆年间（1796—1820年）	14	7.5%	5
道光年间（1821—1850年）	29	15.6%	3
咸丰年间（1851—1861年）	12	6.5%	6
同治年间（1862—1874年）	19	10.2%	4

❶　《綦江县教育志》编辑组．綦江县教育志［M］．重庆：綦江县隆盛区教育志办公室，1985：174.

时 间	新建、修复书院数	百分比	排 名
光绪年间 （1875—1908 年）	41	22%	1
宣统年间 （1909—1911 年）	1	0.5%	9
不详	24	12.9%	—
合 计	186	100%	—

注：此表为笔者根据表 4 - 1 统计数据自行整理而成。

从表 4 - 3 可清晰地看到，清代重庆在乾隆年间和光绪年间所建书院数量最多，而在清初顺治年间的重庆区域内并未出现新建书院。仔细考察其中原委可知，这既与清朝实施的书院政策息息相关，同时也与清代社会各阶段的特定形势密不可分。明朝官僚、宗室贵族及部分士大夫面对异族入主中原，以反清复明为号召，发动多种形式的斗争，抵抗清政府的统治。1644 年，清军入关定都北京，改朝换代，建立清王朝少数民族封建政权不久，立足不稳，民族矛盾与阶级矛盾十分尖锐。清初统治者因惧怕广大学者利用书院聚徒讲学，蓄意滋生事端与新政权对抗，对原有书院冷漠相视，对新建书院则更是百般遏抑，致使书院在清初很长一段时间内裹足不前。直至雍正十一年（1733 年），清政府才逐渐放宽对书院的禁令，提议由各地方政府官办书院，加强监督、干预及官学化模式的运作。重庆书院也抓住时机迅速发展，一时间各地书院如雨后春笋般涌现。

乾隆时期重庆书院数量达到三十七所，而雍正时期仅二所，可见巴渝地区的文化教育在这一时期得到了跨越式的发展。巴县"文运固骎骎日上"，通过实施全面扶持官办书院的政策，逐步加强了对书院的控制。这一时期，书院作为官学体系的一种补充，进一步完善政府主导的封建传统教育体系。

道光朝以降延至光绪朝，重庆书院由维系已有态势转变为飞跃式提高，几乎与乾隆朝新建数量持平，这是耐人寻味且令人费解的。其实，在这一历史时期，虽然经历了鸦片战争阶段对传统学术文化的调整、传统教育的松动，以及洋务运动阶段新教育的兴办，但处于内陆的重庆则因反应缓慢而使教育文化在近代转型中转变为书院这种相对于官学、私学而言更有效益、质量的教育机构。而且直到 19 世纪 90 年代末维新运动掀起浪潮，同时期的沿海江浙、闽粤诸省书院极不景气，已处强弩之末、日显衰象的情况下，重庆等内陆边疆，尤其是少数民族地区书院新建者仍为数不少。当然，深入分析可以得知，此时兴办书院的教育目标、内容及组织方式均与以往不同，而有西学东渐引发的新教育特色。

同治年间（1862—1874 年），太平天国刚被镇压，朝廷就下诏清理因战事而流失的书院财产，恢复办学。在朝廷发展文教、"鼎定人心"这一政策的指导下，在官方力量和民间力量的共同推动下，晚清书院进入了一个"超高速发展"❶的时期。特别是一批著名的地方军政大员，如曾国藩、李鸿章、左宗棠、丁宝桢、张之洞等，积极支持，大力发展文教事业，修复并创建了众多书院，使书院的发展就数量而言达到了历史的最高峰。

光绪二十年（1894 年），甲午战败的沉重一击，使清政府从大梦中惊醒过来，开始深刻反思自身的政治制度、军事管理、文化教育等现实问题。士民普遍认为兴学育才、整顿书院刻不容缓，逐步探索教育救国之路。光绪二十四年（1898 年）"戊戌维新"，光绪皇帝发布上谕，限定两个月内将全国大小书院改为兼习中学、西学的学校，史称"戊戌书院改制"，其中书院改制的典范就是京师大学堂的开办。光绪二十七年（1901 年）"新政"发端，清政府又下达了书院改制上谕，责令各省均须在省城设立大学堂，各府及直隶州改设中学堂，各州县改设小学堂。书院渐趋失去生存的土壤，经过清末十多年的书院改制，古老的书院历经一千余年终于完成了自身的历史使命，沉寂在了中国教育文化的长河中。

诚如上文所述，维新运动发生至清末"新政"之初的五六年间，重庆处于西南内陆，对西学教育的反应不够敏捷，此外，"百日维新"又经以慈禧太后为首的顽固势力"后党"对以光绪帝所支持维新派"帝党"的反攻倒算，出现了教育、书院改革中的逆流，必然有助于传统书院的维系甚至反弹。光绪二十七年（1901 年）一月，清政府颁布清末"新学制"；光绪二十九年（1903 年）推行《学务纲要》并停止科举考试，建立新的教育行政体制。至此，传统教育在形式上宣布瓦解，近代新式教育在形式上正式确立。处于长江上游地区，四川盆地与云贵高原交错结合位置的重庆才迈开了传统教育让位新式教育的步伐。不过，一旦起步，其速度及强度之迅猛又往往逾越东部沿海省

---

❶ 邓洪波. 中国书院史［M］. 上海：上海东方出版中心，2006：432.

份，因此重庆书院在清代呈现出一种由百般抑制—缓慢复苏—高速繁荣—低速发展—短暂复兴—全面废止的发展轨迹。重庆书院的这一发展轨迹与清代全国书院的整体趋势基本一致，正如白新良先生所述："清代书院以其自身发展情况大致可分为四个历史时期，即书院渐次恢复和发展的顺康时期，书院急剧发展的雍乾时期，书院逐渐衰落的嘉道咸时期和短暂恢复并最后废止的同光时期。"❶ 只是基于上述历史及区域社会缘由，重庆在同治、光绪朝的书院教育的顽强存在及新建势头还远不是"短暂恢复"的状态，而是有所攀升的气象，这是相较于全国尤其是沿海省份而言出现的个性化特点。

（二）清代重庆书院的发展特点

根据清代重庆书院个案材料及演变轨迹实况，可以进一步把握重庆书院发展进程中的主要特点。

1. 清代重庆书院数量骤增、分布扩展

清代重庆书院的数量和规模均是宋、元、明三代所不能比拟的，且在一定程度上促进了民族大融合和文化交流。表 4 - 1 统计数据显示，清代重庆区域内的书院总和达到一百八十六所，为宋、元、明三代书院总和四十一所的近五倍。具体来讲，在清代重庆所辖的四十个行政区域内，平均每个区域就有四点六所书院。这种分布比例表明，书院数量上的迅速增加，反映出清代重庆社会文化发展和清政府培育人才、广行教化的成效，对当时的社会发展起到了积极作用。

伴随着数量上的突飞猛进，重庆书院教育在各个行政区划已经得到推广，呈现出均衡发展的趋势。清代重庆区域内，北至城口，南至秀山，东至巫山，西至大足，均有书院建立。譬如城口这样的贫困县，到了清代也出现了第一所书院，即道光七年（1827 年）创建的新城书院。在清代重庆行政区划中，境内像城口这样至清代才首次出现书院的共有十五地，即江北、南岸、永川、南川、璧山、梁平、云阳、巫山、城口、垫江、黔江、石柱、彭水、酉阳、秀山，占到清代重庆境内所建书院的 41%，清代重庆书院的地域分布拓展及上升态势可见一斑。

2. 清代重庆书院影响力加强

重庆书院经过长期以来的发展已成为普通民众信赖的教书育人、传播文化

---

❶ 白新良．中国古代书院发展史［M］．天津：天津大学出版社，1995：122.

的重要机构或场所，也为官府所依托成为教化民众的有效途径，更是士人及学者们交流科考、八股、时文及探讨学术的思想阵地。重庆区域内"修建书院，为储才之地，弦诵之声不绝，称雅化之极盛焉"❶，其影响力既能从民众对书院办学声誉质量的肯定性评价中得到认定，还反映在民间共办书院的热心行为中。同时，书院带动社会风气的转变与精神文明的提升。如巴县字水书院，由周钟、周镛捐自家园地建成，后又有络昂、彭儒魁等十三人相继捐赠。❷ 西阳龙池书院，由绅民张祖谋、李联柏等募银五百五十五两一钱。❸ 作为一种成功的文教机构，重庆书院的群众基础异常深厚，尤其是那些著名书院，会使人不自觉地被书院所散发的儒雅气息熏陶，获得精神上的洗涤，使其行为习惯及风俗在现实中主动接受其价值规范的引导，从而移风易俗，淳化乡间社会伦理。重庆书院的影响力如此广泛，极大地提高了官民兴建书院的积极性，随着书院数量的急剧增加，影响力也越来越强，形成了一种良性循环。

3. 清代重庆书院的官学化加剧

清代，重庆作为川东道、重庆府、巴县三级行政机关的同城重镇，又是西南地区最大的商贸集散地，传统教育相对发达，由学宫、书院、私塾、义学等机构和场所构成一套完整的教育体系。重庆府治下的书院发展较快，官办书院在数量上逐渐占据主导地位。较之以前各代，清代统治者对书院的控制更加严密，书院自元代就开始官学化，后历代朝廷都加强了对书院的控制，到了清代，书院官学化的程度达到了顶峰。

雍正十一年（1733 年），清政府命直省城设立书院，各赐帑金千两为营建之费。并颁布上谕曰："谕内阁……则建立书院，择一省文行兼优之士读书其中，使之朝夕讲诵，整躬励行，有所成就，俾远近士子观感奋发，亦兴贤育才之一道也。督抚驻扎之所，为省会之地，著该督抚商酌奉行，各赐帑金一千两。将来士子群聚读书，须预为筹画，资其膏火，以垂永久。其不足者，在于存公银内支用……则书院之设，于士习文风有裨益而无流弊，乃朕之所厚望也。"❹ 雍正的此项举措，目的是把书院纳入官学化的轨道，借兴贤育才之名，行思想控制之实。但清廷放开书院的实质性政策，拉开了清代书院大发展的序

---

❶ 《梁山县志》编纂委员会. 梁山县志·学校志·卷五 [M]. 光绪二十年（1894 年）刻本.

❷ 罗口钧，向楚. 巴县志·卷七 [M]. 民国二十八年（1939 年）刻本.

❸ 常明，杨芳灿. 西阳直隶州总志·卷五 [M]. 清嘉庆二十二年（1817 年）刻本.

❹ ［清］张廷玉. 清朝文献通考·卷七十 [M]. 杭州：浙江古籍出版社，1988.

幕。此举在书院发展史上具有里程碑的意义，标志着清代书院的创建进入高峰时期。各省官员秉承圣意，纷纷创办书院，一时之间，清代书院的官学化可谓登峰造极。除了京师、省会书院外，各府、州、县书院也相继设立。这些书院中，"或绅士捐资倡立"，"或地方官拨公款经理"，书院一跃而成为科举官学体制的重要组成部分。

随着清代官场腐败之风逐步侵袭书院办学的各个环节，书院的官学化程度不断深化，书院的管理也越来越荒废与松弛，主要表现在书院山长的延聘越来越草率与腐败，书院的教学越来越敷衍，其质量也越来越低下。清代重庆书院数量在不断增加的同时，教育质量虽不至于如上述整体状况那样糟糕，但也难免不染其流弊。至清末改制前数年间，称其在持续地走下坡路当不为过。重庆书院的这种官学化主要表现在以下四点。

首先，朝廷逐渐掌控书院山长的聘请权，试图通过抓住山长这一核心人物来达到重振书院之目的，同时也更能有效地贯彻统治者办学的思想及政治意图。清代书院的山长每年一聘，改由地方官发聘书，并附上聘金。这是书院发展制度化的表现。礼若上宾，带有尊崇儒道的表现，但也加强了对书院的控制，扼杀了书院的活力，并造成了书院的行政化，一些不学无术的人凭借与地方官吏的关系而混迹书院，谋取重任。在许多书院里，山长的延请，"不过情面荐托，山长到馆不过因循于事"。针对如此境况，朝廷开始不断地颁布诏令，着手整顿书院。整顿的内容主要包括山长的延聘、教学指导思想的转变等。如嘉庆二十二年（1817 年）上谕："各省教官废弃职业，懒于月课，书院、义学夤缘推荐，滥膺讲席，并有索取束脩、身不到馆者，殊失慎选师资之意。著该督抚学政等……务延经明行修之士讲习讨论，如有学品庸陋之人、滥竽充数者，立即斥退，以励师儒而端教术。"道光二年（1822 年）上谕："各省府厅州县分设书院，原于学校相辅而行。近日废弛者多，整顿者少。如所称院长并不到馆及令教职兼充，且有并非科第出身之人居是席，流品更为冒滥，实去名存，于教化有何裨益。著通谕各直省督抚，于所属书院，务须认真稽查，延请品学兼优绅士，住院训课。其向不到馆支取干俸之弊，永行禁止。至各属教职，俱有本任课士之责，嗣后亦不得兼充，以责专成。"道光十五年（1835 年）又下谕旨重申："延请院长，必须精择品学兼优之士，不得徇情滥荐。"❶ 上述谕旨表明，由于各省书院的山长人选延请不力、徇私舞弊、滥竽充数，而省学、府学、州学、县学的教职人员往往兼任书院讲席却未能尽心尽力施教，从而导致书院师资力量的下滑和教学水平的下降。清代书院多次重申山长人选的标准必须是"经明行修之士"，并且山长的聘请应由地方官会同教官、乡绅、耆老共同推荐。

清代重庆书院顺应全国教职选聘趋势，更为注重山长的学术造诣，挑选那些"经明行修"、足为乡士模范者，或"品行方正，学问博通，素为士林所推重者"出任山长。"如果六年卓有成效，该督抚学臣，酌量提请议叙。"❷ 如在彭水摩云书院，均"由县令礼聘学行兼优之宿儒充之"❸。除了清代书院山长、院长皆由官府直接任命外，清王朝还通过对书院山长、教师的考核来实施奖惩。乾隆元年（1736 年）上谕中言："该部即行文各省督抚学政，凡书院之长，必须经明行修，足为乡士模范者，以礼聘请；负笈生徒，必择乡里秀异，沉潜学问者，肄业其中，其恃才放诞，佻达不羁之士，不得溷于书院中……诸生中材器尤异者，准令举荐一二，以示鼓励。"❹ 虽有上述努力，但要根本解决其中积弊，绝难实现。山长、院长纳入朝廷官制范畴，领朝廷薪水，书院原本自主延师讲学、钻研学术的风气将不再显现。

其次，政府直接参与书院管理，审批书院的创建，管控书院经费。为便于监管，雍正十一年（1733 年）发布上谕，清政府特意出资在省会设立一批书院。省会书院的创建，为各府州县书院教育体系的构建起到了示范作用，加速了书院官学化的进程。同时，在书院的经费管理上，官方出资虽不是主要经费来源，经费的使用却受到官府的严格监管❺，也由此决定了书院的办学方向。此外，乾隆朝以后虽对书院采取积极支持态度，原则上却不许私办书院，"或绅士出资建立，或地方官拨公帑经理，俱申报该管官查复"❻。地方书院的创办，必须经过督抚的批准，或报送官府进行备案。各级书院大多吸纳为官学，书院丧失了自由办学的权力，出现书院与官学趋合的情势，官办书院占据清代

---

❶ ［清］王杰修. 钦定大清会典事例·卷三九六 ［M］. 清嘉庆二十五年（1820 年）刻本.

❷ 湛玉书，李良品. 乌江流域土家族地区土司时期教育的类型、特点及影响 ［J］. 教育评论，2006（1）：90.

❸ 庄定域，支承祜. 彭水县志 ［M］. 光绪元年（1875 年）刻本.

❹ 邓洪波. 中国书院史 ［M］. 上海：上海东方出版中心，2006：2489.

❺ 蔡志荣. 清代书院的经费运作特点及其现实意义 ［J］. 教育学术月刊，2008（4）.

❻ 盛朗西. 中国书院制度 ［M］. 北京：中华书局，1934：218.

重庆书院的绝大多数。清代官办书院的常年经费由官府一次性拨给，多采用存库发商生息或拨学田的办法。如北碚的朝阳书院创建时，知县黄朴拨款充公之银两千两，以息金作为书院院长束脩及诸生膏火。又如万县的白岩书院，由万县知县与当地乡绅共捐资若干，并发商生息，以此作为书院的常年经费。官府对书院经济田产亦加以干涉，意图从经济上操纵书院。因此，中饱私囊、擅自挪用的情况时有发生。

再次，官府通过完善考试制度加强对书院的控制。由于清代实行八股取士，许多书院演变为出应科举考试的育人机构，修习内容也向八股试帖倾斜："仅以时文帖括，猎取功名，而经史之故籍无存也，圣贤之实学无与也。山长则徇请托，不校其学行，惟第其科名"❶，以致出现"专课帖括"的情况。如璧山县璧南书院，为私人创办亦无学制，生童全读"四书""五经"。石柱县南宾书院建成之时，即于琢玉堂明文规定，对学员"琢之以经书，琢之以史鉴，琢之以讲贯，琢之以体察"。"四书""五经"为学员必读，《二十四史》《资治通鉴》为学员必修。政府还通过一些考试措施，实现对书院的管控。各省设立学政总领教育事务，并主要通过"课试"的方式对书院进行监管。书院招生考试的命题、阅卷、录取等整个过程均由官府加以组织。此外，官员直接参与对生员的考查，乾隆九年（1744 年）下旨："通行各省督抚会同学政，将现在书院生徒，细加甄别，务使肄业者，皆有学有品之人，不得莠良混杂，即令驻省道员专司稽查。"❷ 如万县白岩书院就规定"住院生童由提学按试"。还鼓励书院生员参加考试以获取膏火，如酉阳龙池书院规定，生童月考成绩优良者，奖励膏火费，鼓励书院运行始终贯穿官方的意志。

最后，官府掌控书院生徒的选拔。清政府鼓励发展书院的同时，也加大了对入院生员的控制。清代重庆书院的学生有名额和籍贯的限制，招收生徒的权力不在书院而在官府。书院的学生名额主要依据经费的多少、规模的大小、主管衙门的等级和学生资格来确定，分为正课、附课、外课或住院、不住院。总之，清代重庆书院选学生的权力基本上由官府控制。书院生徒的招收也由官府举荐、认可，入院学生与官学一样，可以领取津贴——"膏火"。如綦江县《瀛山书院公议书院章程》规定："生童有愿在书院肄业者须至礼房报名造册，

---

❶ 盛朗西. 中国书院制度［M］. 北京：中华书局，1934：132.
❷ ［清］王杰修. 钦定大清会典事例·卷三五九［M］. 清嘉庆二十五年（1820 年）刻本.

凭文考取收录，分别正附课，酌给膏火"；"议生员正课十名，附课十名，正课每名每月给膏火谷三斗，附课每名给膏火谷二斗"。如此一来，清政府依靠掌握书院学生的人事权来掌控书院的教与学。

　　总之，在不同的社会形势面前，清朝历代皇帝对书院持有不同的态度，采取了不同的政策，使书院大致经历了四个发展阶段，并在内外交困中最终转型、废止，而普及和流变也就成为清代书院的最大特点。此外，清代书院种类之多、作用之巨，更是清代之前所没有的，对清代文教事业及学术繁荣起到了重要作用。同时，由于清政府的严密管理和控制，呈现出官学化趋势，由原来的自由讲学机构沦为官学的附庸，失去了自主办学、钻研学术的活力。上述分析带有普遍性认识及定性特点，重庆作为西南内陆重心，自然有同样的特质，同时因其区域的特别情状，也带有个性化的一面。

第五章　清代重庆书院的繁荣（下）

书院作为一种特殊的教育组织机构，属制度化教育体制，这一特质使其有别于社会教育与家庭教育，而颇有类似于学校教育之处。清代书院在很大程度上等同于地方官学，与地方官学差距很小。制度化教育活动的主要方式是教学工作，或称教学活动，其要素结构复杂，落实到古代书院，尤其是地方书院，便不能图全贪多，只能以其典型指标，结合清代重庆书院状况加以灵活组织，庶几能达到探讨的实际效果。

一、清代重庆书院的教学活动

书院历经宋、元、明三朝的洗礼，至清代其官学化趋势已经很明显。这种趋势可从书院的办学目标、内容、方法、山长选聘和控制书院生童的举措中发现。但同一事物还存在另一侧面，即书院作为古代一种独特的教育组织形式，其自身的传统教育风格、特色并不会丧失殆尽。清代书院作为官学教育的一种补充形式，受到朝廷及地方政府的热心支持及不同方式的管理控制，同官学一道为中国古代教育事业的绵延、清代社会秩序的维系及稳定发挥了自身的作用。

自然，书院走向官学，就不可避免地染上官学的弊病。尤其是清后期，书院教育完全围绕着科举转，管理趋向官僚化，书院中讲学自由、共同探讨学术的特色也逐渐泯灭，书院山长选聘也由政府推举，常常名不副实。如此种种，均表明清代的书院已弊病缠身，随着社会的矛盾及危机加重而走向衰落。然而，相较于同期官学教育而言，无论书院的管理、教学，还是学术思想、自由讲学方面都有某种宽松，反映出更高的教育质量及社会效应。这同样成为书院这种教育资源能通过改制转向近代学校教育的有机力量的可靠缘由或背景。以下从教学的视角对清代重庆书院进行探讨，以期从中吸取经验教训，为现代地域高等教育提供可资参考的借鉴。

（一）书院的教学目的

清代重庆书院数量众多，遍布道、府（州）、县及乡镇，尽管书院的层次不同，但整体而言，其教学目的却是一致的。正如永川知县彭时捷在《锦云书院碑记》中所说："使学于此者，优游诗书礼乐之圃，循习仁义道德之途。由是以修其身，以教其家，以率其乡党邻里，处为正士，出为良臣，则此书院之设又不仅一邑之人才众多、风俗醇美已也。"❶清代的重庆书院全面贯彻清王朝尊崇程朱理学的指导思想，以培养"忠君""尊孔"的人才为己任，教学目的以"养成贤才，以供朝廷之用"，生员学成之后应"上报君恩，下立人品"，"学为忠臣、清官"。清代书院之风日炽，后期走向官学化，几乎成为科举的预备学校。书院与官学、科举存在十分密切的关系：当地方官学名存实亡之时，书院得以复兴或创建；当"学而优则仕"的观念深入书院之后，书院遂朝着官学化趋势发展，并逐渐沦为科举的附庸。

书院培养人才的具体目的，首先是满足任命官员的需要。乾隆三年（1738年），重庆知府李厚望经常到渝州书院视察，"讲诸生于前，恳恳为言其所期于多士者，惟饬身修行，多识古人之立功德者，以求得于心，庶几今为良士，异时为名臣"❷。可见，士子读书，不是为了研究学问，而是为了准备应考中举，成为举人、进士，完成政府官吏的预备任务。

石柱县南宾书院建成之时，便明确规定书院以"忠君尊孔"为指导思想，在学署"明伦堂"左侧立的《晓示生员卧碑》中，明确规定：

晓示生员卧碑❸

清顺治九年（1652年）颁行

朝廷建立学校，选取生员，免其丁粮，厚以廪膳，设学院、学道、学官以教之。各衙门以礼相待，全要养成贤才，以供朝廷之用。诸生皆当上报国恩，下立人品。所有教条，开列于后：

一、生员之家，父母贤智者，予当受教；父母愚鲁或有非为者，子既读书明理，当再三恳告，使父母不陷于危亡。

---

❶ 陈谷嘉，邓洪波．中国书院史资料·中册［M］．杭州：浙江教育出版社，1998：1203．

❷ 周勇．重庆通史·第一册［M］．重庆：重庆出版社，2002：244．

❸ 《石柱中学校志》编委会．石柱中学校志（1910—2000）［M］．重庆：重庆市教育委员会，2000：73．

二、生员立志，当学为忠臣清官。书史所载忠清事迹，务须互相讲究，凡利国爱国之事，更宜留心。

三、生员居心忠厚正直，读书方有实用。出仕必作良吏，若心术邪刻，读书必无成就，为官必取祸患。行害人之事者，往往自杀其身，常宜思省。

四、生员不可干求官长，交结势要，希图进身。若果心善德全，上天知之，必加以福。

五、生员当爱身忍性，凡有司官衙门，不可轻入。即有切己之事，只许家人代告，不许干与他人词讼，他人亦不许牵连生员作证。

六、为学当尊敬先生。若讲说皆须诚心听受，如有未明，从容再问，毋妄行辩难。为师者亦当尽心教训，勿致怠惰。

七、军民一切利病，不许生员上书陈言。如有一言建白，以违制论，黜革治罪。

八、生员不许纠党多人立盟结社，把持官府，武断乡曲。所作文字，不许妄行刊刻。违者听提调官治罪。

（二）书院的教学内容

办学宗旨、教学目的是教育制度化行为内容的主轴或灵魂，制约着课程教学及思想方法。因此，重庆书院的教学内容也不外乎儒家经典、经史子集：有以讲授理学为主的；有以博习经史词章为主的；有以训诂、考证、讲授汉学为主的；有以考课为主讲制艺帖括的内容；有注重西洋近代科学，讲授西方科技之学的；有讲经世致用之学的。书院中的教学内容也并非严格分类，其中也有交叉。清代重庆书院以考课为主，这与全国书院的发展趋势是一致的。如大足棠香书院，既讲经史，也讲理学，这从官府颁发的书目可以看出。同治九年（1870年）提督学院颁发书目：《御纂周易折中》《御纂周易述义》《御纂诗义折中》《御纂诗经传说》《御纂书经传说》《御纂春秋传说》《御纂礼记义疏》《御纂仪礼义疏》《御纂周官义疏》。同治十年（1871年）、同治十二年（1873年）督宪吴某颁发书目：《史记》《前汉书》《后汉书》《三国志》《朱子全书》。❶

荣昌县棠香书院主要让学生阅读经史，参读《四书集注》《资治通鉴》，学习八股文，服务科举。根据不完全统计，县人经科举入仕的，在明代有九十

---

❶ 王德嘉. 大足县志·卷二·学校［M］. 清光绪年间刻本.

三人，在清代有一百九十四人。❶ 石柱县南宾书院建成之时，即于"琢玉堂"明文规定，对学员"琢之以经书，琢之以史鉴，琢之以讲贯，琢之以体察"，"四书""五经"、《二十四史》《资治通鉴》为学员必修。❷ 綦江县书院的学子，除学习"经""史""性理"等内容外，还要自学钻研表5-1所示书籍。

表5-1　研读书目

序号	书名	序号	书名
1	《天章炯戒》一册	9	《经书传说汇纂》十册
2	《周易折中》十五册	10	《新编学政全书》一册
3	《四书解义》十二册	11	《名教罪人诗草》二册
4	《圣谕广训》一册	12	《乐善堂全集》十一册
5	《性理精义》五册	13	《圣谕广训衍义》一册
6	《诗义折中》八册	14	《明史》一百一十册
7	《圣谕》三十四册	15	《御政补笙乐》一册
8	《学政全书》十二册	16	《四书讲义》十五册

资料来源：笔者根据《綦江教育志》自行整理而成。

此外，在一些"边陲""荒陋"之地，求取功名改变命运便成为士子们毕生的追求。因此，这些地区的书院多为"培养赴省进京应考的生员而兴建"，如秀山县凤鸣书院曾出举人二十名、武举八名、贡生六十七名、进士五名、武进士一名。❸ 毫无疑问，这些书院以八股文为中心内容，其他还包括"四书"、试帖诗以及经文、律赋、策论之类，偶有涉及经学、史学、文学等内容。黔江墨香书院藏有经史子集及各家文集共六十六种，四千二百四十八卷一千二百二十五册❹，这一数据也有力地佐证了这一点。

19世纪70—90年代，正值洋务维新思想广泛传播的时期，处在内陆的重庆也逐渐受其影响，新科学、新思想通过某些团体、报刊及教育机构影响区域社会的文化及价值观念，重庆的一些书院对传统以程朱理学、科举八股及经史诗文为主体的知识内容进行了调整，增加了部分西学、经济等实用的知识课

---

❶　重庆市荣昌县志编修委员会. 荣昌县志［M］. 成都：四川人民出版社，2000：858.

❷　《石柱中学校志》编委会. 石柱中学校志（1910—2000）［M］. 重庆：重庆市教育委员会，2000：73.

❸　中国人民政治协商会议秀山土家族苗族自治县委员会文史资料委员会. 秀山文史资料·第二辑［M］. 内部交流本，1985：45.

❹　李良品，彭福荣，崔莉. 乌江流域民族地区教育发展史［M］. 重庆：重庆出版社，2010：269.

程，尤其是数学内容更为突出，这在重庆巴县的东川书院、永川的经味书院、江津的聚奎书院更为明显。但是，此种情况在书院的教育方案设计中所占比例仍然较低，书院的传统模式及内容仍然延续，其主流并没有发生变化。

科举考试及平日课卷极讲究书法，所以习字是诸生的日常功课。有的书院还兼论时政。在清末，还出现以专攻某项专业为主的书院，例如：清光绪二十六年（1900年）巴县所设经学书院，以攻经学为主；清光绪二十七年（1901年）巴县所设算学书院，以攻算学为主。书院一般每月初一、十五两天讲书，逢一、六或三、八出题作文。题目"四书"题一道，诗题一道，作好后呈送山长批改。诸生严格按山长制定的读书进度攻读，在自读中发现疑难问题，由山长予以解答。山长每次只讲两页书，一部《四书》八九个月可讲一遍。❶

清代重庆书院对生徒的思想控制极为严格。每逢初一、十五都要集中对生徒训话并着重检查遵守"圣谕"和"戒律"的情况，违者加以惩处。江北厅《学堂癸卯岁训课条约》上记有："朔望礼点名不到者，衣冠不整饰、举止轻率相互攻讦者罚白金一钱；课堂有背师潜逃者，每月请假过五日者，罚白金二钱；有洋烟嗜好及博弈饮酒者，立予斥革出院。如徇情隐饰，并坐斋长。闻义不服，长恶不悛者，也要酌情议罚。"其管教确实是严厉的。❷

书院虽以考课举业为主要内容，但却能让一部分人受到较高层次的待遇，对提高士人的文化水平和培养士族阶层知识分子以及淳化社会风气等方面都起到了一定的积极作用。如酉阳钟灵书院，其入院学生有两类：一是已入学的秀才，为了乡试❸应考，每月定期若干次来书院听讲，送几篇文章、诗词、赋请老师批改者，编入"文生月课"。二是童试合格者，或以相当程度入院专攻经史，以备应考的学子，编入"生童常课"，常年在书院攻读。❹ 书院每月举行月课一次，两类考生中成绩优良者要发月课费，文生取五名，文童取八名，每月各发月课费四百文，后又增加为六百文。生童考到超等者，发奖赏钱三千文，道光七年（1827年）增加为四千文。

---

❶ 重庆市教育委员会. 重庆教育志 [M]. 重庆：重庆出版社，2002：31.

❷ 中国人民政治协商会议江北县委员会文史资料研究委员会. 江北县文史资料·第三辑 [M]. 内部交流本，1988：112.

❸ 科举之制，每隔三年，各省集士子、秀才等于省城，试以四书文、试帖诗、五经文、策问，谓之乡试。中试者曰举人。清末考试史论、时务论、四书五经义等。

❹ 中国人民政治协商会议酉阳土家族苗族自治县委员会. 酉阳文史资料选辑·第三辑 [M]. 内部交流本，1984：45.

明代书院传习陆王心学，清代则崇尚汉学，文章主要学习八股文，有时也讲解经义策论和对偶声律之学，但总是以考课举业为主，将传习儒学与为科举制度输送人才结合起来，因此是否擅长八股制艺时文、中试率高低就成为评价书院成就的重要标志。据统计，重庆府在清代就有秀才名额一百九十八名，在四川各府州中名列第二，这个数字虽落后于江浙地区，但在四川尚能名列前茅，在一定程度上反映出重庆当时的教育发展水平。通过书院的教学、研究，向民众宣传封建统治阶级的思想，培养出大批知识分子，才能把"教化"任务完成得更好。"欲美其风俗，而以士为倡。"❶

（三）书院的考课制度

考课作为书院检验生徒学业成绩的一种定性标准，便于书院及时调整和改进教学计划，保证了书院正常的教学质量和效益。为应付科举考试，书院定时举办考课，每月少则两三次，多则五六次。黔江县《墨香书院规条》中规定："今酌定春夏秋冬四季大课，除正腊不课外，春以二月初三、夏以四月初三、秋以七月初三、冬以十月初三为期。"考课分"官课"和"师课"。官课由地方官主持并开支款项，师课由书院山长主持并开支款项。每种考课都分为一、二、三等，按等给奖，奖金称为"膏火"。各书院依据自身情况，每年官课和师课的次数是不同的，而且每课的额定及奖钱数也是不同的，但都有自己的一套考课方法，并在书院的日常教学中严格遵守。考课内容与应试科考的教学内容一致。以下以几所书院为例展示清代重庆书院考课的大致情况。

合川濂溪书院，师课每年四次，内庠超等八名，各奖钱六百文；特等十二名，各奖四百文；外庠上取八名，各奖钱五百文；中取十二名，各奖钱三百文。光绪二十二年（1896年）有邑绅筹款若干，兴书院面课，仍年四次，课额如前。内庠超等各奖钱一千二百文，特等八百文，外庠上等奖钱一千文，中等奖钱六百文。除此之外，濂溪书院还参加知州县牌局试书院生徒，这种测试只有参加过六次的才发供给：内庠超等八名皆一千六百文，特等十二名皆一千二百文，一等十五名皆八百文；外庠上取八名，按名奖钱一千二百文，中取十二名，按名奖钱八百文，次取十五名，按名奖钱六百文。

考试内容均从"四书""五经"中命题，往往从书中挑出只言片语和晦涩难懂的字句为题，让考生做文章。作文阐发题义，答案以朱熹的《四书章句

---

❶ 薛新力. 重庆文化史：远古—1949年［M］. 重庆：重庆出版社，2001：101.

集注》为标准，体裁仍为八股文，至清末"新政"诏令颁布废八股、改试策论的政策后，各级考试均定位"策论、时务、四书和五经"三场，且规定"今后考试均以讲求实学为主，不凭楷法好坏为取舍标准"。这在书院的课程设置上就已体现。如荣昌的大多数书院设"四书""五经"，参读《四书集注》《圣谕广训》《周易折中》《学政全书》《资治通鉴》等，将研习儒学与为科举选才结合起来。每逢科举中第的，课奖由山长酌定。

永川的锦云书院和东皋书院的考课在《永川县志·卷五·学校·书院》上有较为详细的记载，现抄录如下：

官课暨两院师课源委

国初未设书院，乾隆间知县彭时捷始建锦云书院，创置学田，兴设四季官课，每课额取内庠十名，外庠四十名，上取者每名膏火谷五斗，次者四斗，几由学田租谷支给。后复建东皋书院，两院山长，延他邑名儒本地举贡主讲。师课加奖每月共钱四千五百文，在书院积款利息项下支给，官课春夏所取必待秋后给谷。生童乡居者，道里各殊，取谷不便，每贱价折钱，所获无几，名虽五斗、四斗，实折钱不过数百文，频年住院者寥寥。光绪十年，署县徐公树锦，以生童克谷折钱流弊滋多，不若将谷变卖，钱可按课发给，因改季课为月课，并师课，酌定章程详咨各宪立案。官课每年八次，需钱四百八十三千二百文，两院师课每年共需钱一百二十八千文，官师课每年共需钱六百一十二千二百文。查前膏火谷九十六石八斗，学田岁支尚余谷九石六斗。书院旧有斋长经管年支谷十五石，改归宾兴后裁斋长谷与余九石六斗并入膏火，合计膏火谷共一百二十一石四斗，约值钱二百余串。又书院岁收土树租钱八十九千五百二十文，徐主因数不敷筹增益，自捐银二百两，提宾兴银二百两，合钱六百串，当商陈东荣捐钱三百串，收回处欠公项钱四百串，共计钱一千三百串，交东荣当，承领每月照一分生息。光绪十二年，知县韩炳杰拨提张家场、谢际常施项钱二百串，亦交当商，岁共收息一百八十串，连谷变价及土树租共得钱五百余串。每年按月支给膏火，尚短钱一百串，之谱议由宾兴项下补足给发，徐公改添官课膏火及师课加奖条款列左：

——官课每年八课，文生每次正课八名，附课八名，文童每次正课十八名，附课十六名，生童正课每名发钱一千四百文，附课一千文。

——锦云、东皋两院面课每年定十六课，每课加奖钱四千文，由院长酌奖。

——官课每年二月考取收录，即为第一课，此课值春祭，应由官酌定试期，其余官课每月定期十三日，仍按旧章，先期赴礼报名备卷以造册点名。

——官课每年自二月起除中秋节近及乡试、县府院试或新官甫任，由官另期考试，外其余月份按照章程每月一课，约计十月、十一月毕课。

——官课额如遇乡试年份，酌拨文童正附课各四名，添入文生正附课以重宾兴，乡试后仍复文童原额。

——课奖款项，现归宾兴理管，一切出入另置印簿专载，按月满报销，县署备案稽查。

——每月官课榜发礼书，先将取列生童正附抄单，送宾兴局照案给膏火以免错误。

彭水县摩云书院规定：月课，向例自三月至十月，共八课；乡试之年，自五月将文生正附课全停。也有的书院根据自己的情况变通考课次数和方式。如《墨香书院规条》就规定了小课与大课。小课是堂课，每月进行，主要是住院生童，不与膏火升降相关，只发奖赏；大课是官课，每季度进行，面对所有在院学习的生童和其他参加官课的生童，既与膏火升降相关，又发奖赏。《墨香书院规条》写道："县属士子多半寒微，藉训蒙糊口，且距城偏远，有至一百数十里者。若月月局门课试，奔走跋涉，旷日废时，反予学教有碍。今酌定春夏秋冬四季大课，除正腊不课外，春以二月初三、夏以四月初三、秋以七月初三、冬以十月初三为期，一律局门课试。限定辰初点名，二更交卷。不准携带出场，违者不阅。余每月初三、十八听遣人赴礼房领题给卷，限三日交齐，以示体恤。遇有加闰，由官捐廉奖给，不与膏火正款相涉。""每月初三、十八小课，无膏火额。"关于考课的试卷，要求用书院规定的试卷纸，这些试卷纸一般由参加考课的生童自己出钱购取，谓之"卷资"。《墨香书院规条》还规定："县属士习浮靡，每课直录陈文者，生童不下十余篇。所以卷资，仍听自备，以杜滥冒。每卷给资本钱二十文。先期赴房（指礼房）给资填名备卷；不给卷资，临点估索者，概不准予。"

考课时间一般是一天。由于考生不能中间出场，有的书院经县官同意，中午发给考生免费餐，《墨香书院规条》写道："今酌定每季局门大课，每卷给点心、面二碗，以便就坐充食……且由捐输公局提拨，不与膏火相涉。"彭水县丹泉书院则于官课日，考生"每人给点心钱四十文"，仍由官府出钱。❶ 在考课期间，生童因请假或无故旷课者，书院都有相应的具体规定，并与发膏火多少和正附课、备课的升降相关联。

考课中考与被考双方的感受是不同的，被考的可能胸有成竹，也可能紧张更多，而考官们的心态如何呢？以下录李象翚《凌云书院秋日课士感赋诗》❷：

一夜西风起，流光感不禁。飞鸿仍踏雪，倦鹤飞归林。瘦写秋山色，枯余老树心。

眼前人迹少，满院碧苔深。课士乐何如，门停门字车。探奇时载酒，得暇且观书。

传列儒林重，才期艺苑储。风雷烧尾去，他闪少潜鱼。京华曾作客，人海一身藏。

官拜何嫌冷，诗多不避狂。东胶才济济，北面典皇皇。清露朝衣点，犹思近日光。

峻望惭山斗，升堂感乐群。晚成愿大器，欣赏有奇文。愿遂荆州识，功探邺架勤。

龙门声价重，髦士萃如云。昌黎进学解，万古仰良规。奖劝延多士，公明属有司。

法能行自我，说更懔为师。锦水游怀旧，经从石室窥。锦绣才华易，深沈器难识。

志非在温饱，骨早铄胃寒。经史千秋业，图书四壁观。分阴真可惜，莫负此儒冠。

石柱南宾书院学生学习主要靠自修。平时举行定期的科举式模拟考试，一般每月举行两次：一次由政府官员出题考试，称"官课"；一次由山长出题考试，称为"斋课"。石柱直隶厅无考院。凡举行考试，便于厅署中大堂前设布棚以作考棚。"月课"则在内署地举行。道光二十年（1840年），王萦绪建考院于署北（今武装部地）。

江北的嘉陵书院诸生预备应秀才考试者居多，故教习较勤，尤以八股文为

---

❶ 《彭水县志》编纂委员会. 彭水县志·卷二·学校 [M]. 成都：四川人民出版社，1998：145.
❷ 《永川县志》编撰委员会. 永川县志·卷五·学校·书院 [M]. 成都：四川人民出版社，1961：193.

最重。按月出题课作，由山长评定甲乙，列名张榜，粘贴照壁上。考列前数名者，可次第酌给膏火，作助夜读之资，以示奖励。膏火数并不多，不过银一二两或几分不等。

桂香书院学生以庠生（秀才）、儒生（县学）等住院自学。每九天，山长讲学一次，每月规定命题作文考试。每季还有季考，都按文章、品行评定优劣，榜示周知，成绩优良者，发给奖金。至于散居四乡而不能入院学习的，全县按地区设五斋长辅助教学，分城中、东路、南路、西路、北路五处。在乡学生如愿参加月考和季考的，由斋长届时率领参加考试。❶

清代的书院与科举可以说是同呼吸共命运的关系，也正是由于处理好与科举考试的关系，才使得书院获得了长足的发展。虽在教学内容、考试目的上以科举为中心，但书院仍然为清代重庆社会培养了一批批杰出的人才。清代科举考试中，涪州考中进士四十人（其中武进士五人）、举人二百六十四人（其中武举人二十七人），以及副榜四十四人、拔贡二十三人、优贡五人、恩贡二十三人、岁贡一百八十八人。另据忠州旧志记载，该州清代中进士十九人，其中武进士一人。州人杜熏、其弟杜煜及其子杜鹤翱，在二十四年中先后中进士，传为"一门三进士"的佳话。开县因地处川东一隅，交通不便，经济落后，教育长期不被重视，故人才不济，士林不旺。进入清代以后，在咸丰三年（1853 年）以前的二百年科举考试中，共中进士四人，文举六人，武举九人。虽不及邻县，却以"公车上书"签名者在省内仅次于成都、华阳两县而被誉为"举子之乡"。清代奉节县科举中试者有进士十一人，举人七十一人❷，较宋、元、明三代有了较大的改观及提升。这些人才脱颖而出，虽然不能仅归诸书院一家之力，但书院之功无疑在其中居显著地位。

（四）书院的藏书

书院既以拥书讲学为务，那么无书则不成书院。我国历代的书院都比较重视藏书，无不以藏书浩繁为荣，只是各类书院限于环境和条件的差异，其藏书规模也不尽相同，但藏书的种类大体相似，多数为传统的"正经""正史"等经籍。藏书一般采用经史子集"四部法"进行分类，编有书本目录，并有专人负责管理。

---

❶ 梁平县政协文史委员会. 梁平县文史资料・第七辑 [M]. 内部交流本，2003：122.
❷ 四川省奉节县志编纂委员会. 奉节县志 [M]. 北京：方志出版社，1995：66.

　　书院藏书是书院教育不可或缺的重要条件。图书的收集、整理与流通，始终是为书院的讲学活动服务的。清代重庆的书院在同光朝再度升温，书院藏书也达到了顶峰。清代后期重庆沿江城市雕版印刷业的繁荣使得刻书印书都更为便捷，从而使书院的藏书无论在数量上还是在种类上都超越了前代。由于得到了当地政府官员的高度重视，清代重庆书院的藏书事业在各种因素的合力作用下经营得风生水起。清代重庆书院不仅藏书量丰富，而且制定了专门的图书管理规章制度，编辑书本式目录，并且形成了相对独立运行的，由监院或学长、董事主持，由山长或官府、董事会负责，委派专人操办的图书馆管理体系。巴渝地区的书院为搜集和保存文化典籍做出了重要贡献。不少书院藏书甚多，为提高教育质量、繁荣学术提供了有利条件。如重庆渝州书院名声大、经济实力又较雄厚，既可得到赐、赠书籍，又有较多经费购书、刻书，所以书院的书室实际上成了全府最大的图书馆，学者们经常往来讲学，又使书院成了全府的学术中心。

　　书院藏书的来源大体有三种渠道。一是朝廷官府捐赐。如大足县棠香书院，同治九年（1870 年）颁发九部图书共计二百卷；同治十年（1871 年）、同治十二年（1873 年）又颁发五部，共十四部。❶ 二是专款购置。大多是书院所在地的地方政府不定期、不定额地拨给专款购置。如黔江县墨香书院，光绪十八年（1892 年），知县张九章从成都尊经、锦江两书院及武昌官书局购置图书六十六种，共计四千二百一十六卷，涵盖了经、史、子、集四大类❷；云阳县五溪书院，为咸丰初年盐大使所建，"资产甚阜，先后守令购置四部书籍收藏略备"❸。三是地方富绅、社会名流、学者及书院肄业者捐置。"光绪元年（1875 年），王德嘉捐置《御纂春秋传说》及有裨实学等书于棠香书院备诸生披阅。"

　　清代重庆书院藏书丰富。图书典藏是文化保存、传播的重要方式，从教育活动自身来看，不仅是清代重庆书院教育文化潜在的课程资源，而且也是教育、教学的有效保障方式。现以綦江瀛山书院、黔江县墨香书院为例，呈现清代重庆区域内书院藏书以及藏书使用与管理的情况。虽然一两所书院的藏书状况不能完全等同于重庆一百八十六所书院，其他书院的藏书情况也不可能与这两所书院完全一致，但管中窥豹，可见一斑。在当时的时代背景下，这两所书

---

❶　王德嘉. 大足县志·学校·卷二［M］. 清光绪年间刻本.
❷　张九章. 墨香书院藏书记［G］//黔江县志·卷三. 光绪年间刻本.
❸　胡昭曦. 巴蜀历史文化论集［M］. 成都：巴蜀书社，2002：321.

院具有一定的代表性，能够反映重庆区域内书院藏书的大致情况。

瀛山书院藏书之所名为"森宝楼"，"楼何以名'森宝'？贮书也。曷为乎贮书？务明道也"。❶ 森宝楼在书院上房之东，道光十七年（1837 年）冬，綦江知县毛辉凤创建，层楼五楹，在此贮书以备取阅。购书的钱款是毛辉凤募士庶捐助而得。当时森宝楼中共贮书九十六部三百三十四套二千二百八十一本❷，具体书目如表 5 - 2 所示。

表 5 - 2　瀛山书院"森宝楼"藏书目录

书　名	本　数	套　数
《皇清经解》	三百六十二本	六十套
《御纂周易述义》	六本	一套
《诗经折中》	八本	一套
《钦定书经彙纂》	十二本	二套
《诗经彙纂》	二十本	二套
《钦定礼记义疏》	四十八本	六套
《仪礼义疏》	三十六本	六套
《钦定春秋彙纂》	二十四本	三套
《周宫义疏》	三十二本	四套
《周易注疏》	四本	一套
《尚书注疏》	八本	一套
《诗经注疏》	十八本	三套
《礼记注疏》	二十四本	四套
《周礼注疏》	十六本	三套
《仪礼注疏》	十二本	二套
《春秋左传注疏》	二十四本	四套
《公羊注疏》	十本	二套
《谷梁注疏》	五本	一套
《尔雅注疏》	四本	一套
《论语孝经注疏》	四十一本	一套
《孟子注疏》	六本	一套

---

❶ ［清］毛辉凤. 森宝楼贮书记［G］//綦江县志·卷三·学校. 书院. 同治年间刻本.

❷ 实际上的数量与它的记载有出入，实为九十一部三百二十三套二千零五本，可能是因为县志中的记载有出入。

书 名	本 数	套 数
《四书汇参》	二十四本	四套
《四书典林》	十四本	二套
《乡党图考》	四本	一套
《春秋五传》	十六本	二套
《御纂性理精义》	六本	一套
《子史精华》	四十二本	七套
《经史钞》	二十四本	四套
《南华经解》	四本	一套
《硃批楚词》	四本	一套
《墨批昭明文选》	十六本	二套
《格致镜原》	二十四本	四套
《古文眉诠》	二十四本	四套
《唐宋八家》	八本	一套
《全唐诗》	一百二十本	十二套
《唐宋诗醇》	二十四本	三套
《杜少陵集》	十六本	二套
《李青莲集》	六本	一套
《韵府约编》	二十四本	三套
《钦定文选》	二十本	三套
《前后八集》	二十本	二套
《天崇十家》	二十本	二套
《明今文十家》	六十六本	四套
《五子近思》	八本	二套
《渊鉴类涵》	二百四十本	三十套
《日知录》	十六本	二套
《文献详节》	十二本	一套
《袖版字典》	四十本	六套
《史记》	十本	二套
《前汉书》	二十四本	四套
《后汉书》	十八本	三套
《三国志》	八本	一套
《晋书》	二十四本	四套

书　名	本　数	套　数
《宋书》	十八本	三套
《南齐书》	八本	一套
《梁书》	十六本	一套
《陈书》	四本	一套
《隋书》	十二本	二套
《魏书》	二十四本	四套
《周书》	六本	一套
《北齐书》	六本	一套
《南史》	十二本	二套
《北史》	二十四本	四套
《唐书》	四十二本	七套
《旧五代史》	十五本	三套
《五代史》	八本	一套
《东都事略》	十二本	二套
《南宋书》	十本	二套
《辽金志》	四本	一套
《元史类编》	十二本	二套
《全明史》	九十六本	十二套

资料来源：［清］宋灏，罗星. 綦江县志·学校·书院·卷三［M］. 同治年间刻本.

以下是知县毛辉凤自乐山县新买寄来的书目，如表 5 - 3 所示。

表 5 - 3 知县毛辉凤自乐山县新买寄来的书目

书　名	本　数	套　数
《周易注疏》	八本	一套
《谷梁注疏》	八本	一套
《尚书注疏》	八本	一套
《左传注疏》	二十四本	三套
《毛诗注疏》	二十四本	三套
《公羊注疏》	八本	一套
《礼记注疏》	二十四本	三套
《春秋注疏》	八本	一套

书 名	本 数	套 数
《周礼注疏》	十六本	二套
《仪礼注疏》	十六本	二套
《孟子注疏》	八本	一套
《尔雅论语注疏》	八本	一套
《四书精言》	三十本	三套
《御纂资治通鉴纲目正编》	六十九本	十二套
《御纂资治通鉴纲目前编》	八本	一套
《御纂资治通鉴纲目续编》	二十七本	五套
《五代史补编》	一本	—
《明纪纲目》	四本	一套
《汉州志》	一本	—

　　道光二十八年（1848年）训导邹克俊又捐贮《四川通省志》十一套一百一十本，《三苏全集》十一套八十本，共二部二十二套一百九十本并存森宝楼。邑人伍绍曾钞存《贤儒功德录》二本。另外森宝楼内还有部分缺少一套中某几本的图书，书目如表5-4所示。❶

表5-4　森宝楼缺书单

书 名	本 数
《周易注疏》	八本少一本
《仪礼注疏》	十六本少八本
《经史钞》	二十四本少一本
《后汉书》	十八本少一本
《晋书》	二十四本少九本
《天崇十家》	二十本少十本
《魏书》	二十四本少三本
《南史》	十二本少一本
《唐书》	四十二本少三本
《南宋书》	十本少五本
《御纂资治通鉴纲目正编》	六十九本少七本
《唐宋八家》	八本少七本
《全唐诗》	一百二十本少一本

❶ ［清］宋灝，罗星. 綦江县志·学校·书院·卷三［M］. 同治年间刻本.

在借阅过程中，书院虽加强管理也丢失了一些图书，书目如表 5 - 5 所示。❶

表 5 - 5　森宝楼丢书单

书　名	本　数
《诗经注疏》	十八本
《尔雅论语注疏》	八本
《谷梁注疏》	八本
《三国志》	八本
《国书纪闻》❷	十本
《明纪纲目》	四本
《五代史补编》	一本
《杜少陵集》	十六本

森宝楼原书共二千二百八十一本，外加《通省志》一百一十本，邹学师捐购《三苏全集》八十本，伍燕堂先生钞存《贤儒功德录》二本，又新存《綦江县志》十二本，通计二千四百八十五本，除不全七十六本，失去七十三本，现实存二千三百三十六本。

瀛山书院的藏书如此之多，在保存、修护等过程中都必须有专人管理。图书借阅也需要有相应规章制度来约束。森宝楼自创建之初即有相关条款，现摘录如下：

一、森宝楼藏书费三百余金，卷帙甚多，应添设看司一名，互相照守，逐日打扫，如遇事烦一人应役，即一人承营。斋长、礼房预将逐部逐套本点清交给，责令具领，如有汗损遗失，必行根究，小则估赔，大则锁押，追比至岁暮人散，尤须刻刻提防。

二、礼房每岁于送院之日预造底册二本，将群书逐一注明并注某橱某槅所贮，某部挨次整放不乱，呈请过硃，一存房，一付看司，以便借还登记，并于册末注某年斋长某礼书某看司经管字样，以备查考，防遗失，岁以为常。

三、藏书既多，最防蠹损，每年四、九两月初十后，遇天气晴朗，看司依次取出逐套解开仔细检阅，如有书蠹速即搜除务尽，毋令藏匿，岁必如此，最

---

❶❸　［清］宋灏，罗星. 綦江县志·学校·书院·卷三［M］. 同治年间刻本.
❷　前列书单中没有此书记载，可能是资料中有所遗漏。

为要件。

四、每岁三伏晴明，斋长、礼房指令看司将群书逐部逐套搬出，解套曝晒，务令干燥兼驱蠹鱼，晒毕（或需两三月）挨次归橱封锁，妥帖即注明底册，某年伏天摊晒一次，卷帙无损无紊，字样永以为例。

五、坐院诸生许其取读，如仅讲书及古文八比诗集等，只回明山长，票付看司，取某套某卷或查对或钞写，限两日交还，毁票如系，鉴史大册，必立票经，斋长印记，取止一套，限不出月再换再取（不如此，书必失散，各相爱惜，各相遵守）。凡大小书不得视如常读之卷，随置案头，致有油污墨迹、灯烧鼠齿等事，更毋得私携回里或至遗失于罚（首事预刻斋长某押小图章随身）。

六、凡邑中学内人借读，必系大册，必斋长、礼房共识其人，并其里居远近必立票经，斋长印记（付）看司执掌，注明底册，借某部某套若干卷，多不出三套，限不出两月，限满，听其递换。如逾限不徼，看司追取借书人，给与工食，如有遗失，虽一二卷，必责令全价赔出，另行照式置买。其原书归，借读之人或仅油墨污损，查明议罚，仍禁借出邻境（每卷首页印瀛山书院图章，以防私窃不徼）。

七、藏书多系御纂之件，读者须明窗净几，浣手敬谨报诵，毋得卧览或箕踞作下酒物，更毋擅动笔墨圈点妄批，致于大禁（学人不可不知），其或山长为诸生解说，将诸儒注疏切要处过笔，尚属不妨，亦须恭谨以昭慎重（如有特解或于诸儒别有驳议，不妨另纸写出，夹于本事之后，不敢谓邑中无人）。

从以上七条规定可以看出，当时管理者的考虑周详与完备，其中涉及各职务的明确职责；图书分类存放；图书防虫防潮措施；书院师生借阅方法及归还期限；邑中书院之外其他士人借阅读书的方法，借阅期限及图书丢失、损坏罚处方法；师生借阅图书的态度和注意事项。规条可谓事无巨细，其中饱含着规条制订者的良苦用心和爱书惜书之心，同时也表现出当时书院的图书管理已经达到了相当高的水平，很值得借鉴。现在某些图书馆的规章也未必能做到如此完备。图书管理是书院管理和运作的一部分，从上述图书管理的水平可以衡量出瀛山书院的整体管理水平。

后来由于坐院人少，后将森宝楼内书籍移至书院桂香殿左室，锁钥并交看司蔡三兄弟留心照守，每岁给谷二石。凡来此借阅者，都应到看司处登记存账，以便清还。但是后来图书纷纷借出，看司不能制止，于是有很多图书丢失，无法追回。同治二年（1863年），当时的书院管理者对森宝楼进行了补修。对所有图书进行逐一清查，除现有图书外，一套书中不全者有若干册，失图书若干册（即上文提及的不全书目和丢失书目，此不赘述）。鉴于此种情况，第一，书院另制账簿详细记写现存、现失书目录，并出示晓谕，严饬看司护守，不许私借，钥匙仍交两斋长管理。第二，以后借用图书者需要自己到斋长家说明并亲笔书写借某册共几本，多长时间归还，斋长要亲自取书交回书院。第三，如果有过期不还者，即派遣看司追取，遗失者不还，藏匿不还者禀请公议。第四，书院每年于学项内抽谷二石以作斋长费用，并确定每年的三月和八月，选天气晴朗的日子，看司要逐本晒晾图书，而斋长要亲自查点，仍然要在账簿中注明，并无遗失。第五，在斋长交接时，继任者也必须认真稽查，并且会同现数存案。❶ 这些新的规定有些是延续之前的，有些是随着情况的变化而有所改进的，其目的都是希望大家同心护守图书，不要再蹈前辙，使图书得以保全，后学可以通过读书扩充见识，实在是一片苦心。

黔江县地处偏僻，信息闭塞，经济落后，主要为民族聚居地，以苗族、土家族为主，教育发展相对滞后。清代改土归流后，少数民族教育质量在国家有关政策扶持下显著提高。这一点从墨香书院的藏书情况可以看出。

表 5 - 6　黔江县墨香书院光绪十五年（1889 年）藏书目录

书　名	卷　数	本　数
《御纂周易折中》	二十二卷	十二本
《御纂周易述义》	十卷	六本
《御纂周易传说》	二十卷	二十四本
《御纂诗义折中》	二十卷	十本
《御纂礼记义疏》	八十二卷	五十本
《御纂周官义疏》	四十八卷	三十本
《御纂仪礼义疏》	四十八卷	三十六本
《周易注疏》	九卷	五本
《公羊注疏》	二十卷	八本
《谷梁注疏》	二十卷	五本
《孝经注疏》	九卷	一本

❶ ［清］宋灏，罗星. 綦江县志·学校·书院·卷三［M］. 同治年间刻本.

书　名	本　数	套　数
《诗经注疏》	四十卷	二十五本
《礼记注疏》	六十三卷	十五本
《周礼注疏》	四十二卷	十五本
《春秋注疏》	六十卷	二十本
《三国志》	六十五卷	十四本
《南史》	八十卷	十六本
《北史》	一百卷	二十四本
《五代史》	七十四卷	十本
《辽史》	一百五十卷	十本
《资治通鉴正续编》	五百一十四卷	六十本
《唐鉴》	三十四卷	四本
《论语注疏》	四十卷	六本
《孟子注疏》	十四卷	五本
《校勘》	一	三十九本
《周易本义》	四卷	二本
《诗经集传》	八卷	四本
《周礼》	六卷	六本
《仪礼》	十七卷	六本
《孝经》	一	一本
《尔雅》	三卷	三本
《公羊》	十一卷	四本
《谷梁》	十二卷	四本
《皇清经解》	一千四百〇八卷	三百六十本
《说文解字》	三卷	十六本
《说文句读》	三十卷	十四本
《经典释文》	三十卷	十二本
《古韵通说》	二十卷	二本
《国语国策》	五十九卷	十本
《史记》	一百三十卷	二十六本
《前汉书》	一百二十卷	三十二本
《皇清中外一统舆图》	一	二十本

书　名	卷　数	本　数
《唐鉴》	三十四卷	四本
《瀛环志略》	一卷	六本
《孔子家语》	十卷	二本
《晏子春秋》	八卷	二本
《列子》	二卷	一本
《庄子》	三卷	二本
《荀子》	三卷	二本
《吕氏春秋》	二十六卷	四本
《新书》	十卷	二本
《淮南子》	二十一卷	四本
《扬子》	十四卷	一本
《近思录》	十四卷	四本
《朱子全书》	六十六卷	二十本
《困学纪闻》	二十卷	八本
《日知录》	三十二卷	十四本
《文选》	六十卷	十本
《正续古文辞汇纂》	一百〇八卷	二十本
《骈体文钞》	三十一卷	十本
《后汉书》	一百二十卷	二十八本
《皇朝经世文编》	一百二十卷	八十本
《八代诗钞》	二十卷	六本
《钦定四书文》	一	二十本

资料来源：《黔江县教育志》编纂委员会. 黔江县教育志 [M]. 内部交流本，1993：173.

地处偏僻的黔江地区所办书院尚且有如此丰富的藏书量，其他地方书院的藏书数量也就可想而知了。

古代书院对藏书的保管、维护和利用也极为重视，大多数书院都有藏书的场所和专门的书橱。书院藏书只供师生借阅，有些珍贵的书籍则只供教师阅览。因此，各大书院在图书的保管和利用方面都有具体的规定。如黔江墨香书院将采购的书卷"为两木橱，树于书院圣位前俾展，读者肃然知所起敬"。书院图书由斋长管理并负责，规定"各士子只准在讲堂恭坐批阅，不准携归到卧室，致有遗落。其书橱管钥及借书账簿，责成斋长随时登记，不准率由自取。有失即令斋长赔补"。可见，墨香书院的藏书制度极其严格。图书采购须保证教学需要及遵循"适用"的原则，如光绪《黔江县志》卷三所记知县张九章在《墨香书院藏书记》中写道："黔山僻下邑，藏书之家绝少，前督宪吴某颁发经史各集下县久，概散失无存，多士率寒素，抱膝空吟，无力以购各种要书"，乃购回若干卷，"书之号万有不一，此特筹其经、史、子、集、说文、地舆、古今诗文之适用者耳，余邀未遑也"。这种需要和"适用"，根本目的是培养当时社会大环境下所需的人才，即"以备勤学有志之士存储观摩，搜罗探讨。开乡党风气之先，备国家真材之选"❶。

万县地区古代藏书楼，据文献可考者，为书院藏书室。有文献记载，清乾隆年间，忠州白鹿书院"书院藏书……凡诸子百家历代名人著述，收藏亦多"。清嘉庆十三年（1808年），大宁（今巫溪）县凤山书院"置产及书以待学者"。光绪十七年（1891年），万县白岩书院于讲堂后设藏书室，收经史子集四部图书计三万余卷，供学子阅读。❷ 明清以来，寺院多建藏经楼，收藏宗教著作。其著名者为万县弥陀院藏大藏经，梁山双桂堂藏乾隆大藏经及贝叶经。私家藏书之可考者，为明末易经学者来知德藏书、清万县翰林院侍读赵尚辅藏书、开县李宗羲尚书藏书、梁山县希伯堂钱氏藏书。清末，各地兴办学堂。光绪二十八年（1902年），奉节设夔州府中学堂，设图书室一，藏书数千册，但在民国五年（1916年）毁于战乱。

书院教育事业的兴衰与书院藏书的发展密不可分。重庆书院藏书随着书院的发展而发展，经历了上千年的流变后，书院藏书仍然经久不衰，将大量巴渝文化遗产保存了下来，使优秀的民族科学文化得以广泛传播，同时也推动着我国古代学术文化不断达到新的高峰。

二、清代重庆书院的行政与经费管理

清代的重庆书院，特别是雍正十一年（1733年）后新建的书院，其行政与经费的管理在朝廷政策支持与官府不同程度监控下，有一定的公开、民主管理制度。这种制度为书院的存在和发展奠定了物质基础。精明能干的教师与管

---

❶ 胡昭曦. 巴蜀历史文化论集［M］. 成都：巴蜀书社，2002：322 - 323.
❷ 四川省万县市文化局. 万县地区文化艺术志［M］. 成都：四川人民出版社，1996：410.

理队伍，朝廷及地方士绅的多方集资，发商生息等多元化的经营手段，保证了书院的经费来源。官府监督协助与书院某种程度的自主结合是较为常见的模式，也是清代重庆书院管理的宝贵经验。

（一）行政管理

书院主管教学的行政人员一般设有山长、监院、斋长。山长一般由地方官选聘，要求任此职者学识渊博、品德高尚，即符合"经明行修，堪为多士模范者"的要求。此外，有些书院出于教学的需要还开设分院，如光绪年间的东川书院就"分设经学、算学两院"，两院院长束脩每年银八百两，仅次于总院院长（每年银一千两）❶。监院地位仅次于山长，书院中大小"庶务"均由监院掌管。山长虽为书院行政首脑，但并不掌管具体事务。光绪年间（1875—1908 年）《彭水县志·卷二·书院》有记载："书院监院向系儒学官兼摄"。斋长为书院中职事生员，一般从就读生员中遴选出学业优秀、品行端正者担任。在一些未设监院的书院中，也由斋长承担监院的职责。书院斋长也可参与教学与管理工作，而非学生选举。从某种意义上说，书院斋长更类似于现代的大学助教。

礼书在某些书院有设置。如忠州白鹿书院设此职事，"院中田租脩脯概听礼书掌之"❷。这种礼书的职责包括财务、文书等。

看司（一作看厮）是书院的差工，主要负责看管书院及其器物，并兼做杂物。江北厅嘉陵书院伙食由看司主办，生徒每月认米一斗，炭水钱二百文，菜蔬钱视当天菜的质量和数量之好坏与多少，每日现付。❸彭水县《汉葭书院章程》写道："看厮房三间，招林升住座，经管院中一切器具"，"院中器具，俱归看厮检点，不准借出。如有遗失损坏，责成看厮赔还"。

有的书院还有一些担任杂役的人员。如忠州白鹿书院设斋长、学监、礼房、看司、差役、裱类等职，分理院务。另外还有一种叫作"首事"或"首人"的职事，其职守不尽一致。黔江县《墨香书院条规》规定："书院经理首人，不拘城乡，公举六人为率，少则四人，监察书院一切事宜。俱要公正和平、素惬人望者方准举充，由官定夺，不得私相推荐……首人举其纲，斋长司

---

❶ 向楚. 巴县志选注［M］. 重庆：重庆出版社，1989：426.

❷ ［清］何其泰，吴新德，等. 岳池县志·风山书院司事序·卷十八［M］. 光绪年间刻本.

❸ 中国人民政治协商会议江北县委员会文史资料研究委员会. 江北县文史资料·第三辑［M］. 内部交流本，1988：111.

其目,不得藉口公事,每年妄议更换。"❶ 既云首人举纲、斋长司目,又称首人为"经理首人",则这种首人在书院处于类似监院的行政负责人地位,但又不只一人,而是四至六人。首人的主要职责是"监察书院一切事宜"。综合来看,这种首人集团类似日后学校的董事监事会。

以上书院职事,不是每个书院都必设的,也没有一个统一的设置章程,因而从职事设置上来看不规范。但是,从书院管理来看,学术带头人、主讲者、行政首长、学校行政和教学行政的实际负责人、勤杂事务人员等,各书院(主要是县办以上书院)都尽可能地设置。一些书院还设"礼房"作为职事机构,负责具体的教务、总务和行政事务,有关职事人员以此作为处理事务的地方。

清代重庆书院在人事选聘上高度重视,主要表现在书院山长的选聘制度以及书院生童的管理方面。

1. 严格的山长选聘制度

清政府对书院山长及教师的延聘权非常重视,在多次"上谕"中一再强调各省督抚须慎命书院山长:"该部即行文各省督抚学政;凡书院之长,必选经明行修、足为多士模范者,以礼聘请。"❷ 道光时上谕:"书院院长必须延请品端学裕之人,以资教导。"光绪九年(1883 年)又上谕:"各省书院为培植人才而设,必须院长得人,方足以资模楷……嗣后书院院长均著由地方官绅自行延访的学兼优之人。"面对选拔,讲席的要求亦十分严格,"嗣后书院讲席,令督抚学臣悉心采访,不拘本省邻省,亦不论已任未仕;但择品行方正,学问博通素为士林所推重者,以礼相延,厚给廪饩,俾得安心训导。"❸

在这种管理原则下,清代重庆除了少量书院之外,"各府、州、县书院即由地方官延聘",书院均"由县令礼聘学行兼优之宿儒充之"。❹ 如彭水县汉葭书院"选聘邻近进士、孝廉、品学兼优者主讲"❺。江北厅嘉陵书院院长每年由厅聘举有文誉的人担任;院长的学术水平愈高,则来此肄业的生徒愈众。生徒除给院长拜师礼外,不缴学费。拜师礼的多寡,当视生徒的家境与院长的学

---

❶ 黔江土家族苗族自治县县志办公室. 黔江旧志类编·清光绪以前 [M]. 内部交流本, 1985: 155.

❷ [清] 昆冈. 礼部·学校·钦定大清会典事例(卷三九五)[M]. 上海: 上海古籍出版社, 1995.

❸ [清] 沈桐生, 等. 光绪政要·卷九 [M]. 南洋官书局宣统元年(1909 年)版.

❹ 柯仲华. 彭水概况 [M]. 彭水县政府. 民国二十九年(1940 年)铅印本: 27.

❺ [清] 庄定域, 等. 彭水县志·学校志·卷二十 [M]. 光绪元年(1875 年)刻本.

术水平和社会名望而定。清政府规定地方书院山长和教师的考核、奖励、提升、延聘等均由地方官加以管理，其薪金亦由地方政府决定。院长（山长）、师长的薪俸待遇称束脩或脩金，各书院多寡不一，但普遍比府、州、县学的教师高，有的直接支付银两，有的支付实物。《汉葭书院章程》中对山长的待遇有明确规定："山长每年束脩钱一百二十千；伙食钱二十千；聘金钱四千；开馆折席钱四千。"《墨香书院规条》规定："山长修金、火食、聘金、节礼每年钱一百四十千。"❶ 江北县书院设院长一人，斋长二人，院长年支薪水银二百两，斋长年支工食银十二两，监院银二十四两。由院长和斋长分别负责书院的讲学和生活管理等工作。可见，督抚学政控制了书院师长的选聘，地方官吏掌握了地方书院师长的考核、奖励、晋升及聘请权，这实际上紧紧抓住了书院的领导权。

2. 书院生童的管理

清代重庆书院的生徒管理在继承传统书院精髓的同时呈现出了诸多新特点。一是书院生徒数量显著增加。这显然是由于书院整体规模扩大的原因，同时也得益于书院拥有充足的经费。二是书院生徒膏火丰厚。官民热心教育事业，从不吝啬向书院捐输膏火。尤其是对于书院中的寒门子弟，更有特殊照顾。如南川专经书院规定，入院肄业者"月给膏火钱三千文"❷；彭水摩云书院额取文生"每月给膏火钱一千文"，额取童生"每月给膏火钱八百文"，另每年"给生童花红钱十二千文"❸。除每月的膏火钱，书院每年的考课也都有奖励。南川隆化书院规定"每课生童共需四十二两，每年以十课计之，共需银四百二十两"❹。三是生徒读书多为科举。书院此前为私人讲学之地，至清代逐渐官学化。而清代的重庆书院大多为官立，这意味着书院主要受政府控制，以程朱理学为中心主流思想，为社会稳定服务。于是，书院生徒在整体科举氛围的浸染下，同全国各地的读书人一样，废寝忘食、挑灯秉烛，为着一朝金榜题名、鲤鱼跃龙门、光宗耀祖的美梦实现而奋力前行。四是书院生徒思想受到管理或规范。每逢初一、十五都要集中对生徒训话并检查遵守"圣谕"和"戒律"的情况，违者严惩。据江北厅《学堂癸卯岁训课条约》上记有：

---

❶　［清］张九章. 黔江县志·学校志［M］. 光绪二十年（1894 年）刻本：40.

❷❸　［清］冯世瀛，冉崇文，等. 酉阳直隶州总志·卷五·学校志·书院［M］. 四川：巴蜀书社，2009.

❹　柳琅声，章麟书. 南川县志·卷七·学校［M］. 中华民国十五年（1926 年）铅印本.

"朔望礼点名不到者，衣冠不整饰、举止轻率相互攻讦者罚白金一钱；课堂有背师潜逃者，每月请假过五日者，罚白金二钱；有洋烟嗜好及博弈饮酒者，立予斥革出院。如徇情隐饰，并坐斋长。闻义不服，长恶不悛者，也要酌情议罚。"❶可见，书院对生徒生活及学习常规有严格要求。这一方面体现教育组织管理的育人力量；另一方面封建专制政治的控制及思想制衡在书院中的渗透有所加强。

书院对生徒的管理体现在学规的制定和入学时的考察以及其在学习过程中所应达到的水平的要求和道德修养上。❷

忠州白鹿书院生童学规

一、书院文生正课八名，附课八名；文童正课八名，附课十二名，记三十六名。收录后官私课期附课连考三次超等者，准升正课。外课连考三次超等者准升附课。总以两官一私课为准。正附课三次考列三等后十名以次降置。正附课如不足额，宁缺毋滥，不得瞻徇。外课无定额，附外课者不得住书院。

二、生童等住居书院盛夏驱蚊、隆冬烤火在所不免，斋长以时查察以防不虞。

三、生童正附课准住讲堂，并讲堂左右斋房，外课准住讲堂后斋房，如三次考列超等，一经升降，即住房亦宜调易。亦教诲苦心也。

四、生童在院读书，出必告，返必面。违者责十板，犯再次者责二十板，三次者逐出。

五、生童在斋房聚赌，并在外宿娼生事者，责三十板，立行逐出。

六、书院二鼓之后，头门扁钥，生童等不准出入，违者逐出。

七、生童每日上堂讲书，如有不着衣冠者，责手心二十下。

八、生童回家省亲须着衣冠赴堂告假，如逾假过三日者，正降附，附降外，外逐出。

九、斋房桌椅木床，不得任意搬移。如年久损坏，自应归公修理；如系本人损毁，即着照式赔整完好。

十、书院增设膏火不易，创修房屋亦难，不准在房檐前后筑灶安锅。

---

❶ 中国人民政治协商会议江北县委员会文史资料研究委员会. 江北县文史资料·第三辑 [M]. 内部交流本，1988：112.

❷ 四川省忠县教育委员会. 忠县教育志（1840—1989 年）[M]. 成都：忠县国营印刷厂，1993.

十一、书院生童与外人口角，不得妄行回院邀齐多人生事，违者逐出。

十二、书院生童招留外人在院歇宿、宴会者，逐出。

《忠州白鹿书院生童学规》规定详细，也顾及了生童学习和生活的方方面面。在书院就学的士子有生员、童生、内外诸生、附课生等，年龄差异很大。凡考入书院的生员，可以享受书院为之开支的膏火银、餐银等生活费用及住宿服务。院长为管理方便，还在内课（住读）、外课（走读）分别聘设斋长各一人，负责管理学生、收发课卷、支给膏火银等事。此外书院是存在入学测试的，虽然不似现在的高考这般严格，但达不到书院对入院生徒的基本要求也不会被录取。瀛山书院章程中一句"凭文考取收录"即是再明白不过的规定了，这就是对生源的管理，而生源的优劣会直接影响教学的层次、教学的进程和教学的效果。

3. 建立书院章程，完善教学管理体制

章程，也称作规程、条例、规条等。章程多为山长的选聘、待遇和责任，生徒的甄别、录取、分级、考课以及考课的日期、内容和奖惩，教材的选择、教学组织、课时安排，经费的筹措、管理与开支，图书的征集、整理、编目、借阅，员工的配备、责任，书版的校勘、印刷等❶，都是具体硬性规定，旨在从各个方面去维系书院的正常运作，它的制作水平体现着一所书院管理水平的高低。

重庆书院大多数都是立了规程的，每人各守其责，有奖有罚，以保证书院在正确的轨道上运行而不至于失控。南川隆化书院有知县张涛《隆化书院章程碑记》，垫江凌云书院有钟瀚《重订凌云书院暨各里乡学章程记》、夔州莲峰书院有《莲峰书院章程碑记》等，表明重庆书院是普遍立有规章的。即使在现代的教育行政管理中，规章都是相当重要的，一个好的规章制度可以使管理变得简单、公正、有效。清代重庆的书院管理到底达到了何种程度，书院的规章是否全面，在此即以綦江瀛山书院为例加以展示。

瀛山书院公议书院章程❷

——郑高山、沙河子、翻沟子三处共收租谷二百三十八石，每年佃产缴租务要乾洁，永不许将银折算。（自嘉庆十年，知县张九谷已议加租，每年收市

---

❶　邓洪波. 中国书院章程［M］. 长沙：湖南大学出版社，2000：3.

❷　［清］宋灏，罗星. 綦江县志·学校·书院·卷三［M］. 同治年间刻本.

斗谷三百九十七石，外土租银二两八钱。道光四年冬，知县宋灏断令佃户每秋成缴租后，另行认来年佃据，以杜霸占拖欠之弊）逐年如此，永远著为定例。五年十月，知县宋于郑高山之马家沟一业退佃另招加租十二石，已四百零九石。

——议每岁开印后，亦期五里，生童有愿在书院肄业者须至礼房报名造册，凭文考取收录，分别正附课，酌给膏火。

——议书院掌教脩金膏火及四节礼每年共支市斗谷六十石（自训寺张崇朴掌教后，每年束脩均系一百二十石）。

——议生员正课十名，附课十名，正课每名每月给膏火谷三斗，附课每名给膏火谷二斗，自二月起至十一月止共支谷五十石。

——议童生正课十名，附课十名，支膏火如内庠。

——议每月官课一次或初二或十六，亦期于署内，封门考试每课奖赏谷二石，自二月起至十一月止，通计每年共支谷二十石。

——议生员每月按三八日六课以超特一三等定优劣，如一连两课俱文字庸劣，即降黜附课，于附课内考取上卷者顶补，如下课文字再劣，即逐出书院（童生升降同）。

——议书院看司每年给谷四石。

以上共支销市斗谷一百八十四石，下余谷五十四石（自加租后每年余不止此）。

——支粮赋每年上纳银四两四钱。

——支礼房科场誊录银九两八钱。

——支帮巴县棚厂银八两。

——支礼生工食银六两。

——支养济院银两（自嘉庆十二年，知县陈廷钰买附里养济堂院田，后此顶截不支）。

以上共支银三十二两二钱三分，除收沙河子、翻沟子二处土租银二两八钱外，将谷变价银二十九两四钱三分以足支销，其余下之谷及无科场棚厂之年，并将谷注簿存仓，以备随时修葺书院之费。

嘉庆四年，议镌立石碑，永定章程。

这一章程共十三项，其中涉及书院田产的管理、书院招生的条件和程序、书院学生的层次水平和各层次的计划名额、书院掌教的膏火脩金、书院不同层次生徒的膏火、书院的官课及课赏、书院生徒的升降标准、书院其他的必要支出及数额，这样一个章程是书院运作的依据，涉及面已经比较全面，对书院中人和财的管理都进行了必要的规定，不足的是没有针对书院公共物品的相关规定。但也有可能是另有其他规章对特殊物品进行保护，如瀛山书院就对其藏书有单独的一则规章，前文已评述。另外，瀛山书院章程中并没有对教师进行约束和管理的条款，这也许是书院管理上的漏洞。几百年前的清朝，又是在偏安西南的重庆，管理的理念还有所欠缺，而加之人们对于知识的尊重和尊师重教传统的影响，规章中缺少对教师的约束也是情理之中的。也许在今天看来，这样的书院章程对于管理一所教育机构是尚欠完备的，不过在当时，这个章程为书院的良好运转奠定了基础，使后来的管理者可以在此基础上依据书院的实际增订修改。道光元年（1821 年），时任知县就曾酌增章程内容如下：

凡开春收录，日给予生童饭食。

额取：文生正课十名，附课十名；童生正课十五名，附课十五名；正课每名月给膏火谷三斗；附课每名月给膏火谷二斗。

每月官课一次，师课两次，皆亲诣名，官课内外庠取第一名者，奖赏钱四百文，以下九名二百文。山长束脩每年谷一百二十石（丁未钦定案以后，束脩谷每年一百石），石额平允即以此为定程。其正附课升降即如前议，外支除养济院奉裁外，余四项支如旧。按义田所出，不为不多，乃书院支销虚浮不实，从前出入司于斋长，厥后移之县署，如此者数次在斋长则久，而生弊在县署则咎不如其所之闻。乾隆中年劣绅有胆于东关外阻夺者，查《学政全书》载地方无膏火印，官必捐买义田，殷实绅士必酌量捐助，况前人遗有成项而皆视为奇货，欲居可乎！郑高山等处，自嘉庆十年加租每秋收市斗谷三百九十七石，今且四百余石，脩金膏火奖赏诸生、碑记分明。乃一则曰帮考棚，再则曰帮棚费，题目不一。在院肄业寒畯希冀奖赏反为非分，无论学校，无所补便。书院且破落不为修饰，行道之人皆耻之。裴令立碑时曾仰呼天，染指者有娼盗之誓，声色甚厉，今之人未尝闻之。最善之策，莫如兼管移仓廒于院内，执掌锁于署中，每收发择老成斋长，不得以他事支用，书差不得备资筹索考课者，不许代填冒领。积有赢余，学校中银典其多，无虑其不济也。

从上引资料可知，书院的管理并不是一成不变，它是随着书院发展状况的变化而变化的。这是重庆书院行政管理中非常值得肯定的地方，管理对象是人、事、物，而人无疑是最主要的，人决定着其他一切，而对人的管理必须是最灵活的，必要时修改规则是管理成功的要点，当然这种修改是不能违背基本原则的。

（二）经费管理

经费是书院的经济基础，书院的一切教育活动、学术活动以及其他的文化活动，都必须依赖于一定的经济条件才能维持。前代有些书院往往因为经费缺少而停办。令人乐观的是，清代重庆境内的书院经费比较充裕，这同时也意味着这些书院的日常活动需要更具体的管理制度来保障。系统的经费管理制度是保障书院良好运转的必要条件，清代重庆书院的经费，从收入和支出两个方面做了具体规定。而经费管理的目的是要保持收支平衡，杜绝入不敷出局面的出现，最终保证书院的健康良性发展。清代重庆书院多为新建且是官办性质，因此这里主要对官办书院的财产、经费及其管理进行分析。

1. 书院的收入

清代的教育经费主要来源于学田、公款、房产、捐助和征收学费。如表5-7所示，清代重庆书院的经费来源主要有两个途径，其一是学田收租，也购买房产作为学产。荣昌县玉屏书院有学田粮二百○一亩，乾隆四十三年（1778年）邑绅颜怀舒等捐款置田四十亩，收入均作办学经费；雍正十二年（1734年），开县盛山书院有学田、铺房十五处，收租谷六十八石；乾隆三十三年（1768年），奉节莲峰书院每年收租息八百八十一千文，贮于府库，按需支销；嘉庆十五年（1810年），忠州临江书院学租岁收银一百三十余两，用作办学经费；梁平桂香书院在乾隆年间有院产学田十八处，每年收入租谷六百二十一石三斗；涪陵钩深书院，光绪年间院产土地、房屋三十一处，每年收入租谷二百四十五石，租钱三百四十四吊四百文。各书院学田岁收租银几百两至上千两不等，保证了书院的日常运作。

其二是官绅捐款。清代书院绝大多数为官办，地方政府通过开设专项基金创办书院。如巴县字水书院创建后，知县刘德铨捐资首倡；鹿角场耆老彭载义为创建瀛山书院，先后捐银及田产房屋（折银）共计八千多两。江津聚奎书院在建立之初，有白沙镇人张元富聚资三千六百两筹建，仅陈宝善即捐银一千两。

表 5 - 7　乾嘉时期巴渝部分府州县书院学田情况❶

府州县书院名	创建或重建年代	拥有学田情况	
		面积（亩）	岁收地租额
重庆府东川书院	乾隆二十三年		银一千两
江津区江津书院	乾隆六年		银七百五十两
长寿区凤山书院	乾隆三十一年		银二百四十两
永川区东皋书院	乾隆五十三年	四百	
綦江区瀛山书院	康熙四十九年	二百六十三	
南川区隆化书院	乾隆二十二年		谷二百四十石
铜梁区巴川书院	乾隆二十五年		谷三百二十石
合川区合宗书院	嘉庆十年		谷五百石
璧山区重璧书院	乾隆元年		银四百三十两
夔州府莲峰书院	乾隆初年		学田井灶银八百八十两
梁山县桂香书院	康熙二十三年	二百四十	
石柱厅南宾书院	乾隆三十八年		钱四百五十千文

资料来源：嘉庆版《四川通志·卷六十九·学校·书院》.

　　除靠田产房地产收租外，有些书院盐场井灶为院产。如巫山县圣泉书院（巫峰书院），乾隆十五年（1750年）知县钱基创建，并捐置大宁场井灶，以为延师及生童膏火费。

　　至于边远地区的书院财产收入则是凭借多种途径集资筹得的。秀山地处湘西沅江上游与乌江流域交汇处，崇山峻岭，江水奔腾，峡江两岸，交通不利，书院办学困难。在那个尊称孔子为至圣先师的年代，想办学必须先建孔庙，而像秀山这样边远落后的蛮荒之地，地方政府不可能有充足的经费设学兴教，因此生员一般都是在就近的酉阳直隶州入学就读。秀山是贫瘠山区，所以每年增收的钱粮还赶不上内地县里一个所收的数量。全县每年支出白银二千零六十六至二千一百两，其中教育经费共一百二十九两二钱，占全县总支出的6.2%，以后又增加廪生补助银年支三两二钱，文庙春秋两次祭祀费增加为三十二两，教育经费总数增至一百六十四两四钱，足见其办学之艰难。但这并没有削弱一批有识之士的办学积极性，他们通过发动群众筹资修建孔庙。秀山县的书院是

---

❶　周勇. 重庆通史·第一册［M］. 重庆：重庆出版社，2014：197.

从集资办学开始的。如凤鸣书院，据《秀山县志》记载："凤鸣书院，用以维持书院开支的田土，由斋长负责管理，每年可收租谷一万七千多斤。"苹香书院的经费是通过百姓集资和政府资助两方面筹集的，据《秀山县志》记载："学校经费，从牛市、油市的税收中开支。开始全部是政府收入，到同治四年（1865年）知县张锐堂才把这项收入全部用来资助乡镇学校，每年可收一千二百千钱。"光绪十一年（1885年），知县余恩鸿将这笔经费转为书院经费。梅江书院的经费是从油市上收取的。此外，由于县邑原来比较富裕，积存防荒的谷子很多，知县王寿松拨出五百多担谷子交给商人周转，收取利息，每年可得五万多文钱，全部作为书院经费。从中得知，边疆地区筹措书院之艰难，而热心书院教育的开明乡绅基于对书院教育的执着及高度认知，开展兴学设教活动，其精神尤为可嘉。

书院的经费来源，不能仅看其创建者、原始投资者是谁，还应看其续修者和后续投资情况。许多官办书院往往接受士民乡绅的资助，同样，许多民办书院也在发展过程中得到官方的援助。❶ 荣昌县玉屏书院，乾隆十一年（1746年）由知县许元基捐建，于咸丰年间毁于战乱，后邑绅颜怀绅等于乾隆四十三年（1778年）捐款置田，作为书院经费。云阳县云峰书院，里人邬世文于道光二十年（1840年）创建。邬世文向往儒学，"辍私钱自建云峰书院，并以二千余两，购腴田数十顷，以供常费。延师讲授，设月课，奖金有差"。邬氏一族在其里为巨族，为振兴云阳教育事业做出了巨大的贡献，也正因此，云峰书院也得到了政府的大力支持与资金援助。奉节县的北堂书院，光绪七年（1881年）由庠生毛解之等募捐而建。毛解之与其侄毛书城、毛书铺将院后毗连之田地一分捐入书院，其收入做书院膏火费用。光绪十九年（1893年），知县曾秀翘募捐置学田收租五百石，可见当时地方官府对民办书院的重视程度。清代重庆书院经费来源多样化，充分体现了这种官民合力、不拘一格地吸收资金的方式。

总之，清代重庆书院虽大体上是官办，但也有很多是官民共同捐助的，这使书院的经费来源呈现出多元化趋势，随着经济的不断发展，许多富商在书院办学中的作用也不容小觑，为书院增加了新的资金渠道。可以说，书院是当时

---

❶ 王炳照，李国均，阎国华. 中国教育通史·清代卷·中［M］. 北京：北京师范大学出版社，2013：236.

依靠社会力量办学较为成功的教育机构。

2. 著名书院的收入管理

一所书院的收入来源大体有以下几种：院田、学田、院基、存息、宾兴、卷局、经古。当然这里的收入并没有把官民直接捐赠的银钱计算在内，只是说明其固定资产的管理。清代重庆书院的主要收入来源于学田收租和院基，这两项的收入占一所书院总收入的绝大部分。还有些书院的收入只源于学田和院基，并没有其他收入，所以每所书院的收入管理方式是依自身实际情况而定。以下选取涪州钩深书院、酉阳钟灵书院以及石柱华祝书院为案例，这三所书院在清代重庆书院中具有代表性，通过对其具体分析，以期了解整个重庆区域的书院收入情况。

涪州钩深书院名下田土由历任州牧买置及里人舍出并且因案充入者共二十二起，后又续添田土七处，总计土田房屋二十九处。❶

在长里一甲者曰：古校场（岁收田租无，土租钱十六吊整）

南岸堡（岁收田租谷五十石，土租钱十六吊整）

小湾（岁收田租谷十三石，土租无）

书房湾（岁收田租谷十六石，土租无）

铁炉沟（岁收田租谷四石，土租四吊）

滥田湾（岁收田租谷八石，土租无）

戴家沟（岁收田租谷十石，土租无）

在长里上二甲者曰：观音寺（岁收六石）

在长里下三甲者曰：达耳山（岁收租钱两贯）

黄葛湾（岁收土租钱八贯）

金子山（岁收土租钱四贯）

在长里上四甲者曰：中峰寺（岁收租谷二十石）

在白里一甲者曰：桂林寺（岁收租谷二十八石）

道姑庵（岁收租谷四石，租钱五贯）

桂林寺又一股（岁收租谷十石）

在白里下二甲者曰：八仙寺（岁收租谷十三石，租钱五贯）

---

❶　王鑑清，施纪云. 涪陵县续修涪陵州志·卷五·建置志·书院［M］. 民国十七年（1928 年）铅印本.

石堡寺（岁收田租钱五十贯）

在白里下三甲者曰：圣水寺（岁收租谷九石）

在云里一甲者曰：刘家堡（岁收租谷十六石）

李村寺（岁收租谷三石，钱三十三贯）

在云里二甲者曰：东津驿（岁收土租钱四十四贯）

在东里一甲者曰：小溪河（岁收土租钱十二贯）

在西里七甲者曰：鼓儿壩（岁收土租钱十二贯）

续添：

长里下三甲梨子嘴（岁收租谷五石）

白里一甲大冲沟（岁收租钱三十六贯）

白里下三甲徐家嘴（岁收租钱十贯）

云里一甲红花坡（岁收土租钱二贯四百文）

长里下二甲酒场垭（岁收租谷十六石）

本城财神庙（岁收房租钱十三贯）

这二十九处田产每年共收租谷二百三十一石，另收租钱二千三百六十九吊二百文，这些收入均由斋长一人管理。此外，钩深书院还拥有学田二十八处，细目如下：❶

四坊坪（在蔺市，岁收租谷十六石）

白杨湾（在鸭江场，岁收租谷二十二石）

河壩（在鸭江场，岁收租谷二十一石）

罗家坡（在鸭江场，岁收租谷十七石）

江家院子（在鸭江场，岁收租谷二十一石）

学堂（在鸭江场，岁收租谷二十二石）

梅家屋基（在鸭江场，岁收租谷二十八石）

石壩屋基（在鸭江场，岁收租谷三十六石）

大堰塘（在鸭江场，岁收租谷二石）

简家垭口（在金银场，岁收租谷八石）

水井湾（在外河白家场，岁收租谷十八石）

---

❶ 王鑑清，施纪云．涪陵县续修涪陵州志·卷五·建置志·书院［M］．民国十七年（1928 年）铅印本．

黎家屋基（在白家场，岁收租谷三十一石）

鸽子岭（在金银场，岁收租谷六石二斗）

田堡（在蔺市，岁收租谷二十石）

方家坪（在琛溪，岁收租谷六石）

中湾（在五马石，岁收租谷四石五斗）

四平墙（在大顺场，岁收租谷四十二石）

石岗湾（在蔺市，岁收租谷十四石）

菉豆坪（在大顺场，岁收租谷八石）

洪武溪（在李渡，岁收租谷二十二石）

鲤鱼湾、响塘生基、乱石窖（在小河边，岁收土租二十三串）

蔺市（岁收土租八十串）

方家坪（在珍溪湾，岁收土租十五串）

水井湾（在蔺市，岁收土租二十串）

岳家巷（岁收房租三十串）

杀牛巷（岁收地皮二串）

新房子（在蔺市北岩，岁收土租十二串）

狮子壩（岁收佃租十二串）

这二十八处学田每年共收租谷三百六十四石七斗，土租钱一百九十四串。钩深书院一年的总收入为租谷五百九十五石七斗，租钱四十七千二百文。

钩深书院几乎是以田产作为它的全部收入来源，收入构成较简单。酉阳钟灵书院除田土收入之外，另有文庙利息收入。下面对钟灵书院的收入情况❶做一叙述。

泉孔田一分，年收租谷四市石，泉孔地内之高枧田业家田二分，大小二十四亩，矮枧田六亩，彭家田二十二亩四分，共五十二亩；彭家田侧山土一幅。

何家壩田二分，岁收谷四石，近山一分，大小三亩，边河一分，大小五亩，共八亩，山土一幅。

容坪里大青山高峰寺田土具体地名佃租如下：

---

❶ [清] 冯世瀛，冉崇文，酉阳自治县档案局. 酉阳直隶州总志·卷五·学校志·书院 [M]. 成都：巴蜀书社，2009：137.

青冈园土一幅（每年佃租一千文）

灯盏窝土一分（每年佃租一千一百文）

又一分包家山土（每年租钱二千四百文）

马家岭土一分（每年租钱一千文）

青山岭土一分（每年租钱一千四百文）

庙柟沟土一幅（每年租钱五百文）

又一分合包家山土（每年租钱一千文）

猫坨土二分（每年租钱一千文又一千二百文）

大青山土一分（每年租钱一千五百文）

芭蕉湾土一分（每年租钱五百文）

又一分合艾家土（租钱五千文）

土一幅（每年租钱二千六百文）

寨田一分（价值七百三十五千文）

容坪里化林寺三十亩田土，年收租钱四十七千二百文，其地名、租入如下：

虎站坑上段土一幅（每年租钱八千五百文）

瓦窑堡田五亩，土一幅，滥田渡土一段（每年租钱三十文）

滥田湾沙田二，地田十二亩（每年租钱七千文）

新田堡生基壩田土二分（每年租钱十一千文）

纸厂沟三亩田二，地田十二亩（每年租钱十千文）

锅子洞滥田湾内土二幅（每年租钱七千文）

大岩土一段（每年租钱七百文）

中壩岩口水田一亩（价八十千文）

文江书塾田土，每年共收租钱三十一千文，其地名、租入如下：

滥泥湾水田十六亩（每年共租钱四千文）

姜家壩水田十三亩（每年共租钱十二千文）

宋家壩上段水田九亩（每年租钱十二千文）

锡锣洞山一亩，山土一幅（每年租钱三千文）

收入构成更为丰富多样的当属石柱华祝书院，它的收入来源于院田、院基、经古、宾兴、卷局、存息，具体如下：

院田：知县瞿颉、方宗敬、李谦先后置田地，凡地十五处，在南岸曰扈家沟

（买）、漆材坡（买）、响水洞（买）、舒家坪（买）、十字路（典）、黄村坪（典）、观音庵（典）、华家坪（典）、冷水溪（典）、梨二湾（典）、狮子坪（典）、象鼻嘴（买）、胡家壩（典）、大房（典）、岩峰漕（典）、吴七漕（典）、官庄坪（典）、蒲芦冲（典）、甘水田（典）、老水井（典）。在北岸曰舒家山（买）、沙滩（买）、斑竹林嘴（买）、冉家壩葫芦亩（典）、滥田湾（典）、李家沟（典）、柏树塘大岩口（买）、李家湾（买）、团田（典）、炉山（买）、凤凰嘴（买）、余家坡（典）、窑孔亩（买）、磨子山（典）、柿子湾（买）、石塔冲（典）、三叶筍湾（典）、九溪子（买）、半坡（典）、砚台石（典）、野麦山（典）。岁收租息钱三百四十五贯九百。比岁，田地迭有更易，溯稽往籍，在光绪十四年（1888年）南岸则象鼻嘴、大房、扈家坪、斑竹槽、荆竹堡、金子垭、石梁河、傅家坪、椿树塝、鸡公岭。北岸则十字路、蒲芦冲、舒家山、柿子湾、九溪子、砚台石、李子亩、何家湾、梅子溪、许家壩、黄葛堡、白岩脚、金子坡、火炉山、大柏树及新城。土田岁收谷四十一万五斗，课钱六百二十二贯五百。

院基：院东铺房三间、中街铺房一间、水巷子铺房一间、稻谷仓铺房三间、外典铺房四间，岁收赁钱一百六十贯，存户房营息钱五百贯，岁入息钱七十五贯。同治庚年之灾，屋宇荡然，今存中街水巷子铺基，益以昭忠祠基址，岁收课钱三十贯，续存户房营息钱三百贯，连昔年所存共八百贯，岁入息钱一百五十贯。❶

经古：土药，六百串。光绪十九年（1893年），兴经古学，知县傅达源、蒋履泰从诚善堂八省公所土药项下拨捐。❷

宾兴：周家寺，租谷二十石；石祥寺，租谷十石；南华庵，租谷四十二石，以五石归学宫；熊家岭，原租二十石，今省八石；金家冲，原租十石，今省一石二斗；马蝗溪，租谷九石五斗；枫相树，租谷十六石九斗五升；敖家槽，租谷十石。

卷局：县童试文武千余人，试卷纸工诸费向取于应试者，寒素或不能具。同治元年（1862年）知县吴锦铨以邑绅之请，筹赀置田为卷费，自是试者不给值。田凡五区在南岸曰石龙门同治元年（1862年）典，江池同治二年（1863年）买，粟子湾同治四年（1865年）买，岩岭壩同治六年（1867年）买。北岸曰踏水桥同治二年（1863年）买，岁纳租钱四百四十四贯，外存户房钱一千贯，岁取息一百三十贯，交绅承领钱三百五十串，岁取息六十贯，岁入租息凡六百三十四贯。今石龙门田巳，听赎，岁省租钱百三十贯，别益石佛场斗息岁八贯，户房岁息增至百金，绅领钱三百五十贯，则莫可究诘矣。

存息：户房八百串，岁息钱一百五十串。❶

钩深书院、钟灵书院、华祝书院三所书院的收入构成，几乎代表了清代重庆区域书院收入来源的整体情况。三所书院对其所拥有的资产管理也能够体现当时重庆书院收入管理和经营的大体情况。田产收租或租谷和发款商号收取利息，这两种方式是清代重庆书院获取收入最主要的途径。当然，这两种手段是较为轻松的，不需要投入太多的人力去苦心经营，也不存在太大的风险，其收益相对稳定。这种管理方式不需要太多的管理技巧，因此书院收入的管理常交由斋长一人负责，同时斋长可能会兼职其他工作，而书院的田土、存息等却很少出现大的问题和麻烦。这样简单而又稳定的收入管理方法是适合书院的。

有些时候由于各种原因，书院也会变卖田土，获取银钱，另作他用。比如据《棠香书院历年置买拨入及捐施田土》记载：棠香书院就曾因田土"鸢远难于经纪"而将三处田产出售，所得钱银由斋长管理支销：同治五年（1866 年）卖田土一分，收钱二百千；同治八年（1869 年）卖黄、陈、张三姓田业，获钱六十六百缗；同治十二年（1873 年）卖田一处，获钱一百六十串；同治五年、十二年卖地所得斋长支销，而同治八年则由售田业所获钱另外买北塔沟旷姓田土一分。❷ 由此，可看出书院斋长在管理上的变通哲学。又如学师倪坤《变易棠香书院田地以充膏火记》记录了如下举措："盖书院田地，均在民田界内，鬻之有便于民；多寡远近零量，秋成难于收租，鬻之更有便于官；且易散为整，移窄就宽，不难渐丰膏火脯俸，鬻之有便于书院，庶几一举而数善兼备者。"❸ 这也是一种有效的管理方法，通过一买一卖获取差价，以此增加书院收入。道光十一年（1831 年），棠香书院"将九处零星田地出售，另买回龙场黄、度、陈、张四处，许出原租八十石零五斗，实得新租一百五十六石五斗"❹。

可见，书院的收入管理虽然注重稳定，但也不失灵活。管理中无论稳定还是灵活，其出发点都是增加书院的收益，稳定的模式和个别处的变通都是为书院提供更充足的经费，为书院的发展奠定牢固的经济基础。

3. 书院的经费支出

清代重庆书院的支出大体可分为两大部分：一为院内支出，二为院外支

---

❶ 黄光辉，郎承诜. 丰都县志·卷五·学校［M］. 民国十六年（1927 年）铅印本.
❷❸❹ 王德嘉. 大足县志·学校·卷二［M］. 清光绪年间刻本.

出。所谓院内支出是指用于书院日常运作的支出，如师生膏火，院长束脩、薪金，斋长劳金，其他书院人员的工食钱等。院外支出则是指书院为义学等的捐助，文庙祭祀的帮钱等银钱支出。院内支出是书院支出最主要的部分，甚至有些书院的全部支出都为院内支出，只有一些规模较大、经费充盈的书院才会有频繁的院外支出，但也只占其全部支出的极小部分。

书院内部的经常性支出一般以银两、制钱为支付手段。其项目繁多，各书院一般列出的有以下名目。

（1）束脩，又称脩人。指送给山长的基本酬金（薪俸）。

（2）聘金，又称聘仪。聘请山长时致送的礼节性钱银。

（3）礼节银，又称节仪、节礼、节敬。逢年过节，书院致送给山长、监院等人的节日礼金。一般按端午节、中秋节两节致送，也有端午节、中秋节、春节三节致送。

（4）伙食。送给山长或监院的膳食费。

（5）工食钱、饭食钱、口粮钱。书院的专职或兼职员工（包括礼节、看司、差役、水火夫等）的基本报酬或补贴。

（6）纸扎钱、纸笔钱。书院办公文具、纸张的费用。

（7）卷册钱，又称课卷纸张钱。书院用于置备考课试卷的费用。

（8）夫马钱、舆资。夫马钱为书院送给山长聘任时到馆和解聘时离馆的交通费。舆资，也是书院以交通的名义对监院或斋长的补贴。

支付给书院山长的各项费用，各地书院多寡不一，但普遍比府、州、县学的教师高，有的直接支付银两，有的支付实物。如巴县三益书院只发实物，岁俸院长租谷四十石。

此外，还有岁脩、神祠香灯、修缮、添置器具、包点茶水等杂支费用。

（9）膏火，本指膏油灯火。宋元以来，书院、官学等发给在学生童生活费用，以资助学习。在发放中设定额、列等级，含有奖励的成分。清末，在重庆府及所属各县书院读书的生童均有津贴，即膏火。膏火无定制，视其书院收入而定，有的书院甚至以此作为稳定生源、提高办学效益的重要措施之一。如字水书院，每年得银一百二十两，并作山长、生童膏火之费；观文书院每年得银一百一十两，作山长束脩、诸生膏火；璧江书院每年得银一百五十六两，作山长束脩、诸生膏火。也有书院对优秀学生按考课成绩进行奖励。如东川书

院，生童按月考课，超等奖银数两，乡试科考第一名，奖银多至五十两。❶

黔江谈廷械《三台书院膏火记》中对生童的奖励也有记载：

本邑旧有书院，几成虚举，其于课录、膏火，毫无定章，如此而欲文风蒸蒸日上，得乎？则崇文教又为斯邑要政也。余再四思维，曷胜焦虑，爰邀集城乡殷实商号，论以时事，晓以大义，竟得慷慨乐输钱一千串文。发交城中殷实铺户分领，按月一分四厘起息，各取具保结备案，息钱按四季呈缴，以作书院月课，生童奖赏。❷

黔江县张九章《创设墨香书院膏火田谷记》中写道：

书院旧有屋基，山长学田若干亩，载在邑乘详矣，然多士以奖励无出，膏晷不继，若无由安砚也者而去之，历任宫亦以振作乏资，只春季收录观风一次，取云峰寺谷石变价点缀，余姑置之而逊谢未遑。予莅兹土，瘱然于文风之不振，澄心渺虑见夫丱角而读者多小子有造也，搦管而艺者类大成可望也，喟然曰：斯岂不足与渝成腹地、酉秀毗邻竟蕊榜之盛乎，何竟湮没无闻也。爰爬罗剔抉广为设措，共集膏火钱二千余串，置田若干区，年出谷七十石有奇，约计变价可三百串，定为四季大课，每月两小课，优给奖偿，重加膏火，日与诸生讲习，讨论于文章翰墨之间，间于试期询以读书，励以敦品，徐察其行，艺所成而判夫梦觉人鬼之关，将见士希贤、贤希圣，自格致诚正修齐而家国而天下，举行措之裕如也，岂特攀桂簪杏、歌鹿鸣、题雁塔争捷获于科名哉。诸生勉力不怠，任官提倡靡己，是所望于后来者。❸

奖赏，是指书院奖励学生的一种名目。一般有两种：一是奖励考课优秀者，二是奖励科举考试中榜者。清末废科举之前，重庆官学设有廪膳生，由官府发给生活费，每名廪膳生岁发银三两二。重庆府设廪膳生四十名，重庆府所属各县每县设廪膳生二十名。对到省城参加乡试的生童，到京城参加会试的举人，都要补助旅费。如彭水县丹泉书院对部分赴省参加乡试的本院生员，每人送给"帮费银"二两，既是旅游补贴，也是一种鼓励。对乡试中试者，要竖旗、送匾，礼其庐，并给牌坊银二十两。对会试中试者，礼遇更加隆重。以上

❶ 重庆市教育委员会. 重庆教育志 [M]. 重庆：重庆出版社，2002：678.
❷ 黔江土家族苗族自治县县志办公室. 黔江旧志类：清光绪以前 [M]. 内部交流本，1985：151.
❸ 黔江土家族苗族自治县县志办公室. 黔江旧志类：清光绪以前 [M]. 内部交流本，1985：153–154.

所有费用，统称为"宾兴费"。奖赏对学生有一定的鼓舞和支持，是为一种激励机制。

清代不少书院都有类似的奖励措施，而这些措施充分反映出书院紧密围绕科举的教育方向。在重庆区域内，清初有缙云书院，乾隆二十三年（1758年），川东道定为道设，改为东川书院，是城内书院最著者，迄于清末，拥有田产、地产、房屋值银七八万两。对生童学业按月考核，成绩优秀者，奖银数两，获乡试第一名者，奖银多至五十两。❶

大宁县（今巫溪县）书院对生员和童生成绩优秀者给以膏火费，肄业生员每月膏火钱一千二百文，肄业童生每月膏火钱一千文。

永川县对全县文生和童生还定期出题作文。地方官出题考课（试）称官课，书院举行的叫师课。乾隆年间，知县彭时捷设立四季官课，每课额取内庠（已入学的文生）十名，外庠（未入学的童生）四十名，就其成绩将给膏火谷五斗、四斗，师课则按月奖钱四千五百文，其款在学田余额和积谷利息中支付。

（10）斋长费用。斋长是书院从在学生员中遴选的兼职职事人员，承担了许多具体的行政事务和教学事务，因此书院对斋长均给以报酬，称为俸钱，或称为衣帽钱、笔资费、薪水、舆资等。斋长的报酬一般很少，是一种劳务补贴，而不是薪水。斋长费用，有的书院在整个开支中专列项目，有的书院则统列在膏火之中。

下面，选录一些在地方志中记载较详的书院内部开支情况。

道光六年（1826年），忠州白鹿书院年支公项银如下：❷

山长束脩酬金库平库色银一百六十两，薪水解四十两；

山长每年聘金银四两；

山长三节礼银十二两；

山长每上学折席银二两；

每月官课山长折点心钱五百文，十个月算；

两学监每年夫马钱各十千文；

正课生童十八名，每名每月膏火钱一千二百文，十个月算；

❶　重庆市教育委员会. 重庆教育志［M］. 重庆：重庆出版社，2002：678.
❷　四川省忠县教育委员会. 忠县教育志［M］. 重庆：忠县国营印刷厂，1993：157.

附课生童十八名，每月膏火钱八百文，十个月算；

斋长二名，每年每名各给钱四十千文；

生童每月官课将赏钱五千文，十个月算；

考收录院费共给钱四千文；

每年完纳租粮银十千文；

礼房上书办工食钱十千文；

每年催租差役工食钱五千文；

书院看司每年工食钱十二千文；

山长随年钱四千文；

每年裱糊工费钱二千文。

乾隆三十三年（1768 年），莲峰书院每年主要支出：

春秋二季祭十贤堂、水镜堂、先贤神位、三贤祠等二千五百千文；

每年开学设院长酒一席一千文，诸生饭食每桌五百文；委教授监院月送饭食资钱二千文；

额定肄业生员三十名，童生十名，月给膏火九百文；

官课额设官饭一桌一千文，生童饭食每桌五百文；

官课拨取生员首卷赏给花红银一两，其余至二等五名止，童生至三名止，给纸笔银五钱。❶

彭水县摩云书院，光绪元年（1875 年）的规定：

山长：束脩，一百二十千文；聘金，六千文；送学折席钱，四千文；三节节礼钱，各四千文，共十二千文。

监院：薪水，钱二十三千文。

看司：二名，每名每月给工食钱二千文。

重庆府东川书院，清末规定：

书院院长：束脩，一千两。

书院分院院长：束脩，八百两。

这种收入相当于清朝四川一个知州全年薪俸、养银的总和。

---

❶ 重庆市教育委员会. 重庆教育志［M］. 重庆：重庆出版社，2002：31.

大宁县凤山书院：

山长：束脩一百二十千文。

斋长一名，月给薪资一千八百文。

肄业生员每名每月给膏火钱一千二百文；

肄业童生每名每月给膏火钱一千文，官课捐廉给奖。

巴县三益书院则只发实物，院长岁俸租谷四十石。

奉节县莲峰书院制定《莲峰书院章程》，规定：

年支院长脩脯、节仪随时致送。每年开学，院长酒席支钱一千文，诸生饭食每席五百文，由经厘司领办。教授、监院，月送饭资钱两千文。额定肄业生员三十名，童生十名，月给膏火九百文。官饭一桌支钱一千文，生童饭食每桌支钱五百文，由经厘司领办。大门看役一名，月支工食钱五百文。院长茶房一名，月支工食钱五百文。厨夫一名，月支工食钱五百文。每岁延师，束脩二百六十两。大宁二民出井灶收入每岁千金。输官钱八百五十串，充入书院，备脩脯、灯窗之费。嘉庆年间，大宁井灶被水冲毁，脩脯、膏火无着。业师薪俸、诸生津贴皆由知府捐廉支给。道光三年（1823年），知府恩成修订书院章程，正取生员均予津贴，但以每月"考课"的情况定多少。考列超、特等者，每月津贴九百文；考列一等者，每名津贴四百五十文。每月三课，一课不到扣一百文津贴。二课不到扣二十日津贴，三课不到除名。考超等者有奖赏。❶

著名书院的支出管理案例，仍以钩深书院、钟灵书院为例。这两所书院收入较丰厚，支出也较多，正适合展示清代重庆书院经费管理的全貌。

钩深书院的院内支出包括山长聘金银每岁四两，马钱四吊，束脩钱二百串，每课膏火钱六两八分，合钱十吊零二百，奖赏钱二十三吊零八百，师课每课奖赏钱六吊，每年共八课共计钱四十八吊。四贤祠春秋祭祀帮钱八吊，斋长劳金银三十两，礼房工食钱十六吊，看司工食钱十六吊，催差工食钱十六吊。院外支出包括义学聘金三吊，束脩钱五十吊，文庙春秋祭祀帮钱十二吊，每年

---

❶　重庆市奉节县教育委员会. 奉节县教育志［M］. 重庆：奉节县印刷厂，1998：589.

纳条粮四两零八分五厘三毫六丝二忽。❶ 除去全部支出，剩余银钱存积。钩深书院的院外支出仅占院内支出的十分之一还不到。

钟灵书院的开支较大，远远高于钩深书院。据《酉阳直隶州总志·卷五·学校志·书院》所载：钟灵书院的支出全部为院内支出，包括书院山长、生徒、其他人员工食钱、完纳田土钱、催租课盘费。书院经费支出具体项目如下：

山长每岁束脩钱：六十千文；

聘礼钱：四千文；

三节钱每节：四千文；

每月薪水钱：二千文；

以上共合钱：一百千文。

道光七年（1827年）每月薪水钱四千文，共合钱一百二十千文。

咸丰初年，山长每岁束脩钱复增为八十千文。

每月薪水钱：六千文。

复增合计钱：一百五十二千文。

斋长二人，向例；每名聘仪一千二百文，月薪四千文，道光七年酌定为每名月薪六百文。

礼书（经管考课、收租），月给纸墨工食钱四千文，后增为六千文，道光七年酌定为十千文。

膳夫一名，月给工食钱二千文，后增为四千文。

看司一名，月给工食钱二千文。

每年完纳土地钱粮钱一千二百余文。

每年差催租课盘费钱约数千，临时酌给。

以上每年共应支钱两千一百零四千文。

各书院对其支出的管理是很谨慎的，基本上每一项支出都要事前计划好，并且严格按照计划执行。每一项支出的增加也是必需的，支出的管理是严格的，保证了书院开支的节俭。同时书院的院外支出也表明书院对当地文教事业的支持。

---

❶ 王鑑清，施纪云. 涪陵县续修涪陵州志·卷五·建置志·书院［M］. 民国十七年（1928年）铅印本.

4. 书院经费管理方式

从现存文献资料来看，清代重庆官办书院的经费管理都有较为详细的规定，民办书院的经费管理方法还未曾发现。就官办书院而言，各书院所处地理环境不同，办学风格迥异，经费管理方式也各有特色。大体有两种管理方式：

一是由主办的地方官府直接管理，这是府办书院的规定。清政府为加强对书院的直接控制，或拨给经费，或置产田租。无论哪种形式，均须每年造册报销。清政府不仅拨给省级书院经费，还负责书院经费的审查核准。对地方书院的经费管理也有明文规定："各府、州、县书院或绅士捐资倡立，或地方官拨公款经理，俱申报该学官查核。"乾隆帝对地方书院也规定："是各省府、州、县书院，惟在地方官员妥为经理，自不致有名无实。"❶ 由此可见，清朝地方政府中设有专门管理书院经费的机构和官吏。清代黔江就形成了以"捐输局"为代表的书院管理机构。《墨香书院规条》中三次提及"捐输局"之称："每年岁修新书院由大成会谷价划拨，旧书院由捐输局提补"；"遇有加闰，由官捐廉奖给，不与膏火正款相涉"；"所有点心、茶水、柴炭等费，俱由捐输公局提拨，不与膏火相涉"。❷ 这个经费管理机构又由诸多具体职事构成，诸如监院、经理、斋长、首事等。他们各司其职，监院主要是由地方行政长官委派或以学官兼任，主要是对行政、财务、学生、图书等进行管理，如彭水县摩云书院监院"向系儒学官兼，摄每年由县署收龙射等乡学租致送"❸。经理主管书院收支财务的职事，《墨香书院规条》有云："书院经理首人，不拘城乡，公举六人为率，少则四人，监察书院一切事宜。"❹ 书院经费是书院赖以生存和发展的基础，清政府拨给重庆民族地区书院一定的经费，客观上保证了书院的教学及祭祀活动得以正常开展，使山长、主讲、监院、斋长、首事、经理、生员的薪俸、膏火、奖赏等有了一定的保证，但对统治者来说，主观目的是对这一地区书院的牢牢控制。

二是由书院具体管理，地方官府监督和协办。设首人或首事的书院，由首人（首事）主其责，斋长具体管理。彭水县丹泉书院光绪元年（1875年）的

---

❶ 盛朗西. 中国书院制度 [M]. 上海：中华书局，1934：139.

❷ 黔江土家族苗族自治县县志办公室. 黔江旧志类：清光绪以前 [M]. 内部交流本，1985：154－157.

❸ 李良品，彭福荣，崔莉. 乌江流域民族地区教育发展史 [M]. 重庆：重庆出版社，2010：205.

❹ 黔江土家族苗族自治县县志办公室. 黔江旧志类：清光绪以前 [M]. 内部交流本，1985：156.

章程中写道:"每年收租时,首事禀官派差协催,收毕后仍归首事经营。谷石照市变价,外人不得私收。每年月课所有盈余均须登记,印簿送官查对,如租佃不清或私收等弊,禀官追究,换佃起迁","首事经管佃钱租谷,凡有蓄积,责成首事自寻殷实可靠之家存放,如有租佃不清,亦由斋长禀明查究"❶。有的书院首人只起监察作用,经费收入的具体管理则由斋长负责,如黔江县光绪十七年(1891年)《墨香书院规条》写道:"另设斋长一人,管理收谷粜谷、钱项出入支用一切事务,每年给薪水钱十千,择青衿中殷实,练者充当,亦由官定夺,以专责成","本年所有支销俱系上年积储。本年谷石秋收上仓,即请官封批,待来年二三月间方准议价出售。如本年谷石擅自动用,或借口别项公事挪借,惟斋长是问"❷。

至于书院内部经费管理,多由斋长具体负责。

官府或书院负责人为书院制定了章程、条规等制度,具体规定了书院大部分经常性支出的标准、时间,乃至办法,斋长可以按章办事。一般来说,官府有关部门或书院礼房造经费计划,经主管官员批准后,由斋长实施并记账,最后由斋长向政府有关部门报账结算。清代,忠州书院经费由山长、斋长经管,立有《经理银钱规条》。清道光六年(1826年),忠州白鹿书院《经理银钱规条》如下:

——议每年书院租谷除以谷易钱支发经费外,余谷贮仓收贮,经手人开单存案外,置一簿照数登明,不得侵蚀。

——议谷价昂贵,经手绅士邀集斋长公议出卖,即以卖价存贮公所,只于谷贱时酌量买贮,不准放债生息,致滋弊端。

——议经手绅士赴乡卖谷,除去马夫钱外,每人日准支一百文,不得滥费。

——议每年提钱四十千文,每月每千文以二分生息,均留作科举宾兴之费。如遇恩科,出卖积谷变价如数举行。

——议经手绅士必家道殷实者始能权掌,如有家本寒素,框行经管或即有家亦当富厚,而人品心术惟利是视,亦不准经理,以防日后弊端。

——议每年支用经费账目,定于十二月十二日赴书院算明登记开单呈核,

❶ [清]庄定域,等.彭水县志·卷二·书院[M].光绪元年(1875年)刻本.
❷ 黔江土家族苗族自治县县志办公室.黔江旧志类:清光绪以前[M].内部交流本,1985:155.

如有不实，立即厘正。

——议每年山长由本州采访舆论，实系品学兼优之人延请主讲，以杜请托之弊，不得各徇所私，树党交推。

——此次置买田产，押租较轻，原期以一岁之所入供一岁之用，诚恐佃户等私行转佃，甚而至于加佃，宁缺毋滥，不得瞻徇。

书院经费的收支管理以既有章程的规定作为依据，又有政府主管部门的核查与监管，而在书院内部给以相对自由的经费支配权，不过增加透明度，采取斋长、地方襄助书院，地绅商及书院师生参与并加以监督、审计、民主管理。这种管理体制具有现代商业经济管理的科学意义，同时也是教育管理史上的宝贵思想资源，应该发扬光大，使我国的教育经费能发挥更大的教育效益。

重庆书院作为一种特殊的教育机构，承担着重庆区域内从宋代至清代的教育大任，就其办学水平而言，完全称得上是具有现代大学水平的高等教育机构。通观当今高等教育的现状，高校日趋官场化、商业化，致使大学不再是纯粹的教书育人的学术机构，而更像是限制在条条框框内的行政机构；学校关注的焦点不是教育质量的提升，而是经济效益的高低。基于以上认识，我们希望从重庆古代书院发展的历程中窥探一丝端倪，探寻一些经验，进而为中国高等教育事业未来发展提供具有价值的参考。

重庆书院由宋代至清代，为巴渝文化特色的形成、为重庆文化的传承做出了卓越的贡献。到晚清，由于不合时宜，经过整顿、改革后成为新式学堂，为重庆教育的近代化贡献一己之力，也实现了教育资源由古代向近代的有效转化。重庆古代书院近代改制本身就是教育史上一种教育类型改革，为新时期社会所适应，并发挥积极作用的一个案例，这或许也是教育领域与时俱进而有新作为的标本吧。

第六章　重庆书院的近代改制

重庆位于我国内陆腹心，自古以来便是西南地区的重要地理区域。清道光二十三年（1843 年）《重庆府志·跋》中记有："重庆者，南控黔滇，东达荆楚，绵延几二千里，为西蜀一大都会。"❶ 由此可见，重庆兼具良好的地理战略优势与城市发展形势。清代重庆沿袭明代时期的行政区域划分。清顺治初，因明制，重庆府领州三、县十七。康熙至乾隆百年间，重庆各县并入复置频繁，行政区域有所扩大。从光绪年间张云轩绘制的《重庆府治全图》中可见，晚清时期重庆所辖之地囊括了今巴县、涪陵、长寿、武隆、荣昌、大足、铜梁、南川、綦江、永川、江北、江津、璧山、合川、定远（今武胜县）等区县。❷ 笔者所探析的晚清近代重庆，其地理位置与行政范围不限定在晚清时期重庆府的辖区之内，而是以 1997 年重庆直辖市所属的区县范围，即除了直辖以前的重庆区县外，还包括涪陵、黔江、万县（现万州）地区。

2016 年是纪念并反思清末书院近代改制的一百一十五周年，对一百一十五年前书院改制这一中国教育史上的重大事件，其中的缘由得失、是非功过实在难以简单评述。但是，肯定不能忽视其与中国近现代化教育的多重联系，也不能忘记其曾经占据的重要地位及产生的炫目光彩。笔者以内陆腹心地域重庆为个案对此加以探讨，应该是具有某些样本价值，并期望在丰富此主题历史认知的前提下，对当代地域高等教育的改革与发展提供一定的借鉴和启发。近代重庆书院改制是一种必然趋势，是整个中国面临内忧外患社会剧变背景下书院制度自身演变的结果，也带有重庆地域社会文化的个性特点。近代重庆书院改制作为中国内陆典型区域样本的教育改革事件，经历了思想宣传、"戊戌"改

---

❶　四川省地方志编纂委员会. 四川省志·附录［M］. 成都：四川科学技术出版社，2003：32.
❷　李林昉，雷昌德. 老地图［M］. 重庆：重庆出版社，2013：6.

制与"新政"改制三个时段,对其中的部分历史事实需要加以考辨。重庆书院改制的结果是将传统教育资源有效地转化为新教育的部分力量,并对区域社会产生了积极的影响和作用。

一、重庆书院近代改制的历史缘由

书院改制是清代教育近代化历程中的大事,从书院史而言,终结其历史未免悲伤失落;而从新教育运动透视,添加生力军或有益资源则是如虎添翼,浩浩荡荡,声势倍增。书院的历史悠久,积累厚重,其于近代发生改制绝非随意、凭空而来,必有其故。各地书院改制成为新学堂,或融入新教育资源,既有共性,也有个性。落实到重庆书院的近代改制也是如此。

(一)政治根源

早在鸦片战争前,清朝的封建统治已腐朽衰落,国内阶级矛盾、民族矛盾激化,危机重重。自19世纪40年代的鸦片战争,至1894年中日甲午海战的惨败以及1900年八国联军侵华与《辛丑条约》的签订,中国国内社会动荡不安,内忧外患并起。面对岌岌可危的政治形势,清政府一直处于焦头烂额之中。时至于此,改革已成必然,而文教领域的改革也迫在眉睫。反观清代的教育类型,主要有三种——官学教育、书院教育及私塾教育。相比较而言,受科举取士的制约,官学成了科举的预备场所,尤其是清末的官学已经式微,几为孔庙代名词,以名存实亡、形同虚设来形容大概不为过。而私塾数量众多,分布于城乡各地,但办学程度较低,是民间社会的初等教育机构。唯有书院办学最有秩序和条件,有可能成为旧学改造、新学迭兴进程中的有力推助器,或最有价值的旧有教育资源。重庆区域处于清政府统治的内陆腹心,其局势与全国一致,在光绪二十七年(1901年)书院改学堂的近代书院改制行动中,按照清王朝的统一指令推进书院改革,或逐渐实现传统教育向现代教育的转型与嫁接。

(二)经济因素

中国的传统书院是在自给自足的小农经济以及传统意义上的手工贸易经济中产生发展的,而晚清时期在西方列强侵略下日益深重的社会危机决定了传统意义上的书院教育已不再适应近代工商业经济的西方化调整对专业技术、人才素质及经营管理的要求,或者说已经落后于当时出现的较之传统经济形态更为进步的西方经济模式对教育与人才的要求。同样，晚清时期的重庆书院也不再适应重庆区域经济变化态势。清代重庆经济逐渐恢复与发展，农业耕地面积迅速扩大，粮食产量大幅提高。手工业，尤其纺织业也有了较大发展，巴县一带"纺花手摇车家皆有之，每过农村，轧轧之声不绝于耳"。合州一带丝织业发达，亦是嘉陵江流域丝织地带的重要区域。❶ 清代重庆的商品贸易经济尤为瞩目。据乾隆《巴县志》卷三记："渝州三江总汇，水陆冲衢，商贾云集，百物萃聚。或贩自剑南、川西、藏卫之地，或运自滇、黔、秦、楚、吴、越、闽、豫、两粤间，水牵运转，万里贸迁。"❷

重庆自古以来在地理区域、军政战略及商业领域拥有优越的地位，据《巴县志》载："重庆当二江合流，有舟航转运之利，蜀西南北，旁及康、藏，以至滇、黔之一隅，商货出入，输会必于重庆，故重庆者，蜀物所萃，亦四方商贾辐辏地也。"❸ 晚清时期，如此优势地区自然受到当时各国列强的觊觎，因此开辟重庆市场成了以英国为首的西方列强深入中国腹地、占领西南市场的重要战略决策。光绪十六年（1890年），经帝国主义列强的谋划，中英签订《烟台条约续增专条》，规定："重庆即准作为通商口岸，与各通商口岸无异。英商自宜昌至重庆往来运货，或雇佣华船，或自备华式之船，均听其便。"❹ 至此，英国取得了在重庆开埠的特权，其侵略势力延伸到了长江上游最大的内陆工商业重镇。重庆正式开埠，开启了重庆城市的近代化进程。近代新式教育是城市近代化的象征，因此，晚清时期重庆的近代化演变亦带动了重庆教育从传统旧式教育向近代新式教育的转变。

开埠前的重庆主要是一个单纯的商业中心，陶澍曾在《蜀赣日记》中描述"重庆府治"："市井鳞比，万瓦云连，川东一大都会也。"❺ 开埠后，以英国为首的西方列强以重庆、万县等城市为据点，经长江上游沿线逐步深入中国西南内陆腹地，从政治、经济、文化各个方面进行全方位渗透，进而对重庆传统书院教育产生很大影响。自重庆开埠后，川渝各地的一些沿江城市出现一大批适应帝国主义侵略需要的加工工业、商社贸易、银行和交通运输业等，外国

---

❶ 管维良. 从巴都到陪都——简明重庆史［M］. 北京：中国文史出版社，2004：175.

❷ ［清］王尔鉴，周开丰. 巴县志·卷三［M］. 乾隆二十五年（1760年）刻印本.

❸ 向楚. 巴县志选注［M］. 重庆：重庆出版社，1989：658.

❹ 重庆市地方志编纂委员会. 重庆市志·第二卷［M］. 重庆：西南师范大学出版社，2004：315.

❺ 庄燕和. 古代巴史中的几个问题［M］. 重庆：重庆出版社，1988：127.

资本主义的侵入打破了重庆原有的自然经济特征，导致了重庆传统自然经济体系的崩溃。因此在经济上以传统自然经济为物质基础的重庆传统书院教育无法再从当地经济发展中获得物质补给和力量支撑，亦不能迎合近代重庆工商业经济对教育与人才的需求。如此一来，便导致晚清重庆书院的发展步履维艰，寻求变革成为其发展的必然选择。

然而，随着英、日等帝国主义势力侵入，外国资本势力与封建官僚及买办互相勾结，使晚清重庆经济呈现四分五裂的混乱状态。清末重庆市场上充斥着各色各样的洋货，近代重庆经济日益受到西方列强工商业经济的冲击及影响，更无力从已有教育中获得有效力量支持。❶ 同时，由于教育与经济的隔阂或脱节，也使得包括书院在内的传统教育机构缺乏必要的经济物质投入，集中表现在为办书院等原有教育提供经费补给的渠道丧失，清末重庆书院的发展步履维艰。经济是社会发展的物质基础，经济的发展要求文化教育做出相应的改革，否则教育也就失去了它服务社会发展的职能。因此，重庆近代书院改制是大势所趋。

（三）文教政策

清朝历代帝王都热衷于加强皇权从而进一步巩固王朝统治，因而所实施的文教政策都以专制性的控制为特征。在书院的管理上，清政府不仅对官办书院严加监管，连民办书院也必须遵照官府的要求并接受其管理。如此一来，书院完全置于统一政策控制之下，其结果必然会滋生诸多腐败弊端，进而给书院的教学与管理带来许多陋习。清代重庆书院基本为官办书院，民办书院寥寥无几。据《巴县志·卷七·学校·书院》中记载，前为巴渝私人讲学之地，"清则一变而为官立"❷。所谓"官立"，其性质虽不等同于官学，但较之其前的民办私人教育场所则少了许多自由与活力，这就意味着书院受官方思想的控制。《重庆市江北区志》中写道，书院"以忠君尊孔为指导思想"❸，其管理者亦必须由官府任命。如《墨香书院规条》规定，"书院经理首人"负责监察书院一切事宜，且必须"由官定夺"，另外再设斋长一职"亦由官定夺，以专责成"，

---

❶　重庆市档案馆，中共重庆市委党史研究室. 重庆解放 [M]. 北京：中国档案出版社，2009：43.

❷　罗口钧，向楚. 巴县志·卷七·学校·书院 [M]. 民国二十八年（1939 年）刻本.

❸　重庆市江北区地方志编纂委员会. 重庆市江北区志 [M]. 成都：巴蜀书社，1993：729.

"首人举其纲，斋长司其目，不得藉口公事，每年妄议更换"。❶ 清代重庆书院对生徒的思想钳制也是很严格的。据江北厅书院《学堂训课条约》记载，每逢初一、十五都要集中对生徒训话并着重检查遵守"圣谕"和"戒律"的情况，违者加以惩处。朔望礼点名不到者，衣冠不整饰、举止轻率相互攻讦者罚白金一钱。❷ 诸如此类的严惩训课条约不胜枚举。清道光以后，伴随重庆官学衰败，重庆书院也呈滑坡之态，教学多流于形式，形成"学官不教，学生不学"的衰景。由此必然衍生出书院教育制度的腐朽与陋习，成为导致晚清重庆书院走向衰败，并最终实行改制的主要原因之一。

（四）西方冲击

咸丰八年（1858年），伴随着第二次鸦片战争的战败，清政府被迫签订了屈辱的《天津条约》。其第二十九款写道，基督教即天主教，"嗣后所有安分传教习教之人，当一体矜恤保护，不可欺侮凌虐。凡有遵照教规安分传习者，他人毋得骚扰"❸。以此为护身符，西方传教士得以深入内地游历传教，无所顾忌地建教堂和教会学校。伴随着基督教神学教义的传入与教会学校的兴建，西方近代的教育理论与教育制度也陆续渗透中国。与此同时，一些有志者迈出国门，他们接受了西学观念的熏染，对西方各国政教思想有了一定的认识，并从懵懂被动转向积极主动，进而加速了对传统旧式书院教育的冲击。于是，传统的书院教育已无法担当"千古之一大变局"这一历史所赋予的重任。改革派意识到若要强国富国，必先发展近代教育，培养社会所需要的人才。西方教育文化的传入及造成的冲击力量，无疑要求书院放弃和改变自己固有的传统模式，接受近代改制的历史选择。

1876年，英国以"滇案"为借口，逼迫清政府签订《烟台条约》，准许英国可在重庆派驻领事。这是重庆在近代第一次"被迫"接触西方。19世纪90年代的重庆，真可谓一座长江上游"国际交流中心"的高埠港口城市。英国为了进一步扩大在渝利益，于1890年再次逼迫清政府签订了《新订烟台条约续增专条》，将重庆作为通商口岸以便于英国人在渝发展贸易。受美国提出"门户开放"的外交政策影响，西方列强援引利益"一体均沾"原则，纷纷将

❶ 黔江土家族苗族自治县县志办公室. 黔江旧志类：清光绪以前 [M]. 内部交流本，1985：155.
❷ 中国人民政治协商会议江北县委员会文史资料研究委员会. 江北县文史资料·第三辑 [M]. 内部交流本，1988：112.
❸ 王汪毅，张承荣. 咸丰条约·卷四 [M]. 北京：外交部印刷所，1916：21-31.

触手伸向重庆。伴随西方商人教团而来的还有西方教会教育及重庆有识之士仿西方教育模式开办的新式学堂，重庆成了中国近代较早接触西方近代思想文化的内陆中心城市，这也是重庆近代书院改制的部分尝试性举措早于 1901 年全国书院改制的原因。

二、重庆书院近代改制的进程

重庆书院近代改制有一个过程，以下以历史延续坐标将其分为改制前奏、"戊戌"改制及"新政"改制三个阶段分别阐述。应该指出的是，三个时段赓续进行，周折回旋，但始终宛如东流之一江春水。在"新政"改制后，书院制度已融入近现代教育大潮之中，凤凰涅槃，既牺牲自我（从此书院退出历史舞台），又茁壮新生（在近现代教育中拥有书院的资源以及生命）。

（一）书院改制的前奏

近代书院改制是一个渐进而有序的过程，不是朝夕之间就完成的，其间虽有曲折或出现逆流，但终究无法阻挡，如一泻之江水奔腾向前。从 19 世纪 60 年代到 90 年代，中国曾发起了一场由清政府上层统治者领导的"自强""求富"救亡图存运动——洋务运动。洋务运动历经三十余年，虽没有真正使中国富强起来，却引进了大量西方先进的科学技术与文化知识。洋务派秉持"中体西用"的教育思想，提出仿照西方办学模式，改革传统旧式教育以培养"富国强兵"的洋务人才，并为中国创建了一批不同于传统书院的新式学堂。1862 年，洋务派核心人物恭亲王奕䜣创建的京师同文馆掀开了中国近代化教育的新篇章。❶ 自此，全国各省区域范围内兴建了一批以培养洋务人才为目的的洋务学堂。洋务学堂的创办，拉开了中国近代化教育的序幕，诱发了近代书院改制，进而推动了旧式书院改新式学堂思想的产生。

书院改制思想早在 19 世纪后期便萌发，最早是由早期改良主义者郑观应提出的，后为洋务派与维新派所采纳并付诸实践。郑观应在《盛世危言》一书中最早提出书院改学堂建议：各地书院，"莫若仍其制而扩充之，仿照泰西程式，稍为变通"❷。"泰西"指西欧国家，"仿照泰西程式"即仿照西欧的近代教育制度，建立新式学堂。郑观应还进一步阐释了具体措施："文武各分

---

❶ 杨益茂. 洋务运动时期的新式教育 [J]. 北京社会科学, 1996（1）.

❷ ［清］郑观应. 盛世危言 [M]. 呼和浩特：内蒙古人民出版社, 1996：37.

大、中、小三等，设于各州、县者为小学，设于各府、省会者为中学，设于京师者为大学。"❶ 然而，由于《盛世危言》直到 1894 年 3 月才正式刊行，因此他的书院改制思想与建议在较长时期内未能在社会上产生大范围影响。但这也足以说明在中国近代之始，书院改制思想早已产生，只待时机成熟便破土而出。

受到西学思想与洋务精神的影响，作为中国最早接触西方近代教育思想的重庆地区，一批有识之士与洋务人员纷纷仿照西方近代学校教育模式，大量兴办新式学堂，以求教育发展与人才培养。例如，光绪十七年（1891 年），洋务运动的巴蜀代表黎庶昌在任川东兵备道员期间，于重庆巴县创建了重庆近代的第一所官办学堂——川东洋务学堂。川东洋务学堂虽是新建学堂，却对渝地书院改制起到了诱导之效。此后重庆地区陆陆续续地兴办起新式学堂，开展新式教育，进而催生了小范围内的重庆传统书院效仿新式学堂的改革活动。因此，在光绪二十四年（1898 年）清政府正式下令改书院为学堂之前，重庆地区的诸多书院便已经着手改革了。如南川专经书院设置少量时务、算数等新课程，并按月课试；合州书院也附设了数学班。除此之外，重庆其他书院也相继修改章程，除了讲读经史之外，还加进了天文、地理、中外交涉、商务、测算等课程，考试改用策论。❷ 虽然这些改革还仅限于传统教育范畴的小修小补，但却是重庆书院近代改制的前奏和尝试。

（二）近代书院的"戊戌"改制

甲午战败是清代书院改制的导火索，维新变法则昭示着书院改制开始进入实质性轨道。1894 年中日甲午战争爆发，北洋水师爱国官兵的顽强抵抗也未能遏制住日本列强的坚船利炮与侵略野心。民族危机的加深和爱国军民为国牺牲的壮举，刺激着国内民族主义情感空前高涨，爱国意识强烈激发。不平等条约割地赔款的屈辱促使一批爱国志士纷纷寻求"救亡图存"的救国良方，"国破家何在"的危机意识促使国内出现了为救亡图存必须变法维新的强烈呼声。以康有为、梁启超为代表的维新派走上了历史舞台，他们请求变法，以谋求君主立宪的政治改良，建立近代教育体制，富国强兵，揖美追欧，从而揭开了维

---

❶ ［清］郑观应. 盛世危言［M］. 呼和浩特：内蒙古人民出版社，1996：37.

❷ 王笛. 跨出封闭的世界——长江上游区域社会研究（1644—1911）［M］. 北京：中华书局，2000：452.

新变法运动的历史篇章。

　　面对中国近代社会日渐深重的民族危机及教育上出现的困境，一些倾向或支持维新运动的开明官绅和有志之士纷纷上书，请求改革书院以顺应新教育之发展、近代社会之进步。光绪二十二年（1896 年），时任山西巡抚的胡聘之在上奏《请变通书院章程折》中称："书院之弊，或空谈讲学，或溺志词章，既皆无裨实用"，加之西学涌入，使得"中国圣人数千年递传之道术而尽弃之"❶，并担心这种"流弊"之举何时才能休止。面对内忧外患的局面，胡聘之认为唯有"善变书院之法"才可以挽救危机的局势。同年，礼部在《议复整顿各省书院折》中称：

　　国势之强弱视乎人才，人才之盛衰系乎学校；欲补学校之所不逮而切实可行者，莫如整顿书院之一法。各省书院之设，每府州县多或三四所，少亦一二所；其陶成后进为最多，其转移风气亦甚捷。

　　整顿书院约有三端：一曰定课程。宋胡瑗教授湖州，以经义、治事分为两斋，法最称善。宜仿其意分类为六：曰经学，经说、讲义、训诂附焉；曰史学，时务附焉；曰掌故之学，洋务、条约、税则附焉；曰舆地之学，测量、图绘附焉；曰算学，格致、制造附焉；曰译学，各国语言文字附焉。士之肄业者，或专攻一艺，或兼习数艺，各从其便。制艺试帖未能尽革，每处留一书院课之已足。

　　一曰重师道。书院山长必由公举，不论爵位年岁，惟取品行端方、学问渊博为众望所推服者；其算学、译学，目前或非山长所能兼，则公举诸生中之通晓者各一人，立为斋长，分课之，而仍秉成于山长。省会书院规模较广，山长而下兼设六斋之长，分厘列舍，与诸生讲习其中。

　　一曰核经费。各属书院，或田亩，或公款生息，或官长捐廉，或绅富乐助，皆有常年经费；即或僻陋之区容有不足，就本地公款酌拨，亦属为费无多。此整顿书院之大概章程也。

　　盖经学为纲常名教之防，史学为古今得失之鉴，掌故之学，自以本朝会典律例为大宗，而附以各国条约等，则折冲樽俎亦于是储其选焉。舆地尤为今日之亟务，地球图说实综大要。其次各府州县，以土著之人随时考订其边界、要

---

❶　［清］麦仲华．皇朝经世文新编·卷五［M］．上海大同译书局，清光绪二十四年（1898 年）刊本．

隘、水道、土宜，言之必能加详，再授以计里开方之法，绘图之说，选成善本，尤能补官书所未备。算学一门，凡天文、地理、格致、制造，无不以此为权舆。译学不独为通事传言，其平日并可翻译西学书籍以资考证。若夫武备、水师、机器、矿务等学堂，则必于江海冲要之地，都会繁盛之区，统筹大局，以次振兴，固非书院之所能该，而其端实基于此。

臣等查各省建立书院，本为育才之地。本年山西巡抚胡聘之奏请变通书院章程，并课天算格致等学，奉旨允准，经臣部通行各省在案。又刑部侍郎李端棻奏请推广学校，量加书院课程，亦经总理衙门议准有案。近日各省整顿书院，其见诸奏报者，如江西之酌裁友教书院童卷，移设算科，陕西之创设格致实学书院，均经议有章程。今该侍讲学士所拟定课程、重师道、核经费各条，亦为实事求是起见，应请一并通行各省督抚学政，参酌采取，以扩旧规而收实效。

又原奏内称：

学成必期于致用，设科尤贵乎得人；今拟于考试之中略仿选举之法；凡各属书院肄业诸生中，有学业成就超越等伦者，由山长会同府县，咨送省会书院甄别，入院肄业。再于省会拔其尤，由山长咨送学政存记；其童生即由学政岁科酌量取进，贡监诸生则于乡试时由学政造册咨送监临，于卷面编号外，另加标识，如经学史学等字样，或经学兼某学等字样，以待考官酌定取中。三场策问经史而外，本得以掌故舆地为问，可著为定式，并略弛时务之禁。其算学、译学由学政咨送总理各国事务衙门，予以正途进身之阶，或别设专科等语。

查光绪十三年，御史陈绣莹奏将明习算学人员量予科甲出身，经臣部会同总理各国事务衙门议以试士之例，未容轻议变更；而求才之格，似可量为推广。拟令各省学臣于岁科试时生监中有报考算学者，除正场仍试以"四书"经文、诗策外，其考试经古场内另出算学题目；果能通晓算法，即将原卷咨送总理各国事务衙门复勘注册，俟乡试之年，按册咨取赴总理衙门，试以格物、测算及机器制造、水陆军法、船炮水雷或公法条约、各国史事诸题。其明通者录送顺天乡试，不分满合贝皿等，字号，如人数在二十名以上，统于卷面加印算学字样，与通场士子一同试以诗文、策问，比照大省官卷定例，每二十名于额外取中一名。但文理精通即为合式，卷数虽多亦不得过三名，以示限制等因在案。乃自议准以后，只十四年戊子科乡试报考算学者三十二人，照章取举人一名，此后历科乡试均以不满二十名散入大号。推原其故，厥有二端：一以各省学堂之设所肄习者不过翻译之事，制造测绘之能；而不读诗书，未谙功令，虽观其有志，终不免就试乏人。一以天资英敏之人，制艺之外力能兼通西学，一经编入算学，虽有佳文，反致限于额数不能取中，遂各不愿报考。现拟整顿书院，采西学之长而仍以中学为根柢，体用兼备，洵足以储远大之材。惟如该侍讲学士所奏，诸生中学业有成者，乡试时由学政造册咨送监临，于卷面另加标识经学史学等字样，待考官酌定取中等语。按之科场条例，殊多窒碍难行。至算学、译学别设专科，尤非一时所能遽议。

臣等公同商酌，拟仍查照光绪十三年会议成案：各省监生有通晓算法及格致等学者，由学政考取咨送总理各国事务衙门复加考验，录送顺天乡试；不分满合贝皿等，号均编入算学字号，与通场士子一同试以诗文、策问，每二十名取中一名。如果人数众多，文理优长，应请毋庸拘定三名限制，以广其等进之路；至三场试策，一切时务并无例禁命题明文，嗣后乡试策问，应准考官兼问时务；除语涉讥刺标榜仍屏斥不录外，如有精通中外各学，而试论恢宏、实能自抒所见者，即首次场文字稍平，亦准酌量取中。又学政经古场内，已有考试算学之例，并令兼试时务策论，录取者予以补廪入泮。其省会书院肄业各生，有学问渊通、材艺卓著者，准山长随时咨送学政存记。此外，考选优生及选拔各场，亦以通经致用为主，不得仍沿旧习，专于诗赋楷法中求材。以上各节，亦第就科举成法量为扩充，而推行尚无流弊，该督抚学政等果能留心培植，甄别真材，风气既开，人才亦当日出矣。❶

从折中可见，清朝礼部明确肯定教育与人才对于国家社稷的重要性，即"国势之强弱视乎人才，人才之盛衰系乎学校"。由此进一步揭示书院改制的迫切性与重要性，"欲补学校之所不逮而切实可行者，莫如整顿书院之一法"，"现拟整顿书院，采西学之长而仍以中学为根柢，体用兼备，洵足以储远大之材"❷。

光绪二十四年五月十五日（1898 年 7 月 3 日），康有为呈光绪皇帝奏书《请饬各省改书院淫祠为学堂折》，其全文如下：

奏为请改直省书院为中学堂，乡邑淫祠为小学堂，令小民六岁皆入学，以广教育，以成人才，恭折仰祈圣鉴事。

---

❶❷　[清] 王树敏，王延熙. 皇朝道咸同光奏议·卷七 [M]. 清光绪二十八年（1902 年）上海久敬斋石印本.

窃顷迭奉上谕，开办大学堂，停止八股，举行经济常科，仰见我皇上除旧布新，兴学育才至意。臣唯古者国学之下，有乡塾党庠术序。泰西各国，尤崇乡学，其中等学校、小学校遍地，学校以数十万，生徒数万万，举国男女，无不知书识字，解图绘，通算学，知历史，粗谙天文地理之人，中学以上，咸有天文地舆、光化电重、公法律例、农工商矿、各国语言文学师范之学，故非独其为士者知学也。

其农、工、商皆有专门之学，即其被选为兵者，亦皆童幼出自学堂，咸粗知天文、地理、图算、格致；妇女亦皆有学，近多为医师、律师，及为师范蒙师者，盖有一民即得一民之用。美国学堂，乃至百万所，学堂岁费八千万，生徒乃至二千万人，故人才至盛，岁出新书二万，新器三千，民智而国富以强，故养兵仅二万，兵费不及学费十之一，而万国咸畏之。近者败日斯巴尼亚，其明效也。

丹麦男子八十万。庚寅，俄、英失和，将交兵丹国海峡。丹国不允，俄、英逡巡而退。我中国民四万万，冠于地球，倍于全欧十六国，地当温带，人民智慧，徒以学校不设，愚而无学，坐受凌辱，是遵何故哉？盖泰西户口少而才智之民多，吾户口多而才智之民少故也。故欲富强之自立，教学之见效，不当仅及于士，而当下逮于民，不当仅立于国，而当遍及于乡。臣为我皇上筹之。

泰西变法三百年而强，日本变法三十年而强，我中国之地大民众，若能大变法，三年而立。欲使三年而立，必使全国四万万之民，皆出于学而后智开而才足。我皇上若辨之既明，审之既定，行之以勇，则与二三大臣，聚精会神于兴乡学而开民智之事，昼夜课功，以全力赴之，其效之大小，必有与皇上心力之多寡以相应者。臣为我皇上思兴学至速之法，凡有二焉：我各直省及府州县，咸有书院，多者十数所，少者一二所，其民间亦有公立书院、义学、社学、学塾，皆有师生，皆有经费。惜所课皆八股试帖之业，所延多庸陋之师，或拥席不讲，坐受脩脯者。其省会间有及考据词章之学者，天下数所而已，师徒万千，日相率为无用之学，故经费虽少，虚糜则多。今既罢弃八股，而大学堂经济常科皆须小学、中学之升擢，而中学、小学直省无之，莫若因省府州县乡邑，公私现有之书院、义学、社学、学塾，皆改为兼习中西之学校，省会之大书院为高等学，府州县之书院为中等学，义学、社学为小学。方今创办伊始，亦无高等学，凡有诸学略备者为中等学，粗知图算、舆象、语言文字、政律者为小学，但以学规、经费为等级，不论郡邑乡落，不论公私官民，皆颁发大学堂章程，今仿照办理。其力有不足，略减规模，请旨先电饬各直省督抚，督率道府州县，各将所属书院、义学，社学、学塾处所多少，教习人才高下，经费数目，限两月内报明。各书院、义学，皆本有经费，但有明诏，改变章程，别延教习，因其已成之基，转移间而直省郡邑僻壤穷乡，祈祈学子，千数百万，皆知通经史而讲时务矣。事之效顺，未有逾此。然观美国学费十倍兵费之故，则我直省书院，区区经费不足言矣。皇上若欲速收成效，非大增学费，不能奏功。

臣闻各省陋规，及广东闹姓规，皆溢款百数十万。刚毅尝抚广东，清声颇著，皇上试诘问之，必得其详。夫各省督抚，累经严旨饬办学堂，则委以支绌无款，而应酬举动杂费，乃溢浪无数。方当国事艰危，非复侈供张饰繁文之日，乃使皇上独忧社稷，而疆臣但安富尊荣，滥用民脂，而置国是不问，视严旨犹为有人心者乎？请严旨戒饬各疆臣，清查善后局及电报、招商局各溢款、陋规、滥费，尽拨为各学堂经费，除贵州等极瘠苦省份外，必可每省得数十万金，以为养士之用。庶几各学堂延师购书置器，皆有所资。并鼓动绅民，捐创学堂，其能自捐万金，广募地方经费者，赏御书匾额，给以学衔，以资鼓励。其有独捐十万巨款，创建学堂者，请特旨奖以世职。其院师学长，多八股之士，或以京秩清班，以空名领之者，宜皆更易，别聘通才。其中学、小学所读之书，所办之章程，皆特设书局，编辑中外要书，颁发诵读遵行，然犹虑不能遍及穷乡也。

查中国民俗，惑于鬼神，淫祠遍于天下，以臣广东论之，乡必有数庙，庙必有公产。若改诸庙为学堂，以公产为工费，上法三代，旁采泰西，责令民人子弟年至六岁者，皆必入小学读书。而教之以图学、器艺、语言文字，其不入学者，罪其父母。若此则人人知学，学堂遍地。非独教化易成，士人之才众多，亦且风气遍开，农工商兵之学亦盛。《诗》云："肃肃兔罝，施于中逵，赳赳武夫，公侯腹心。"心兔罝之野人，人犹足为干城腹心之寄，人才之众可想矣。如蒙采择，伏乞明降谕旨，饬下各省督抚施行，严课地方官以为殿最，违者劾其一二，以警其余，庶几风化可广，人才大成，而国势日强矣。臣愚昧之见，伏乞皇上圣鉴训示。谨奏。❶

康有为等维新人士对于书院的改革信心百倍。光绪二十四年五月二十二日（1898 年 7 月 10 日），思量一周后的光绪皇帝终于决心采纳维新派的主张，于是正式发布《改书院为学校上谕》：

---

❶ 陈谷嘉，邓洪波. 中国书院史资料［M］. 杭州：浙江教育出版社，1998：2482 - 2484.

前经降旨开办京师大学堂，入学肄业者，由中学小学以次而升，必有成效可睹。惟各省中学小学，尚未一律开办，总计各直省省会及府厅州县无不各有书院，著各该督抚，督饬地方官，各将所属书院处所，经费数目，限两个月详复具奏，即将各省府厅州县现有之大小书院，一律改为兼习中学西学之学校。至于学校等级，自应以省会之大书院为高等学，郡城之书院为中等学，州县之书院为小学，皆颁给《京师大学堂章程》，令其仿照办理。其地方自行捐办之义学社学等，亦令一律中西兼习，以广造就。至各书院需用经费，如上海电报局、招商局及广东闱姓捐，闻颇有溢款，此外陋规滥费当亦不少，著该督抚尽数提作各学堂经费。各省绅民如能捐建学堂，或广为劝募，准各督抚按照筹捐数目，酌量奏请给奖，其有独力措捐巨款者，朕必予以破格之赏。所有中学小学应读之书，仍遵前谕，由官设局编译中外西书，颁发遵行。至于民间祠庙，其有不在祀典者，即著由地方官晓谕民间，一律改为学堂，以节糜费而隆教育。似此实力振兴，庶几风气遍开，人无不学，学无不实，用副朝廷爱养成材至意，将此通谕知之。❶

自此，以康有为、梁启超为代表的维新派利用光绪帝推行的近代书院改制在全国范围内正式开始，这成为"百日维新"的内容之一，可称为书院的戊戌改制。

作为政府层面的行为，对传统书院的走向首次加以设计并推行，无论从中国教育史，还是文化思想史上考察，都是具有开创性的。重庆作为西南商贸及文化重地，积极响应书院戊戌改制的号召。同年，在四川省第一份报纸——重庆府城的《渝报》第八册中刊载了达县刘行道的《川东建置中西学堂述义》，称："中西款后，天子赫然维新百度，明诏各行省设学堂，以诰天下士。先于京师立官书局，以树之标帜，以风动四方，自是新学之议遍天下。"❷于是，近代重庆创办起了第一批新式学堂，如重庆川东中学堂、江津西文学堂等。自此，重庆地区便将创建新式学堂作为一种教育潮流，新式学堂也开始成为重庆教育的重要组成部分。重庆新式学堂的建立带动了传统书院的改革，如云阳五溪书院，于光绪二十四年（1898 年）改为新式学堂，开县境办新学之先。总

---

❶ 陈谷嘉，邓洪波．中国书院史资料［M］．杭州：浙江教育出版社，1998：2482－2484．
❷ 王笛．跨出封闭的世界——长江上游区域社会研究（1644—1911）［M］．北京：中华书局，1993：452．

之，传统书院改制与新式学堂兴建，代表着重庆教育破旧立新的开始，也昭示着重庆教育开启了全新时代。

　　然而，维新变法如昙花一现，匆匆而过。同年的 9 月 21 日，以慈禧太后为首的封建势力发动戊戌政变，致使仅仅一百零三天的改革以失败告终，慈禧下旨称"书院之与学堂名异实同，本不必定须更改"❶。如今反观历史会发现，在 1898 年的戊戌书院改制中，其设计者康有为带有太多的理想主义色彩，而且要将实行了一千多年的书院在短短的两个月内改制为学堂，实属天真，其败已是题中之义。而其速败于戊戌维新运动之中，则凸显出书院改制与政治改制相结合的时代特性，似乎也预示着晚清"新政"大潮中书院再度改制的不可避免。❷

　　戊戌政变虽导致书院改革一事遂辍，但书院改制的车轮既已转动，就有行进中的惯性力量，并不会因行政禁令而完全终止，尤其在变法成为思潮、民智日开的场域下更是如此。因此，虽然此次书院改为学堂的诏令并未及时在大范围内实施即被废止，但这一举措仍对四川省产生了重要影响。清代的重庆位于四川省的地域包围内，深受新教育的洗礼。光绪二十四年（1898 年），四川学政吴庆抵签发《通饬各府厅州县变通书院章程札》，对书院改学堂这一举措积极贯彻，反应迅速，并拟定具体变通的办法，对四川、重庆书院的近代化改造起了实质性的推进作用。《通饬各府厅州县变通书院章程札》全文如下：

　　照得近年迭奉上谕，令各省建立学堂，讲求时务。本年正月，诏开经济特科，并定岁举章程，以内政、外交、理财、经武、格致、考工六门，分途取士。五月初五日，复奉特旨，乡会试、岁科试四书文一律改试策论。诚以时事多艰，需才孔亟，非屏弃帖括，讲求实学，无以造成有用之材。本院按试各属，于经古一场，多以时务命题，深冀转移风气，由虚返实。而各属诸生，通晓时事，贯彻中西之学者，尚属寥寥。良由风气初开，一二聪俊之士，略有见闻。稍知论撰，其余矻矻穷年，困于举业，又无人为之导其先路，势使然也。按部所及，为日无多，仅第高下，无缘讲肄。故欲使通省人士，咸知变其习尚，争务实学，必自书院始。

　　查川省各府厅县，书院林立，实为培植人才之地。向来但课时文试帖，或

------

❶　[清] 朱寿朋. 光绪朝东华录·四 [M]. 北京：中华书局，1958：4255.

❷　邓洪波. 中国书院史（增订版）[M]. 武汉：武汉大学出版社，2012：641.

加课经解诗赋，尚无讲求时务者。省城尊经书院，已添设经济加课，院中高材生，颇能博学而详说者。各府厅州县亦应次第推行。现拟大为变通所属各书院官师月课，一律改课时务策论，如大政典、大沿革、中外交涉以及天文、舆地、兵谋、商务、制造、测算，分门命题，不得再课时文帖试。其或该府厅州县及地方绅衿，有能另筹巨款、新开学堂者，速即筹款定章，禀报兴办。其大要有二：一曰访延名师，必须人品学问士林推服，或熟于朝章国故，或明于天算格致。本地无人，即访求外省有声望者，来主教席，不得瞻徇情面，或致名实不符。旧时山长如能胜任者，自可仍旧；其或谦让未遑，必以造就人才为重，不肯自贻素食之讥；其平日但支修金，从不到院者，尤宜辞退另延，以归核实；其向由学官兼掌者，亦应量其能否，以定去留。本院访闻堪胜此席者，有现署松潘厅教授廖平、灌县学训导吴之英、射洪县贡生刘光谟、威远县举人黄英、重庆府学增生彭致君、达县附生吴煦昌，或洞明经术留心时事，或深通算学能读西书，可各就相近地方，延聘主讲。其有通知洋文，堪以教习泰西语言文字者，则另设一席，以导译读西人图书之先路。山长教习总以常川住院、督课勤密为主，方可渐收实效。一曰置图籍。各书院有书者少，应筹巨款，购备各种图书，俾来学之士，有所观览。诸生寒士居多，有志向学，无力购书，最可悯念。书籍首《二十四史》《资治通鉴》《通鉴纲目》《三通》《续三通》《皇朝三通》《大清会典》诸巨帙。次国朝人编辑掌故各书，及名臣奏议文集。次天文、算学各书。次上海、天津、广东译印西书。门类名目繁多，只宜择要先购。图则首重舆地，以近日湖南所出，东洋铜版印成者为最详。上海旧时石印各地图，亦须备览。购齐之后，存储书院，依照尊经书院章程，专设收掌书籍一人，妥为经理，如经费充足，更须购买仪器，以为天算者考镜之资。

以上二事，实为先务。各州县地方情形不同，规模自难一律，府城书院，必宜加意扩充。近日蓬州方牧旭，筹设崇实学堂，章程甚善，前经禀请立案，本院深加奖许。各府厅州县拟议章程，如一时未有程式，可咨取蓬州学堂章程，依照办理。其一切考课、膏奖章程筹议妥善，通详立案，以垂久远。总期实力奉行，毋得因循粉饰。蜀中不乏可造之才，地方尽有可筹之款，如一州县中赛会、演剧诸浮费，应行禁止者，悉劝谕改归学堂正用。化无益为有益，其功最巨，其效至宏，不宜狃于习俗，纵任虚靡也。本院世受国恩，心伤时事，早作夜思，惟冀兴起蜀才，上副朝廷崇尚实学之意。该府厅州县深明治本，注意人才，育贤匡时，与有责焉。途（除）咨明署总督部堂加札饬办外，合行

札仰该府厅州速就现有书院，酌量变通，并迅饬所属各厅州县，一律遵照办理，限于札到一月内申复核夺。切切，特札。❶

文件一经签发下达，包括重庆在内的四川各府县地方政府反应热烈，积极"令各地建立学堂，讲求时务"❷，大开经济特科，力争实学。川渝地方政府对新政策的积极贯彻，对四川、重庆书院的近代化改革起了实质性的推动作用。

（三）近代书院的"新政"改制

维新变法虽然失败，国内救亡图存的呼声却并未中断，义和团运动的爆发与八国联军的入侵给原本羸弱不堪的晚清政府以致命一击。《辛丑条约》的签订促使国内外矛盾空前激化，清政府已是颓垣破壁、夕阳余晖。不甘退下历史舞台的晚清政府妄图继续延长统治，重新祭起"变法"的旗帜推行"新政"。其中，教育方面的改革在"新政"的各项措施中居主要位置。光绪二十七年（1901 年）五月，湖广总督张之洞、两江总督刘坤一联名上奏《变通政治人才为先遵旨筹议折——设文武学堂》❸，折曰：

臣等谨参酌中外情形，酌拟今日设学堂办法，拟令州县设小学校及高等小学校。童子八岁以上入蒙学，习识字，正语音，读蒙学歌诀诸书，除"四书"必读外，"五经"可择读一二部，家塾义塾悉听其便，由绅董自办，官劝导而稽其数，每年报闻上司可也。十二岁以上入小学校，习普通学，兼习"五经"，先讲解，后记诵，但解经书浅显义理，兼看中外简略地图，学粗浅算法，至开立方止，学粗浅绘图法，至画出地面平形止，习中国历代史事大略，本朝制度大略，习柔软体操，三年而毕业。绅董司之，官考察之。十五岁以上入高等小学校，解经书较深之义理，学行文法，学为策论词章，看中外详细地图，学较深算法，至代数几何止，学较深绘图法，至画出地上平剖面、立剖面、水底平剖面止，习中国历史大事外国政治学术大略，习器具体操，兼习外国一国语言文字之较浅者。此学必设兵队操场。三年而毕业。官司之，绅董佐之。毕业后，本管府考之，分数及格者给予凭照，作为附生，送入府学校，分数欠者留学。府设中学校，十八岁高等小学校毕业取为附生者，入中学校习普

---

❶❷ 于宝轩. 皇朝蓄艾文编·卷十六 [M]. 清光绪二十九年（1903 年）上海官书局铅印本.

❸ 朱有瓛. 中国近代学制史料·第一辑·下册 [M]. 武汉：华东师范大学出版社，1986：772－776.

通学。其有监生世职职衔愿入普通学者亦听，但须酌捐学费，与附生一律教课。其有营弁营兵文理通畅能解算法绘图考验有据者，亦准收入。此学温习经史地理，仍兼习策论词章，并习公牍书记文字，学精深算法，至弧三角航海驶船法止，学精深绘图法至测算经纬度行军图目揣远近斜度止，习中国历史兵事，习外国历史律法格致等学，外国政治条约即附于律法之内，并讲明农工商等学之大略。习兵式体操，兼习外国一国语言文字之较深者，词章一门亦设教习，学生愿习与否均听其便，弁兵入学者专学策论，免习词章。此学亦必设兵队操场。三年而毕业。学政考之，给予凭照作为廪生，送入省城高等学校。省城应设高等学校一区，大省容二三百人，中小省容百余人，屋舍不便者，分设两三处亦可，但教法必须一律，非由中学校普通学毕业者不能收入。拟参酌东西学制分为七专门：一经学，中国经学文学皆属焉；二史学，中外史学中外地理学皆属焉；三格致学，中外天文学、外国物理学、化学、电学、力学、光学皆属焉；四政治学，中外政治学、外国律法学、财政学、交涉学皆属焉；五兵学，外国战法学、军械学、经理学、军医学皆属焉；六农学；七工学，凡测算学、绘图学、道路、河渠、营垒、制造、军械火药等事皆属焉；共七门，各认习一门，惟人人皆须兼习一国语言文字，此学亦必设兵队操场。至医学一门，以卫生为义，本为养民强国之一大端。然西医不习风土，中医又鲜真传，止可从缓。惟军医必不可缓，故附于兵学之内。并另设农、工、商、矿四专门学校各一区，专以考验实事为主，机器药料试验场皆备，亦三年而毕业。其普通学成愿入此四学者听。入此四学者，中国经学文学，皆令温习。无论何学，皆有兵队操场。其习武者专设一武备学校，择普通毕业之廪生愿习武者送入，"四书"、中国历史、策论，人人兼习。其余悉依外国教课之法，并专习一国语言及文字。或仿日本并设一炮工学校，专学制造枪炮之法，均三年而毕业。文学生高等学校毕业后，除农、工、商、矿专门四学另为章程外，此七门学生学律法者派入交涉局学习实事，名曰练习学生，学兵法者，派入各营学习实事，亦名曰练习学生。其余五门学生，均随其所愿，派入农、工、商、矿等局兼习实事，名曰兼习学生，均以实在局、在营一年为度。农、工、商、矿四专门学，三年毕业后，农学派赴本省外县山乡水乡考验农业，工学派赴本省外省华洋工厂考验制造，商学派赴南北繁盛口岸考验商务，矿学派赴本省外省开矿之山炼矿之厂考验采炼，均名曰练习学生，亦均以实在出外游历练习一年为度。其武学生武备学校毕业后，令入营学习操练一年，半年充兵，半年充弁，以实在营一年为度。合计在学肄业，及出外练习，文官各门均四年学成。先由督抚学政考之，再由主考考之，取中者，除送入京师大学校外，或即授以官职，令其效用。大学校学业又益加精，门目与省城所设高等专门学校同，三年学成，会试总裁考之，取中者授以官。此大中小学教法门目等级年限之大略也。其考用之法，高等小学学成者，本管知府考之；普通中学学成者，学政考之，均不弥封。县送府考，府送学院考，均须详注分数；知府学政考取榜示，亦须注明分数，不准浑沦取进。高等专门学成者，督抚学政分文武两途考之，应分几场临时酌定，取者作为优贡，武者作为武优贡。其文事由他途径入普通中学，荐送农、工、商、矿四专门学，非由生员者及由普通中学毕业径入四门专学；非由高等学毕业者，其武事由弁兵径送入普通学；非由生员者，一并准其与考。其优贡所取人数，视本省中额加倍。钦派考官会同督抚学政亦分文武两途考之，应分几场临时酌定。考其专门之学及各国语言文字，非优贡不得与考。大率督抚学政所取优贡，即系录送乡试之意。应试人少，且诸学有须面试者，勿庸糊名易书，考中者作为举人；其非由生员出身及非由高等出身者作为副榜，择其中试前半若干名分别送入京城文武大学校。所以止送一半入大学校者，一为京师大学，若欲全容天下举人，费用过多，故减半送京以节经费；一为分半就职，俾得及时效用，以应目前急需。其有未获送入大学校者及已经送京而不愿入大学校愿就职者听。其未送大学校而不愿就职自愿留学以待下科者亦听。就职者，文授以七品小京官及六七品佐贰首领分部分省候补或充各局委员，武授以守备千总等官发营差委。考官照学政例，准带幕友二三人；同考官由外省酌量访求聘委，不拘官阶，亦不必本省人员。京城设文事大学校，水军陆军大学校各一，学业又益加精，门目略与省城专门学校同，学成者钦派总裁大臣考之，作为进士，经廷试后，文授以部属知县等官，武授以都司守备等官，均令分部分省分标候补，优其序补班次，勿庸归选。如朝廷需用编书、修史，应奉文字之词臣，宿卫禁廷之侍卫，应随时听候谕旨考选，不在科举常例之内。统计自八岁入小学起，至大学校毕业止，共十七年——计十八岁为附生，二十一岁为廪生，二十五岁为优贡举人，二十八岁为进士——除去出学入学程途考选日期外，亦不过三十岁内外，较之向来得科第者并不为迟，此大中小学层递考取录用之大略也。其取中之额，即分旧日岁科考取进学额，以为学堂所取生员之额，分乡会试中额，以为学堂所中举人进士之额。优贡应请新定学堂之额，大率比本省中额加倍而略多，初开办数年，学堂未广，取中尚少。前两科每科分减旧日中额学额三成，第三科，每科分减旧额四成，十年三科之后，旧额减尽，生员举人进士皆出于学堂矣。至日久才多以后，应仿各国章程，视其学业分数以为中额之多少，并可不拘定额以昭核实而资策励，总须较旧额之数有增无减，此学堂取中额数移拨旧额日后并不限以定额之大略也。……论外国设学之定法，自宜先由小学校办起，层累而上以至中学高等学大学，方为切实有序。惟经费太绌，师范难求，只可剀切劝谕，竭力陆续筹办，若必待天下遍设数万小学，数百中学，然后升之高等学大学而教之用之，至速亦须十年。时事日棘，人不我待。刻舟胶柱，必致空言误事。今日为救时计，惟有权宜变通，先自多设中学及高等学始。选年力少壮、通敏有志之生员迅速教之，先学普通，缓习专门。应各就省城及大府酌量情形，迅速筹办，以资目前之用。取才由粗入精，立法由疏入密，凡事何莫不然。将来小学林立，中学亦多，则循序渐进，取才既裕，而教法亦不劳矣。查三十岁而入官，科名不得为晚，自初学以至学成，十七年而成文武兼备之人才，造就不得为迟。惟事急需才，恐难久待。查日本文武各种学校，皆有速成教法，于各项功课择要加功，于稍缓者量加省减，刻期毕业；应请旨饬出使大臣李盛铎切托日本文部参谋部陆军省代我筹计，酌拟大中小学各种速成教法以应急需，此权宜救急先设普通中学暨采访速成教法之大略也。惟成事必先正名，三代皆名学校，宋人始有书院之名。宋大儒胡瑗在湖州设学，分经义治事两斋，人称为湖学，并未尝名为书院。今日书院积习过深，假借姓名希图膏奖，不守规矩，动滋事端，必须正其名曰学，乃可鼓舞人心，涤除习气。如谓学堂之名不古，似可即名曰各种学校，既合古制，且亦名实相符。总之，中华所以立教，我朝所以立国者，不过二帝三王之心法，周公孔子之学术。今宗旨则不悖经书，学业则兼通文武，特以世变日多，故多设门类以教士，取其周知四国博学无方，正与经传所载三代教士取人之法相合，看似无事非新，实则无法非旧。且经史词章，仍设专门，学人文人皆有自见之路。何得以唐人专考词章之下策，前明八股之俳体视为儒者正宗哉！臣等所拟以上办法，不过明宗旨，标门类，分等级，计年限，筹出路，除妨碍，举其大略如此。至于详细章程究应如何斟酌损益之处，应候敕议裁定。此一事为救时首务、振作大端，伏望我皇上思危虑患，饬取日本学校章程迅速详议，乾断施行，收人心以固国基，四海瞻仰首在此举矣。

综上所述，张之洞、刘坤一二人主张建立包括文、武、农、工、商、矿各类各级学堂的近代学制体系。细细研读，可知其设计方案分为六个方面、四个主旨。六个方面指的是"明宗旨、标门类、分等级、计年限、筹出路、除妨碍"。四个主旨一是取法日本学校章程，建立西式大、中、小三级学校制度。二是"参酌东西学制"，强调教学内容"经史词章仍设专门"，经学、史学、格致、政治、兵学、农学、工学称为七门之学，而且经学居七门之首。三是采取"层递考取录用"的方法将学堂和科举合一，即各学堂学生修学期满，考试毕业，分别授予附生、廪生、举人、进士。而生员、举人、进士的录取名额则以原有岁科、乡试、会试名额为准，从科举递减给学堂。如此一来，"十年三科之后，旧额减尽，生员、举人、进士皆出于学堂矣"。四是改书院为学堂，以期快速实现学制从古代到近现代的转型。❶

综合来看，张、刘二人所要建立的近代学制体系，是以西式三级学校体系的建立作为近期目标，通过改书院为学堂这一手段，从而实现以传统经学等七门之学作为教学内容、学堂与科举合一的教学形式，最终实现建立以"中体西用"为核心价值的"中国式"近代学制体系。

需要指出的是，将学堂与科举合一的主张最早源于身为湖广总督张之洞属官的湖北巡抚谭继洵。光绪二十四年五月二十七日（1898年7月15日），正值书院的戊戌改制，谭继洵在回复废八股上谕的奏折中写道，"以学校立科举之体，以科举成学校之用"，并且强调"变法自强莫先于变通学校，变通学校又莫先于设立学部也"❷。此法虽未实行于戊戌书院改制之时，但延展三年后在张之洞等人的《变通政治人才为先遵旨筹议折——设文武学堂》中体现并得以实施，由设想变成了现实。

清政府采纳了张、刘二人的建议。光绪二十七年八月初二日（1901年9月14日），百日维新后不足三年时间，清政府将曾经废止的书院改制诏令《兴学诏书》，再次通谕全国。诏令称：

人才为政事之本，作育人才，端在修明学术。历代以来学校之隆，皆以躬行道艺为重，故其时体用兼备，人才众多。近日士子，或空疏无用，或浮薄不实，如欲革除此弊，自非敬教劝学，无由感发兴起。除京师已设大学堂应行切实整顿外，着各省所有书院，于省城均改设大学堂，各府及直隶州均改设中学堂，各州县均改设小学堂，并多设蒙养学堂。其教法当以"四书""五经"纲常大义为主，以历代史鉴及中外政治、艺学为辅，务使心术纯正，文行交修，

---

❶ 邓洪波. 中国书院史（增订版）[M]. 武汉：武汉大学出版社，2012：641-642.
❷ 朱有瓛. 中国近代学制史料·第一辑·下册 [M] 上海：华东师范大学出版社，1986：691-694.

博通时务，讲求实学，庶几植基立本，成德达材，用副朕图治作人之至意。着各该督抚、学政，切实通饬，认真兴办。所有礼延师长，妥定教规，及学生毕业，应如何选举鼓励，一切详细章程，着政务处咨行各省悉心酌议，会同礼部复核具奏。将此通谕知之。❶

由此，清末的书院近代改制大刀阔斧地拉开了序幕。在清廷颁布诏令数月之后，四川总督奎俊于清光绪二十八年（1902 年）四月十九日上书朝廷《筹办大学堂折》获准。奎俊在《筹办大学堂折》中写道：

窃维：兴学植才，实今日匡济时艰之本，必当克日观成，第各省情形容有不同，创办之初，规制不能不有所损益。蜀中介在僻远，风气未开，为学之士，求其留心根底，不为寻行数墨所拘者，尚不乏人。若夫交涉之纷繁，外洋之政学，则概乎未有所闻，非如江、浙、闽、粤等省多士，目染耳濡，致力较易也。省垣旧有尊经书院，专课经文策论，由学政选列高等生员送院肄业，于中国学问颇有可观。又前督臣鹿传霖任内，创设中西学堂，以算学、英法文分门教授，数年以来，尽有通晓天算及英法文字语言者，今拟即将尊经书院作为四川省城大学堂，而以中西学堂并入其内，庶中西两种学问均有涉猎。初级之人可为后来各生先导，仍拟依照山东章程，暂定额数三百名，作为备斋，合新旧学生一律严行甄选，派委总办道员一员，专管学堂事务。所有应聘教习、监督以及详细学规、课程，均由奴才会商学臣，督饬司道等。参酌东省章程，认真举办。期于实事求是，不许稍涉虚浮。应需常年经费，核实预计，约银四万六七千两，除尊经书院、中西学堂旧有经费一万六千两外，尚短三万两。拟于盐务中设法提凑，以济要需。其尊经书院原有房舍窄少不敷，现又添建楼房三百余间，并置备器具床几等件，需银二万余两；又购买中西书籍、仪器，一切需银七千余两，共二万七千余两，暂由藩库筹拨。近日川南、川东各府厅州县，亦多就地筹款，或就向日书院改建学堂。二三年之后，大学堂诸生，即已稍有溥通之学，而各属中小学堂，又复有毕业学生申送到省，当再续筹款项，添设正斋、专斋，以次建立藏书楼、译书局、博物院，以观大成而资讲习。当此库储奇绌，固不敢擅事虚靡，而事关学校要需，亦何敢自隘规模，贻讥弇陋。据该司道等会详请奏前来，除批饬遵办外，所有改设省城大学堂大略情

❶ ［清］朱寿朋. 光绪朝东华录·四［M］. 北京：中华书局，1958：4719.

形，谨会同四川学政臣吴郁生恭折具陈。伏乞皇太后、皇上圣鉴训示。❶

此后，川渝之地又开始推行改书院建学堂的教育活动，也促使重庆地区书院改制的全面开展。当时的《四川官报》称，自巴蜀之地书院改制全面而迅速铺开以来，各地兴办的新式学堂中重庆占居多数，并大赞"渝城地居冲要，得风气之先"❷。对于近代重庆书院改制的结果，由表 6－1 清代重庆书院改学堂情况一览表中可见。

表 6－1　清末重庆书院改学堂情况一览表

所属县	书院名称	具体情况
渝中区	算学书院	光绪二十九年（1903 年），算学书院与渝郡书院旧址一起，改建为县立簧学小学
	渝郡书院	
	字水书院	清光绪三十一年（1905 年），字水书院旧址建巴县医学堂。清末废书院，又改为巴县高等小学堂、巴县第一高级小学堂，后为字水女子小学堂
九龙坡区	观文书院	光绪三十年（1904 年）改为县立白市驿女子小学堂
北碚区	朝阳书院	光绪二十八年（1902 年）改为初等小学堂，光绪三十二年（1906 年）改为高等小学堂
巴县（今重庆市巴南区）	辅仁书院	光绪二十九年（1903 年）改为正蒙公塾。民国时，改为惠民乡中心小学。今为辅仁中学
	东川书院	光绪二十九年（1903 年），东川书院改名为重庆府中学堂，民国三年（1914 年）改为重庆联合县立高级中学校
	瀛山书院	光绪三十年（1904 年）改为鹿角乡两级小学堂
	观澜书院	光绪三十年（1904 年）改为木洞镇小学堂
	三益书院	光绪三十年（1904 年）改为县立长生乡两级小学堂
	行余书院	清末改为县立南彭乡女子小学堂
	登瀛书院	清末改为县立接龙乡女子小学堂，民国改为接龙乡女子小学校
	归儒书院	清末改为忠兴场初级小学堂

❶　陈谷嘉，邓洪波. 中国书院史资料［M］. 杭州：浙江教育出版社，1998：2504.
❷　隗瀛涛. 四川近代史稿［M］. 成都：四川人民出版社，1990：369.

续表

所属县	书院名称	具体情况
江北 (今重庆市江北区)	嘉陵书院	光绪二十八年（1902年）改办江北厅高等小学堂，光绪二十九年（1903年）改为江北厅官立小学堂。光绪三十一年（1905年），厅立小学堂与厅立模范小学堂合并建成高、初级合校的江北厅两级小学堂
	逊敏书院	清末相继改为塾馆、逊敏小学
	三益书院	民国初改为江北县石船乡区立两级小学
江津 (今重庆市江津区)	几水书院	光绪三十年（1904年）改办师范传习所
	育才书院	光绪三十年（1904年）改设两等学校，民国三年（1914年）改为县立乙种农业学校，民国五年（1916年）改办育才高小学校
	双峰书院	光绪三十年（1904年）改为初级小学，民国时改设国民学校
	凤鸣书院	光绪三十年（1904年）改为初级小学，光绪三十三年（1907年）改办国民学堂
	文峰书院	光绪三十年（1904年）改为初级小学，光绪三十一年（1905年）改为国民学堂
	聚奎书院	光绪三十一年（1905年）改办聚奎学堂，光绪三十二年（1906年）更名为"省立聚奎高等小学堂"，民国后相继建立小学、初级中学、高级中学
合川 (今重庆市合川区)	翘秀书院	光绪二十八年（1902年）改为翘秀高等小学堂
	濂溪书院 （合宗书院）	光绪三十年（1904年）改为合州中学堂，光绪三十四年（1908年）内建模范高等小学堂，民国三年（1914年）更名"合州县立中学校"
	瑞山书院	光绪三十年（1904年）改为初等寻常小学堂，此后又改兴里高等小学堂、中区高等小学校等
南川 (今重庆市南川区)	育才书院	光绪三十一年（1905年）改为学务研究所
	隆化书院	光绪三十二年（1906年）改为县立高等小学堂
	专经书院	光绪三十二年（1906年）改为县立第一女子高等小学堂
綦江 (今重庆市綦江区)	瀛山书院	光绪三十一年（1905年）改为初等小学堂，光绪三十二年（1906年）改为县立高等小学堂
	明善书院	光绪三十三年（1907年）改为东溪初等小学堂

所属县	书院名称	具体情况
长寿 （今重庆市长寿区）	凤山书院	光绪二十九年（1903年）开设师范传习所，光绪三十年（1904年）创办林庄学堂及初等小学堂。光绪三十一年（1905年）设私立蚕桑学校，光绪三十四年（1908年）师范传习所改为县立师范
	鸿程书院	光绪三十一年（1905年）改为初等小学堂
铜梁 （今重庆市铜梁区）	玉堂书院	光绪二十七年（1901年），玉堂书院、青藜书院两书院合并，改为"玉青初等小学堂"
	青藜书院	
	巴川书院	光绪二十八年（1902年），两书院合并改为"巴琼学堂"，亦称"铜安小学堂""铜梁县小学堂"。光绪三十年（1904年）更名"铜梁县高等官立小学堂"，光绪三十三年（1907年）办中学，设铜梁县中学堂
	琼江书院	
潼南 （今重庆市潼南区）	鉴亭书院	光绪二十九年（1903年）改为初等小学堂，光绪三十二年（1906年）改为高等小学堂。民国十三年（1924年）改办潼南县立初级中学。今为潼南中学
	云龙书院	光绪三十一年（1905年）改办高初两等小学堂
	诸英书院	光绪三十一年（1905年）改为高初两等小学堂
	天成书院	光绪三十二年（1906年）改为复兴场公立两等小学
	玉山书院	光绪三十四年（1908年）改为公立两等小学堂
	登云书院	光绪三十四年（1908年）改为公立高等小学堂
	汇川书院	宣统元年（1909年）改为高初两等小学堂
	朝阳书院	宣统二年（1910年）改初等小学堂，民国二年（1913年）改柏梓公立高等小学堂
	桂香书院	民国元年（1912年）改为初等小学
	育秀书院	民国二年（1913年）改为初等小学
	龙翔书院 （龙池书院）	民国四年（1915年）改为公立初等小学堂
云阳	五溪书院	光绪二十四年（1898年）改为新式学堂，光绪三十二年（1906年）改为高等小学堂
	凤鸣书院	光绪三十一年（1905年）改为凤鸣高等小学堂
	飞凤书院 （云安书院）	光绪三十二年（1906年）改为劝学所。今为云阳教育局
	云峰书院	清末改制为乡初级小学堂
	崇善书院	清末改制为乡初等小学堂

所属县	书院名称	具体情况
垫江	凌云书院	光绪三十二年（1906 年），凌云书院开办师范传习所，民国元年（1912 年）创办县立中学
丰都	五云书院（经古书院）	光绪三十一年（1905 年）改为县立小学堂
	鹿鸣书院（平山书院）	光绪三十一年（1905 年）改为丰都县立高等小学堂
武隆	白云书院	光绪二十七年（1901 年）改为高等小学堂
	江华书院	光绪三十三年（1907 年）改为敬信学堂，今为江口小学
黔江（今重庆市黔江区）	三台书院	光绪三十三年（1907 年）撤书院合并为联合镇第一小学堂
	墨香书院	光绪三十三年（1907 年），以墨香书院创建黔江县官立高等小堂
万县（今重庆市万州区）	万川书院	光绪三十年（1904 年），万川书院改为高等小学堂。次年（1905 年），白岩书院、万川书院合并为万县中学堂
	白岩书院	
巫溪	凤山书院	光绪三十一年（1905 年）改为大宁县（今巫溪）第一高等小学堂
荣昌（今重庆市荣昌区）	棠香书院	光绪三十年（1904 年）改为吴市高等小学堂
	玉屏书院	光绪三十四年（1908 年）改为荣昌模范女子小学堂
	丹凤书院	清末改为小学堂
	宝盖书院	清末改为小学堂
涪陵（今重庆市涪陵区）	钩深书院（北岩书院）	光绪二十七年（1901 年）改为涪州师范中学堂，光绪三十一年（1905 年）改为中学堂
	鹤鸣书院	光绪三十三年（1907 年）改为"保和寨官立圣公高等小学堂"，至民国改名"圣公小学"继续开办
大足（今重庆市大足区）	棠香书院（宝鼎书院）	光绪三十年（1904 年）改为大足县立高等小学堂
奉节	莲峰书院（云安书院）	光绪三十年（1904 年）设夔府师范讲习所，翌年（1905 年）改为奉节县高等小学堂
	文峰书院	光绪三十年（1904 年），设夔府学务所。光绪三十一年（1905 年）改为奉节县劝学所，次年（1906 年）又设夔州维新女学。1914 年改为夔州女子两等小学

所属县	书院名称	具体情况
奉节	北堂书院	光绪三十二年（1906 年）改为初级小学堂
	峨麓书院	清末改为高等小学堂。民国五年（1916 年），改为南区区立两等小学堂
彭水 （今重庆直辖市辖区）	摩云书院 （云上书院）	光绪三十年（1904 年）改为县高等小学堂，宣统二年（1910 年）改办崇实学堂，民国时改为彭水女子学校、汉葭镇国民小学
	鹿山书院	光绪三十年（1904 年）改为鹿山小学堂。至清末，又改作师范传习所，教学兼中学西学
	丹泉书院	光绪三十三年（1907 年）改设为丹泉小学堂
石柱 （今重庆直辖市辖区）	南宾书院	光绪三十一年（1905 年）改为石柱直隶厅官立高等小学堂，宣统二年（1910 年）改为官立中学堂，始置初中
	华祝书院	清末改为学堂，宣统三年（1911 年）废
忠县	白鹿书院 （临江书院、 仰白书院）	光绪三十二年（1906 年）改为公立高等小学堂
永川	东皋书院	光绪二十六年（1900 年）东皋书院、锦云书院合并为达用学堂，附设师范班。光绪三十二年（1906 年）更名为重庆府永川中学堂。之后多次更名
	锦云书院	
梁平	桂香书院	光绪三十二年（1906 年）改为梁山县（今梁平县）立高等小学堂
秀山 （今重庆直辖市辖区）	凤鸣书院	光绪三十二年（1906 年）改为高等小学堂
	秀山书院	光绪三十二年（1906 年）改为高等小学堂
	苹香书院	光绪三十二年（1906 年）改为初等小学堂
	梅江书院	光绪三十二年（1906 年）改为初等小学堂
酉阳 （今重庆直辖市辖区）	龙潭经院	光绪三十二年（1906 年），龙潭经院开设桑蚕学校。光绪后期改制，龙潭经院改办为龙潭高等小学堂
	龙翔书院	光绪三十三年（1907 年）改为公立两等小学堂
	西西书院	光绪三十三年（1907 年），西西书院及上、下街两所义学合并改为酉阳龚滩两等小学堂
	二西书院	民国元年（1912 年）改为劝学所
城口	新城书院	光绪三十一年（1905 年）改称城口县高等小学堂

所属县	书院名称	具体情况
巫山	圣泉书院 (巫峰书院)	光绪三十年（1904 年）改办为巫山县官立高等小学堂
南岸 (重庆市今南岸区)	朋云书院	光绪二十九年、三十年（1903 年、1904 年）改为学堂
	广益书院	光绪二十四年（1898 年）改称广益学堂，光绪三十年（1904 年）更名为广益中学
开县	汉丰书院 (开阳书院)	清末改制为高等小学堂
璧山县 (今重庆璧山区)	璧南书院	清末改为南区公立丁家高等小学堂

资料来源：根据重庆市县地方志、教育志及相关文史资料整理。括号内为书院曾用名，其院址不变。

表 6 - 1 中众多书院改制的资料来源主要有四个，即季啸风《中国书院辞典》(浙江教育出版社 1996 年版)、胡昭曦《四川书院史》(巴蜀书社 1990 年版)、张阔《重庆书院的古代发展及其近代改制研究》(河北大学教育史专业 2008 年硕士学位论文) 及重庆各府州县志。但由于史料匮乏难寻，加之民国期间所修重庆各地方府州县志只记有"今改为学堂"等文字，未确指改制时间的，如民国向楚编纂的《巴县志选注》中仅记载归儒书院"今改为忠兴场初级小学堂"、登瀛书院"清末改为接龙乡女子小学堂" ❶。故表 6 - 1 中，部分经查证的书院改制只有片语记载。

三、重庆书院近代改制的情况

作为清末新教育制度组成内容之一的书院改制是中国近代教育的发展趋势，是社会发展的需要。重庆书院始于宋代，兴于明清，为巴渝文化特色的形成与重庆文化的传承做出了应有的贡献。然而至晚清时期，重庆书院的传统封建教育难以跟上时代发展脚步，也难以满足文化发展与人才培养的需要。因此，在巴渝教育史上书院在完成其历史使命后，退出历史舞台已是必然，而书院改制后的新式学堂将在新时代发挥其不同于传统书院的文化教育作用。现将重庆各地书院的具体改制情况详述于下，以资分析。

---

❶ 向楚. 巴县志选注 [M]. 重庆：重庆出版社，1989：428.

（一）渝中区

1. 字水书院

清光绪三十一年（1905 年），士绅刘焕彩、李晴湘等报请巴县知县傅松龄同意，在巴县城区通远门字水书院旧址创办巴县医学堂。❶ 巴县医学堂是巴县最早的中医学校❷，开始以学校教育方式来培养中医人才。光绪三十三年（1907 年），巴县医学堂迁至五福宫，后又迁桂香阁，再迁学院街。❸ 巴县医学堂的经费开始为民捐公助，后以公助为主，民捐为辅，故改名重庆官立医学堂。❹ 巴县儒医刘焕彩任总理，遂宁儒医唐德府任临学，长寿廪生陈蔚然任主考。以重庆府所辖十五厅州县童生为招收对象，每厅州县限送五名，首期招生八十名，学制三年，两年学理论，一年实习。所学理论有《内经》《难经》《〈金匮〉要略》《伤寒论》《神农本草经》《诊断学》，学生毕业后回原籍服务。光绪三十四年（1908 年），重庆官立医学堂开办五年制师范班，培养精通医典的高级中医二卜。❺

巴县医学堂创办后，为巴县、重庆乃至四川诸地培养了大批优秀的医务人员。其中，以吴棹仙较为著名。吴棹仙（1892—1976 年），名浦，字显宗，重庆巴南人，是著名的针灸学家、经方学家。幼承庭训，攻"四书""五经"，兼习医学，在其父指导下，对《伤寒论浅注》正文与注释皆能背诵。❻ 1905 年，巴县医学堂开始考试招生，吴棹仙闻讯前来赴考。他在答卷中写道"学医为济世而后谋生"，并详加阐明。❼ 1908 年，吴棹仙于巴县医学堂毕业，并因品学兼优而升入重庆府官立医学校师范班深造、学习，深得名医王恭甫等器重。❽

民国元年（1912 年），校董会决定委托重庆医学研究会领导，改名重庆医学研究会公立医校，校迁药王庙侧轩歧公所。同年，学校增加速成师范班和完全讲习班，每班招生八十名。后因学生过多，速成师范班和完全讲习班提前结业。❾ 民国二年（1913 年），因经费不济，学校停课。时逢王恭甫老师治愈内江

❶ 重庆市教育委员会. 重庆教育志 [M]. 重庆：重庆出版社，2002：852
❷❸ 四川省巴县志编纂委员会. 巴县志 [M]. 重庆：重庆出版社，1994：635.
❹❺ 《重庆百科全书》编纂委员会. 重庆百科全书 [M]. 重庆：重庆出版社，1999：12.
❻❽ 左国庆. 重庆名医名方 [M]. 重庆：重庆出版社，2013：8.
❼ 重庆市渝中区人民政府地方志编纂委员会. 重庆市市中区志 [M]. 重庆：重庆出版社，1997：784.
❾ 四川省巴县志编纂委员会. 巴县志 [M]. 重庆：重庆出版社，1994：635.

盐商李某之重症,李酬赠学校龙银三百元,学校复课,遂改名为重庆商办医学校。不久,又改名为重庆存仁医学校。至 1915 年,停办。❶

2. 算学书院、渝郡书院

清光绪十九年(1893 年),东川书院添设经学。光绪二十三年(1897 年),经学分出另建致用书院。光绪二十六年(1900 年),致用增设算学。次年(1901 年),由于算学生徒日增,原有院舍不能容,遂将"算学"分出专设于来龙巷,专门教习算学等自然科学知识。由此,算学书院创办。渝郡书院位于来龙巷,清末废书院,经费移入重庆中学校。❷ 光绪二十九年(1903 年),算学书院与渝郡书院旧址一起,改建为县立黉学小学。❸ 后迁方家十字字水书院旧址,改名巴县县立高等小学校。后又改名巴县第一高级小学校。1928 年迁今地,1935 年改今名。❹

(二)九龙坡区

观文书院,在县西里白市驿。清道光九年(1829 年),县丞吴占魁建。❺光绪三十年(1904 年),改为县立白市驿女子小学堂。

(三)北碚区

清光绪二十八年(1902 年),巴县北碚朝阳书院改为朝阳初等小学堂。❻光绪三十二年(1906 年),知县孙奉先改建为高等小学堂,后为县立中学校址。昔日朝阳书院故址,房舍尚称宽敞。❼ 后几经易名,1950 年改现名,为朝阳镇中心学校(即朝阳小学)。

(四)巴县

1. 辅仁书院

辅仁书院创办于清同治四年(1865 年),由乡人张寿黔、张瑞同在巴县东里惠民场创办。❽ 清代巴县人杜成章(1868—1924 年),字少瑶,晚号退庵居

❶ 《重庆百科全书》编纂委员会. 重庆百科全书[M]. 重庆:重庆出版社,1999:12.
❷ 向楚. 巴县志选注[M]. 重庆:重庆出版社,1989:426.
❸ 季啸风. 中国书院辞典[M]. 杭州:浙江教育出版社,1996:295.
❹ 向楚. 巴县志选注[M]. 重庆:重庆出版社,1989:432.
❺ 向楚. 巴县志选注[M]. 重庆:重庆出版社,1989:427.
❻ 重庆市教育委员会. 重庆教育志[M]. 重庆:重庆出版社,2002:851.
❼ 李文海,夏明方,黄兴涛. 民国时期社会调查丛编·城市(劳工)生活卷·上·二编[M]. 福州:福建教育出版社,2014:373.
❽ 四川省巴县志编纂委员会. 巴县志[M]. 重庆:重庆出版社,1994:9.

士。少时家贫，刻苦自励，寓居东川书院，以日用资膏火。光绪十五年（1889年），乡试中举，翌年试礼部，取国子监誊录。光绪二十一年（1895年），返乡受聘主讲辅仁书院，前后达七年。杜成章深感时事多艰，在教学中不唯文字常规所循，自订教学内容，并聘潘某任教习，教以技击之术及兵式操。光绪二十九年（1903年），杜成章任重庆府中学堂第一位监督，艰苦创业，遂起规模，为地方新法教育之前驱。晚年宦游湘、鄂，在川汉铁路收支局长任内，出入款不下千百余万，而囊中不名一文。❶

光绪二十九年（1903年），重庆辅仁书院改为正蒙公塾。正蒙公塾的几个绅董都是商人，他们集资创设"广雅书局"，初意是贩卖上海等地新出书刊，方便学生购买。❷ 其中，正蒙公塾的创办者（或是资助人）便有杜成章的学生。《重庆教育志》中记载，"其门生陈廷杰、陈沛霖等，或长民政，或任将领，皆致位通显，有功于乡又与县人创立正蒙公塾❸。自此，"巴县有学校自此始"。

此外，据文史资料记载，"正蒙公塾，肇基于辅仁书院，于革命事无与焉。岁癸卯（1903年）公塾即由童宪章、朱蕴章、陈崇功领其事，崇功方自日本学师范毕业归，蕴章亦尝游日本，三人皆向新学者，恣听塾生览读新书杂志。亦得邹容所草《革命军》，竞相传览，昌言无忌。遂有学生周国荣剪除辫发，余多改衣短服之事。于是闾巷哗传，正蒙公塾诸生皆革命党。其后淡春谷以讨袁被捕杀害，即是时在塾生也"❹。由此可见，辅仁书院的改制，近代正蒙公塾的创办与当时的革命有着莫大关联。民国时期实行新学制，书院改为惠民乡中心小学。❺ 今为辅仁中学。

2. 东川书院

东川书院地处重庆巴县。据《巴县志》记载，"公元1750年（乾隆十五年），巴县知县张兑和以缙云书院地近市井，非读书之所，遂将缙云书院并入渝州书院"❻。乾隆二十三年（1758年），川东兵备道宋邦绥迁渝州书院至炮

❶❸ 重庆市教育委员会. 重庆教育志［M］. 重庆：重庆出版社，2002：797.
❷ 重庆市地方志编纂委员会. 重庆市志·第十卷·教育志［M］. 重庆：西南师范大学出版社，2005：903.
❹ 政协四川省文史资料研究委员会. 四川保路风云录［M］. 成都：四川人民出版社，1981：65.
❺ 欧阳桦，李竹汀. 学舍百年——重庆中小学校近代建筑［M］. 重庆：重庆大学出版社，2014：52.
❻ 重庆市渝中区政协文史资料委员会. 重庆市渝中区文史资料·第十二辑［M］. 内部交流本，2002：150.

台街洪崖坊，更名"东川"。此后，东川书院发展为重庆最著名的一所官办书院。光绪二十三年（1897年），东川书院经席分出别设，名致用书院。❶ 至光绪二十九年（1903年），在一片废书院、兴学堂的浪潮中，东川书院改名为重庆府中学堂，其原有财产一律划归于中学堂，以作经费。重庆府中学堂是重庆最早的公立中学，也是中国人在重庆开办的最早的中学。在收录学生时，打破以往县境限制，招收重庆府辖区内巴县、江北厅、涪州、长寿、荣昌、铜梁、大足等多地学生，学生由各州、县高等小学堂毕业，经州县申报投考录取。❷ 对于当时一些还未建立中学堂的县区，学生可以至邻县就读，以供教育之便。看来，改制时间较晚的东川书院，应属具有代表性的一所中等教育机构。

东川书院及后继的重庆府中学堂在清末辛亥革命的民主运动中担当了十分重要的角色。辛亥革命时期，文伯鲁任重庆府中学堂教师与学监，杨庶堪任监督，并将同盟会重庆支部设在学堂内，将中学堂发展成为起义的指挥部。民国三年（1914年），重庆府中学堂改为重庆联合县立高级中学校，后又多次易校名，迁校址，至今学校仍存续，现为重庆市第七中学。建立于清初而存续至今的东川书院，虽历经二百多年风雨，却依然屹立在巴渝大地，虽经过改制、迁徙的辗转，却依旧承担着"教书育人"的重担，在重庆近代教育中发挥了积极作用。

3. 瀛山书院

《巴县志》中记载，"鹿角场耆老彭载义为创建瀛山书院……清光绪二十九年、三十年，书院尽改名学堂"❸。因而可知鹿角乡两级小学堂建于光绪二十九年、三十年（1903年、1904年）。加之，《巴县志选注》中亦称"光绪三十年（1904年）改为鹿角乡两级小学堂"❹，由此可知，瀛山书院的改制时间为光绪三十年（1904年）。

4. 观澜书院

在教育方面，巴县木洞素有办学之风，清朝时有观澜书院。光绪二十年（1894年），县府年拨四千六百二十元，改木洞观澜书院为木洞小学，校址仍

❶ 吴洪成. 重庆的学校 [M]. 重庆：西南师范大学出版社，2007：553.
❷ 吴洪成. 重庆的学校 [M]. 重庆：西南师范大学出版社，2007：305.
❸ 四川省巴县志编纂委员会. 巴县志 [M]. 重庆：重庆出版社，1994：554.
❹ 向楚. 巴县志选注 [M]. 重庆：重庆出版社，1989：427.

设在狮子岩文昌宫。❶ 光绪三十年（1904年），巴县木洞镇狮子岩文昌宫建木洞镇高等小学堂。❷ 至此，木洞才有了第一所新式学校。❸ 民国初年，校址迁往木洞慈光寺。❹抗战时期（民国二十五年至民国二十七年），政教合一，改校名为巴县木洞镇中心国民小学。新中国成立后，改为巴县木洞镇中心学校。1994年改为巴南区木洞镇中心小学校至今。❺

5. 行余书院

行余书院，在巴县南里南彭乡，光绪二十年（1894年）举人汤铭勋募建，清末改为县立南彭乡女子小学堂。

6. 三益书院

《巴县志选注》中记载，三益书院"在巴县东里长生乡，光绪三十年（1904年）改为县立长生乡两级小学堂"❻。

7. 登瀛书院

登瀛书院，在巴县东里接龙乡，光绪三十年（1904年）建，清末改制后为县立接龙乡女子小学堂❼，民国改为接龙乡女子小学校。

8. 归儒书院

归儒书院在巴县东里忠兴场，清代建。清末改为忠兴场初级小学校。❽

（五）江北

1. 嘉陵书院

嘉陵书院，设于江北厅治西，是江北厅最早的书院。嘉庆十一年（1806年），同知张瑞溥鉴于义学不足以兴文教，乃购熊姓住房略加修整建立起来。❾光绪二十八年（1902年），通令设学务局，科考改八股为策论，嘉陵书院遂停办。❿院址改办江北厅高等小学堂，江北地区始有学校教育。光绪二十九年

❶❹　向楚. 巴县志选注［M］. 重庆：重庆出版社，1989：434.

❷　重庆市教育委员会. 重庆教育志［M］. 重庆：重庆出版社，2002：851.

❸　政协重庆市巴南区委员会. 与祖国同行：巴南文史二十辑［M］. 内部交流本，2009：28.

❺❽　《当代重庆教育总览》编委会. 当代重庆教育总览［M］. 北京：中国建材工业出版社，2002：412.

❻　向楚. 巴县志选注［M］. 重庆：重庆出版社，1989：427.

❼　胡昭曦. 四川书院史［M］. 重庆：巴蜀书社，2000：154.

❾　中国人民政治协商会议江北县委员会文史资料研究委员会. 江北县文史资料·第三辑［M］. 内部交流本，1988：111.

❿　中国人民政治协商会议江北县委员会文史资料研究委员会. 江北县文史资料·第七辑［M］. 内部交流本，1992：215.

（1903 年），江北厅按《钦定初等小学堂章程》规定，将嘉陵书院改为厅立小学堂，招收七岁蒙生入学。它是江北废科举后第一所厅立新学堂。光绪三十一年（1905 年），厅立小学堂迁入试院（考棚），并与厅立模范小学堂合并，建成高、初级合校的江北厅两级小学堂，有十二个班，学生六百余人。❶

2. 逊敏书院

清光绪六年（1880 年），贡生罗骅亭主持改建云山寺为逊敏书院。后来，相继改为塾馆、逊敏小学。民国三十四年（1945 年），王朴在该处创办私立莲华中学。❷

3. 三益书院

三益书院创办于光绪年间，院址在石船镇，房屋造型典雅，林木扶疏。民国初年（1912 年）改建为江北县石船乡区立两级小学。❸

（六）江津

1. 几水书院

光绪三十年（1904 年），邑人杨德灿、杨士钦、夏凤熏等先辈顺应时代要求，倡议将几水书院改为师范传习所，培养小学师资。修业一年或数月，速成毕业，一时从事教育者多出其中。两年后停办❹，校址被改为高等小学校。1912 年，江津开始附设教员讲习科，民国二年（1913 年）江津速成师范班开学。❺

2. 育才书院、双峰书院、凤鸣书院、文峰书院

据《江津县志》中记载，"光绪三十年（1904 年），知县蔡承云同邓鹤翔、夏凤薰亲往各乡酌提庙款在乡村办小学一百三十二所……聚奎书院、育才书院相继改为两等或高等小学。双峰、凤鸣、文峰三书院及凤冈等义馆同时改为初级小学"❻。由此可知，光绪三十年（1904 年），育才书院改设两等学校，凤鸣、文峰、双峰三所书院改为初级小学。

---

❶ 重庆市渝北区地方志编纂委员会. 江北县志［M］. 重庆：重庆出版社，1996：694.
❷ 重庆市渝北区地方志编纂委员会. 江北县志［M］. 重庆：重庆出版社，1996：692.
❸ 中国人民政协江北县委员会文史资料研究委员会. 江北县文史资料·第七辑［M］. 内部交流本，1992：215.
❹ 江津县地方志编辑委员会. 江津县志［M］. 成都：四川科学技术出版社，1995：654.
❺ 江津县政协文史资料研究委员会. 江津文史资料选辑·第一辑［M］. 内部交流本，1988：144.
❻ 江津县地方志编辑委员会. 江津县志［M］. 成都：四川科学技术出版社，1995：644.

此外，育才书院于民国三年（1914 年）改为县立乙种农业学校，民国五年（1916 年）改办育才高小学校。文峰书院、凤鸣书院分别于光绪三十一年（1905 年）、光绪三十三年（1907 年）改办为国民学堂，而双峰书院直至民国时改设国民学校。

3. 聚奎书院

聚奎书院为清末江津四大书院之首，位于县境内白沙镇黑石山，于清同治九年（1870 年）始建，历时十年之久最终建成，取名"聚奎义塾"，次年正式改名"聚奎书院"。书院以教授、训练举业为主，除授"四书""五经""春秋三传"、《孝经》和讲习八股文外，尚需通览二十四史、《方舆纪要》《文献通考》等史地课，以作为应试时作策论之需。光绪三十一年（1905 年），改称聚奎学堂，由原斋长邓鹤翔为首任堂长。邓锐意革新，除保有传统国学外，还聘请一些留日生来校任教。他志在推行新学，将学堂打造成一所近代化的新式教育机构，以培养更多新式人才。之后，光绪三十二年（1906 年），邓鹤翔的弟弟邓鹤丹留日学成归来，协助其兄鹤翔办新学，在聚奎学堂任教，并邀荣县肖湘来校执教。他们在此宣传革命思想，进行反清活动，并组织学生学军事、造炸药。[1] 同年（1906 年），聚奎学堂更名为"省立聚奎高等小学堂"，民国后相继建立小学、初级中学、高级中学，存续至今，即聚奎中学。邓鹤翔的另一个弟弟邓鹤年亦十分注重教育，于 1928 年仗义疏财十万大洋，以其名兴建鹤年堂，并于 1930 年建成。鹤年堂是一座有独特风格的日本仿法式大礼堂。舞台的上层为乐台，左右有两层看台，正中有三层看台，台下是地面倾斜适度的广阔堂座。造型美观实用，为省内所少见。[2]

1937 年，全面抗战爆发，后重庆成为战时陪都。中国新文化运动的主要领导人、中国共产党创始人之一陈独秀来到江津县，并结识了邓鹤年，还曾在鹤年堂寓居讲学三月。1940 年 10 月 2 日，时值聚奎中学六十周年校庆与邓鹤年七十寿诞，陈独秀在鹤年堂为聚奎师生做了他人生的最后一次讲演，盛赞邓鹤年疏财办学的大义之举，并亲笔题写"大德必寿"和"寿考作仁"赠予聚奎中学与邓鹤年。其中，"大德必寿"四个大字镌刻于黑石山鹰嘴崖，至今保

[1]　江津县政协文史资料研究委员会．江津文史资料选辑·第一辑［M］．内部交流本，1988：123．

[2]　江津县政协文史资料研究委员会．江津文史资料选辑·第一辑［M］．内部交流本，1988：120－121．

留完整，字迹清晰可见。此外，我国著名作家、文学评论家兼书法家台静农教授也在聚奎中学六十周年校庆时称赞道："聚奎延续六十年之久，诚可谓中国近代教育史上之罕见。"❶

时至今日，聚奎书院仍院落规整，其环境设施、碑刻撰文等均保存完好，院内参天古木簇拥环绕，真可谓幽静典雅。聚奎书院院内外有多副楹联，书院门前有石刻楹联："德星长聚五百里，广厦颜开千万间。"大门外又有石刻一联："知国家大事尚可为也，得天下英才而教育之。"❸院内有位于夫子堂的石柱楹联，"是英雄铸造之地，为山川灵秀所钟"，乃佛学大师欧阳竟无所题写。夫子堂内立着一座孔夫子的铜像，栩栩如生，位于铜像正上方的墙面上悬挂着一幅墨黑牌匾，匾上写着"桃李芬芳"四个镏金大字。其赞扬意味不只是指孔子，亦在言说聚奎书院流芳百世、桃李天下的教育理想。

（七）合川

1. 翘秀书院

翘秀书院位于合州太和镇。光绪二十八年（1902 年），更名为翘秀高等小学堂。民国十年（1921 年）前后，改名为翘秀两等小学堂。今为（县）太和镇完全小学。❷

2. 濂溪书院（合宗书院）

合宗书院，亦称濂溪书院。清光绪三十年（1904 年）改为合州中学堂。❸清光绪三十四年（1908 年），合州南津街合宗书院内建模范高等小学堂。❹1914 年，又更名为"合州县立中学校"❺。

3. 瑞山书院

瑞山书院最早源于南宋养心堂书馆，历经数百年风雨，至清代光绪二十三年（1897 年）改为瑞山书院，是合川县仅有的两所书院之一。这里曾培育出诸多著名人士，如卢作孚。卢作孚（1893—1952 年），重庆市合川人，我国著名爱国实业家、教育家、社会活动家。光绪二十七年（1901 年），卢作孚的父

---

❶ 季啸风．中国书院辞典［M］．杭州：浙江教育出版社，1996：294.
❷ 《当代重庆教育总览》编委会．当代重庆教育总览［M］．北京：中国建材工业出版社，2002：457.
❸ 《重庆百科全书》编纂委员会．重庆百科全书［M］．重庆：重庆出版社，1999：443.
❹ 重庆市教育委员会．重庆教育志［M］．重庆：重庆出版社，2002：854.
❺ 《当代重庆教育总览》编委会．当代重庆教育总览［M］．北京：中国建材工业出版社，2002：431.

亲将时年九岁的他送到了当地最有名的瑞山书院就读，当时的瑞山书院已开始引入新式教育，实际上已具有了部分现代小学的雏形。[1] 至光绪三十年（1904年），卢作孚就读的瑞山书院改为初等寻常小学堂，此后又先后改为兴里高等小学堂、中区高等小学校、第一区区立瑞山小学校，简称瑞山小学。[2] 光绪三十三年（1907年），卢作孚以优异的成绩小学毕业。瑞山书院的校长、教师对他颇器重，鼓励他上中学，鉴于卢作孚家境困苦，他们甚至"表示愿意每月送一百二十个小钱"给卢作孚以助其学。天性倔强的卢作孚，不愿平白无故受人恩泽，遂婉拒了老师们的赞助。瑞山书院的短暂学习生涯，对卢作孚一生影响颇深。他于此间获取的知识、培养的良好学习态度和方法，无疑成为他日后自学的坚实基础。他刻苦勤奋的求学精神，踏实忠诚的做人作风，赢得了老师的器重、同侪的钦佩、后来者的效法。[3]

1926年，瑞山小学改置新学堂，卢作孚先生怀着对母校的深厚感情，在学校濒临停办的危急关头，毅然决定由民生公司接办瑞山小学，并亲自担任学校的董事长和校长。1944年秋，卢作孚先生将瑞山小学扩大为瑞山中学，继续担任学校的董事长。[4] 无论是旧时的瑞山书院，还是后来的瑞山小学、瑞山中学，都一直是合川县的教育源泉，为当地培育了一批又一批的人才，是一所具有光荣历史、深厚文化底蕴的学校。

（八）南川

1. 育才书院

育才书院于道光五年（1825年）由知县彭履坦创建，位于南川县城西街文昌宫侧。《南川县志》中记载，"光绪三十一年（1905年）改为学务研究所"[5]。

2. 隆化书院

隆化书院位于南川城南二里鳌头峰，于清代乾隆二十二年（1757年）由知县应士龙创建。[6] 知县应士龙《隆化书院碑记》中记载："书院以隆化名，何昉乎？南川古称隆化，而书院教化士民，建于乾隆年间，因时舆地以取义，

---

❶ 莫玉. 卢作孚：民国一代船王［M］. 北京：中国财政经济出版社，2014：35.

❷ 张守广. 卢作孚年谱［M］. 南京：江苏古籍出版社，2002：4.

❸ 冉华德. 创业雄略——卢作孚大传［M］. 北京：中华工商联合出版社，1998：8.

❹ 黄晓东，张荣祥. 重庆抗战遗址遗迹保护研究［M］. 重庆：重庆出版社，2013：584.

❺ 柳琅声，章麟书. 南川县志·学校·卷七［M］. 民国十五年（1926年）铅印本；南川县教育局. 南川县教育志［M］. 重庆：重庆市庆岩综合加工厂印刷组，1987：68.

❻ 季啸风. 中国书院辞典［M］. 杭州：浙江教育出版社，1996：290.

此隆化所由名也。"❶ 书院最初创办之时已置田产，作为办学经费。嘉庆十年（1805年）到清朝末年间，历任知县诸如蒋作梅、徐明湘、彭履坦、王臣福、黄际飞、张涛等人曾先后对书院进行修正、添置田租以补充办学经费。南川县位于重庆南部，拥有丰富的铝铁煤等矿产资源。晚清时期，洋务派以"自强""求富"为旗号创办了一批近代军工企业，南川县的丰富矿物资源得到重视，遂建铁厂以融入洋务运动大潮。知县张涛在《隆化书院章程碑记》中写道，自光绪十三年（1887年）开始，"士民兴起所有，每年铁厂缴公费银六百两，全数捐作书院养济院之用"，如此一来"既厚加其膏火，诸生当益血濯磨"。此处所讲"铁厂"当为洋务时期兴建的近代军工企业，将其所缴纳的公费作为隆化书院的办学经费，是受洋务时期"中体西用"思想影响的办学经费筹措思路。如此一来，隆化书院在清政府正式改制之前已有所变革，起码在办学经费上采用了近代企业融资的方式。光绪三十二年（1906年），隆化书院改为隆化县立高等小学堂。1940年，南川县简易乡村师范学校由白净石迁来此地，1944年南川县立初级中学校亦设于此。❷

3. 专经书院

专经书院坐落于南川县城内后圃。清光绪九年（1883年），知县张涛热衷文教，首捐银三千串，后募捐五六千贯，买徐姓旧宅改建为专经书院。同治十二年（1873年），近代教育家张之洞入川任学政时，主张学习经学，以经史作为教学内容。翌年，在四川成都创建尊经书院。该书院推行新式教学之路，其影响之广可谓"全蜀士林沐其教泽"，亦使重庆区域的书院深受影响。值得注意的是，清朝晚期，经学重兴，这里的经学是指"实学"，即经世致用之学，而非传统的"四书""五经"之学。《南川县志·知县张涛专经书院院记》中记载，南川县的专经书院深受张之洞创办的尊经书院的办学模式影响，以其为教育模版。"癸巳（1893年）春，购校舍、延名师、立章程、筹膏火，择邑中之后秀者若干人，使肄业于其中，专心致志，触类旁通，非必囿于一经也。诱掖奖劝，闻风兴起，非仅惠兹数人也。"❸ 专经书院以治经史古文之学者主讲经史与古文辞赋，并设置少量时务、算数等新课程，按月课试。书院规章制度也十分严格，然而至光绪、宣统转折之时书院教学被打断。在全国废书院、兴

❶❷ 柳琅声，章麟书. 南川县志·学校·卷七［M］. 民国十五年（1926年）铅印本；南川县教育局. 南川县教育志［M］. 重庆：重庆市庆岩综合加工厂印刷组，1987：68.
❸ 柳琅声，章麟书. 南川县志·学校·卷七［M］. 民国十五年（1926年）铅印本.

学堂的风气影响下的成都尊经书院，于光绪二十七年（1901 年）改为四川通省大学堂，进而引领了四川近代高等教育的新风尚。远隔千里之遥的重庆南川专经书院再次跟随成都尊经书院的历史步伐，改制立新，于光绪三十二年（1906 年）改为县立第一女子高等小学堂。

（九）綦江

1. 瀛山书院

瀛山书院在綦江县治南关内，据《重庆府志》载，为康熙四十九年（1710 年）知县许国棠建。光绪三十一年（1905 年），王浒平等在綦江县城瀛山书院旧址建初等小学堂（甲校），在考棚旧址建初等小学堂（乙校）。光绪三十二年（1906 年），乙校改为高等小学堂。❶

2. 明善书院

明善书院位于綦江县东溪镇现书院街小学内，创办时间不详，为綦江县人、进士、汉中知府陈燮坤主持修建。清代时期几经变化，至清光绪三十三年（1907 年），东溪初等小学堂成立，该书院宣告结束。❷

（十）长寿

1. 凤山书院

凤山书院是重庆长寿县有史料记载以来的第一所书院，最初于明代洪武元年（1368 年）由知县沙文达创建。清代雍正六年（1728 年），凤山书院迁至长寿县铜鼓山下重新修筑，今为长寿第一中学校址。❸乾隆时期，又先后由长寿知县齐永龄、曾受一、陈善教修茸，设专人管理，并置学田作为教师报酬与学生膏火。

清朝末期，清廷将《兴学诏书》通谕全国，规定各省书院一律改为学堂。时任长寿县知县唐我圻审时度势，闻风而起，根据时代的发展和县中人士的愿望，决定兴办一所高等小学堂。光绪二十九年（1903 年），唐我圻与教谕陈洪泽合力筹办学堂，于凤山书院开设师范传习所。❹彼时，新式学堂刚刚促成，正是需要人才之际，唐我圻经其子唐士型推荐同窗好友罗纶，聘请他为学堂监

---

❶ 重庆市教育委员会 . 重庆教育志［M］. 重庆：重庆出版社，2002：852.
❷《綦江县教育志》编辑组 . 綦江县教育志［M］. 綦江县隆盛区教育志办公室，1985：45.
❸《长寿县城关镇志》编写组 . 长寿县城关镇志［M］. 内部交流本，1985：160.
❹《重庆百科全书》编纂委员会 . 重庆百科全书［M］. 重庆：重庆出版社，1999：368.

督。同时，唐我圻还请罗纶做家庭业余教师，为其次子授经史古文，以期成为有用之才。罗纶（1878—1930年）有"川北神童"的美誉，少时入尊经书院深造，光绪二十八年（1902年）中举人，赢得县中士林称道。无奈他家困穷途，奇才难展，幸得伯乐唐我圻赏识，终有一展抱负之机会。

罗纶到达长寿后，随即担负起办学重任，他认为原凤山书院校舍已不适应新式教育事业发展的需要，建议扩建校舍，以利办学。经过一番研究，唐我圻等县政当局认为罗纶的建议确实可行，决定采纳，于县城内林庄坝建凤山书院新校舍。光绪三十年（1904年），新校舍建成，即林庄学堂及初等小学堂，并设学董管理。❶ 四合院型的新学堂，其八字形的校门上悬挂着一幅匾，上书"长寿学堂"四个大字显得格外耀眼夺目。学堂内建有一座礼堂，其内挂有一副木质对联，其联云："世方求异等茂才，为吾道任干城，岂图柔史纲经，多能鄙事；我自愧不学无术，与诸生开石室，应有千家栋国，共济时艰。"❷ 这副对联由罗纶拟撰、知县唐我圻亲笔书写，充分展现了唐我圻与罗纶对新学的希冀与"育栋国而济时艰"的感慨。礼堂的两侧设有教室、自习室，学堂的后院是师生宿舍，除此之外，学堂还建有室内外球场，可谓门类齐全，布置合理。学堂还置有农田数十亩，禾稼葱绿。如此环境，清幽怡静，真可谓办学育才的好处所。罗纶曾作诗一首大赞林庄学堂，诗曰："凤岭苍苍峭壁悬，平畴一抹涌江边。林庄水色山光美，尽育英才不等闲。"❸ 由此可见，罗纶对清末改学堂这一举动信心十足，欲奉献一切以图教育"英才"。新校舍建成后一年即光绪三十一年（1905年），原凤山书院再设私立蚕桑学校，至光绪三十四年（1908年）将师范传习所改为县立师范❹，继续承担着凤山书院五个多世纪以来的教书育人之重任。

1905年8月，孙中山先生领导的中国同盟会在日本东京成立。"驱逐鞑虏，恢复中华，建立民国，平均地权"这个革命纲领，很快传播开来，传进了天府之国的东大门，传到了古老的江城长寿。同盟会员涂德芬、李峙青和其他的仁人志士彭光远、殷希贤、周云石等钦慕罗纶才华横溢，以及办新学、倡

❶ 《重庆百科全书》编纂委员会. 重庆百科全书［M］. 重庆：重庆出版社，1999：368.
❷ 中国人民政治协商会议四川省长寿县委员会文史资料研究委员会. 长寿县文史资料·第七辑［M］. 内部交流本，1992：7.
❸ 中国人民政治协商会议四川省长寿县委员会文史资料研究委员会. 长寿县文史资料·第七辑［M］. 内部交流本，1992：6.
❹ 重庆市教育委员会. 重庆教育志［M］. 重庆：重庆出版社，2002：85.

革新的可贵精神，因而过从甚密，情谊笃厚，成为志同道合的朋友。为了对学生们进行军事训练，加强学校保卫工作，他建议购买英制毛瑟枪一百余支，子弹一千多发，以备教学与保卫之用。罗纶在长寿学堂之所作所为，深受县中人士称誉。❶

2. 鸿程书院

鸿程书院，在长寿县仁和乡，光绪中知县曹鸿斋与本县举人张玉成筹建。光绪三十一年（1905 年）改为初等小学堂。❷

（十一）铜梁

1. 玉堂书院、青藜书院

戊戌维新后，光绪二十七年（1901 年）清廷实行"废科举，兴学堂"，时铜梁青藜书院停办，刘焕熙将玉堂书院、青藜书院这两所书院的校具、校产并于"玉堂"，办初等小学堂，取书院名各一字，称"玉青初等小学堂"，自任校长。民国二年（1913 年），刘辑五接任该校，聘张子云、石龙田到校任教，分甲、乙两班授课，甲班十二人，乙班二十人。民国十五年（1926 年），县参事员刘燮熙征得族人同意，划出部分祠产增益学田，达旧量一百一十余石，并将刘氏先公祠（祠址原属潼南县）扩充为校舍。由此办学条件愈佳，学校基础日固，校长刘焕莹遂改办完全小学，名曰"铜梁县班竹乡刘氏私立玉青小学校"。之后经历刘春膏、刘徽吉两届校长均有建树。其后当事者不得力，学校衰敝。❸

2. 巴川书院、琼江书院

据《铜梁县教育志》记载，清光绪二十八年（1902 年），"知县钟尔谷奉令兴学堂，无可着手，乃并巴川、琼江两书院"❹，创办巴琼学堂，有寻常、高等两级小学，实行壬寅学制，并任命原巴川书院山长、进士陈昌继任总教习。巴琼学堂旋称"铜安小学堂"，对外行文署"铜梁县小学堂"。光绪二十九年（1903 年），将巴川书院旧房改建为小学堂新舍，次年（1904 年）二月落成，更名为"铜梁县高等官立小学堂"，附设师范传习所。举人张佐卿任总

❶ 中国人民政治协商会议四川省长寿县委员会文史资料研究委员会. 长寿县文史资料·第七辑 [M]. 内部交流本, 1992：8 - 9.
❷ 四川省长寿县教育局教育志办公室，代数，黄荣. 长寿县教育志[M]. 内部交流本, 1987：2.
❸ 铜梁县教育局，李国学. 铜梁县教育志 [M]. 重庆：铜梁县印刷厂, 1989：120.
❹ 铜梁县教育局，李国学. 铜梁县教育志 [M]. 重庆：铜梁县印刷厂, 1989：108 - 109.

理，陈昌续任总教习。光绪三十三年（1907 年），铜梁县在巴川书院旧址设铜梁县中学堂，与铜梁县高等官立小学堂合址，雷人龙任监督。❶

（十二）潼南

1. 鉴亭书院

清末，维新变法，倡办新学。光绪二十九年（1903 年），废科举，办学堂，鉴亭书院因改为初等小学堂。❷ 光绪三十二年（1906 年），大佛、梓潼两镇士绅改办为高等小学堂。❸ 民国元年（1912 年），划遂宁、蓬溪两县部分乡里建新县"东安"于梓潼镇，该校遂定名为东安县官立高等小学校，全年经费一千八百余元，由劝学所拨支。❹ 同时，学校添建了院门外两侧房屋，并将校门前移至滨岩石框门。两年后，以"东安"县名多雷同，又因地处"潼川"之南为由，遂更名"潼南"，学校也随之改为潼南县高等小学校。❺ 至 1924 年迁入城内，旧址改办潼南县立初级中学。❻ 今为潼南中学。

夏璜，字士奇，同治年间生，潼南县大佛场下县坝人。光绪十四年（1888年）戊子科举人，曾于多地任职。辛亥革命爆发后返乡，又继任过几任知县幕宾。嗣后，在乡里一直从事教育工作，曾主持潼南鉴亭书院，又执教于潼南县中学一年余，因年岁已高，离职返回大佛乡家中，以诗文自娱。夏璜一生，以学识渊博著称，其诲人不倦的教学精神深得教育界同人和受业莘莘学子的好评和敬重，为潼南培养了一大批人才。❼

时至今日，潼南中学内仍有一片旧房布局：院内有鉴亭书院礼堂旧址，礼堂面河方向有带屋盖的甬道直抵一大木框门，两旁有小天井各一。天井前后各有屋两间。门外有窄阶沿，其下有石级数级。石级前又有露天甬道一段。雨道尽头，便是面河的石框老校门。框顶书"潼南中学"四字（今尚存）。此门及两侧一段旧墙为拆除旧房时有意留存。校门前，十数石级下，是通向正街的石板路。路靠危岩，岩下就是梓潼镇通往大佛寺的滨涪江大路。在木门、石框门之间，露天甬道两侧，又各有房屋一列。另外，在上述屋群周围及坡区近周各

❶ 重庆市教育委员会 . 重庆教育志［M］. 重庆：重庆出版社，2002：853.

❷❺ 四川省潼南县政协文史资料委员会 . 潼南文史资料·第五辑［M］. 内部交流本，1995：10.

❸❹ 四川省潼南县政协文史资料委员会 . 潼南文史资料·第五辑［M］. 内部交流本，1995：130.

❻ 四川省潼南县政协文史资料委员会 . 潼南文史资料·第五辑［M］. 内部交流本，1995：134.

❼ 中国人民政治协商会议重庆市潼南县委员会文史资料委员会 . 潼南文史资料·第四辑［M］. 内部交流本，1995：16.

处，尚有新旧不一，结构、装饰各异的屋群若干处，当系兴建书院到中学成立以后，在不同时期陆续添建。❶

2. 云龙书院

清光绪三十一年（1905年），里绅夏礼南、张联辉等倡办新学，改为古溪高、初两等小学堂。民国四年（1915年），全年田租收入三百元，公款提充七十八元，作为办学经费。❷

3. 储英书院

储英书院在米心镇（书院已焚，旧址在米心乡寨子坡山腰），清同治八年（1869年）为蒋承琦捐资兴建。清光绪三十一年（1905年），由蒋次垣、蒋次才等改设为高初两等小学堂。❸

4. 天成书院

天成书院在潼南县复兴场，清代中期兴建。清光绪三十二年（1906年），陈翔夙、黄中美等倡办复兴场公立两等小学。❹

5. 玉山书院

清光绪三十四年（1908年），陈顼夫、梁含光等筹办新学，改为玉溪公立两等小学。民国四年（1915年），全年约有学款二百七十元。❺

6. 登云书院

光绪三十四年（1908年），由王芝瑞、徐焕奎等改办为公立高等小学堂。民国四年（1915年），改名塘坝公立高等小学。❻之后，学校迁禹王宫（现塘坝小学校址，书院旧址废弃）。

7. 汇川书院

宣统元年（1909年），黎子超、郑炳磬等倡办三汇公立高、初两等小学。民国四年（1915年），全年学款收入约三百三十元。❼

8. 朝阳书院（梓义书院）

朝阳书院在柏梓镇（现二村，已撤毁）。清同治五年（1866年），里绅龙茂才、樊之鉴等筹设，初名梓义书院，后改此名。宣统二年（1910年），由夏

---

❶　四川省潼南县政协文史资料委员会. 潼南文史资料·第五辑［M］. 内部交流本，1995：134.
❷❺　四川省潼南县政协文史资料委员会，潼南文史资料·第五辑［M］. 内部交流本，1995：129.
❸❻　四川省潼南县政协文史资料委员会. 潼南文史资料·第五辑［M］. 内部交流本，1995：131.
❹❼　四川省潼南县政协文史资料委员会. 潼南文史资料·第五辑［M］. 内部交流本，1995：130.

建倡办柏梓初等小学。❶ 民国二年（1913 年），改为柏梓公立高等小学堂。民国十八年（1929 年），学校迁观音寺，新中国成立后，迁柏梓镇上帝主宫。

9. 桂香书院

桂香书院在五桂镇（现镇人民政府驻地），为清代中期兴建。民国元年（1912 年），由李鸿宾倡设初等小学。❷

10. 育秀书院

育秀书院在檬子乡慈光寺（现后坝村），清代中期兴建。民国二年（1913 年），由段大成等筹设初等小学校。❸

11. 龙翔书院

民国四年（1915 年），由陈灵芝改设公立初等小学。民国四年（1915 年），全年学款收入五十元。❹

（十三）云阳

1. 五溪书院

据《云阳县志》记载："光绪二十四年（1898 年）县人陶懋鑫倡议，将五溪书院（今云安二校）改为新式学堂，开县境办新学之先。"❺光绪三十二年（1906 年），云阳再改五溪书院为高等小学堂❻，以陶懋鑫主持校事，"懋鑫新游日本归，有令誉，学子骇慕，唐集至百余人，它校莫及"❼。之后，周毓渝又筹资增设初级小学四所，不过很快合并为两所，分别设于溪北文昌宫和溪南梓潼宫。❽

陶懋鑫系清末举人，原籍云安镇，历任县立高等小学堂兼师范传习所监督、夔州府官公立中学校及师范学校校长、云阳县立中学校长、云阳县视学及资阳县知事，留学日本，为川东和云阳教育事业多有贡献。❾ 五溪高等小学堂

---

❶❷　四川省潼南县政协文史资料委员会．潼南文史资料·第五辑［M］．内部交流本，1995：131.

❸　四川省潼南县政协文史资料委员会．潼南文史资料·第五辑［M］．内部交流本，1995：132.

❹　四川省潼南县政协文史资料委员会．潼南文史资料·第五辑［M］．内部交流本，1995：130.

❺　《云阳县志》编纂委员会．云阳县志［M］．成都：四川人民出版社，1999：18.

❻　凌兴珍．清末新政与教育转型：以清季四川师范教育为中心的研究［M］．北京：人民出版社，2008：169.

❼　各视学报告：公牍第一［N］．四川教育官报，辛亥第二十五期（宣统三年八月）．

❽　《云阳县志》编纂委员会．云阳县志·学校［M］．民国二十四年（1935 年）铅印本.

❾　佚名．新委夔州联合县立中学师范合校校长陶懋鑫履历．四川省档案馆：四川东川道道尹公署档案，案卷号191—128.

今为云安二校。

2. 凤鸣书院

凤鸣书院位于云阳县凤鸣镇，因院址地形像只引颈长鸣的凤凰，故名。❶
凤鸣书院是清代在云阳县创办的七所书院中唯一延续至今而没有毁迁的。《云
阳县志》中记载："云阳县凤鸣镇中心小学前身为建于道光二十七年（1847
年）的凤鸣书院，光绪三十一年（1905 年）为凤鸣高等小学堂，后四易校址，
并定名为凤鸣镇中心小学。"❷

3. 飞凤书院（云安书院）

原名云安书院，光绪三十二年（1906 年），县署在飞凤书院改设劝学所，
掌管全县办学事务。❸ 今为云阳教育局。

4. 云峰书院

云峰书院，在云阳县北六十里双江镇石佛寺前，道光二十年（1840 年）
里人邬世文建。清末改制后为该乡初级小学校。❹

5. 崇善书院

崇善书院，在云阳县恒合乡，道光间乡人集资建。清末改制后为初级小
学校。❺

（十四）垫江

凌云书院在垫江县桂溪镇东北四点三公里处，傍桂溪缸东岸峡口。❻ 光绪
三十二年（1906 年），凌云书院开办师范传习所，为城乡兴办小学培训师资。
民国元年（1912 年）三月，垫江将忠州中学堂投资学银和在校学生撤回，同
月于凌云书院创建垫江县立中学校❼，招收新生一班，通称第三班，时有学生
一百余人。次年（1913 年），校址迁至峡口。李炳灵任垫江县立中学校校长。
李炳灵为清咸丰至民国年间人，字可渔，垫江县城南郊冯家湾人。他生性纯
朴，沉静寡言，文思敏捷，善诗词。光绪五年（1879 年）中举人，曾任德阳
县教谕、成都府教授，忠州中学堂第二任堂长。李炳灵任垫江县立中学校长期

❶ 《重庆百科全书》编纂委员会. 重庆百科全书 [M]. 重庆：重庆出版社，1999：368.

❷ 《云阳县志》编纂委员会. 云阳县志 [M]. 成都：四川人民出版社，1999：865.

❸ 《云阳县志》编纂委员会. 云阳县志 [M]. 成都：四川人民出版社，1999：19.

❹❺ 胡昭曦. 四川书院史 [M]. 成都：巴蜀书社，2000：160.

❻ 《四川省》编纂委员会，蒲孝荣. 中华人民共和国地名词典 [M]. 北京：商务印书馆，1993：445.

❼ 四川省垫江县志编纂委员会. 垫江县志 [M]. 成都：四川人民出版社，1993：556.

间，治学严谨，教学有方，为忠州诸县和垫江县培育了大批人才。❶晚年移居重庆，著有《嘘云山馆诗集》《可渔行草》行世，并主修光绪《垫江县志》和民国《垫江县乡土志》，卒年七十五岁。

民国时期，学校教育有所发展。民国元年（1912年）教育部公布的《学校系统令》规定：初级小学四年毕业，高级小学三年毕业，由忠州中学堂撤回垫江来毕业的丁、戊两班，在垫江城北外街凌云书院自立"垫江县立中学校"，从此垫江开始有了中学。❷民国十四年（1925年），垫江县立中学校更名为垫江县立初级中学校❸，校址在今垫江教育局处。

（十五）丰都

1. 鹿鸣书院（平山书院）

鹿鸣书院位于丰都城区北门内。乾隆四十三年（1778年），知县张伟在学署西建学堂若干，并围以围墙，望复昔日书院之景。以所依后山之名，取名为"鹿鸣书院"，以为倡兴文教，培植士类。至道光十七年（1837年），知县李谦仍改名"平山书院"。次年（1838年），训导邹桂林以教谕旧署一区增入书院。光绪三十一年（1905年）推行新学制，鹿鸣书院改为丰都县立高等小学堂，成为丰都第一所公立学校。❹之后一个世纪，又经七次更名，今为丰都县实验小学。

2. 五云书院（经古书院）

据笔者考证，丰都明时平山书院、经古书院、五云书院实为同一所书院，只因朝代更替、书院迁徙而有名称变动。明天顺年间（1457—1464年），丰都第一位进士杨大荣在此设馆教子。其子杨孟瑛在成化丁未年（1487年）中进士任扬州知府后改扩建私馆，招授乡童。因建于平山之下，称为平山书院，至清代仍有活动。《丰都县教育志》记载，"同治九年（1870年）平山书院毁于水"❺。光绪三年（1877年），迁新城县署，改名五云书院；光绪十八年（1892年），知县付达源将院址更换到城北城善堂，建经古书院，未成；光绪十九年（1893年），知县蒋履泰成之，仍叫五云书院。五云书院是历代学子在

❶ 四川省垫江县志编纂委员会. 垫江县志 [M]. 成都：四川人民出版社，1993：723.

❷ 政协垫江县文史资料委员会. 垫江县文史资料·第二辑 [M]. 内部交流本，1994：12.

❸ 四川省垫江县志编纂委员会. 垫江县志 [M]. 成都：四川人民出版社，1993：554.

❹ 《中华学府志》编辑委员会. 中华学府志·四川卷 [M]. 北京：中共中央党校出版社，1998：641.

❺ 四川省丰都县教育局. 丰都县教育志 [M]. 成都：丰都县丰都中学印刷厂，1989：29.

丰都的读书之处，书院的房屋较多，范围更大，有多处天井，多排课室、宿舍，有礼堂、花园、体育场和其他房屋。书院的后面直抵城墙，站在城墙上远眺，正对着"流杯池泛"的景色。民国前丰都，较有学问的和在外做官的，多出自五云书院。❶

在清末兴学热潮中，丰都维新诸公以"拯救中华，服务桑梓"为宗旨，于光绪三十一年（1905 年）将五云书院改为县立小学堂❷，荐举训导乔松（成都籍举人）兼堂长，以秀才、举人为师。县立小学堂规定修业年限为九年，高级部四年，初级部五年，共收学员二百余名。在课程设置上设有修身、读经、国文、算学、历史、地理、格致、图画、体操等课，继丰都县立小学堂开办之后，全县十所乡义学停办，改办或兴办初、高等乡立小学堂。❸ 此后，五云书院又历经"县立高等小学校""丰都县立中小合校""丰都县立初级中学""丰都县立中学""川东区丰都中学""四川省丰都中学校""重庆市丰都中学校"等多个历史演变阶段，具有一百多年的光辉历史。❹

（十六）武隆

1. 白云书院

白云书院位于武隆县白云观佛寺（今庙垭乡白云村），最早建于明朝正德八年（1513 年），是户部给事、金华太守刘秋佩创办的一所民办书院。清同治年间（1862—1874 年），刘秋佩的后裔与当地士绅共同修复书院，并将其作为家族私塾，恢复教学。❺ 光绪二十七年（1901 年），白云书院积极响应时代与政府的号召，率先改制成为高等小学校。这使它不仅成为武隆县第一所实行近代改制的书院，更是整个重庆区域内书院改学堂的起点。白云书院旧址今为县城关镇小学。

2. 江华书院

江华书院，在武隆县江口镇。光绪三十三年（1907 年）改为敬信学堂，今为江口小学。

---

❶　中国人民政治协商会议四川省丰都县委员会文史资料研究委员会. 丰都文史资料选辑·第六辑 [M]. 内部交流本，1989：70 – 71.

❷　黄光辉，郎承诜. 丰都县志·卷五·学校 [M]. 民国十六年（1927 年）铅印本.

❸　吴洪成. 重庆教育史·第一卷 [M]. 重庆：西南师范大学出版社，2006：328.

❹　《当代重庆教育总览》编委会. 当代重庆教育总览 [M]. 北京：中国建材工业出版社，2002：624.

❺　季啸风. 中国书院辞典 [M]. 杭州：浙江教育出版社，1996：283.

（十七）黔江

1. 三台书院

三台书院位于黔江县治西，因面向三台山而得名。清乾隆十九年（1754年）建，二十年维修，三十年更造，书院坐北朝南，四合院布局。青瓦，木结构、穿斗式梁架，悬山式屋顶。有后厅、前厅、东西厢房，大小天井三个，占地六百六十三平方米，建筑四百七十六平方米。现保存较好。❶ 光绪三十三年（1907年），撤书院合并为联合镇第一小学堂。民国三年（1914年），黔江在原三台书院内（今邮电局对面）建县立女子小学，民国十四年（1925年）停办。❷

2. 墨香书院

清末，清政府迫于社会压力，准备立宪，进行"废科举，行新学"。光绪二十七年（1901年），清廷通令各省派员赴日本学习师范，准备推行新学。次年（1902年），黔江县人程昌祺、陈宿航，赴日本就读弘文师范学校。❸ 程、陈二人学成回国，在县里推行新学，极力宣扬日本维新新政的变化，主张大兴教育以自救自强。❹ 光绪三十二年（1906年），成立黔江县劝学所，程昌祺任县视学。❺ 次年（1907年），以墨香书院创建黔江县官立高等小学堂，校址在县城新文庙。自此，黔江始办新式学堂，引进西方文化。❻ 同年（1907年）三月十九日，黔江县官立高等小学堂举行开学典礼，程昌祺亲自主持，陈宿航任首任堂长。❼ 陈宿航任职后，聘请县内学识丰富的文人彭阜成、万静波、胡大忠等为教师，致莘莘学子，相率以从。❽ 他任校长期间，把学校办得生气勃

❶ 四川省黔江土家族苗族自治县志编纂委员会. 黔江县志［M］. 成都：中国社会出版社，1994：523.

❷ 四川省黔江土家族苗族自治县志编纂委员会. 黔江县志［M］. 成都：中国社会出版社，1994：452.

❸ 重庆市黔江区政协学习文史委员会，重庆市黔江区教育委员会. 黔江文史资料·第二辑［M］. 2004：195.

❹ 中国人民政治协商会议黔江土家族苗族自治县委员会文史资料委员会. 黔江文史·第六辑［M］. 内部交流本，1992：230.

❺❻ 重庆市黔江区政协学习文史委员会，重庆市黔江区教育委员会. 黔江文史资料·第二辑［M］. 内部交流本，2004：406.

❼ 重庆市黔江区政协学习文史委员会，重庆市黔江区教育委员会. 黔江文史资料·第二辑［M］. 内部交流本，2004：454.

❽ 中国人民政治协商会议黔江土家族苗族自治县委员会文史资料委员会. 黔江文史·第六辑［M］. 内部交流本，1992：230 – 231.

勃，深受县人称颂。后五年，又继续执教于县立第三高等小学校及后来的新文庙、三元宫等地的中小学校。陈宿航执教近三十年，直至民国二十四年（1935年）逝世，桃李遍桑梓，为黔江县培养了大批的人才。❶ 民国元年（1912年），改名黔江县高等小学校。❷

（十八）万县

1. 万川书院（凤山书院）、白岩书院

万川书院又名凤山书院，院址在四川万县。清乾隆四十九年（1784年），知县张廷锦建于城东关外，并置学田，集诸生肄业。光绪三十年（1904年），改为高等小学堂。❸ 同年，县人文勃斋东渡日本学习蚕桑技术，回县后即与邑绅邓焕奎创设蚕桑局，劝人栽桑养蚕，遣人四处选购佳种，植桑数百万株。❹光绪三十一年（1905年），与白岩书院合并为中学堂。光绪三十四年（1908年），邓焕奎在万川书院创办蚕桑实业中学堂，次年（1909年）县城文明坊创办有女子蚕桑讲习所，推广栽桑、养蚕、缫丝技术，是为万县职业教育之始。❺

白岩书院创建于光绪十六年（1890年），由邑绅游鉴洋在太白岩下捐资购地创建，第二年（1891年）落成，成为当时川东地区影响最大的公立书院。1905年，伴随着科举制度的废除，白岩书院与万川书院合并，改建为万县中学堂。许多近代的名人名家如朱德，都曾在此讲学。白岩书院伴随万县从旧式教育走向新式教育，是万州近代教育的开端。❻

（十九）巫溪

凤山书院，在原大宁县境内，今属重庆巫溪，最早建于南宋绍定二年（1229年）前后。❼ 元明经历战乱，书院未能存续，直至清代才得以重建。嘉

---

❶ 中国人民政治协商会议黔江土家族苗族自治县委员会文史资料委员会. 黔江文史·第六辑［M］. 内部交流本，1992：230－231.

❷ 重庆市黔江区政协学习文史委员会，重庆市黔江区教育委员会. 黔江文史资料·第二辑［M］. 内部交流本，2004：454.

❸ 北京学苑文化研究中心. 中国社会力量办学大辞典·上卷［M］. 北京：红旗出版社，1997：171.

❹《万县志》编纂委员会. 万县志［M］. 成都：四川辞书出版社，1995：171.

❺《万县志》编纂委员会. 万县志［M］. 成都：四川辞书出版社，1995：605.

❻ 欧阳桦，李竹汀. 学舍百年——重庆中小学校近代建筑［M］重庆：重庆大学出版社，2014：13.

❼ 贾大泉. 四川通史·卷四·五代两宋［M］. 成都：四川人民出版社，2010：522.

庆十二年（1807 年），知县郭南英改县衙公房为凤山书院，置田产及图书以待学者。❶ 光绪三十一年（1905 年），凤山书院即改为大宁县第一高等小学堂。❷ 后更名为"巫溪县城厢高级小学堂"，也就是现在的城厢小学前身。❸

（二十）荣昌

1. 棠香书院

光绪三十年（1904 年），荣昌县吴家镇绅士敖式鸾、陈七虞等在前棠香书院旧址创立吴市高等小学堂。❹

2. 玉屏书院

玉屏书院在荣昌县治东北，光绪三十四年（1908 年），荣昌县城由玉屏书院内开办荣昌模范女子小学堂。❺

3. 丹凤书院、宝盖书院

丹凤书院在荣昌县城东关外，宝盖书院在荣昌河包场。两所书院均于道光二十七年（1847 年）由荣昌县代理知县沈瑛创建。清末改制，丹凤书院、宝盖书院皆改为小学堂。

（二十一）涪陵

1. 钩深书院（北岩书院）

钩深书院即原北岩书院，光绪二十七年（1901 年）改为涪州师范中学堂，该学堂成为四川最早开办的师范中学堂。同年，为了培养新学师资，涪州知州邹放以官款就钩深书院地址仰止亭两旁各添斋舍创立，聘纪云为总教习，另聘汉阳周之杠、江津樊徽五为分教，招考内外庠学生各二十名，分经史、舆地、掌故、时务、文学、算学六科。❻ 至光绪三十一年（1905 年），知州邹宪章复于学堂左侧添筑教室，改名"官立涪州中学堂"❼。至今时，该师范学堂已不复存在。

2. 鹤鸣书院

鹤鸣书院在鹤游坪分州署左，创办于道光年间。光绪三十三年（1907

---

❶ 《巫溪县志》编纂委员会. 巫溪县志 [M]. 成都：四川辞书出版社，1993：602.

❷ 万县市教育委员会. 万县地区教育志 [M]. 重庆：重庆出版社，1997：41.

❸ 巫溪县政协文史资料委员会. 巫溪县文史资料·第十三辑 [M]. 内部交流本，1995：30.

❹ 重庆市教育委员会. 重庆教育志 [M]. 重庆：重庆出版社，2002：852.

❺ 重庆市教育委员会. 重庆教育志 [M]. 重庆：重庆出版社，2002：854.

❻ 季啸风. 中国书院辞典 [M]. 杭州：浙江教育出版社，1996：287.

❼ 凌兴珍. 清末新政与教育转型：以清季四川师范教育为中心的研究 [M]. 北京：人民出版社，2008：278 - 279.

年），涪州州同史悠彦创设"保和寨官立圣公高等小学堂"。至民国又改名为"圣公小学"继续开办，成为鹤游坪区域师资力量最强、人才辈出的名校。❶

（二十二）大足

乾隆五十三年（1788年），宝鼎书院设于大足县城北街，由知县何隆武创建❷，后更名为棠香书院。光绪三十年（1904年）更名为大足县立高等小学堂。今为大足县龙岗镇第一小学。❸

（二十三）奉节

1. 莲峰书院（云安书院）

莲峰书院在夔州府城（今重庆奉节县），原名云安书院。云安书院原址位于关部税厅旧址，清乾隆三十年（1765年）知府徐良创建，招府属各县生童肄业。❹光绪三十年（1904年），知府潘炳年就莲峰书院设夔府师范讲习所❺，招收六邑学生八十名，学习十个月，作各乡初等小学堂教师。❻翌年（1905年），知县侯桐初上任第二年，商绅民筹款，在县北莲峰书院旧址创立奉节县第一所高等小学——奉节县高等小学堂，第一期招收学生二十三名，学制三年，当年开学。侯桐初兼任学堂监督，学生多为本县生员和童生。奉节县高等小学堂以十二天为一周，每周授课七十二小时。❼侯桐初于学务极为重视，派专人出洋购置仪器，并考察各学科办理情况；每月初一、十五日必亲诣学堂勖勉诸生勤于学业，以备国家所用。❽校址今为奉节县立中学校处。❾

2. 文峰书院

光绪三十年（1904年），夔州代理知府方旭在奉节县文峰书院旧址创设夔府学务所，这相当于今日的地区教育局。夔府学务所制定有《学务综核所章程》，规定了综核所的职责是上承四川省学务处命令，下统所辖六县即万县、开县、云阳县、奉节县、大宁县、巫山县的学务，并令各县设学务局，各乡设

❶ 《神秘古镇——鹤游》编委员. 神秘古镇——鹤游［M］. 内部交流本，2005：23.
❷ 《重庆百科全书》编纂委员会. 重庆百科全书［M］. 重庆：重庆出版社，1999：822.
❸ 《重庆百科全书》编纂委员会. 重庆百科全书［M］. 重庆：重庆出版社，1999：315.
❹ 邓洪波. 中国书院章程［M］. 长沙：湖南大学出版社，2000：250.
❺ 政协四川省奉节县委员会文史资料委员会. 奉节文史资料选辑·第四辑［M］. 内部交流本，1993：30.
❻ 万县市教育委员会. 万县地区教育志［M］. 重庆：重庆出版社，1997：201.
❼ 四川省奉节县志编纂委员会. 奉节县志［M］. 成都：方志出版社，1995：578.
❽ 政协四川省奉节县委员会文史资料委员会. 奉节文史资料选辑·第五辑［M］. 内部交流本，1995：226.
❾ 政协四川省奉节县委员会文史资料委员会. 奉节文史资料选辑·第三辑［M］. 内部交流本，1992：153.

学务分局。府学务综核所由知府督办，聘奉节知县杜诗笠为总理，夔辖六县各一人为协理，庶务干事一人。夔府学务综核所与奉节县合署办公。❶ 此外，方旭还在下属六县兴办师范传习所十多处，大力培养师资。❷ 方旭这样重视教育，而且办理有方，与他曾在光绪二十九年（1903 年）以四川省学务处提调身份去日本考察过学务有着密切关联。方旭回川后，曾针对当时改行新学所存在问题而撰写过一篇《州县学堂谋始》，指出："学堂为今日第一要务，舍此更无自救之策"，并认为"学堂与书院不同，不专为造士而设……课程宜浅近，办法宜平易"，学堂的教育目标为"以开风气、敦实业，造成明毅忠爱之人格为主义"。对于时下教育，他还批评："今徒言设学，无有筹及教养员者，岂非大误？"并呼吁当时留日归国学生"咸习师范，增设教授、教谕、训导以待师范卒业者"❸。

光绪三十一年（1905 年），文峰书院改名奉节县劝学所。次年（1906 年）又于文峰书院旧址设夔州维新女学。清末宣统年间，维新女学停办。❹ 民国三年（1914 年），再于文峰书院旧址建夔州女子两等小学校。❺ 今为奉节师范学校附属小学。

3. 北堂书院

光绪三十二年（1906 年），乡绅毛解之捐资兴学，改北堂书院为北堂书院初等小学，学制四年。之后，知县侯桐初巡北岸各乡时曾视察北堂书院初小学堂。次年（1907 年）二月，为鼓励民众捐资办学，表彰毛解之创办学校的功绩，奉节知县侯桐初亲自楷书"勋德善良"四个大字，并制成金字匾额一方。"勋德善良"旁有序文云：

邑北乡公平毛绅解之，耆而好学，进德修业，晚年足力强健，进道尤猛，常往来云奉间，专以宣讲化导其乡人。又恐青年子弟废学，慨捐租课十数石，移作初级小学堂，以加惠后进，勒石刊碑，亟规久远。种种善举，尤存先辈典型。方今时事多艰，一命之士，与有责焉。今解之乃能确尽义务，独往独来，巍然一乡之鲁灵光，其人士之勋德而善良者，尤足以补鄙人教养之缺，将来民

❶ 万县市教育委员会. 万县地区教育志［M］. 重庆：重庆出版社，1997：392.
❷❸ 政协四川省奉节县委员会文史资料委员会. 奉节文史资料选辑·第三辑［M］. 内部交流本，1992：48.
❹ 四川省奉节县志编纂委员会. 奉节县志［M］. 重庆：方志出版社，1995：578.
❺ 政协四川省奉节县委员会文史资料委员会. 奉节文史资料选辑·第四辑［M］. 内部交流本，1993：24.

格之进化，学界之昌明。吾夔庶有幸乎？解之真解人哉！❶

"勋德善良"一匾，至今存奉节县志办公室。原北堂书院中与该匾相对的还有一匾额，题"文翁遗范"四个大字，惜已散失。❷

4. 峨麓书院

峨麓书院建于清代同治二年（1863年）柏杨坝❸，清末改为高等小学堂。清代夔州府（今奉节）庠生金树榕曾于该院任职讲学多年。金树榕（1860—1940年），字进庵、睿庵、溶庵、睃安，晚年号愚溪老人，奉节柏杨坝人。光绪十七年（1891年），任荆州府文案。两年后返乡，先后在龙门乡学仕庙、大水井、柏杨坝等地设馆（私塾）授业。宣统二年（1910年），任夔州府柏杨坝峨麓书院山长、斋长。清末峨麓书院改为高等小学堂，金树榕先生仍继续执教该校。著有《少年杂作》《知非闲吟》《与谁争岁月》《消磨髀肉青毡破》《晚节渐于诗律细》《苦恨年年压金线》《嫦娥应悔偷灵药》《顾影无如白发何》《白发戴花君莫笑》《可惜明年花更好》等十种诗文集。❹

民国五年（1916年），峨麓书院改为南区区立两等小学堂。❺有士者谭锦帆曾任职。谭锦帆（1878—1928年），或作"景藩"，名德溥。清光绪二十八年（1902年）游泮。宣统元年（1909年）举"孝廉方正"，应朝考，中二甲十六名，分发云南直隶州判。然而，谭锦帆不欲为官，中途折回，读书自娱，涉猎很广。善诗文，且医卜星相，无所不能，尤精中医。名中医冉玉璋曾从他受业。其为人方正迂执，不善逢迎，从事教育终身。先任柏杨坝峨麓书院斋长，书院改制后，任奉节尖字乡高等小学校长。民国九年（1920年），谭锦帆迁居县城，先后任教于奉节高等小学堂及私馆。生平诗作甚多，与峨麓书院斋长金树榕友善，多有唱和。民国九年（1920年）分别时，曾相互赠答数首，内容皆为培育后生之意，其中云："话别情深晤对时，交称莫逆是心知。化雨常为多士施，为怀春树故迟迟。"❻谭锦帆著有《金树榕诗文集》，其间有诗名

❶　政协四川省奉节县委员会文史资料委员会. 奉节文史资料选辑·第三辑 [M]. 内部交流本，1992：94.

❷　政协四川省奉节县委员会文史资料委员会. 奉节文史资料选辑·第五辑 [M]. 内部交流本，1995：226.

❸　政协四川省奉节县委员会文史资料委员会. 奉节文史资料选辑·第四辑 [M]. 内部交流本，1993：21.

❹　程地宇，赵贵林. 夔州诗全集·民国卷·上 [M]. 重庆：重庆出版社，2009：456.

❺　吴洪成. 重庆教育史·第一卷 [M]. 重庆：西南师范大学出版社，2006：279.

❻　四川省奉节县县志编纂委员会. 奉节县志 [M]. 重庆：方志出版社，1995：865.

《诗赞金树榕》❶，诗曰：

> 文思浩瀚等苏长，泮沼声留芹藻香。
>
> 设帐共钦坛拟杏，会心久已鉴开塘。
>
> 阶前桂子齐争秀，膝下兰孙又吐芳。
>
> 更美春风时雨化，斐然狂简尽成章。

"坛拟杏"意为模拟孔子杏坛。传说孔子在杏坛聚徒讲学，后即以杏坛为教坛之代称。《庄子注·卷十·庄子·渔父》记载："孔予游乎缁帷之林，休坐乎杏坛之上。弟子读书，孔子弦歌鼓琴。"想来，谭锦帆是志在教育，造福桑梓，愿如古时孔子杏坛讲学，而育峨麓书院及高等小学堂的广大学生。民国《奉节县志·人物志》稿中称："谭琛藩（谭锦帆）……之博洽多闻，皆过去之足资模范者也。"谭锦帆一生，为山区培养人才，尽心竭力，久为夔人景仰。民国十七年（1928年），殁于匪患中，时年五十岁。❷

（二十四）彭水

1. 摩云书院（云上书院、崇实学堂）

康熙五十七年（1718年），彭水知县朱雷创建摩云书院，后改为云上书院、崇实学堂。❸光绪三十年（1904年），改为彭水县高等小学堂，宣统二年（1910年）又改办为崇实学堂。❹至民国，改为彭水女子学校、汉葭镇国民小学。❺

2. 鹿山书院

鹿山书院位于彭水县大河坝乡保家楼场白鹿井西侧，于清光绪十七年（1891年）由当地士绅徐璧斋、徐绂臣兄弟及胡德斋等倡募捐款，萧张氏捐其家业大部建成，时为彭水五大书院之一，其建筑宽敞，风景清幽。鹿山书院整体上呈坐北朝南之势，其建筑系古色古香之木瓦结构长方形楼房，中以天井为轴，外以火砖封墙，组成坐东向西的四合院。天井东端为宫殿式主体建筑，宏伟宽敞，为庆典及讲学之所，即"礼厅"。正厅上挂有四川学政吴树萘题写的

❶ 程地宇，赵贵林. 夔州诗全集·民国卷·下 [M]. 重庆：重庆出版社，2009：681.

❷ 四川省奉节县志编纂委员会. 奉节县志 [M]. 重庆：方志出版社，1995：865.

❸ 吴荣臻. 苗族通史·五 [M]. 北京：民族出版社，2005：416.

❹ 刘冰清，田永红. 乌江文化概览 [M]. 武汉：湖北长江出版集团，2008：118.

❺ 彭水县地名领导小组. 四川省彭水县地名录 [M]. 内部交流本，1995：381.

"通经致用"匾额。厅外的空地左右植有一红一黄两株大桂花树，到了秋季时节，桂花开放，满院浓香。光绪三十年（1904 年），鹿山书院改为鹿山小学堂。至清末，又改作师范传习所，教学兼中学西学。今为保家镇大河坝小学。

3. 丹泉书院

丹泉书院在郁山镇丹泉井侧，明嘉靖二十四年（1545 年）创建，后毁。清嘉庆二十三年（1818 年），知县杨于高与绅民捐资重建。光绪三十三年（1907 年）❶，清朝废科举，兴学堂，改为丹泉小学堂。❷ 中华民国建立后，改为彭水县第二小学。中华人民共和国成立后，改为郁山镇中心小学。❸

（二十五）石柱

1. 华祝书院

清光绪十九年（1893 年），桥头坝（时属丰都县，今石柱县桥头乡）绅士杨宗模募捐建华祝书院于桥头坝下街文昌宫内。清末改为学堂，宣统三年（1911 年）废。❹

2. 南宾书院

光绪三十一年（1905 年），石柱直隶厅遵清政府之命，将南宾书院改为石柱直隶厅官立高等小学堂。❺ 石柱直隶厅官立高等小学堂设在县城东北隅（今南宾小学），东临南宾河，西界新开路，建堂屋三层，以第一、二层作讲堂，第三层为礼堂。东两厢共二十五间，用作学生宿舍及监学、缮学等室。校舍坐北朝南，校门两旁悬有"及时兴学，为国储才"匾联。第三层后面建有"奎星楼"，楼底层各室为教职员工寝室。光绪三十二年（1906 年），石柱直隶厅官立高等小学堂的第二任校长陈守泽到任后，扩建操场，又添修房舍十八间，两列对峙，以楼上作讲堂，楼下作自习室。学堂设有国文、算术、公民、社会、理科、音乐、图画、体育、手工等课程。

宣统元年（1909 年）春，学宪（省学署）指令将高等小学堂改设为中学堂，附高等小学堂于其中。宣统二年（1910 年），石柱直隶厅谨遵指令，将石柱直隶厅官立高等小学堂更名为四川东道石柱直隶厅官立中学堂，简称为

❶ 另一说光绪三十年（1904 年）改设为丹泉小学堂，见《彭水县志》编纂委员会. 彭水县志［M］. 成都：四川人民出版社，1998：600.

❷❸ 《重庆百科全书》编纂委员会. 重庆百科全书［M］. 重庆：重庆出版社，1999：317.

❹ 《石柱县志》编纂委员会. 石柱县志［M］. 成都：四川辞书出版社，1994：488.

❺ 《石柱中学校志》编委会. 石柱中学校志（1910—2000）［M］. 重庆市教育委员会，2000：3.

"石柱厅官立中学堂"，始置初中，为今石柱中学的前身。石柱厅官立中学堂的课程分为文科和实科。文科以读经、讲经、中国文学、外国语、历史、地理为主科，而以修身、算学、博物、理化、法制、理财、图画、体操为通习。实科以外国语、算学、物理、化学、博物为主科，而以修身、读经、讲经、中国文学、历史、地理、图画、手工、法制、理财、体操为通习。当时虽设有外国语课程，却无教师授课。石柱直隶厅官立中学堂到民国初年，因石柱人力和财力两不济，未继续开办。官立高等小学堂则仍在原地址招生授课，办至高小二十班时，高小毕业生日益增多，毕业后苦无升学之地以资造就。石柱县政府有鉴于此，乃开办县立中学校。校址仍在高等小学堂内。❶

（二十六）忠县

白鹿书院，曾用名临江书院、仰白书院。光绪三十一年（1905年），推行学校教育，废除科举制度。为培养新学师资需要，全区师范教育不断发展。是年（1905年），忠县知州任睿之于白鹿书院附设师范传习所，由教谕辜作霖、训导黄应霖主讲，授简易学科，一年卒业。❷光绪三十二年（1906年），忠县将白鹿书院改为公立高等小学堂。❸

（二十七）永川

光绪二十六年（1900年），永川知县罗崇龄将行台衙门划入锦云书院。❹同年，罗崇龄敦聘回籍的翰林黄楚栅为学堂监督❺，将锦云书院和东皋书院合并，名达用学堂，并在达用学堂附设师范班。此外，罗崇龄在设立达用学堂之初，几度开设蚕桑班，讲授蚕桑专门知识，培养有利农桑的致用人才。❻清末永川举人马慎修曾主讲东皋书院，光绪二十九年（1903年）又担任达用学堂总理（即校长）。现在所知的马慎修的材料甚少，关于他想尽方法增加永川读

❶ 《石柱中学校志》编委会. 石柱中学校志（1910—2000）［M］. 重庆市教育委员会，2000：77.

❷ 万县市教育委员会. 万县地区教育志［M］. 重庆：重庆出版社，1997：201.

❸ 万县市教育委员会. 万县地区教育志［M］. 重庆：重庆出版社，1997：66.

❹ 重庆市教育委员会. 重庆教育志［M］. 重庆：重庆出版社，2002：850.

❺ 《重庆百科全书》编纂委员会. 重庆百科全书［M］. 重庆：重庆出版社，1999：302.

❻ 周勇. 重庆通史·第一册［M］. 2版. 重庆：重庆出版社，2014：551.

书士子辅助金的事，旧县志曾有零星记载。❶ 然具体事件的相关记载，则由于文史资料保存不善，无法得知。

光绪三十一年（1905 年），达用学堂更名为重庆府永川中学堂。❷ 光绪三十二年（1906 年），改名重庆府分立永川中学，聘日本人山本策吉、神田正雄任教。次年（1907 年）二人回国，又聘日本人雨根田辉任教，仿日本学制办学。❸ 学校开设经学、英文、日文、格致、博物、修身、历史、地理、体操、音乐、图画等科。❹ 同年（1907 年）更名为官立小学堂，后俗称东皋学堂。宣统元年（1909 年），再次改名官立永川中学校。至民国元年（1912 年）改称永川县中学堂，同年秋，改为永川县立中学校。校内曾几度设师范、蚕桑等班，素以"谦、恒、慎、勤"为校训，校治严谨。❺ 今为永川中学校，位于永川县永昌镇英井路。❻

（二十八）梁平

梁山位于重庆市梁平县，设立于西魏元钦二年（553 年），其后直到 1952 年的一千五百年间，一直名为梁山县，是中国历史上出现最早、使用时间最长的行政地名。1952 年，重庆梁山县因县名与山东省梁山县同名，遂以境内有平坝而更名为梁平县。至今重庆多地府县州志仍可见"梁山"称谓。桂香书院规模较大，可谓清代梁山县的最高学府，过境名士、上任官吏常有人去吟诗作赋。至光绪二十四年（1898 年），梁山县将桂香书院改为学堂。❼ 清末开办新学，光绪二十九年（1903 年），梁山县在桂香学堂开设体操课，小学堂有普通体操、兵式体操等，中学堂则为普通体操（后改为柔软体操）。❽ 光绪三十二年（1906 年）废科举以后，梁山县又将其改为梁山县立高等小学堂，招收具有初等小学文化程度者，修业年限为四年，将原有二十一所乡学改为初等小学堂，收七岁学童，修业年限五年，均按"癸卯学制"办理。同年（1906 年），梁山县立高等小学堂附设师范生一班二十余名，次年（1907 年）梁山县

❶ 中国人民政治协商会议四川省永川县委员会文史资料委员会. 永川文史资料选辑·第六辑[M]. 内部交流本，1990：157.

❷❻ 《重庆市地名词典》编辑委员会. 重庆市地名词典[M]. 重庆：科学技术文献出版社重庆分社，1990：202.

❸ 《重庆百科全书》编纂委员会. 重庆百科全书[M]. 重庆：重庆出版社，1999：302.

❹❺ 魏一樵. 中国名校（中学卷）[M]. 沈阳：辽宁大学出版社，1992：547.

❼ 万县市教育委员会. 万县地区教育志[M]. 重庆：重庆出版社，1997：40.

❽ 龙建平. 梁平县志[M]. 北京：方志出版社，1995：579.

各处增设蒙养小学二十余处，遴派卒业师范生为教习。❶

（二十九）秀山

1. 凤鸣书院

凤鸣书院位于秀山县城南郊，三一九国道西侧。初名凤台书院，以其后面的凤凰山得名，后改名为凤鸣书院。凤鸣书院附近的景观甚多。院东，有一平地突起呈两峰一凹的小山，头尾相连，形似凤凰，故名凤凰山。山侧树林茂密，日照凤凰山顶金光闪耀，云雾缭绕时，山峰若隐若现，好似凤凰欲飞，誉为"凤凰展翅"。登山俯视，梅江如带悠悠东流，秀山风光一览无余。❷

凤鸣书院正堂《晓示生员碑》刻记："朝廷建立学校，选举生员，免其丁粮，厚以廪膳，设学院、学道、学官以教之，各衙门以礼相待，全要养成贤才，以供朝廷之用。"❸ 光绪三十二年（1906年），秀山按《奏定高等学堂章程》，在凤鸣书院创办新式高等小学堂。❹ 课程改授历史、地理、修身、格致（物理、化学）、算术、音乐、体操、图画等。❺ 当时，秀山的初、高等小学堂均开设六至八门功课，每周课时三十二至三十四节，而读经讲经一科就有十二节，占总课时的40%。❻由此可见，清末书院改制虽是教育的一大进步，但不可避免地保有旧教育的痕迹。

清末改制，秀山县兴办新学，由凤鸣书院改成的秀山高等小学堂聘请有学识之人前来任教，其中有学者刘向阁。刘向阁（1877—1951年），名兆瞿、兆乙，祖籍江西金溪，父经商来秀，定居秀山县中和镇南街。他自幼入县学、书院读书，勤奋好学，天资聪颖，遂熟读经史诸子及历代名家古文诗词。光绪三十二年（1906年），年近三十的刘向阁因学已有成，遂被聘于高等小学堂任教，从此开始了他一生的教书生涯。刘向阁讲授国文、历史，由于学识丰富、旁征博引，教学课程被他讲得生动活泼、娓娓动听。不仅如此，刘向阁还教学生立身处世之道、爱国救国之理，深得秀山人民爱戴，后任秀山高等小学校

---

❶ 增设蒙学 [N]. 广益丛报，1907（11）.

❷ 何孝义. 长江三峡库区胜迹 [M]. 北京：光明日报出版社，2006：119.

❸❻ 秀山土家族苗族自治县县志编纂委员会. 秀山县志 [M]. 北京：中华书局，2001：516.

❹ 秀山土家族苗族自治县县志编纂委员会. 秀山县志 [M]. 北京：中华书局，2001：13.

❺ 中国人民政治协商会议秀山土家族苗族自治县委员会文史资料委员会. 秀山文史资料·第二辑 [M]. 内部交流本，1985：45.

长。❶ 秀山高等小学校坐落在原清代凤鸣书院院内，其原校门为西向，大门口两边有清廷下诏设立的"旌表"三门石头牌坊两座，雕刻精致，雄伟壮观，惜于"文革"中被毁。房屋建筑为一楼一底穿斗木结构，为西东向四进三横七天井四合院布局的庭院式建筑。正堂为讲堂，其余小四合院为师生休憩场所。正堂天井庭院有宽阔的檐廊和成行的排柱。左边四合院的中央建有四方泮池，院内有桂花、古楠、紫荆花、香樟等花木。民国元年（1912 年），秀山高等小学校更名为秀山县立高级小学校。❷ 现为秀山民族中学校址。

2. 秀山书院

秀山书院在秀山县治内❸，始建于康熙年间。清末，重庆多半书院仍以"忠君、尊孔"为思想教育的核心，其目的在于维护封建统治。凤鸣书院正堂《晓示生员碑》刻记："朝廷建立学校，选举生员，免其丁粮，厚以廪膳，设学院、学道、学官以教之，各衙门以礼相待，全要养成贤才，以供朝廷之用。"❹ 至光绪三十一年（1905 年），下诏废除科举制度，从光绪三十二年（1906 年）起，停止乡试、会试及生童的岁考、科考，兴办新式学堂，以后选用人才皆由学堂出身。原有县学的训导、教谕等学官随同县学一并裁撤，设立劝学所管理一县的学校教育，改凤鸣书院为高等小学堂，课程改授历史、地理、修身、格致（物理、化学）、算术、音乐、体操、图画等。❺

3. 苹香书院

苹香书院在秀山县，建于同治四年（1865 年），由时任知县张锐堂建。光绪三十二年（1906 年），改为初等小学堂。

4. 梅江书院

梅江书院建于同治十三年（1874 年）。清末书院改学堂，梅江书院于光绪三十二年（1906 年）改为初等小学堂。

---

❶ 中国人民政治协商会议四川省秀山土家族苗族自治县委员会文史资料委员会. 秀山文史资料·第七辑 [M]. 内部交流本，1994：107.
❷ 中国人民政治协商会议四川省秀山土家族苗族自治县委员会文史资料委员会. 秀山文史资料·第四辑 [M]. 内部交流本，1988：13.
❸ 常明，杨芳灿. 四川通志·卷七十九 [M]. 清嘉庆二十二年（1817 年）刻本.
❹ 秀山土家族苗族自治县县志编纂委员会. 秀山县志 [M]. 北京：中华书局，2001：516.
❺ 中国人民政治协商会议四川省秀山土家族苗族自治县委员会文史资料委员会. 秀山文史资料·第二辑 [M]. 内部交流本，1985：45.

（三十）酉阳

1. 龙潭经院

清朝末年，酉阳曾兴办两所蚕桑学校，一所设在县城西山沟的三抚庙，于光绪三十二年（1906 年）开办，由留学日本的杜万青及其兄杜肖璋负责主持，招收学生一百余名（全是女生），专门学习养蚕缫丝，一年多后即停办。另一所是光绪三十二年（1906 年）创办，设在龙潭经院（今酉阳第一中学旧址），由留学日本的陈德元任校长，这所学校办的时间比前一所长得多，直到民国三年（1914 年）土匪抢劫龙潭，将蚕桑学校全部生产工具和仪器抢劫损毁，学校不得已而停办。❶ 此外，龙潭经院于光绪后期改办为龙潭高等小学堂。然而笔者查遍酉阳府志，未曾发现其具体创办时间，但根据清末酉阳县书院改制进程可推断，龙潭经院与龙翔书院的改制时间应是接近的。

龙潭高等小学堂设有图书室，是学校为了丰富学生课外生活，在龙潭经院原有资料的基础上建立起来的。过去经院所藏的二十四史、"四书""五经"等诸子百家古籍和古典名著，都成了图书室的资料。❷

2. 龙翔书院（龙池书院）

龙翔书院，又名龙池书院，坐落在龙潭古镇下街。光绪三十三年（1907年），改制为酉阳公立两等小学堂❸，成为土家族地区著名的小学堂。因位于龙潭镇，又称龙潭两等小学堂。该校历史悠久，师资雄厚，人才辈出。中共创建初期杰出的领导人、早期马列主义理论家赵世炎，以及党的地下工作者、第一届北京市委第二书记刘仁等革命先辈曾就读于此校。❹

酉阳公立两等小学堂设高小一班，初小四班，按年龄及其识字程度分配班次。聘请万锦堂、文襄臣、赵锦云、陈奠之诸老先生为教习，石善堂先生专教算术，而所谓学堂稍具形式矣。❺ 学堂开设不久，因学生过多，教室又少，便将高等学堂的一、二班迁到龙潭经院上课。❻

---

❶ 中国人民政治协商会议四川省酉阳县委员会酉阳县县志编修委员会. 酉阳文史资料选辑·第一辑［M］. 内部交流本，1983：106.

❷ 王学礼. 少年赵世炎［M］. 成都：四川少年儿童出版社，1997：89.

❸ 《酉阳县志》编纂委员会. 酉阳县志［M］. 重庆：重庆出版社，2002：517.

❹ 彭继宽. 土家族传统文化小百科［M］. 长沙：岳麓书社，2007：153.

❺ 中国人民政治协商会议四川省酉阳土家族苗族自治县委员会文史资料委员会·酉阳文史资料·第十五辑［M］. 内部交流本，1993：78.

❻ 王学礼. 少年赵世炎［M］. 成都：四川少年儿童出版社，1997：87.

3. 酉西书院

光绪二十四年（1898 年），清廷明令推行新学，但由于变法维新失败，行新学的政令延至光绪二十七年（1901 年）才付诸实施。这时清廷又通令："各省级书院改办高等学堂，府州级书院改办中学堂，县级书院改办两等小学堂。"光绪三十三年（1907 年），酉属各县书院先后改为学堂。酉西书院及上、下街两所义学合并改为一校，名曰酉阳龚滩两等小学堂。❶

4. 二酉书院（钟灵书院）

二酉书院，原为钟灵书院，位于酉阳县州治北。民国元年（1912 年），二酉书院改为劝学所。❷

（三十一）城口

新城书院在城口厅（今重庆市城口县）新城，道光七年（1827 年）同知吴秀良建。❸光绪三十一年（1905 年），改称城口县高等小学堂。1912 年，改为城口县高等小学校。❹宣统二年（1910 年），城口留日学生罗玉熙回城口县执掌新城书院，后任县教育局长。彼时的新城书院已改为高等小学堂，然而多数当地民众仍称其为新城书院。辛亥革命爆发，罗玉熙与县绅庞介卿等响应成都路事，组织同志军、保群会，发动"抗粮抗捐、罢市罢课"斗争。罗玉熙亲自登台讲演"三民主义"，高呼人权至上，主张男女平等，号召放足、剪辫，提出"拒封建、倡民主、兴教育"的口号。罗玉熙第一个在城口张开世界地图，串讲中外历史，介绍西方科技文化，废八股、倡新学，力主科学救国。民国初年，他在新城书院首开国文、数学、历史、地理、外语等课，并逐步采用白话文教学，实行教时制和教长负责制，对教员采用专业对位聘任制，实行初小、高小分立。❺罗玉熙不断改革教制，变死记硬背式为解答讨论式，主张学生独立思考，教师学生互相提问。命题作文结合社会现实。曾出作文考题《为民如何先天下之忧而忧》《清平苦与乐》等。由于治学严谨，他的学生都能刻苦自勉，好学上进。罗生活简朴，粗茶淡饭之余，常家访学生。

❶　中国人民政治协商会议酉阳土家族苗族自治县委员会. 酉阳文史资料选辑·第三辑 ［M］. 内部交流本，1984：49.
❷　中国人民政治协商会议四川省酉阳县委员会酉阳县县志编修委员会. 酉阳文史资料选辑·第一辑 ［M］. 内部交流本，1983：91.
❸　胡昭曦. 四川书院史 ［M］. 成都：四川大学出版社，2006：187.
❹　《城口县志》编纂委员会. 城口县志 ［M］. 成都：四川人民出版社，1995：660.
❺　《城口县志》编纂委员会. 城口县志 ［M］. 成都：四川人民出版社，1995：871.

当时乡间私塾仍以"四书""五经"、《百家姓》《增广贤文》等为教本，罗劝说教师选用国文课本，告之讲课应让学生"心会"而不是"口熟"。罗玉熙还主张对天资聪慧而家庭贫困的学生减免学杂费，实行送读。罗深得城口百姓敬重，后因体弱多病卒于 1935 年，享年六十三岁。❶ 新城书院今为城口县实验小学。

（三十二）巫山

圣泉书院，旧名巫峰书院，位于巫山县城西北台山下，乾隆年间建立。光绪三十年（1904 年），圣泉书院改为巫山县官立高等小学堂。早在光绪二十八年（1902 年）学堂建立的前两年，巫山前任知县颜学序即选派监生黄在中等人筹集经费，将书院及附近财神庙地基另加修葺。庙中大殿用作讲堂，庙旁隙地圈作操场，自习室、寝室、休息之所无不具备，总共占地面积约一千三百九十平方米。至光绪三十年（1904 年），巫山县官立高等小学堂的创办获得了邑绅周宪斌等赞助，由知县吴麟昌兼任学堂监督，第一任监督堂长系成都举人桂丹。学堂初开甲、乙两个班，学期四年，学生基本是原圣泉书院的，并无女生。学生每月缴伙食费三吊（约合铜钱三百文）。教员有周宪斌、龚海槎、龚小舟等人。其中周宪斌又叫晴塘，为巫山城贡生，曾于光绪十九年参与修纂《巫山县志》。❷

民国建立后，校名改为巫山县立高等小学校，监督堂长亦更名为校长。首由成都优级师范毕业生董仪之担任，继任校长向一中。校长之下设有教习、庶务。民国四年（1915 年），校长是清拔贡周祚麟，学监兼修身教员沈肤阶（清附生），庶务郭旭，国文、历史教员罗长定（本名九如，清禀生），算术、英文、图画、手工教员黄道容，理科、地理、体操、唱歌教员何子章。有学生两个班，第一班七人，第二班十八人，年龄最小者七岁，最大者二十岁。教科书系教育部审定本。学校经费以田亩、练费、米捐、羊厘捐、木籽捐、契底等项目为来源，全年总计收银一千八百零七元。开支项目有教职员薪金、丁役工食、饭食茶水、油烛薪炭、地租付出、粮税付出、教授用品、教材图书、应用器具、房屋修缮、操衣靴帽以及特别付出等。学校有校舍基地，应用器具、图

---

❶ 《城口县志》编纂委员会. 城口县志［M］. 成都：四川人民出版社，1995：872.
❷ 中国人民政治协商会议巫山县委员会文史资料委员会. 巫山文史资料·第四辑［M］. 内部交流本，1997：114－115.

书、田亩等固定资产值银一万七千元。后因军阀混战，县城地处川东门户，军队进进出出，学校常为驻兵营地，因而时停时办。❶ 今为巫山县南峰小学。

（三十三）南岸

1. 朋云书院

朋云书院位于南岸（今重庆市南岸区），由刘庆广创办。后因独力难持，先于嘉庆五年（1800年）倡劝乡里二十六人各捐银一两，仍不足，遂以经营生息。四五年后刘庆广衰病，即由刘庆梅、张怀远接办。越二十年，积累益丰。至道光十七年（1837年），刘灿藜集议建成，历三十八年，几易经办人手，不改初志，终成美举。清光绪二十九年、三十年（1903年、1904年），书院尽改为学堂。❷

2. 广益书院

光绪二十年（1894年），英国伦敦基督教公谊会重庆分会经川东道道台黎庶昌批准，在重庆城内创办了广益书院，校址在下督邮街（解放碑一带），它是当时教会扩大文化教育与慈善事业，以争取民众的传教活动的一部分。❸ 光绪二十四年（1898年），清廷下旨禁用书院名称，广益书院改称广益学堂。❹ 但当时"民教交恶"，教案不断发生，巴渝人民有强烈的反洋教情绪，对于教会学校"人恒歧视之，不屑就也"❺，因此当时广益学堂的学生寥寥无几。其中也有入学后中途退学者，如革命先烈邹容即是从广益学堂第一班转学离去的。❻ 光绪二十七年（1901年），广益第一班毕业生仅有杨国屏、邹云阶、尹绍伊和袁大成四人。是年，英国伦敦基督教公谊会总干事陶维义由英国来重庆，募资数万银圆，在巴县崇文里（今黄桷垭）文峰塔东侧购买尹家林地一百二十余亩，修建教学楼、宿舍、食堂、运动场和校门。光绪三十年（1904

---

❶ 中国人民政治协商会议巫山县委员会文史资料委员会. 巫山文史资料·第四辑 [M]. 内部交流本，1997：114 – 115.

❷ 四川省巴县志编纂委员会. 巴县志 [M]. 重庆：重庆出版社，1994：554.

❸ 欧阳桦，李竹汀. 学舍百年——重庆中小学校近代建筑 [M]. 重庆：重庆大学出版社，2014：88.

❹ 何智亚. 重庆老城 [M]. 重庆：重庆出版社，2010：147.

❺ 杨秉德. 中国近代城市与建筑（1840—1949）[M]. 北京：中国建筑工业出版社，1993：372.

❻ 重庆市南岸区政协文史资料委员会，重庆市广益中学校，广益中学校史研究会. 重庆南岸文史资料（第九辑）：纪念广益中学校建校100周年专辑 [M]. 内部交流本，1993：1.

年），广益学堂迁来新址，更名广益中学，正式开学，校内升起英国国旗。❶
陶维义任校长，著名和平人士义幼章曾在广益中学任教。❷ 广益中学的学制先
后为五年和四年。❸

1909 年，陶维义离职返英，英国人范瑞辅接任校长。范瑞辅募资建校舍
三幢（即后来的附属小学校舍）和扩建原校门（并在校门上书写"广益中学"
及英文"Friends' High School"）及校门上月台之石板路，历时约两年才修建
完工。❹时年，广益中学的学生增至六十人。广益中学学生叶语曾回忆在广益
中学的学习生活：

广益中学（以下简称"广益"）在重庆南岸黄桷垭文峰塔下，由英国公谊
会（Friend Mission）于 1894 年创办，原名广益书院，后改中学。听说当时的
校长是陶大先生（Mr. Davidson）；20 世纪 20 年代，杨芳龄留学英国回来接任
校长，公谊会不再资助，遂称私立广益中学。

走进校门，松柏参天，即便是三伏酷暑，也因遮天蔽日，不见曦月而倍感
幽静凉爽。当年，重庆南岸绵亘数十里的一带山脉，全被百年大树所覆盖，广
益的校舍完全躲藏在丛林深处。在这所本来就园林化的学校里，奇花异树，万
紫千红，蜂飞蝶舞，鸟唱蝉鸣；每当夜阑人静，尝闻松涛滚滚，几疑身在大
海！教学大楼是古老的英国式建筑，颇有剑桥大学校舍的风格。楼下层是教
室、自习室，上层是办公室和师生宿舍。教室不按班级分配而按课程分配，例
如数学教室、理化教室、生物教室、史地教室，等等。教室里存放着有关的书
刊、挂图、资料、仪器，上什么课就在什么教室。从早上起床到晚上熄灯
（学校有自己的发电设备，而当时重庆几乎没有民用电灯），全由一口声音清
脆的优质铜钟"发号施令"。

……

当年，全校只有不同学年的六个班［即初中三年春、秋学期俱全，我们
习惯的称呼是一学期（初一上）、二学期（初一下）……六学期（毕业班）］。
全校二百多学生统一在一个大自习室里早晚集中自习，每人有固定的桌椅，毕
业班还有单独的小自习室。校长、教务主任、训育主任、值班年级主任轮流按

❶❸❹❺　重庆市南岸区政协文史资料委员会，重庆市广益中学校，广益中学校校史研究会. 重庆
南岸文史资料（第九辑）：纪念广益中学校建校 100 周年专辑［M］. 内部交流本，1993：1.
　❷　何智亚. 重庆老城［M］. 重庆：重庆出版社，2010：147.

时点名。学生住集体宿舍，大的住三十多人，单人木床；小的住四至十二人，单人钢丝床。图书馆收藏了丰富的中外图书，如《二十四史》《万有文库》、各种辞典、《大英百科全书》，等等；实验室里的仪器，对一所中学来说，可算是应有尽有，仅显微镜就可每人一台。学校实行学分制。每期须修满三十六学分，不同年级略有差别，其中国文、英文、数学各六学分，其余每科二学分或一学分。不及格的课程超过三科或八学分者留级，不超过者补考，补考不及格者仍然留级……❶

由此可见，清末近代重庆书院改制中，有部分书院获得了外资的支持，其教学设施较为齐全、设备较为先进。这些有助于近现代重庆学校培养大批先进的知识分子。广益中学由广益书院至今，先后历经百余年，为重庆地区的近现代化发展贡献巨大力量。至今仍然存续，为重庆五中，继续承担着重庆地区教书育人的重担。

（三十四）开县

汉丰书院，旧名开阳书院。道光九年（1829 年），知县孔昭琨因盛山书院学田岁有盈余，遂倡建开阳书院于城外南街。道光十一年（1831 年），知县魏煜将书院移至城外西街（今汉丰五校）；道光二十五年（1845 年），知县郑安仁将开阳书院更名为汉丰书院。❷ 清末，书院改学堂，汉丰书院改制为高等小学堂。

汉丰书院在改制为高等小学堂之后，一批热血青年如刘伯承、邹靛澄、谢南城、张国宜、张仲屏、许寅宾、张锦城等，均曾在这里读书学习或工作，接受教育，然后满怀壮志走向社会，汇入革命洪流，为中华民族的伟大复兴和人民解放事业奋斗终生！❸

（三十五）璧山县

璧南书院坐落于璧山县丁家镇西文庙内，建于道光二十四年（1844 年）。清末书院实行改制，改为南区公立丁家高等小学堂。❹

---

❶ 中华文史资料文库·文化教育编·第十七卷·教育［M］. 北京：中国文史出版社，1996：224.

❷ 万县市教育委员会. 万县地区教育志［M］. 重庆：重庆出版社，1997：40.

❸ 政协开县委员会. 开县文史资料·第四辑［M］. 大连：辽宁教育出版社，2008：5.

❹ 中国人民政治协商会议四川省璧山县文史资料委员会. 璧山县文史资料选辑·第三辑［M］. 内部交流本，1990：2.

书院作为中国历史上一种重要的教育组织形式，其特点是积聚图书、聚众授徒，教学与研究相结合。重庆书院起于宋代，至元明时期虽遭受破坏，亦获得一定发展。至清代时期，重庆书院在规模和数量上达到顶峰，为巴渝文化特色的形成与重庆文化的传承做出了应有的贡献。然而，盛极必衰，不进则退。重庆书院在历经千年风霜后，随着清末社会局势的变动也发生变化。晚清是中国最后一个封建王朝的凋零时期，曾经的辉煌掩盖不了种种弊病和无法挽回的衰败。晚清重庆书院也如同它所处的时代一样，辉煌过后便是积弊而亡。因此，在巴渝教育史上书院在完成其历史使命后，退出历史舞台已是必然，而书院改制后的新式学堂将在新时代发挥其不同于传统书院的文化教育作用。

四、重庆书院近代改制后的教学和管理

在充满国内冲突与中西抗争的晚清社会背景下，重庆传统书院却依然固守其千年的教学与管理传统，使其在教学内容、教学方法、培养目标等诸多方面与现实社会的发展存在显著的、难以调和的矛盾。在这种情形下，以学习帖括、八股文为教学内容，以科举为目标的传统书院教育已与晚清重庆的社会实际生产生活相脱节，亦不能跟上新时代的步伐。因而，依据清政府改书院为学堂的政策规章，重庆将书院这一传统教学组织形式进行改革、整顿和改造为学堂，少量延至民初才改制的书院则转型为学校，并以此作为媒体或机构传播近代科学文化知识，培养救亡图存、振兴地方社会的实用人才，这显然是重庆区域内实现教育与社会早期现代化的关键一环。

（一）书院更名

完成改制后的重庆书院在名称上的改动亦体现了其立新除旧的决心。改制的第一步，也是最先受人瞩目的一点便是名称由书院改为学堂或学校。重庆近代书院改制中，多数书院改称学堂，但由于书院之间更换门庭，内容的步伐不一致，有的推迟到了民初才依"壬子癸丑学制"需要加以改弦更张。光绪三十一年（1905 年），长寿县的鸿程书院改为初小学堂。光绪二十八年（1902 年），铜梁的巴川书院改设小学堂。又如江津的育才书院于宣统时改设两等学堂，聚奎书院于晚清时期改办高等小学堂等，诸如此类。民国时《名山县新志·卷十一·学校志》中称："学校者，改良之学官书院也。"如巴县的一些书院改称学校，观文书院改称县立白市驿女子小学校，观澜书院改称木洞小学校，算学书院改称县立簧学小学。值得一提的是，学堂用于教学

组织形式的名称并不是起源清末，而是早在北魏时期。我国著名的地理学家郦道元在其著作《水经注·江水一》中写道："始，文翁为蜀守，立讲堂，作石室于南城。永初后，学堂遇火，后守更增二石室。"❶ 可见，学堂一名早在书院之前便出现了，只是清末时期再次重提罢了。换言之，经历改革后的传统书院已经融入近代新教育制度之中，成为其中普通教育学制的组成部分，甚至可以说各地学堂（校）办学机构的血肉筋骨多少有因袭书院的一面。那么，清末"癸卯学制"、民初"壬子癸丑学制"以及相关规章政策对办学育才在教学与管理的诸多规范要求也自然适用于由书院转制而来的学堂或学校。

当然，考诸方志史料，可惊讶地发现清末民初重庆书院改制时所采用的名称除学堂和学校之外，还有其他一些名称，如垫江的凌云书院改制后称劝学所，南川的育才书院改为学务研究所等。从名称上看，学校和"所"较学堂而言，更具现代教育管理、督查的意义。尤其是劝学所是清末县级教育行政机构，而研究所这一称谓更是近代以来西方工商业强国建立的兼具组织管理、教学及学术研究功能的专门或专业化研究机构。由此看来，书院的育人、学术探究功能及特色是通过转换承续而得到某种绵延的。当然，这在一些转型而来的中高等教育场所机构中表现得更全面突出。

（二）教学目的

教学目的规定着教育教学的发展趋势和总方向，对教学活动起统贯全局的作用。❷ 清末重庆创设的新式学堂，以培养人才、强调实学、博通时务为主要教学目的，力求与时代接轨。单从教学目的来看，新式学堂较书院而言更为先进，更能满足社会发展的需要，也更能跟上新时代的脚步。原江津县书院改制而成的聚奎学堂，在堂长邓鹤翔的带领下，讲求新学，以培养新式人才。重庆府中学堂更是注重时务，辛亥革命时期曾力邀众多革命志士前来执教，以宣扬革命民主与爱国精神。同重庆府中学堂一样，巴县诸多书院改为学堂后，其教学目的亦趋于实学、时务。巴县清末举人、教育家龚秉枢（1865—1917年）博览群书，精通训诂、声韵学，多年讲学于白市驿观文书院（清末改为县立

---

❶ ［北魏］郦道元，陈桥驿. 水经注·江水一·卷三十三［M］. 杭州：浙江古籍出版社，2001：517.

❷ 田慧生，李如密. 教学论［M］. 石家庄：河北教育出版社，1999：64.

白市驿女子小学堂）。清末行新法，一时重庆府县书院纷纷改为学堂，并争聘龚秉枢为学堂主讲。他时常身兼数校，日夜讲学却了无倦意。龚秉枢不满清廷的专制独裁统治，在学堂教学中常联系时事，向学生灌输反帝制、兴共和的革命意识，其教泽深入人心。❶ 在长寿凤山书院改为长寿师范讲习所、林庄学堂及初等小学堂后，罗纶担任学堂监督并兼任学堂及师范讲习所教师。期间，他顺时代潮流，讲求新学，注重发展川东文化，大讲变法自强之道。在罗纶的督导下，长寿师范讲习所、林庄学堂及初等小学堂等新式学堂以"吸取新知，自强革新，移风易俗"为教学目的，鼓励学生们要为"抗御外侮，保卫中华"而发奋读书。❷ 新式学堂作为一种崭新的教育组织形式出现，给即将破壳而出的重庆书院改制提供了一剂催产针，真是猛烈，可谓壮观。自此，重庆改制的书院皆本着新式学堂的教学目的与办学思想进行教育活动。

（三）学制划分

清末建立的"新学制"基本仿照西方近代教育中的学制思想与学制体系，如 1904—1911 年清政府颁布推行"癸卯学制"，1912—1922 年民国时期实施的"壬子癸丑学制"等。近代重庆书院改制基本上遵循这两个学制的规章要求。改制后的重庆书院被划分为不同阶段、不同程度及目标的教育机构。例如，一些书院在改制为学堂后分中学堂、高等小学堂、初等小学堂和各级学校。在各级学堂中设置学制规定的课程计划表，推行年级制，采用班级授课制以及其他新的教学组织方法。例如，潼南县的云龙、玉山两所书院，均于光绪三十一年（1905 年）改办高、初两等小学；石柱南宾书院也于当年改为石柱直隶厅官立高等小学堂，学制四年，设校长一人、监学三人、教员五人，学生新旧四班，每班四十人。同年，江津的聚奎书院改办为学堂。光绪三十二年（1906 年），聚奎学堂更名为"省立聚奎高等小学堂"，始办高小，学制四年。❸ 至 1912 年增办三年制高中，采取男女生分班教学。由于女生人数减少，从 1926 年起，由合班上课取代男女分班教学。还有一些重庆书院在近代改制中突破"女子无才便是德"的传统观念，发展成女子学堂。例如，巴县的观文书院于光绪三十年（1904 年）改为县立白市驿女子小学堂，行余书院清末改为县立南彭

---

❶ 重庆市教育委员会. 重庆教育志 [M]. 重庆：重庆出版社，2002：797.

❷ 政协四川省长寿县委员会文史资料研究委员会. 长寿县文史资料·第七辑 [M]. 内部交流本，1992：5 - 6.

❸ 重庆市教育委员会. 重庆教育志 [M]. 重庆：重庆出版社，2002：852 - 853.

乡女子小学校，登瀛书院于清末改为县立接龙乡女子小学堂，民国改为接龙乡女小，南川的专经书院于光绪三十二年（1906 年）改为县立第一女子高等小学堂。再如清光绪二十九年至三十年（1903—1904 年），长寿凤山书院改为长寿师范讲习所、林庄学堂及初等小学堂。由于科举制度刚废，而林庄学堂初建，此时这所高等小学堂年龄在二十岁以上的学生占大多数，其中不乏过去科举考试久考不入的"老童生"。鉴于此，身为学堂监督的罗纶主张通过考试筛选的办法，将其中年龄偏大、读书较久、经史知识丰富的学生选拔出来，再将他们引入师范讲习所进行学制一年的师范教学。❶ 如此一来，不仅解决了大龄青年的教育问题，还为今后长寿县初级小学堂培养与输送教师资源，真是一举两得。之后的两年间，师范讲习所为初级小学堂培育了近百名教师。经过学制改革，编入高等小学堂的学生们亦是认真学习，进步飞快。至光绪三十四年（1908 年），师范讲习所改为县立师范，进一步规范学校制度，将学制延长，设置五年制、三年制师范各一班。❷ 这些书院在改制后，承担起了重庆早期现代化教育的重担，为重庆近现代教育的发展打下基础，奠定了未来。

（四）课程设置与教学内容

课程设置必须符合培养目标与教学目的的要求，它是学校的教学目的在教学内容设计中的集中表现。而教学内容是教学目的实现的具体资源，有什么样的教学目的就要有与之相适应的教学内容和教材。因而，不同学科课程也会有与之相对应的教学内容。清末"新政"回光返照的十年间，"废科举、办新学"蔚为风行，尤其是 19 世纪后期洋务派代表张之洞"中体西用"的思想主张颇有影响力度。因而，清末由书院改成的部分学堂在课程设置和教学内容安排上仍然反映出"均以忠孝为本，以中国经史之学为基"的"中体"根基，难以彻底摆脱封建旧式思想的影响，但也渗入了大量近代自然科学的"西用"内容。

改制后的重庆书院依据学生的实际水平、不同年龄阶段的接受能力，有序安排了不同的、相对稳定的课程。其中，传统国文等人文社会课程是各个学堂课程中必不可少的，如巫山圣泉书院改办的"巫山县官立高等小学堂"，其课

---

❶ 政协四川省长寿县委员会文史资料研究委员会. 长寿县文史资料·第七辑 ［M］. 内部交流本，1992：6 - 7.

❷ 重庆市教育委员会. 重庆教育志 ［M］. 重庆：重庆出版社，2002：851.

程设有经义、格致、国文、算学、史地、音乐、图画、体操等科。❶ 在具体规划方案中，除开设了传统国文等人文社会课程之外，还设有代数、几何、物理、化学、生物、英语、日语、体操、手工等近代自然学科课程。以课程的数目、比重等方面分析可以看出，清末中小学堂的教学内容实际上仍以讲授西方科学知识为主。例如，始建于宋代的涪州钩深书院，在延续千年之久后亦走上了改制之路。光绪二十七年（1901 年），钩深书院改办为涪州师范中学堂，并设经史、舆地、掌故、时务、文学、算学六科。❷ 又如光绪二十六年（1900年），坐落在巴县境内的算学书院增设算学。次年因师生众多，书院容纳有限，特意将"算学"独立出来专门教习数、理、化等近代自然科学知识。酉阳龙翔书院改办的公立两等小学堂虽然主课是儒家经典，但增加了数学、史地和格致这些课程。❸ 再如光绪三十一年（1905 年），邓鹤翔任"聚奎学堂"的堂长，在课程设置上设数学、物理、化学、生物等课程。1906 年，他从日本购买了一批科学仪器、器材及图书资料，以便为学堂学生教授科学教育课程。此外，邓鹤翔注重体育课程与音乐等艺术课程，在学堂开辟运动场以为学生开展体操、田径等体育教学。令人称赞的是，1912 年聚奎学堂开办了江津县的首届运动会。聚奎学堂在音乐艺术等领域的课程也取得漂亮的成绩，如 1925年创办了川东地区唯一一支学校军乐队，第二年又率先为江津县放映了无声电影。我国著名学者陆松涛（又名陆殿舆），曾就读于重庆府中学堂。他曾回忆说，重庆府中学堂开设有修身、经学、国文、英文、地理、数学、博物、物理、化学、图画、体操等课程，各门课程所使用的教材主要源于欧美、日本学校教材的编译，政府及国内自编教材也有适当数量。民营出版机构商务印书馆、中华书局等表现出强烈的市场竞争意识，逐渐取得中小学教材编写出版中的优势。教学大纲虽有某些统一要求，但在具体各科教学中，不少教师自定标准、自选教材。

同聚奎学堂一样，改制后的彭水摩云书院在课程安排上既重视文化实学，又强调对学生的体育训练。彭水县今为苗族土家族自治县，摩云书院于光绪三十年（1904 年）改为县高等小学堂，至 1910 年改办崇实学堂。《彭水文史资

❶ 中国人民政治协商会议巫山县委员会文史资料委员会. 巫山文史资料・第四辑 ［M］. 内部交流本，1997：114.

❷ 季啸风. 中国书院辞典 ［M］. 杭州：浙江教育出版社，1996：287.

❸ 王学礼. 少年赵世炎 ［M］. 成都：四川少年儿童出版社，1997：87.

料·第五辑·赵城事略》中记载："翌年（1910 年）春天，县知事娄桐聘任该县武秀才赵城为摩云书院（崇实学堂）掌院。赵城常对学生讲：'文不可不学，武不可不练，从小就要勤学苦练，只有文武俱全，长大后才能为国家出力。'"❶ 因此，他不仅要求学生认真读书学文，还积极组织学生开展体育课程教学。这是中国近代土家族聚居区把武术作为学校教育内容最早见于记载的事例。此外，原为梁山桂香书院的梁山县立高等小学堂右边有操场，也曾开展一些体育活动。❷ 光绪三十四年（1908 年），秀山书院高等小学堂始设体操课，进行习武练功和娱乐性的体育活动。宣统元年（1909 年），秀山全县小学堂每周开设四节体操课，仿行欧美体育教学内容，把民族传统体育活动与现代体育运动竞赛项目结合起来进行教学。❸ 光绪三十一年（1905 年），重庆市南岸区广益中学的标准足球场竣工，学校开展足球运动为西南地区之始。广益中学当时的校长陶维义本是英国皇家足球队队员，他从英国带来足球，在学校积极倡导，普及了足球运动。❹

原长寿凤山书院，清末改为长寿师范讲习所、林庄学堂及初等小学堂，在罗纶任学堂监督时期，开设八门课程，即读经（"四书""五经"）、修身、历史、地理、算术、格物（动物学、植物学）、图画、体操。尤其格物课程的开设，极大地调动了学生探求新知识的积极性。此外，罗纶还教授修身课与历史课，他不仅教导学生们应加强自身修养、品德陶冶，在上历史课时还经常结合国内外实际形势，揭露帝国主义列强对中国的侵略行径及民族危亡的实际情形，为此他编写了《自醒篇》作为历史教材。❺

总之，改制后的重庆书院，不仅在课程安排上更为合理，也直接成为近现代教育办学体制的重要部分，在教学内容上显示出丰富充实、变化多彩，并且教学目标的规范性与方向性十分突出。

近代重庆书院改制虽在教学和管理方面有深刻改变，但或多或少还保有传

❶ 政协彭水苗族土家族自治县委员会文史资料研究委员会. 彭水文史资料·第五辑［M］. 内部交流本，1989：2.

❷ 龙建平. 梁平县志［M］. 北京：方志出版社，1995：579.

❸ 秀山土家族苗族自治县县志编纂委员会. 秀山县志［M］. 北京：中华书局，2001：558.

❹ 重庆市南岸区政协文史资料委员会，重庆市广益中学校，广益中学校史研究会. 重庆南岸文史资料（第九辑）：纪念广益中学校建校 100 周年专辑［M］. 内部交流本，1993：1.

❺ 政协四川省长寿县委员会文史资料研究委员会. 长寿县文史资料·第七辑［M］. 内部交流本，1992：7.

统书院的气息。总体来说，近代重庆改制具有进步意义。自此，重庆近代教育焕然一新，实现了教育资源由古代向近代的有效转换，对近代化教育的发展起了承前启后、继承创新的历史作用。

五、重庆书院近代改制评价

近代重庆书院改制在最初实施之际已表现其革故鼎新的一面。1901 年实施的"新政"在教育上以整顿书院、实施改制为前提举措，由此发端建立新教育制度真正打破了传统旧式教育在文教领域占绝对主导的境况，为教育转型主动走向现代化迈出了历史性的第一步。从此，中国的教育开启了早期现代化的新模式。

回顾百年前中国近代教育史上书院改制这一波澜壮阔的事件，我们当思中国当下教育之改革与发展。1901 年的书院改制开启的是一个教育领域的新时代，以重庆为例，这一创举为重庆新教育制度（包括废止科举应试、实施新学制、建立教育行政及考评机构以及开展教育科学研究等）的推行发挥了杠杆作用。举例来说，从改制后学堂与时俱进的教育目的、办学模式，到更趋于合理的课程规划与安排，再到多姿多彩的近现代化教学组织方法等，诸多由传统向现代的实质性转变都成为重庆近现代教育改革与发展的重要方面，从中处处彰显着教育改革的历史价值与独特意义。譬如光绪三十年（1904 年），长寿知县唐我圻将原长寿凤山书院改办而成的林庄学堂，是重庆府治内创办最成功的小学堂之一，其办学资金、模式、规模等都是当时国内学界的理想模式。它几度筹银数万两，按日本小学的图式建校舍，有礼堂、教室、自习室、晴雨操场、学生寝室、膳堂、办事人员宿舍等。❶ 此外，林庄学堂在办学之初"设学董管理"❷，如此近代化的办学模式实属当时重庆教育界的一缕清风。改制之举在为重庆地区带来大量新教育元素的同时，也推动了地域社会的现代化力量，如新式人才的不断涌现、民主观念的迅速传播以及学术研究的转型升级等。又如书院改学堂的进程中出现了一批师范学堂、医学堂，如长寿凤山书院改成的林庄学堂附设师范传习所，永川锦云书院改办的达用学堂制师范班，巴县字水书院改办的巴县师范学堂、巴县医学堂等。其中，巴县医学堂规定

---

❶ 周勇. 重庆通史·第一册 ［M］. 重庆：重庆出版社，2014：532.

❷ 《重庆百科全书》编纂委员会. 重庆百科全书 ［M］. 重庆：重庆出版社，1999：368.

"学制三年"❶。这类新式学堂作为重庆近代专业类学校的雏形，为重庆各行业的人才培养提供了便利，也为重庆地区的各类学术研究奠定了基础。

面对当今中国教育的发展与改革，我们应有近代书院改制大刀阔斧的勇气与革故鼎新的精神，借鉴近代书院改制的具体历程与实施策略，对当今教育进行多维度的改革：转变教育观念、明确教育目的、规范办学体制、优化教育内容、创新教学方式、改变评价方式、提升教育科学研究水平等，以使中国教育获得优质高效、可持续性的发展。同时，我们在借鉴近代书院改制的成功之举时，亦要警惕当今教育改革与发展中的弊端，从而避免重蹈古代书院沿至清末日渐衰败的覆辙，使每一个教育元素的效用真正得到发挥。此外，如今对中国近代书院改制的新审视与再探究，亦折射出为了推进当代教育的改革与实践，有必要加强对中国教育史学研究的重视程度，督促教育史研究者在教学与研究中秉承严谨的治学态度与主动的反思精神。书院改制在中国近代历史、中国教育史上具有深远影响和意义。区域社会内的书院改制对所在区域也不可避免地产生广泛的社会影响。重庆书院近代改制的社会影响大致有如下两个方面。

（一）为重庆近现代新教育注入了有机力量

新教育力量不局限在书院改制后出现的新式学堂、学校等一批近代化新式教育形式，还包括它不同于中国传统教育的新理论、新思想、新学制、新教育教学内容等，它们代表了近代以来新的教育精神。重庆历来"尊师重教"思想尤为浓重，加之近代重庆书院改制后的学堂、学校教师不再以秀才、举人、进士为择选对象，而是多以聘请出国留学归来的学者来担任重任。受西方近代教育的影响，这些海外归来的教师在教学观念上大多开明，思想先进，课堂气氛较为活跃，师生亦师亦友，于讲堂内外探讨学问，追求真理。这点在王维祯给聚奎书院题的楹联中可见："舍师生互切磋，饮水思源怀黑石。"1909年，聚奎学堂邀请同盟会员萧湘来校执教。萧湘，重庆涪州人，初为光绪年间进士，授刑部主事。后又赴日本留学，回国后任职四川谘议局。萧湘曾积极参加各种民主救亡运动，积极传播爱国民主革命思想。萧湘适逢任教重庆府中学堂教师，在校内大力宣传民主革命思想，为当时的重庆地区播撒了革命的火种，传播了民主进步思想。近代重庆书院改制为重庆区域社会的进步注入了大量新教育力量，这些力量为重庆培养了大批优秀的人才，从而为今后的重庆经济建

❶　周勇. 重庆通史·第一册［M］. 重庆：重庆出版社，2014：533.

设、政治革新、社会进步以及教育发展发挥了积极的作用。

(二) 促进重庆传统学术文化的近代转型

教育和学术紧密相连，学术发展要求的与之相适应的教育机构随之产生，以作为相应学术发展的前沿阵地。古代的经学教育、近代的人文教育以及近现代的科学教育便是范例。书院教育是以中国传统的学术为主要思想内容，而近现代新式学堂（学校）则以西方近现代人文社会科学，尤其是自然科学为核心，二者截然不同。书院改为新式学堂并不仅仅是名称更变和教学管理的变化，同时也意味着学术的转型。近代书院改制前，重庆古代的学术文化以书院教育为主导及主要力量，一旦书院改制完成则其强大的学术力量就会涌现出来，进而领导着重庆地区学术的转型。❶ 因此，重庆书院近现代改制拉开了重庆传统学术近代转型的序幕，自此，重庆近现代以科学主义为中心的学术文化由此开始。

总之，近代重庆书院改制标志着清末重庆教育与传统旧式的教育正式分离，它与废八股、停科举及兴学堂一道开启了这片古老神奇而又充满朝气活力的长江中上游区域社会教育早期现代化的崭新篇章。回顾往昔峥嵘岁月，展望未来朝霞满天。以近代书院改制历史为镜，可以有裨于新时期教育改革在反省中获得深刻启迪，促进教育事业的健康发展。

---

❶ 吴洪成. 重庆的书院 [M]. 重庆：西南师范大学出版社，2007：252.

附录：重庆历代书院碑记、章程及其他文献

附录部分记录的是宋、明、清各时期的重庆各书院章程、碑记、经费及其管理，按照书院的初始创办时间进行分类，而非按本著作所作内容设计时间。如清代知府鲍康作《重修白帝寺碑》，文章写于清代，其文记述内容为最早创办于宋时的少陵书院，因此在附录部分将其归类至宋代。值得一提的是，由于元代重庆仅有书院三所，加之年代久远，笔者遍寻方志类及其他文史资料，皆未曾发现其书院记录章程、碑记等内容，因而附录部分仅附有宋、明、清三代重庆书院的文献资源内容。在整理、收录及编排中，大部分重庆书院文献均以繁体、直行及缺乏现代标点方式排版，须加以校勘、标点及其他技术处理，作者为此耗费了大量时间与精力，殊为不易。特此说明。

一、宋 代

1. 创修少陵书院碑记

吕 辉

天下之治道系乎人才，天下之人才系乎学校，学校兴而后人才出，人才出而后天下治。汉文翁开石室则士皆向化，宋胡翼之创"治经""治事"两斋，则士各彬彬有序。嗣后取用均克裨益治道，效莫大焉。然造而就之，执政者之责耳。

岁庚午秋九月，余莅兹土，询以课士之所，阙如久矣。访诸东郊壮公祠者，晋阶书院旧址也，乃急重葺，以为诸生肄业处。奈地隔瀼水，春涨时发，士多患之，心代歉然。壬申冬，复于县学之偏得隙地，高居山麓，下瞰长江，爽垲极焉。拟为改迁，士论欢然，以为得听。复捐资于癸酉，春初鸠工，夏六月竣事。落成之日，乃进诸生而教之曰："百工居肆以成其事也。"士能肄业以成其学，亦如工居肆上成事也。裁议束修，以为延师资，捐膏火，为激励，惟期多士，执

经问业，月异日新，力戒荒嬉，共图实践。他时文学成就，策名天府，入为庙堂培元气，出为黎庶正本原，将一邑之人才出而天下之治道隆焉。余岂仅为一邑幸哉！

资料来源：曾秀翘，杨德坤. 奉节县志·艺文·卷三十六［M］. 清光绪十九年（1893 年）刻本.

2. 合州先生祠记
何 预

合有书晼，与比岁创于他郡特异。淳熙七年冬，预始承乏，公余访古，览江山之胜，瞻汉阳道遗像，诵少陵江楼诗句。求其故实，则不可得矣。于是摩挲题名石刻，考前人名氏。有殿中丞周其姓，光宗庙讳，实其名者，仿佛埃尘间，呜乎！此濂溪茂叔先生也，胡为乎来哉！按太常博士朱处约记：其始至也，以嘉祐改元年十一月初十日，迨其去，实五年六月初九日。本末详且信如此，独未有表出之者，又得阆中恭敏蒲公墓碣铭，知行治加详。

先生春陵人，后避厚陵邸讳，更惇颐。顾其为政于此州也，一郡之事，不经君乎，吏不敢决，苟下之民不肯从。恭敏舟舣濒下，一见异之，退而叹曰："世有斯人与"，遂以娣妻之。初调南安狱椽，转运使以权利变具狱，君争不可，投告身欲去，使者敛手听之。熙宁初，用正献吕公荐，擢广东路转运判官，改提点刑狱。晚以疾丐分司，筑室庐山下，有溪流其旁，号濂溪。惟先生以一诚极性理之妙，躬行日用，粹然一生于正，为道学之宗。程太常珣倅南安，视其气貌非常人，与语果知道者，因与为友。立朝，每迁授辙一荐之。其子明道、伊川，幼受业焉，先生令寻仲尼、颜子乐处，所乐何事。明道遂弃科举从之。尝曰：自吾见周茂叔，吟风弄月而归，几与浴沂同意，二程以斯文唱诸儒。

资料来源：［清］费兆钺，程业. 合州志·艺文·卷十二.

3. 重修白帝寺碑
清知府鲍康

粤考创业之艰，君臣鱼水之盛，惟汉昭烈为最，而诸葛武侯之忠勋卓越，亦炳然与三代同风。白帝城者，实昭烈托孤之地，武侯受命讨贼之所经营也。康尝历游燕、赵、齐、豫、秦、晋，最后乃至蜀。所过通都大邑，见夫古文人墨客一觞一咏之所，必有人为表而出之，披荒棘、树丰碑，不惜穿凿附会以实其事，而识者不相诟病者，与其过而废也，宁过而存之耳。矧白帝城之铿震一时，信而有征，顾听日就荒芜，久之，并遗址不可考，讵非守土者之羞哉！

城初建于公孙述，后之郡即基于此。宋丁谓所迁之瀼西，而于高阜建屋，并祀子阳、昭烈，谬矣。明督师林公俊，黜述以祀伏波，于义近正，而武侯之祀仍阙如，吊古者终以为憾。后人更去伏波，建明良殿，取杜诗"先主武侯同闷宫"之意。士人复以地滨大江，临滟滪、瞿塘之险，别肖诸佛暨江神像于其前，揆之神道设教之义，亦复不悖。方今圣人御宇，凡古帝王先贤，陵墓祠庙，饬以时修葺，达之工部，岁暮具以闻，礼至渥也。

同治九年春，康来守夔。九月，吕扉青司马权奉节事。张济堂通守约同登是城，见栋宇摧落，心愀然。时承大水后，救灾拯患之弗暇，且郡城内祠宇之就圮者，不可胜计。次年，始捐资以次修复，并北山之莲花寺亦重修葺焉。皆落成，独是祠未筹及者，非敢缓也，亦其势有难焉者。兹祠距城十有余里，界高山中，一木一石悉费人力。扉青莅任伊始，即创立少陵书院，兼新其傍武侯祠。康喜其同志，今年春以兹事相属，扉青毅然任之。郡中诸绅咸乐从，康亟输金以为倡。祠左仍肖诸佛、江神像，后复为明良殿。其西偏添建三楹，以其中为武侯寝殿。山之下，旧有文昌寺，亦圮于水，乃迁之上。其右则祀杜少陵、李太白、范石湖、陆放翁诸诗人。更于隙地构长廊、筑危亭，一览江山之胜，与郡人士作小憩地。其东偏则为禅室，缔方外交，而白帝城自此改观矣。诸君子亦可谓为善最乐矣。夏四月，康解组将行，扉青约往观。适大雨，势将不果。旋开霁，即擢小舟，率从子恩绥往焉。同人咸集，欢宴竟日。见规制已大备，虽不及待其成，逆知异日客子溯夔巫，舟人指峻岭茂竹间，游览一郡之名胜，兼知后来者，亦必时加补葺，踵事增华，俾庙事永永弗替，不特慰扉青兴废举坠之本意，而康亦藉以大慰也夫。

资料来源：四川省奉节县志编纂委员会. 奉节县志 [M]. 北京：方志出版社，1995.

4. 合州建濂溪先生祠堂记

濂溪先生周子尝仕于合阳。予奉使东川日，请为周程三子易名，先帝下其奏奉常。谥周子曰"元"，二程子曰"纯"、曰"正"。以书颁二氏子孙。予既奉行惟恪叶，且饬郡将买田以备丞尝。连帅永嘉曹叔远嗣赞成事，属予记之，未果也。

厥十有五年，返自南迁，起家守泸。合士税申之持张宗范《养心事题说》谂予曰："朱文公著《通书》，附录首载此篇。今春官贰卿庾正每以为恨，曰：

宗范，吾州人也，而郡乘放失。于是搜求之累岁，始得石刻于地中。凡一百七十年，而遗迹俨存，殆非偶然也。周子故有绘象于学西偏，地下濒江，屡圮于水。乡进士罗艮十余人尝以请于予，予为移书太府少卿安葵仲，得官屋于州冈，前挹巴岳、铜梁诸峰，而涪、汉二水汇其下，若天作地藏以待今日者。匾曰'瑞应山房'，以祠先生，配以二程子。郡少府又余法用，即张氏故址为养心堂以馆学徒。又捐钱千万以广粢盛之田也。是田也，自夫子倡之，今诸生之廪稍亦云备矣。子也昔尝有诺于曹、庾两卿，盍践言焉。"予尝考周子以庆历四年司理南安，年方三十，程大夫珦谓其知道，时二程子年十五六，遣从之游。迨嘉祐五年，佥书合州判官，年方四十，宗范又从之。今绅绎其养心说，大抵与《通书·圣学章》相表里。秦汉以来，诸儒臻斯理者盖鲜。呜呼，何三子之立志不凡，而闻道甚早与？夫人生于两间，而与天地同体；出乎百世之下，而与圣贤同心。使皆能以周子之说反而求之寡欲以养其心，养心以极于无欲，则是心之运，明通公溥，岂有一毫之私间之哉！或曰："圣贤之论，言寡欲矣，未尝言无欲也。所谓欲仁、欲善、欲立、欲达，莫非使人即欲以求诸道。至于富贵，所欲也，有不可处；己所不欲，有不可施，则又使人即其不欲以求诸非道。岁积月累，必至于从心所欲，而白不逾矩，然后为至。是理也，曾子得之，明六欲之目孟子传之，开六等之科。今而曰'自寡欲以至无欲'，不其戾乎引？"曰："不然也。性不能无感，性之欲也。知诱物化，则为私欲矣。故圣人虽使人即欲以求道，而于康子、于由求、于中根，曷尝以其欲为可乎？近世胡仁仲推衍究极，其言曰：'天理人欲，同体而异用，同行而异情。'呜呼，学者惟当以此求之，则养心之说备矣。"姑识其说与学者商之。

资料来源：《钦定四库全书·集部·鹤山集》卷四十四.

5. 濂溪书院记

董新策

宋嘉祐初，濂溪先生周子以太子中舍签书合州判官。夔志不稽，谓先生熙宁中判夔州，非也。合人张公宗范尝从先生游亭曰养心，先生记之，载朱子《通书》附录。后百七十年，大府安少卿建瑞应山房以祀先生，即张公故址为养心堂，以馆生徒，创田以供粢盛饩廪，鹤山魏公勒其事于石。明成化中，唐侯珣守兹土，兴复是亭，费御史广为之记。然则，合阳为先生过化地，合人之宗先生有自来矣。嘉靖辛卯，练塘邱公按郡。作书院于南津，颜曰"合宗"，表濂溪也。院广六丈，深三十六丈，严有门，缭有垣，周有廊，池有莲，树有竹木，当时崇儒重道，讵不谓盛哉。兵燹以还，瑞应、养心诸胜日就倾圮，而合宗片瓦荡然无存。游息其所者，见残碑断础，野草长林，辄三叹去。今年夏，予省先人墓来暂止焉，登寻乐、光霁之堂，周旋瞻顾，整整秩秩，百年废迹焕然改观。噫，废兴固有时耶？然征郡僚蔡君，躬肩乃事，君佐郡有年，政通人和，百务以次举。书院之兴复尤慨然任之。捐俸钱，荆芜蔓，伐木于山，砖埴于陶，集梓人、冶氏、丹漆之工，罔弗亲罄鼓以贾厥力，度旧址为堂，堂五楹，中奉濂溪先生木主，门廊垣墉，竹树莲池如初制。经始于癸未之秋，落成于丁亥秋八月，凡金以两计者一百六十有奇，其一切赏赉之需皆君输之，橐中慊如也。学博曾君又巩、刘君勋谓宜记之，记则属予。

予谓士君子服古入官，苟能振拔流俗，以实心任实事，则官无论尊卑，地无论脊腴，事无论缓急，靡不有人心风俗之防。今圣天子加意右文，德教洋溢，大法小廉，比户可封矣。合阳东北残疆地旷，而脊兼三邑，尤辽阔难治，前守常公、新守王公相继抚摩，罔不奉上，德意惟谨。然土著招徕，类聚群分，人心不尽一，而风俗不尽淳，故潜移默化有微权焉。古者朴驱之农，秀驱之士，书院之设，庶几治合之权舆乎？况乎吏目，一官其在合也，与他郡异，旷脊辽阔之地，土著招徕之民，凡郡伯所综治者，皆得佐治之。则人心风俗之防，断不可须臾诿正，非发一奸摘一伏遂可告无疚于簿书者也。不然区区俎豆，先儒坊表，后学曾何补传舍事而兹顾汲汲乃尔耶？且夫书院之祀濂溪先生，岂独表先生哉？先生生于楚，宦于合，今合之土著者，先生之遗民也；今之招徕者，先生之乡人也。一其扞格不相入之情，矫其龃龉不相习之气，而将使之，其祀先生，其学先生，则调和安辑之用，妙于不言矣。夫《太极通书》之学诚而已矣。官斯土者，诚以治人，是即德盛治至之学也；生斯土者，诚以自治，是即身端心诚之学也。上以诚感，下以诚应，存之为心，形之为俗，合之所宗，有潜移默化而不自知者。是役也，岂值为观美已哉？虽然，合为人文奥区，山川炳灵，世载其英，最著者宋侍郎山阳庹公、明翰林立斋邹公，各能以其学术行谊炳耀当时，施声弈襖，非孟子所谓豪杰士耶？乃龙归蒿垅，芜没空山，间阎故老无复有过而识者，湫隘数椽，飘摇风雨，移故屋而苟完之，规制未备也。搜举废坠，景行曩哲，以励人心，以挽风俗，君其将于赞政之暇，次第举而行之乎？予日望之矣。

资料来源：董新策. 濂溪书院记［G］//郑贤书，张森楷. 合川县志. 民国十一年（1922 年）刻本.

6. 公安竹林书院记

李曾伯

蜀自端平中两罹兵乱，士之流离出峡者，荆州实繁。淳祐二年，制置大使孟公珙悯其无以教养，不以武备废文事，因僚属袁渐、袁鼎东、史子翚请，聚精舍而量试之，与补弟子员，度地于公安邑东，辟书院，取莱公竹遗迹，匾曰"竹林"，置田拨钱以给廪用。既而仿四书院，乞赐额于朝。六年夏，上亲洒宸翰，赐名"公安书院"。会天台贾公似道相继开阃，尤以淑士为重，捐缗钱廪粟，葺而新之。十年，曾伯奉命来旬，夏六月庚子，道过奠谒，时辇已略备矣。山长雷宜中犹以建杰阁奉宸翰告，遂从而增益之，不敢缓。明年秋八月告成，山长黄俞书来言曰："书院之建，历三大帅而始成。今则有燕居以行舍菜，有公堂以正讲席，有阆其门，有翼其庑，前列四祠以彰有德，后峙八斋以肆生员，职守之位，公养之所，直宿之庐，以至廪廥庖湢，莫不毕具，凡为屋一百二十有三楹，视中州学校有加焉。愿识之以诏后。"曾伯心许未暇，而黄已殁。

一日，感怀季子之剑，不敢负此友。因思士生隆古时，非特上之人设庠序以教之，士之家皆有学游焉息焉，造次颠沛，无往而不学焉。今夫西土之士，衿佩于斯，弦诵于斯，忘迁而如归，于于然，济济然，相与聚辨讲习，以存心养性，以砥节砺行，将见英才辈出，文风日趋于盛矣！惟顾瞻斯地，遐想斯人，畴昔澶渊之役，始，朝论多瑟缩，钦若请幸江南，尧叟请幸蜀国，步亦岌岌矣。吾忠愍寇公奋不顾身，毅然请帝亲征，排众议，回天断，遂一矢以毙挞览。卒使国家数十年无兵祸者，伊谁之力？如簧其舌，顾以孤注一语挤之，忠魂不死，灵竹效祥，是非之理，至于天而定。有如此者，景行高山，目击人存。竹林之士，心莱公之心，毋安竹林，毋忘石室。某用笔此，以授山长程烈劚诸石。

资料来源：曾枣庄，刘琳. 全宋文·第三四〇册 [M]. 合肥：安徽教育出版社，上海：上海辞书出版社，2006.

7. 公安南阳二书院记

高斯得

孟子有言，无恒产而有恒心者，惟士为能。夫士生乎世，处乎其乡，有筚门圭窦之可居，箪食瓢饮之可乐，虽无恒产而未有所怵迫，故保其恒心也易。不幸当丧乱之际，颠连困踬，无阖庐以辟燥湿，无短褐以御风寒，无粝粱之食以活躯命，士至于此，上之人苟无以教而养之，人不能皆渊、宪也，其不失口失色而丧其所守也者几希！故建学属士于离散安集之余，非徒以养其口体而脱其死亡，亦所以养其恒心而纳诸君子也。自吾有兵难，襄、蜀之人十九血于虎口，其幸而免者率聚于荆鄂之间，四民皆穷，而士为甚。故制置使少保孟公珙肃矜之，各即其所，聚而筑室以教育焉。在公安者即名曰公安书院，实维寇祠旧址，在武昌者曰南阳书院，则取武侯躬耕之地以名。公安以馆蜀产，南阳以舍襄人。既又告于圣天子，请揭之奎画以宠多士而许焉。公安凡六十楹，田租岁入二千石有奇，山泽之利为钱二百万，养士百有二十人。南阳余六十楹，田租岁入六千石有奇，山泽敷征之利为钱四百万，养士百有四十人，择文学行义之士、众所推服者以师，表之。旬有课，季有试，暇日则教之射，士无饥渴以害其心，咸自砥砺以成其业。居无几何，蜀产之归试者冠其省，襄人试于大廷，亦或以射被恩，士益用劝。呜呼，当金革之时，谈俎豆之事，俗儒往往视以为迂，而孟公顾能行之。虽时相不学，阻格其事。而持之益坚，为之益力，焉之益力，盖庶几乎以文文公敬教勤学，知所先务者，可不谓贤乎？

继自今士之遂于斯者，为此将有望于我也，切同近思以省其身，修慝徙义以崇其德，毋以物之贱者害其贵，毋以髓之小者累乎大，必使反观内照，常心复存而无愧于士之名，乃为不失建学之意。而日羁旅之供固有委积，是徒周我于其土地而已，吾知籍其食焉，以免死而已，则是凡民自焉。且卑古之道而以铺啜者也，不惟有负于人，抑亦有负于己矣，岂不惜哉：书院之作，荆州别驾史君子翠实主其事，以书来曰："是室也，落成逾十年矣，无以记之，惧久而废，子其以为士者告。"余不敏，姑诵所闻如此，吾党之士其亦以为然乎。

资料来源：曾枣庄，刘琳. 全宋文·卷三四四 [M]. 合肥：安徽教育出版社，上海：上海辞书出版社，2006.

二、明 代

1. 建修鹿鸣书院记
湛露青

古有学校无书院，唐开元间乃有书院名，迄有明而浸广，而后世所称则以鹿洞、鹅湖为最盛，要其宗旨不外讲道德、课文行，与党、庠、术、序之教同原而殊辙焉。则书院者，其古学校之遗意欤。我朝文教极盛，凡省会府州县各有书院，教其境内俊秀，而吾丰独缺焉。盖二百年于兹矣，前任数公屡与斯议究，难于创始未果。成岁丁酉，我邑侯张公来莅兹土，孜孜以造就人才为首务。戊戌夏，协学师文公、县尉戚公及邑绅士捐奉捐赀，选地学宫旁，鼎建大门、讲堂、东西书屋，即延师督课其中。阅三稔，复建居室、东西厢及厨厕，诸制俱举，今二月工竣。颜曰"鹿鸣书院"，因院后山名，且取诗歌鹿鸣之义云。窃谓古循良之治，莫重于教化，若文翁之立学舍，卫飒之修教，制其良法美意，诚可为后世法。今书院之建，我侯作其权舆，复勤于训课，将以振兴文教而存古学校之遗，其所关岂浅鲜哉？自兹肄业者可以奋然兴矣。韩子谓"业精于勤，荒于嬉"，周子"名胜耻也，实胜善也"，尚其争自琢磨，共相砥砺，发为文章，尤当崇实黜华，不揣帖括声律为弋，取科名之具，而科名初不外是以步云攀挂，作宾王家，享笙簧酒礼之奉。斯于鹿鸣之义有取焉，又安在鹿洞、鹅湖之盛，不可复见于平都乎？是为记。

资料来源：黄光辉，郎承洗．丰都县志·学校·卷五［M］．民国十六年（1927 年）铅印本．

2. 重修平山书院记
李 谦

邑之山曰"平都"，秀出五鱼双桂之东，前明进士杨君孟瑛少读书其下，建书院曰"平山"，后邑令万君谷更名曰"凌云"。国朝初，前令有王君廷献者，曾经修建，而基址亦湮没不可考。今之鹿鸣书院则张君伟所首创也。伟，黔南人，令斯邑。于乾隆戊戌始择地黉宫右，构讲堂斋舍共二十余楹，固以缭垣，聚俊秀而弦诵之，更肇嘉名。今其残碑尚存，而字迹半蚀。六十年来，门垣就颓，瓦础缺落，后之人非修举振兴其不鞠为茂草，而名存实亡也。盖亦仅矣，余自癸巳莅斯邑，亟谋修缔，念兴教之有，由惧前功之废，坠蠲廉倡始。而首事余登，孝廉王正极、茂才等转相劝谕都人士咸踊跃输赀。存及三年，经费以裕，增山长之脩脯，添诸生之膏火，条规次弟举矣，乃于戊戌十一月越次年己亥四月而工告竣，肃然焕然，规模较旧加闳。于是董事诸君子以书院名屡易，请仍题曰"平山"，示复古且请为文勒石用垂永久。余惟国家以兴贤育才为亟诸生，果志切观摩修厥，道艺于院，名何择焉。抑既以斯山为斯邑巨镇，欲标其名而不他邑书院得袭也，谓当崇经术，懋实学，相与讲贯服习，俾人材辈出而扶舆得效其灵，其母徒弋声华，使平山类终南之捷径也。又母或作辍靡常舍业而嬉，使平山迹近于童且蒙不毛之诮也，可无勉哉。诸生以为然，遂辑其语以为记。斯役也，诸寅好为司铎，邹君少尉，刘君例得并书。至于兹院之建于乾隆戊戌，重修于道光戊戌，其年前后，偶合若有数焉，非所知也，修举振兴所重望于后之君子。

资料来源：黄光辉，郎承诜．丰都县志·学校·卷五［M］．民国十六年（1927 年）铅印本．

3. 仰高书院记

郭棐

郡故有静晖楼，盖取少陵《秋兴八首》诗句"千家山郭静朝晖"之义。甲戌（1574 年）夏乃新之。其前为讲堂三间，两翼为书房十六间，又前为仪门三间，其宅则仍旧贯而饰之。秋九月厥功告竣。予偕文学诸生登而观焉：文山屹立于离垣，天马、旗鼓拥寺左右，白盐、赤甲诸胜环列，而瞿塘中鸿，一碧万顷，蜿蜒回环，乃沛而东注，悠然纵目，廓然大观也。更名曰仰高。

资料来源：政协四川省奉节县委员会文史资料委员会．奉节文史资料选辑·第四辑，1993．

4. 平山书院记

王守仁

平山在丰陵之北三里，今杭郡守杨君温甫早岁尝读书其下。丰人之举进士者，自温甫之父金宪公始，而温甫承之。温甫既贵，建以为书院。曰："使吾乡之秀，与吾杨氏之子弟，诵读其间，翘翘焉相继而兴，以无亡吾先君之泽。"于是其乡多文士，而温甫之子晋，复学成有器识，将绍温甫而起。盖书院为有力焉。温甫始为秋官郎，予时实为僚佐，相怀甚得也。温甫时时为予言："平山之胜，耸秀奇特，比于峨嵋。望之岩厉壁削，若无所容，而其上乃宽衍平博。有老氏宫焉，殿阁魁杰，伟丽闻于天下，俯瞰大江，烟云杳霭。暇辄从朋侪往游其间，鸣湍绝壑，拂云千仞，林木阴翳亏蔽。书院当其麓，其高可以眺，其邃可以隐，其芳可以采，其清可以濯，其幽可以栖。吾因而望之以'含远'之楼，蛰之以'寒香'之坞，揭之以'秋芳'之亭，澄之以'洗月'之池，息之以'栖云'之窝。四时交变，风雪晦暝之朝，花月澄芳之夕，光景超忽，千态万状。而吾诵读于其间，若冥然与世相忘，若将终身焉，而不知其他也。今吾汩没于簿书案牍，思平山之胜，而庶几梦寐焉，何可得耶！"

既而某以病告归阳明，温甫寻亦出守杭郡。钱塘波涛之汹怪，西湖山水之秀丽，天下之言名胜者无过焉。噫！温甫之居是地，当无憾于平山耳矣。今年与温甫相见于杭，而矗矗于平山者犹昔也。吁，亦异矣！岂其沉溺于兹山，果有不能忘情也哉？温甫好学不倦，其为文章，追古人而并之。方其读书于平山也，优游自得，固将发为事业以显于世。及其施诸政事，沛然有余矣，则又益思致力于问学，而其问又自有不暇者，则其眷恋于兹山也，有以哉！温甫既已成己，则不能忘于成物，而建为书院以倡其乡人。处行义之时，则不能忘其隐居之地，而拳拳于求其志者无穷已也。古人有言："成己，仁也；成物，知也。"温甫其仁且知者欤！又曰："隐居以求其志，行义以达其道。吾闻其语矣，未见其人也。"温甫殆其人也，非欤？

温甫属予记，予未尝一至平山，而平山严严之气象，斩然壁立而不可犯者，固可想而知，其不异于温甫之为人也。以温甫之语予者记之。

资料来源：[明]王阳明. 王阳明全集·叁·外集[M]. 北京：中国书店，2014.

三、清 代

1. 重修棠香书院碑记
张 澍

士人束发受书，劝言学古问，若者为七经、十一经，若者为七纬、九纬，十五纬则蒙然，且若者为大经，若者为中经，小经则又瞪然。遑与之谭三皇内文、四圣秘旨哉。昔人云："士不通经，果不足用。"然则通经学，人首事也。今之士，亦讲经矣再。食宋人不根之谈，奉语录为实符，辙斥郑康成为庸妄、孔颖达为粗疏。安知两汉儒宗师友授受，专门名家各有渊源，不肯轻改师说，如谱系之一定不可易。暨三唐文人武士亦复研钻训故通师，函雅不同剿说，如王勃之易发挥，成伯玙之诗说，薛仁贵之易解，其显着也。士不通经，一旦管朝政必附会穿凿，病国殃民，即发为词章，必繁琐枝离，诡言兜物丰，世道人心之害哉。大足为唐昌州地，历宋元明，洎国初时有登科弟者，究无卓闻之硕儒，近数十年来并乡举者绝响。岂今昔土地之殊敷，抑以教化不兴，士安朴塞，靡所师承，虽有姿性颖敏者，目不睹经史，耳不闻讲授，株守学究，心如废井，聪明锢蔽，华颠无成，良可哀业。邑旧有棠香书院，前任何君隆武所修，捐廉买田亩，亦有好义施入者，每岁收租为束脩之资，然延师到馆，匝月即归，虚縻金钱，终岁旷业，此文风所以日敝与。余自六月来署此篆，值大比年，士子赴秋赋，念岁入甚尠，以济田余款，钱八百余缗，请于府宪林归入，书院从此束脩优厚。冀得堪经师入师者以训迪，并给诸生膏火，俾有激励，异日或有端士茂才出其间，亦守土之幸愿也。遂饬齐长黄性周、刘宏洲等修建讲堂书室，整齐洁肃，青衿弦诵于斯，揖让于斯，师儒划之，习成邹鲁之风，其尚勉副余期望哉。

资料来源：王德嘉，等．大足县志·学校·卷二［M］．清光绪年间刻本．

2. 变易棠香书院田地以充膏火记

倪　坤

古来乡有塾，党有庠，术有序，国有学，所以崇学校也。顾设学有地，尤必充其脯脩，丰其膏火，而后多士。奋兴所资藉而成，邑棠香书院自前任和主兴设以来，历经屡任明府培植，固已备具规模，而生息无多，生童膏火缺如多，士每以为憾。道光八年余任司铎于兹，查其田土佃租，每年仅获一百余金，且必秋收始易钱支敷，支用更需赔累，执事者若焉。且书院田地多系先年充项，零星鸷远，每年收租往返用费不羁。余乃与绅士筹议，谋为易散为整，移窄就宽之计。金日田地尽多，售主但求能胜厥任者，非屡办公事之刘增不能。爰于十一年复举充斋长，与郭葵同事，适滇南杨明府中权篆邑事，因为叙及斯举，慨然曰："事苟于公有，济吾等职司教养，何惮而不为。"爰邀绅士公同酌议，着令各处田地，无分远近，或施主或比邻，有愿承买者，凭公议价。爰将九处零星田地出售，另买回龙场黄、度、陈、张四处，计出原租八十石零五斗，实得新租一百五十六石五斗。遂觉以公辦公，较从前出息加倍焉。盖书院田地，均在民田界内，鬻之有便于民；多寡远近零星，秋成难于收租，鬻之有便于官；且易散为整，移窄就宽，不难渐丰膏火脯脩；鬻之更有便于书院，庶几一举而数善兼备者，是役也。经营交易，刘增独任其劳，余与郭葵及众绅士等共为赞成其美。事成后传合邑绅士于城内，眼同交割，但念事经更易，从前施项不可昧厥原有。爰详书巅末于左，俾后人有所查核，不致昧没前功。由此妥定章程，阔充膏火，俾肄业于斯者，得所资藉，益以奋志，功名行见，科甲联绵，克与先哲乡贤继美。是则余之所厚望也夫。

资料来源：王德嘉，等．大足县志·学校·卷二［M］．清光绪年间刻本．

3. 建修嘉陵书院碑记

前任同知翟凤翔

皇上御报极之元年，余奉命来视此邦，下车之始，欲以振兴文教为先务。

适孝廉周吉卿先生主讲书院，课士克勤讲义，阐程朱之蕴。来学者日以众，时相过从其策励，诸生之意与予有同心焉。因言江北自嘉庆十六年始立学校，前在乾隆二十三年分治之初，藉鲁班庙、芭蕉石、樱桃溪等处佃租设立义学。自嘉庆十一年，前任张司马鉴湖因义学不足以兴文教，访购熊姓住房，捐膏火奖赏训课生童于其中，特名曰"嘉陵书院"。继而，劝三里绅士耆民公捐置南京寺田地一分，按田收租，每岁膏火束脩俱取给于是，亦大减矣。士民中有好义者，或捐施田舍以资公费，或因雀角鼠牙舍田屋于书院，以取租集腋成裘，颇有起色。嘉庆二十年，另买全补愚房屋改为书院，前所为书院者，见置学宫斯举也。张司马鉴湖创造于始，除捐给膏火外，复自捐银一千两，米司马鹤年劝绅士募化，赞成其事。余闻之慨然曰："殷殷之士，苟存心于利物，于世亦必有济况；职司民物，果能兴教化，使境内之民懦立顽廉，教诗说礼当无负。"

简界之恩而无尸位素餐之羞，书院之设，其即振兴文教之大端乎？夫天下事莫为之，前虽美，弗彰，莫为之；后虽盛，弗传。予深慕前任数君子经营缔造之苦心而尤望后之人踵而行之，使文风蒸蒸日上，不至有青衿之刺也，则幸甚，是为记。

资料来源：福珠朗阿，宋煊. 江北厅志·艺文·卷七 [M]. 清道光二十四年（1844 年）刻本.

4. 隆化书院碑记
知县应士龙

书院以"隆化"名，何昉乎？南川古称隆化，而书院教化士民，建于乾隆年间，因时舆地以取义，此隆化所由名也。《学记》有之："君子如欲化民成俗，其必由学乎"，又曰："一年视离经辨志，三年视敬业乐群，五年视博习亲师，七年视论学取友，谓之小成。九年志虑通达，强力而不反，谓之大成。"夫明体达用，处则为纯儒，出则为良佐，此设学储才意也。以其学问发为文章，特余绪耳，至寻章摘句，博取科名，亦末矣。后之君子，顾名思义，"务期道隆雅化"，庶不负余之厚望也夫。是为记。

资料来源：柳琅声，章麟书. 南川县志·卷七 [M]. 民国十五年（1926年）铅印本.

5. 捐置隆化书院田业记
知县徐名缃

嘉庆甲戌三月，予谒选得黔之镇远引见，调南川。是年，予兄充会试同考官，南川进士周名立瑛，以对房，谒予兄，予因与接见。询及书院事，始知邑有隆化书院，系前邑令应公创建，弟历年既久，渐就倾圮，且未设有膏火，故肄业寥寥。予闻而识之。迨下车，诸务未备也，诣书院。视房屋尚可修葺，亟令兴工。更因余地增修学舍，嗣清查旧置学田仅若干，乃集绅士劝捐，为设膏火计，又置田得若干亩，而馆谷岁入之需，几案器用之属，次弟具举。予甚嘉邑人士之赞勚以有成。且若此速也，爰延师开馆，进生童而课之，则远近负笈者接踵。自是邑之书院殆将废而复兴矣，诸生请为记，且垂久远。予用是有说焉。

书院之制昉于宋代之义学，盖自士与农分而乏恒产，其中寒门单户，无讲习之地，薪火之资，虽有良材子弟，多至废业。于是为有司者，躬为措置学舍，备膏火，俾一邑寒畯皆得以成其才质，故曰"义学即今之书院也"。顾其法良意美更有进焉者。夫士为民之首，风教之根本也。心术正而后品行端，品行端而后坊表立。孟子曰："经正则庶民兴"，故谕以理义，导以彝常，此君士子之事也。昔朱子知吾乡南康军复白鹿洞学规，由是理学彰明，一时聪明俊杰之才，悉轨于正，读其语录。允为世道人心之卫，南川何独不然？今书院既立，吾愿与多士讲明而切究之。读圣贤书以治其身心，而辟乎？讹谬如钟之觉、铎之悬，则崇正黜邪之功，不愧化民成俗之学，揆诸"隆化"之名，其庶有当焉，是为记。

资料来源：柳琅声，章麟书. 南川县志·学校·卷七［M］. 民国十五年（1926 年）铅印本.

6. 培修隆化书院记
知县王臣福

盖书院为培植人才根本，人材之盛衰胥由于书院之兴废。邑隆化书院自前宰应公及榆次原公及江右徐公、彭公，皆能随时措置，加意振新，以毕其所未备，数君子皆大有功于乡人士者也。故当时之膏火，赢余寒畯奋志，人文蔚起，其科名之鼎盛，甲弟之蝉联，实嘉赖焉。使继起者守之勿替，而董其事者复能洁己奉公，罔敢冒滥，虽百年如一日，可矣乃上下。廿余年前，宰久大之规，日渐销蚀。书院几有名无实，倘不急为整饬，势必举今之仅有存者，亦日朘而月削之，将何以为培养寒畯，作盲人才之资。余自咸丰乙卯莅任之初，询及邑中教科无领乡荐者，半由书院之废弛，难资培植，即欲力剔其弊，无如。视事数月旋调，崇阳及至，捧檄重来，谓庶几毕。吾夙愿乃桐，匪不靖逼近边陲，军务连年，津贴捐输络绎频仍，更难于兼顾，天下事之不尽如人意如斯乎！今者，时稍暇矣，爰进师儒绅者，共相筹划。凡从前积拟扫除而厘剔之，虽未能尽复，诸贤尹之旧而移缓济急，振废起衰，庶不至使前哲之盛举荡然无存。况书院为建学明伦之地，文教实化民成俗原，师道之则善人名，士习端则民风厚，固不独人才之盛衰，关乎书院之兴废也。惟愿董事者恪守系规，一秉至公，时体诸贤尹创始艰难，振兴教化之美意，是则余之所厚望也。至逆氛尽殄，边境肃清，民力稍纾，捐增公业以大其培植熏陶，复以邦科名鼎盛，甲北蝉联之旧，将有望于后之同志者。

资料来源：柳琅声，章麟书. 南川县志·学校·卷七 ［M］. 民国十五年（1926 年）铅印本.

7. 隆化书院章程碑记
张　涛

钦加同知衔，特授四川重庆府南川县正堂，加三级，纪录五次，记功十六次，记大功十三次。张为捐资济公，示谕垂久，事照得教化以礼乐为先，不备其器，无以昭诚敬。儒生为齐民之首，不厚其糈，无以励观摩，且爱民之端不一，而矜孤济贫，仁政所先，施惠之事无穷，而掩骼埋胔，亦垂今典。从来隆庙祀，培寒畯，恤无告，泽枯骨，诸大端，凡有守土之责者，所尤宜亟讲也。本县服古人，入官学，治斯邑窃欲以化民成俗，发攻施仁之事，自加策励，稍尽职守。莅任之初，恭逢秋祭，文庙窃见礼器乐器，均属阙如佾舞，仪文略而未备良，由前事经费难筹，有志未逮，若不及时修举，诚恐典祀就湮。惟事系创始，费颇不资禄，入既属无多，县中又无闲款，筹划至再。有铁厂陋规一款，每年由各号分夏冬两季，共缴县署银六百两以作办公之需。历有年所不知始于何时，本县向以清白盟心，所到之处，一应陋规，悉从裁革。此款本欲议裁，因思商号所出无多，裁之无益，于彼地方公事甚众，留之有济于公。爰将铁厂公费自本县甲申六年日到任起，至年底冬季止，银三百两，乙酉全年银六百两，丙戌年夏季银三百两，共银千二百两，此数作为本县捐项归入文庙，制造礼乐各器，先由本县筹垫，以此款陆续归结俟。制造齐全，通禀大宪，批示立案，将制造各器应用诸物，谨藏文庙，详列清册，移送儒学专管。其事遇有交替，列入交代出纳，申报其宫墙、殿门、神座所有倾圯、剥蚀之处，亦即一律修葺完固，加饰丹漆，用肃观瞻，以冀春秋两季典礼秩然。士民兴起所有，每年铁厂缴公费银六百两，全数捐作书院养济院之用，均于光绪十三年丁亥为始，定有章程，每课生童共需银四十二两，每年以十课计之，共需银四百二十两，既厚加其膏火，诸生当益自濯磨。所以培寒畯者，如此又查养济院孤贫向额六十名，每名每月给钱三百文，今每名每月拟加给钱一百文，每年计需钱七十千文，外增孤贫三十名，每名每月亦给钱四百文，共需钱一百四十四千文，共计钱二百一十六千文，约照市价每银一两易钱一千六百文，合计共银一百三十五两，加增孤贫所以恤告也。再查极贫之人，每至死无棺殓，尸骸暴露，治气熏蒸，亦足干天和而酿疫疠。拟设一施棺会，约以钱四百文，制棺一具，每年制一百五十具，共需钱六十千文。派一首事经理，每年给辛力钱十二千文，共需钱七十二千文，亦照上约，合银四十五两。施棺之数，虽觉过少，然先为之倡，以俟后有闲款或好善乐施，再为增设创办施棺，所以泽枯骨也。以上书院膏火银四百二十两，孤贫口食银一百三十五两，施棺经费银四十五两，每年共需银六百两。即以捐出铁厂应缴之银，永远作为定额，如此一转移间，闲款既已归公，地方不无裨益，惟事贵善始，尤贵图终。所有礼乐祭器一成不易，事有专司，当不至遗失、残缺，堕弃前功。其膏火孤贫等事，尚须按年收支。若不刊碑之案，诚恐相沿，日久或有废弛更张。兹立定章程，勒石院以垂永久，俾众共知。后之履斯土者，好善之心孰不如我，自能永远维持不至废弃。为此示仰阖邑士绅商民人等一体遵照办理，所有章程开列于后。

资料来源：韦麟书，等. 华中地方第 389 号四川省南川县志 [M]. 成文出版社，1976.

8. 专经书院院记

张　涛

国初功令春秋闱，均以专经取士。同考官视己所习之经，以为分校。首选五名各以经魁多士，故"五经魁"之名至今流传，人口彼时，人文蔚起。次场以二十五艺邀钦赐者，科有数人，经学昌明，超越往代。是名虽习专经而通五经、通十三经者，实繁有徒。我高宗纯皇帝天纵圣神，规模远大。当文风极盛之时，饬士子改习五经，广大精微，意深且远，宜其淹通之选倍盛于前，乃姿性之敏钝不同，地方之大小亦异。地僻、性鲁之士，畏难苟安，因噎废食，或竟束书不读，甚至主司之服习久荒，弃取专凭乎？时艺科场之搜捡难遍经策专赖乎？钞胥衣钵相传，因仍苟且、空疏剽窃者，亦高掇巍科捷径争趋，实修渐鲜，此荒经之弊，不独蜀为然，更不独南川为然。近来名公巨卿，急思挽回风气，敦崇实学，以储国家桢干之材，以体朝廷作育之意。或沿旧院，或立精舍，经学重兴，蒸蒸日上。自南皮张公督学来川，创修尊经书院，全蜀士林沐其教泽，不需一州一邑作此区区之举。但南川僻处边隅，距省遥远，士多贫苦，负笈无资。涛承乏十年，未能以养以教，素餐尸位，内愧滋多。夫士为四民之首，教乃治化之原，经既不明，行何以修，则习经乃当时之急务。以荒殖既久之区聚，责以博通群籍，势必望而生畏；欲从末由，则习专经又南川之急务也。癸巳春，购舍，延名师，立章程，筹膏火，择邑中之俊秀者若干人，使肄业于其中，专心致志，触类旁通，非必囿于一经也。诱掖奖劝，闻风兴起，非仅惠兹数人也。由一经以及群经，以汉学而兼宋学，师授于弟，父教其子，致知力行，移风易俗，庶上不负朝廷教士之恩，下不失鄙人创兴之意。然则书院之以专名者，亦因地制宜，使之行远自迩，登高自卑，非敢与功令相左也。或曰讲求训诂，有妨制艺之功，此空疏剽窃者流，欲藉以文，固陋而耽安逸。夫制艺代圣贤立言，未有经藉蔚然而犹拙于制艺者。习经不专为制艺，而欲工制艺者，舍经学亦别无根据。诸生服习久之，自有体验，学为己不为人，不必与之深辨也。院既落成，爰书之以此为记。

资料来源：柳琅声，章麟书．南川县志·学校·卷七 [M]．民国十五年（1926 年）铅印本．

9. 增修几水书院记
邑令曾受一

圣天子兴学右文，加意造士，敕各省创修书院，延师训课。前令杨纯伯、胡观海君，先后构成讲堂、后堂各三间，旁舍十间，生产肄业其中。予莅津之初，已着劝学论文数则，与诸生相切磨，而斋居狭隘，或不能容。丁亥岁，复建前厅数间，规模式廓，造士不虞无地，所患者，用心之误，致力之差，学其所学，而无当于古人之学也。爰进诸生而告之曰：学一也，而所以学之志，与其学功则不一。志歧于前，功别于继，迨其终，而所就因之各殊。是不可不辨之于早也。有赴涂者，于此南游北游志也，百里为程功也。之南者，日积百里，不数月而达，交广矣。之北者，日积百里，不数月而诣，燕代矣。燕代、交广相距万里，然其初止判于适南适北，跬步之间，从此分道扬镳，南者极南，北者极北。夫极南极北相去之远，夫人知之，而其分途在于跬步之近，岂有知之者哉。自跬步而积累之，其功自跬步而趋之，其志，未有志南而北骋，志北而南驰者。学者之为学，亦若是焉已矣。昔朱子延陆子于白鹿书院，讲"喻义、喻利"章，谓今之学者，自少至壮，自顶至踵，无非为利，闻者至为泣下。又云：所喻，由于所习；所习，由于所志。夫至于君子、小人之成就，喻义、喻利之不相为谋，则燕代、交广之相距万里也，而所争在义利之介，则止判于适南适北跬步之间也。志义，必求尽乎义之微奥曲折，志利，必求尽乎利之微奥曲折，犹之南者不至极南不止，之北者不至极北不止也。且夫志已所得自主也，而亦有资于辅。古云：同门为朋，同志为友。则又在辅吾志之得其人焉。昔子张才高意广，曾子病其难与并为仁，以其志务乎外也。华歆有龙头之号，管宁割席拒之，以其志羡乎荣也。然则曾子、官宁之所与为仁，而不相割拒者，果何如？友所晨夕砥砺者，果何如？功哉！今学者志气不立，辅佐乏人，名利之说，日熏于中，直谅之友，罕见于外，所谓志伊尹之所志，学颜子之所学者，茫然不知所志所学之为何事。欲其为天地立心，为生民立命，忠君孝亲，明礼达用，出则有献有为，处则守先待后，何可得也。或曰：如子之说，将使诸生不得为科举之学乎？曰：科举之学所讲求者，四书五经，尧舜禹汤，文武周孔，列圣相传之道在焉，朝夕研究，有所心得，觉不是之为而不可者，义也。其应科举也，亦自写其所心得者，而过来人语，倍觉有味，程朱大儒何尝不早登科举第乎？徒事乎口耳记诵，以为博取科名富贵之筌蹄者，利也。其应科举也，掇拾挦扯，张冠李戴，亦自可为作嫁衣裳，然而平生树立，不必问矣。其视程朱大儒，何啻燕代之与交广哉。故援白鹿书院所讲义利之辨，以正士趋。诸生诚能定志于始，程功于继，使他日成就伟然，在朝不愧纯臣，在野不愧纯儒，无负盛朝作人雅意，是则予之所厚望也夫。爰次其语为之记。

资料来源：聂述文，刘泽嘉．江津县志·学校·卷八［M］．民国十三年（1924 年）铅印本．

10. 育才书院记
邑训导瞿敬止

从来书院、义学之设，所以养育人材，即古党庠术序之遗意也。前代如朱文公奏复白鹿洞，窦燕山建书舍十间，至今使人称道弗衰。盖其讲习者，无不根抵本源，故其造就者，亦卓然远大也。子夏曰：百工居肆以成其事，君子学以致其道。管子曰：处工就官府，处士就燕间。可知必有讲学之地，俾士子藏修于其中，而后有所屏纯而心常静，有所切磨而业益精。是则人才之盛，教化之兴，舍书院、义学，其何以哉。邑内几水书院由来旧矣，而乡学阙如。杜里云南监提举杨墨斋桂林、余庆两义学外，不多见焉。道光二十四五年间，高君延辅、孟君厚光、刘君宗源、宗瑍、宗海、宗烜、李君信存、元福、奕先、奕瑾、王君席珍等目击。夫乡闾子弟，自幼学读书，而质堪有造之不能独成也。心窃忧之，爰倡义举，劝募多金。先置良田若干亩，取息谷以为修缮、膏火之需，然后谋立学舍，卜地城南，相基定位，鸠工庀材。于是造讲艺之堂，栖楼土之斋，游息所，庖厨之次，百尔器具，悉臻完善。每岁延文行之士为师，凡有志于学者，听其自至立课程，厚以膏火，优游于礼乐诗书之府，仁义道德之途。由是，以培其根，以达其枝，以修其身，以齐其家，以率其乡党，处为正士，出为良臣，则此义学之设，直可与郡厅州县之书院同一，有功于数也，岂不懿欤！

资料来源：聂述文，刘泽嘉. 江津县志·学校·卷八［M］. 民国十三年（1924 年）铅印本.

11. 重订凌云书院暨各里乡学章程记

钟　瀚

垫邑凌云书院创业自前，邑令丁公涟嗣之官斯土者，及都人士复随时补葺，增其式廓，若廊若庑，若堂若斋，规模宏备，蔚为大观，独学田尚无所增益。先是，道光初，刘公衡苣任，设各里乡学，置田若干亩，未几废弛，租谷半为首事者吞没。二十四年，邑绅等请于邑令王君，以各乡学田租之半归入书院，添资山长束脩及生童膏火，立规条一十有二，期垂久远。而法立弊生，经理复不得人，每岁收缴租谷仅十之三四，乡学亦复有名无实。余甫下车，即念书院为作育人材之地，而乡学授蒙童句读，为无力延师者起见，皆地方风俗治化所关，亟宜加意整饬，兴利除弊，以杜浸□而□实用。及集斋长李生一鉴、墙生增诚、卢生□章等谕令彻底清查，重新招佃。凡从前亏短，概置不闻，自去年秋收始，即按年归缴，以备支给。由是月课日，生意远近皆□，计四百余人，各里乡学亦皆扫除昔年积弊，既定李生等刻木，而请余为记。余考汉武帝时曾建太学，诸生及郡国选诸博士者，困厄不自为用或贫无赍用，时行赁作□，设七学不再传论一堂，鞠为茂草。祭酒称散冗，助教荷犁锄，辟雍师儒尚尔，则当日养士之典可知矣。大概古者学校养其心不养其身，后之学校养其身不养其心。又其后也，养心之教既泯，养身之政复关。今各府州县书院即古党遂之学，而垫邑方舆仅百里，得诸君子矢公矢慎，任怨任劳，敦桑梓敬恭之雅，以匡子不逮。致阖邑成人，小子胥各有所籍，为向学之基，是即文风士习所由振兴也。所愿观感，奋励争，自濯磨，各勉为有体有用之学。他日或以义行，或以风节，或以功业，或以理学，卓然特出，著名当时，不但掇巍科，跻朊仕，沾沾富贵得实实禄之荣已也。虽然，立制期其无弊，尤须后无变制之人。继起者诚踵而行之，固永无纷争，侵蚀诸弊苦。若历年愈久，肄业者愈众，则必更筹款项，增广学田，以期有盈无绌。所谓变而通之以尽利，是又在率田旧章者之因时制宜。是为记。

资料来源：《垫江县志·学校》卷四.

12. 经味书院记

知县许会荫

学之崇庳，视乎教者也，教得其要则成就多，失其要则成就鲜。观于天下，罔不类然。我朝文治光昭，博求贤俊，以文艺诗赋试士之秀异，升于学三岁，而乡举之试四书经义，策问额解，京师其膺荣胥以是为阶，所为道一而风同也。永邑川东太县，旧设两书院曰"锦云"、曰"东皋"，延师儒为山长，肄业其中者非不多，所涉猎然锐意科名，往往专攻时艺，而经籍之学罕能精研。得于此失于彼，非尽善也，况失于彼鲜有能得于此哉。夫圣如孔子，非学于古，无以集群圣之大成。使徒冥搜寂，悟而师说，未究古训多遗，遂欲臻于格致诚正、修齐治平也，犹舍四达之衢，而冀周行无滞也，必不能矣。即施之为文，将而以言之有物，先正之工文者，罔非窘于经籍，试考其文，源流具在，征诸令甲分场而试，亦无或偏废焉。今者儒术修明，大邑通都，咸以经学为教，邑人上三余稽古，谅有同心，然欲就二书院，课之兼营，则不专为师儒者，又不胜其况瘁也，深用疚心焉。公余谋及县绅，适有刘鸣珂等乐成余美，捐公宅为书院。余合捐钱数百缗以助其费，乃克营建。落后，俾士之有志研经者，覃思夫经学之旨，住院肄习之，而时课其所诣，文词诗赋亦以附焉。颜曰"经味"，是即肴馔六经之意也。第今兹草创，略备端倪，后之君子加意经营，补余不逮，以当新学，殖于焉蔚起。是则余所跂望也夫。

资料来源：［清］许会荫，马慎修，等. 永川县志·学校·书院·卷五［M］. 光绪二十年（1894 年）刻本.

13. 拨夏家观田入书院碑记

从来物以有用为当，事以经久，可垂梁邑。桂香书院经兵燹后仅存遗迹，乾隆十九年，邑侯鲁庆莅任兹土，将白衣巷无着之田详请上宪，准归义学，已载入前碑矣。惟是近年以来人文日盛，负笈日增，租不敷用，适有南路夏家观僧欠债潜逃，各典户赀本莫偿，于是酌量丈分拨给九户，共田四十三亩六公七厘一毫，存留夏家观田三十五亩九分五厘八毫，余田一百三十九亩二分四厘六毫。丈入义学以资公用，复详请州宪五讳两卿格批允，饬请勒石书院，永为延师脩脯之用及肄业诸生之需，是物当于有用而事之，可垂经久者，莫此田若也。梁之生童景行行止，躬炙教译者，应戴五宪之洪恩，颂鲁公之盛德，于勿谖矣。爰将县及州宪批详抄录，并义学田亩四至，再勒石以为记。

资料来源：《梁山县志·学校·书院》卷五.

14. 郡司马毛公书院记
傅作楫

江自岷山而东历冉庞，趋锦城，循焚道，过涪陵，奔腾纡折，凡数千里而达于夔，其间吐纳众流，涵负天地，汪洋澎湃，莫可制束。而西陵湍漱之下，神输鬼凿，绵亘七百余里，重峦复岫，幽峻险怪，江流逼仄，互相荡漾，山川灵异之气，于此遂一聚焉。迤城而南，为武侯八阵图故址。昔杜少陵于瀼水东西，诛茅卜宅吟览兴衰，寄怀今古，兹地胜概大可知矣。有明季也，盗魁窥据，疮痍之民芟剃略尽，自先大夫捄十三营灾黎于巫山，罄家财，殚心力，滋培教养，延两邑之民脉，数十年来，人材辈出，亦既彬彬郁郁矣。维是绮纨望族，出有师儒之亲，内无衣食之虑，优游涵育，玉女于成，殊易易耳。若楗门寒酸，徒欲啖字为饱，往往中道废置，迄无成就，非才之不逮，所处之地异也。三韩毛公来佐是郡，新猷敏妙，人称贤侯。览兹胜区，聿兴书院，当其虑材用，程土物，量工力，计徒佣，实劳且瘁矣。学庐既成，德造咸集，观者惊叹，佥谓公之贤而夔土之幸。予惟广轮之气，散于平原旷野，而聚于名山大川，山之回环高下，川之漩洑锁结，皆地脉所融贯也。居是土者，必有清英宿德，才行高秀之彦出，为邦家光节，即寒肤嗛腹，苟以翰墨为勋绩，则澡雪垢滓，浮英华而湛道德，亦如顺倾转圆之易，不然，则终于褊陋顽顿而已。公既觇此意，而反复重望于夔之土，且士之其室者。绛纱请业，无赢滕履属之劳；鸡坛求友，有金声玉色之助。丹崖翠壁，供吟啸于目前；雪浪银涛，扩襟期于天外。真可以俯仰千秋，遐观万里者矣。由是而扬芳飞采，增荣改价，曒然为世法程。他日问蜀士，以为有能通张宽之七经，讲谯周之六籍者乎？有能相如之赋笔，试扬雄之奇字者乎？有能擅敬夫尧叟之学，效景仁伯雨之忠，拟子美子瞻之才者乎？必且为之解曰：古今人何遽不相及也，吾于夔之山川，信之实，于是举期耳。方今圣天子湛恩汪覃被万族，罗天下多闻之士，以阐实学，一时东筍西杞莫不蔚为国华。则今之翱翔书院者，俱俨然备廊庙之用，公之裨益于夔，岂浅鲜哉！公行矣，青符画轼，移节浔江。浔之山川灵异，不知较夔何如？予固知公之必以教夔者教浔也。抑闻紫泉之水，为贤守令及才人之应，则公之随地立教，将皆必有合焉。予夔人也，志公之德，诚为夔幸者。公之化行于浔，而浔之士又且德公，当更有起而记之者也。

资料来源：四川省奉节县志编纂委员会. 奉节县志［M］. 内部交流本，清光绪十九年（1893年）版.

15. 南宾书院膏火记
王萦绪

昔闽中建口府，崇安县有学无田。宋淳熙七年，知县事赵某取境内浮屠之绝不继者，五所悉归，其田于学为士子用，朱子记之。先序三代学校之盛，继言周衰以来士子之贫，终言浮屠氏乱礼绝亲，而丰屋良畴之当禁，以见赵令取归于学，之为得也。余家居时读其文，义其事，有志未逮者久之。乾隆辛卯，田丰都令来守石柱厅。石柱古南宾县，宋南渡后为土司地，文教未修。雍正间，宣慰马宗大乃建夫子庙，至乾隆壬午始改直隶厅，一切治具皆草创。甲午、乙未两年，余于文庙左侧，建南宾书院，造士落成后，苦无师生、用度。厅选贡冉天拱，生员陈蕴才、谭其义、马宗祥等佥称边地信佛寺田丰足，或可抽拨为书院资，余有触于考亭之记，允之。爰定议其租谷不及五十石者，免拨，二百石者量拨十石，以次而加及。按寺查理其田，半为各庙主孙曾占种，且或典当有名无实，遂遵例严为厘正。田皆归寺，乃如原议抽拨。僧无田而有田咸乐割捐，共得田十九所，详请归入书院。岁获租谷一百八十二石，租钱万二千六百。盖与考亭所记崇安县学田，异事而同辙也。余读记时之志稍酬焉，然犹不足用也。计师弟子束脩膏火及役人口食，岁需四百金有奇，而租谷价值中岁仅计一二百金，乃挪移拮据以足之，恐后来不可为常也。乾隆己亥，复查出高岗寺僧盗卖寺田一所，岁收租谷十二石五斗，乡民向如光改约包占方斗山寺基一所，岁收租钱四万二千有零；又境内废寺田地废多，土司特失察其私垦私售者，率已逃亡故绝，且年久，或几易主，难于彻底清理。而现执业者恐人揭发，逐自首缘由，各量其田地之多寡肥硗，愿捐钱入书院开销，祈批明契约，以免后议零星，收积除添补二年来膏火不足之额，并赎取高岗争田价与文庙修造所用及院中贫生本年秋试资斧外，实贮钱五十万，贷之龃买，岁生息钱九万。三项合计百金有余，亦详归书院用度，庶免挪移拮据之苦，而可垂永久矣。要皆自寺产得之，则仍朱子记崇安县学田遗意也，谨勒石识之。其田地之坐落界至，礼书吏设有印簿备案，不详录。

资料来源：《补揖石柱厅志·艺文》卷十.

16. 钟灵书院碑记
铜仁张素

钟灵书院者，以治州之西（按，当作北）有山曰钟灵，故得名焉。肇事始于前刺史少溪李公，成于我伯兄绣园（知州张兑和）先生，岁捐俸延师，择子弟之秀者而课之。所以广教化，育人才也。丙戌，予来酉阳，因览山川之胜，窃念灵秀之气，蕴毓既久，必有钟之于人，而著为事业，发为文章，以彪炳一时，辉映千古。酉阳自汉以来，冉氏累叶以武功显，而文学或不传。夫蜀之学起于文翁，广南之学起于昌黎，传之固重，赖有人也。酉阳得少溪、绣园二公，后先相继，以振兴文教为己任。生斯土者，秉灵秀之姿，崇大雅文化，知必有卓然崛起于其中者，顾予犹有说焉。天地之生，莫灵于人，而人莫灵于心，反求在己，乃云有得。彼乞灵于山岳，诿成败与师儒者，谬也。有志之士，独居深念，慨然奋兴，是灵秀之气所为萌动，不可掩遏者也。由是培之以孝友，节之以礼让，泽之以诗书，名师益友相与切磋观摩，以成其德，此乃所谓人杰地灵。以其所学，垂为风俗，其有功于后来者不浅，而于少溪、绣园二公建学命名之意，庶几相为慰藉也夫。

资料来源：《酉阳直隶州总志·学校·书院》卷五.

17. 黔江三台书院记
王荣绪

黔江，古黔中地，山川秀丽名川东。石钟石塔，其尤著者也。而地接五溪蛮疆，故自汉以来，虽为内地州县，武备多设，文教未兴。明永乐始有文庙，正统间始有教职，书院则自古未有也。我国家文治覃敷，乾隆癸酉岁，县令顾惟钫谋立书院，买基城隍庙北，未及修造，去。岁嗣大君宋名在书者，因旧基草创，历久倾颓，越十余年，翁公羹堂来君是邦，政成人和，乃捐俸倡修，诸绅士踊跃乐从。建讲堂五楹，东西书房六楹，厨房二楹，计用三百五十金，工竣，仍旧名曰"三台书院"，取城南山名也。公复捐金并公项共五百两，置学田，为诸生膏火资。夫天地人合为三才，天地所生必赖人以成之，物理皆然，人才尤需。黔邑民风淳良，迥异他地，当亦山川之气所蕴蓄。继自今文教振兴，灵秀所钟，得学问相造就，鸿儒硕彦仟俟接踵，非仅以山川秀丽者名川东也。而翁公作育之心，亦可传之千古矣。公名若梅，字羹堂，福建闽县人，乾隆丙戌进士，工诗善书，学术史治皆出群。余田公赴西溪，道出黔江，与公订交，称莫逆。书院成，邑绅士问及于余，故不敢以不文辞。

资料来源：黔江土家族苗族自治县志办公室. 黔江旧志类编：清光绪以前 [M]. 内部交流本，1985.

18. 新云上书院碑序
县令张锐堂

古教士之法甚备，要不外国学、乡学两端。书院者，又即两端而变通之，以鼓舞斯民于不倦者也。故自唐宋以来，若李宽之石鼓，庐山之鹿洞，潭州之岳麓，生徒跄济，每较黉舍为多是。书院之修，诚化民成俗之首务乎。国朝稽古右文，凡值省会城及各府厅州县皆于儒学外，另立书院，聘荐绅耆学问淹贯者为之师，因之人材奋兴。虽僻壤遐陬，靡不云蒸霞蔚，盖陶冶有分，廪膳给有，余资造就，所为尤易也。彭邑城南旧有摩云书院，乾隆四十四年，权县事温迁建于东山之麓；五十三年，署县针增束脩膏火，更名"云上"，制加详焉。惟是地居道隘，廓宇卑狭，不足壮臧脩游息之观，肄业者恒怅惜之。咸丰八年冬，前令王君个山，来摄县篆，适值土匪廖美连之狱，奉旨擒治，王君声色不形，克期剿灭，查收产业，约值二万余金。自诸大府拨充本县公费，得充所请，后遂以署后廖氏新修住宅改为新云上书院。其旧书院变价生息，并归新书院备支应杂用，于是山长束脩、生童膏火均计息加丰。更以奇赢，详定蔚文堂规条，一切有关文教之需，悉于中取给焉。余初承乏黔江，窃心仪王君之所为，谓古循良，不过是迨。同治元年，调署兹邑，披阅案牍，见其区划，周至织悉，靡遗益服。其锄奸去暴之余，宏此嘉惠士林之举，才长识远，又当不仅就循吏中求之也夫。有民斯可教，有教斯可学，从古已然。然非得治人以行，治法则单寒下士，振万莫由。今新云上书院既成，湔涤余腥，导迎善气，胥于是乎。在诸生，苟仰体主君之意，竞以维新，盟凤夜以弃旧识，乡闾将来媲美，杨王争辉，齐鲁俱不难企踵以俟，何区区于青云而直上之足云也。课士之暇，瞥睹庑下，未书砦石，若闻以有待者。然即王君作新原，委撮其崖，略勒诸石，冀永垂不朽云。

资料来源：《酉阳直隶州总志·学校·书院》卷五.

19. 瀛山书院义田记

邑有义学，所以造就人材而栽培多士也，古来俊造莫不由此而选。綦邑义川地名郑高山，因郑一笔逃亡不归，邑庠罗伟烈承项此业。康熙四十九年，前县主许公国棠捐银五十两，劝士庶乐输银一百一十四两，买此田，以供书院奖赏之需，厥后重修。

文庙因公用不给，董事将此业当卖阖邑士民禀案。周公思恒捐银五十两，饬令佃户张荣贵等分凑银一百七十二两，于项佃内扣还，并募化银一百五十两赎回，周公复捐银六十两，买黎姓绝业地名翻沟子。十九年，蔡公青钱审断，徐三仰绝业地名沙河子，均作义田弟由。康熙、雍正以至乾隆四十年，前如文昌阁、杨泗庙、胜果寺等处，历年虽延师掌院，然有膏火之田而无书院之所。四十九年，冯公汝弼，始于南门内捐俸创修瀛山书院，即亲诣郑高山勘丈加租，将此项田地仍归书院，奈事未告竣，而冯公解组，以致膏火束脩有名无实。嘉庆三年，阖邑绅士以请复旧规，永定章规，禀常公天佑移学田归书院赴学认租，因首事办理不善，佃户张荣贵抗租不纳。是岁八月，裘公允褚莅治邑痒万学山等，具禀张荣贵等在案。公以为在书院收发日久，不无把持，侵渔之弊断三处义田，每年仍在县缴租，永不许将银折算，并传集五里绅士公议章程，视租谷之多寡为每年书院之支用，蒙批勒碑，书院用垂久远云。

资料来源：同治《綦江县志·学校·书院》卷三.

20. 森宝楼贮书记
知县毛辉凤

楼何以名"森宝"，贮书也。曷为乎贮书，务明道也。学不明道，无足乎为学。道备于经，征于史殽，列为文章，博学而详说之具于近，庶几乎？入幽室之有炬也，行之乎礼义，罔或肯而驰焉。孔子曰："道之不行也，吾知之矣。"不明由不行，士奈何不明道之求也。明道，今舍书无由。于是乎，楼以贮书，兼诸生有志，必有愿闻道者。读是书，借日猎科名云尔。讵县官贮书，意至废弃或私匿，则不肖之尤，万万无望于道也。楼经始十七年十二月，今年四月成，用缗钱五百有奇。安里民谭宗宪，实输四百余，则县官附益之书，亦须县官购聚其目籍及章程礼书职掌，为劝学，故具书以谂来者。

资料来源：同治《綦江县志·学校·书院》卷三.

21. 新建万川书院碑记
署万县知县陆玑

岷江发源于松潘寒聆寨之郎架岭，至夔门四千余里。其众水别流，汇之东注者二百四十有奇，奔腾澎湃漩沱，泻滩而下，至三峡以束其势。万县高据形胜，西尽郁鄢，东揽夔巫，为江水入峡必经之地，而南浦汇之，故人稠气聚，客帆估舶，云合翔集，为蜀巨镇。而幅员辽阔，亦甲于他邑，乃近来人文科第反逊云、开诸县者，此何以故？盖上无振兴之道，斯下无鼓舞之忱，非人材相让也。书院之设，所以造就人材也。万邑书院，昔有南浦、西山、集贤、刘公诸名，久废。今东关外凤山书院乃乾隆初邑令孙廷锦所建，道光四年仇令如玉补修。玑自咸丰乙卯春下车观风，见其地势湫隘，栋宇偪仄，肄业诸生有人满虞，因典范训导泰衡，陈山长光熙，甘藏才雨，周历巡示，思廓大之。西偏得隙地甚广，询为史茂才秋田公业，与之商，慨然乐助。相度梗概，绰然有余，乃舍旧而谋新，各方劝导，以经以营，期年而落成。考万邑乃汉朐腮县地，自是沿革曰"羊渠"、曰"南浦"、曰"鱼泉"、曰"安乡"、曰"万州"，而后周则曰"万川"。其取义诸水所汇欤。于是众议凤山之名无甚深义，且与大宁同，请更之，遂额曰"万川书院"。盖自唐元宗置丽正书院，以聚文学之士为名院名所自始，至鹿洞、鹅湖而极盛。蜀自文翁石室倡学，教化四行，侪于邹鲁。夫以庠序之外，别开石室，即是书院之遗意，特当时未专立名，而意则所由昉，即谓书院始于蜀可也。今定名"万川"，所望诸生气宇渊深，洗心涤虑，文思澄澈，月印于潭；发为文章，波澜壮阔，苏海韩潮，追踪摄景；扬清名于虎观，掞丽藻于兰台，沾溉艺林，为四方瞻仰，不其伟欤！抑更有进者士人所重道德功业耳，不得已则以著述传词章，其未焉者。故圣门四科，德行为先。有文无行相如，不免后世之讥。文以载道，愿诸生深体六经之旨。实践躬行，则出为名臣，垂勋竹帛，处为善杰，矜式闾阎。由是而推天下，岂有滔滔之势耶！或曰，今当邻氛未靖，武备似宜。先之则应之曰：潢池弄兵，吏不恤其民，而弛防于未然所致也。江湖满地，谁实滥觞？当兹团保训练之际，自应并行不悖，固非举此而废彼也。且宋之范希文、明之王阳明皆以文士奏绩戎行，儒将运筹左券决胜，则士心正而民心自正。将见伦纪，以为保障，礼义以为甲胄，众志成城，坚不可破，又何虑外侮之乘耶。澄其源则流自清，睿其壑则沸自止，理固然也。诸生亦助其大者远者，而已事惟求是碑。系以铭其辞曰："群山环拱，卓彼文峰，江涛浩瀚，灵气特钟；洙泗道脉，濂洛理宗，沐其遗泽，礼教雍容；学贵涵养，先求心放，景行前贤。"是则是仰菲典籍，坟蔚为大文，步轨买董抗习诸生释奠焉。已进诸生而告之曰：在昔尧舜禹汤文武周公教圣相传之道，至孔子而集厥大成，万化而下，莫之或尚顾；自秦汉以迄隋唐，虽经诸名儒表章崇式，然圣道尚未大明；迨宋周程张朱五子出，而后推阐微言，直导统绪，俾圣人之道，如日在天中。昌黎韩氏尝谓"孟子之功不在禹下"，卓怀则谓"宋五子之功不存孟子下也"。自科举取以来，士之读圣贤书者，往往争利禄而遗道学，遂若书自书、人自人者，不知学固所以学为人。五常之性，五伦之理，皆天命也。渊云：词源倒峡，笔阵扫军。功成心得业，在夫勤。勤则不匮，励志讲肆。掘井必泉，为山覆箦，跳门攀龙，追风附骥。维兹万州，实产琅球明经，砥行体用，自优邦家，硕彦基在藏修。凡百多士闳此远猷，名勒金石，光射斗牛，亘古不废，如此江流。

资料来源：[清] 张琴，范泰衡，等. 增修万县志·卷三十六·艺文志[M]. 同治五年（1866 年）刻本.

22. 屾峰书院记
邑令冯卓怀

屾峰书院，西夏先生注经旧塾也。先生姓何氏名苏，字息夫，学者称为西夏先生。嘉庆、道光年间，先生教授于此，殁即卜葬其后。所著《周易》六卷，《春秋传说》四卷，《大象》《谷语》各一卷，奥衍宏博业，经刊播。金生维斗等即是其地募建义学，延先生之侄贞介授业焉。以山形对峙，若两髻然，故彦之曰"屾峰书院"。余维先生穷经力学，姓氏不甚显于时，顾所著卓卓可传，又得拓其旧塾为书院，则后学者礼其堂，式其墓，诗其书，安知不景仰潜修、宏铺经义，益以衍教，思于弗坠，而大启人文也。夫立乡学、表宿儒、存遗书、励后进，是诚有司之事，而居是邦，暨为之后者，尤未可或替也。已其经理人名及输助钱谷若干数，例得备书，勒于碑。

资料来源：[清] 张琴，范泰衡，等. 增修万县志·卷三十六·艺文志[M]. 同治五年（1866 年）刻本.

23. 太和书院碑记
邑令冯卓怀

古之教者，家有塾，党有庠，术有序，国有学，靳于化民成俗，意深且远。后世省会郡邑之地，各设书院，养士育才，而乡间士民建立义学，兴教一方，亦所以佐助文化，引翼隽□，犹古庠塾之遗风也。余治万三年，于邑治万川书院，续募经费，增益膏火，与诸生讲艺励士，士之秀而文者，咸莘莘焉。继又督同绅士众建岠峰乡学，规制告成。而余氏茂林率其子孙群从，独建太和乡学，工费至六千缗以上。夫十室之邑，必有忠信，万邑幅邑寥廓，人思向善，傥并如余氏者立学，乡间诗书弦诵以陶醉。夫中与才而其不中不才者，亦皆闻风观感，萃浇薄而远淳厚，是则治斯土者所为欣喜，愿望劝诱鼓舞于无穷者也。岂惟余氏一门，实嘉利之是，学经始于咸丰九年春二月，落成于秋九月，所有工值及捐田、置田之数，例得备书。

资料来源：［清］张琴，范泰衡，等．增修万县志·卷三十六·艺文志［M］．同治五年（1866 年）刻本．

24. 新建云安书院记
林斗魁

云阳县建置在宇文周时，宋元曾升州，军峡中岩。邑令章挺生者，扶邵二公以易学□，李、袁两化，以风雅称，非仅一乡之善士已也。盖书院宋世为盛，国朝书院附于学校，云阳小邑，创建为难。前尹单君推忠兴举，迄宋就绪，新尹□明府，慨然以为己任，集都人士捐俸为倡，以戊寅四月功成。制度宏敞，丹垩炳明，墙□美富，以至器用之需咸备焉。明府公余之暇以□所闻焉，已之学助□士，又虑士或朴□少文，延著硕月课季会，期以之体改用者，迈迹前修，其功伟矣。余闻而慕之，谓云士□儒者，为学当以圣贤为宫墙，五伦其栎楥也。六经其门户也。士诚通今学古文，无支离行谨，必将使云安书院之设，得与石鼓、白鹿媲隆宇内，斯不虚明府之心云尔。

资料来源：《云阳县志·学校》卷十一．

25. 云安书院记
彭锡珑

辛亥七日，拙又士人求视云事，知有所谓云安书院者。邑明经汪绍祖、国子生石芳衍理其产，问所入岁，不满百金。山长束脩、墙屋补葺、诸费举视此，膳金、膏火缺如已。值军□，络绎宾至，假馆而师徒避席，别无堂室以待皋，此余憾焉。壬子春，领诸生童于馆，来学者倍之，余方虞坐之未克敷也。时石生亦领其两侄来，遂与步于庭阶，察其寝处，列队而相问。北屋而咸居，廊乎其有容也，其间巍如斯，恢如层阶，雕楹□秕映，楹角交辉，间其中而肆其外也。院东隅小穿返照，半榻横眠，窗外方池、秀石、水栏、山梯、奇花、异卉、竹木、草木，绿阴掩映，禽声上下，致足乐也。石生乃言，于余口此严侯之治也。严侯去，虽人储石待序，今请序焉。余谓今日之乐，乐严侯之乐，耳不有严侯鸟，所容其乐。虽然，次舍听间，花卉池栏所已治者也。膳金膏火，师徒别墅，所未治者也。今已治者，有以乐严侯之乐，使异日继余者成，亦有以乐余之乐，故云安书院之遇也。石生幸其筹之严侯，名作明，浙江余姚人，拙又主人江西进士彭锡珖人。

资料来源：《云阳县志·学校》卷十一.

26. 郡守李公创建莲峰书院颂并序
彭端淑

予惟书院与学校相为表里，学校之整饬在师儒，书院之振兴由良有司。公以安溪凤望，本其先相国文贞公理学之精，蔚为经传，正已率属，措理有方。今兹肇造，不邀于上官，不扰于群力，自出轻俸三千五百有奇，且厚给膏火，以招来学。所谓无赫赫之功，而人阴受其德者，此也。诚使承学之士，咸体公教，争自濯磨，他日有能文章而奋起科名者，皆公赐也，抑公所期于夔人士更有进者。先儒有云："为学先须理会所以为学者何事。"又云："今日至有第一，及第便以为成材者。夫文章科第，犹非第一等事，当于向上一着求之。教者非此无以为教，学者非此无以为学。"鹅湖、鹿洞之规风流未远，斯非公所以厚期夔人士，而士所宜共勉，以无负我公者哉！且夫山川清淑之气，磅礴郁积，钟灵而毓秀者，今犹古也。夔为全蜀奥区，诸葛之陈迹，杜陵之遗址，名迹犹多。土生其间，沐圣天子佑人之化，又得太守乐育栽培，以长养而成就之。高山景行，典型斯在，安见今之士不远追前代耶？语曰："十年树木，百年树人。"公守夔六年，而为国家培育人材，乃不沾沾为旦夕计，公之德行且与莲峰书院并永矣。予恭为邻治，遥承蔽芾余庥，窃代夔人士颂公不忘，并以告来者。颂曰：

古鱼复国，今日夔州，公来守邦，敷政优优。既重养民，尤勤教士，仁风披拂，遍植桃李。爰开石室，规制聿崇，读经讲义，化洽文翁。匪徒文艺，必先器识，唯宝斯言，用勖厥德。我有子弟，繁公之教，如彼稽田，丰而获报。黄花令节，公遽言归，夔人感戴，弥节瞻依。维兹多士，受恩深至，谨勒贞珉，以纪盛世。公之德意，永永无忘，瞿塘峡峙，滟滪波长。

资料来源：滕新才，唐刚，李江副. 夔州诗全集（清代卷）[M]. 重庆：重庆出版社，2009.

27. 巴川书院记
全于天

铜梁，古巴国地，旧名巴川，代多传人，文教未泯。苏氏汝砺则有龙门书院，藏书三万卷。庾子正自白鹿洞归来，深得格致诚正天人性命之学。学者争游其门，号所居为"庾子书院"。尝著《性善堂文集》，如《太极图说》，尤朱子亲授其意者，已载入《性理大全》内。

张公佳允慕苏氏、庾子之高风，割田为馆谷，而于巴岳山之阴买地筑室，曰"岳麓书院"。兵燹后，皆灰烬无存。

我朝定鼎初年，铜之复业者仅百余家。其后黔楚招徕，生聚渐盛。百二十年中，虽弦诵不辍，科第弗替，大都缙绅之俦，家自为塾，人自得师，而所谓书院者，则概乎未之前闻。

夫古人之立教也，由小学而入大学有时，自乡学而迁国学有次第，有器具，有仪节。有劝以鼓其精进，有惩以戒其不率，而又有养老、饮射、论狱、授捷诸事以服驯其身之备。虽宜古不必宜今，然今之以贡监升诸太学，以童子试进于黉宫者，是即庠序之教。而又于省会设为书院，岂非更补庠序之不逮也者？惟山陬僻壤，教莫能周。富厚之族，或为村学，或为社学，易于学而多不肯学；寒薄之士，既苦负笈远从，又难延师专训，每有可学而不能学，好学不得学，而竟至于废学。故夫郡邑之需书院，仰望最殷，而铜梁阙如也。因无可因，创莫能创，其何由而获有观成之一日耶？

邑侯蔡公，讳玉华，字山函，粤东之海丰人。登壬子贤书，以壬戌明通借补电白、广文，列门墙者，多所成就。既而宰铜三年，时和年丰，百废俱举。戊寅季秋，爰集邑之绅士，议建书院。相与度地，得本城西坪一区。踞飞凤而倚化龙，西望六赢，东枕罗睺，南有石炉诸峰，北有书台独峙，而又两川自后而前，左右环绕如带。挹山水之秀明，成学堂之结构。遂命匠鸠工，自冬十月始，今年春正月，侯即订聘院长。不浃日，生童汇至。顾兴作伊始，一宇未成，暂假僧室而馆焉。

入学之日，侯亲授诸生以为学之要：虽博诵强记，必以身体之。于明人及本朝制艺，分析其可从不必从者。至有韵之文，后生未谙，则更详为辩论，流连久之，几忘返署。每月课试文二篇、诗一首，虽簿书未遑，必细为披阅，而次第之，各予奖赏有差。率以为常，未尝懈也。侯之亟于兴学而勤诲，迪如此。

由是士相励而经理，工各殚其技能，至于仲冬乃竣。中为讲堂五间，后为退宇如讲堂之数，左右厢上四间下六间；前廊三间，高其中，为仪门。凡几榻桌凳之属皆具。外垣左右各长二十七丈，高九尺；后齐城，广百尺，城下岩壁峭绝。前至街，广如城，加其一封，以墙屋中一间为大门，榜其额曰"巴川书院"。

院之成也，侯一人首倡，四境之内，输忧恐后。计工二万有奇，费钱八百缗。而完整坚致，爽垲清幽。以视夫岳麓之野僻在一隅，似不若此之为得中。今虽乏鹿洞之薪传，而性理行世；虽无龙门之典籍，而经史同文。诸生亲炙侯之作育，果能礼乐诗书润养学问，内以求夫仁义礼智五常之所存，外以谨其貌言视听五事之所发，而又考见乎子臣弟友五伦之理，则今日蕴之为学术者，他日著之为事功，岂仅博文章之遇，取青紫之荣。是可见三先生之书院，后世犹仰芳型，而贤侯之书院，此际立睹实效。则其所以推广□□皇仁之教泽者，为何如也哉！

同人谋镌诸砥以志久远，为述其始末如此。乾隆二十四年己卯冬十一月。

资料来源：光绪本《铜梁县志·艺文志》.

28. 墨香书院记

张九章

墨香书院，署北寨子顶新文庙屋基也。建于光绪六年，需费五千余串，仅成正殿，两庑、角楼。崇圣祠僻在东偏，戟门外概属斜坡，无余地布置，所费不支，越十年而功不果就。己丑夏，予莅斯邑，蹙然于神祀之未安，急集众议，力主移复旧庙之说，详载庙碑，而兹宇高洁又不可废颓，遂禀请改作书院，供奉座位如旧，诸生肄业其间，朝夕瓣香，藉伸妥侑于不替，以筹款维艰，延未改置。间二年，适购得膏火田谷，年可变价三百余千。经费既足，按月课试又迫辛卯乡试。春初，诸生有意观光者，率以院宇爽垲、远尘嚣、便攻读为请。予既嘉诸生之足与于斯文，又念人才为国家元气，人才盛则元气固，而所以作育裁成，宜不遗余力，顾惜此区区装修费哉。爰集资饬李生鹄臣、庄生六坡经工，坚其板壁，厚其墙垣，向之孤露漫无归宿者，一皆整理就绪。两庑作学舍，东偏竖立讲堂，大门外曲转西向更建龙门一所，以壮观瞻、谨关钥。墙外植杉松数百株，竹木相间，蔚如也。补缀缮葺，三阅月而功毕，诸生请记于予，予曰：曩有三台书院矣，系八景之一，今欲名此，无以易墨沼流香，其犹王右军临池学书意乎。而要所望于士子者，近圣人之居，则思为孔子之徒，德行培其本，言语、政事、文学充其用，斯则予志也夫。爰撮颠末，颜以墨香而为之记。

资料来源：黔江土家族苗族自治县县志办公室．黔江旧志类编：清光绪以前［M］．内部交流本，1985．

29. 创设墨香书院膏火田谷记
张九章

文翁设教石室，而西蜀文学之盛媲美邹鲁，黔属边微渐被未闻，自汉唐宋元明暨国朝，稽古右文骎骎乎？人游于校，士秀于野，黉序蟾宫后光辉映矣，然卒未闻擢巍科、登显仕、茂实英声一发其光为闾里荣者，非山川钟毓之不灵，实作育人材之道未尽也。书院旧有屋基，山长学田若干亩，载在邑乘详矣，然多士以奖励无出，膏晷不继，若无由安砚也者而去之，历任官亦以振作乏资，只春季收录观风一次，取云峰寺谷石变价点缀，余姑置之而逊谢未遑。予莅兹土，蹙然于文风之不振，澄心渺虑见夫丱角而读者多小子有造也，搦管而艺者类大成可望也，喟然曰：斯岂不足与渝成腹地、酉秀毗邻竞蕊榜之盛乎，何竟湮没无闻也。爰爬罗剔抉广为设措，共集膏火钱二千余串，置田若干区，年出谷七十石有奇，约计变价可三百串，定为四季大课，每月两小课，优给奖偿，重加膏火，日与诸生讲习，讨论于文章翰墨间，间于试期询以读书，励以敦品，徐察其行，艺所成而判夫梦觉人鬼之关，将见士希贤、贤希圣，自格致诚正修齐而家国而天下，举行措之裕如也，岂特攀桂簪杏、歌鹿鸣、题雁塔、争捷获于科名哉。诸生勉力不怠，任官提倡靡已，是所望于后来者。

资料来源：黔江土家族苗族自治县县志办公室．黔江旧志类编：清光绪以前［M］．内部交流本，1985．

30. 墨香书院规条
光绪二十七年禀准

一、旧建三台书院，讲堂、厢房、门竖、墙垣俱全，向延山长住坐，各房从学听占。兹新建墨香书院，东偏亦设讲堂，地较高敞，学舍十七间，亦听从学自占。每年岁修新书院由大成会谷价划拨，旧书院由拼输局提补。

二、山长修敬、火食、聘金、节礼，每年钱一百四十千，向由官坝曾家垭口田土各租谷变价支给，由官经理，兹仍照旧。

三、酸枣乡张任氏先后施业，禀准移远就近变价获钱一千六百七十千，又乐输钱四百千，又各姓措捐钱七百五十七年，共钱二千八百二十七千。十五年十月，得买官渡、桃子坝、响水洞一业，长价钱三百千文，年收租谷七市石。

十六年十一月，年得买西山蚂蝗沟一业，长价钱一千七百串，年收租谷四十六市石。十二月，得买黑山沟一业，长价钱六百一十一月，年收租大谷十六石，包谷五石三斗三，契共载粮一斗四升六台，共长价二千六百一十千。年共收大谷六十九石，以每石三千合价，约计钱二百零七千；包谷五石三斗，每石五千，合价约计钱二十六千五百文。除业价外，余款作今年考课应用。

四、云峰寺租谷，每年入二十石上下，向由官饬差追收储寺仓，变价作为膏火支用，兹仍旧。约计可获谷钱五十五千之谱。合前二宗，共计每年入租谷钱二百八十八千之谱。

五、以上谷石，俱按平价合算。倘遇年荒谷贵至四五千外，支用有余，即以其余暂出放殷实铺户。积有百余千外，即可酌量买田，多培谷石。如遇年丰谷贱，每石二千四五不等，即将城内存储大谷六十九石，包谷五石三斗，估计膏火奖偿多寡给予升斗，以抵钱数而敷应用。云峰寺谷乃变价发给，总不待首人侵蚀，致滋物议，而各士子亦勿妄造谣言，希图霸管。

六、书院经理首人，不拘城乡，公举六人为率，少则四人，监察书院一切事宜。俱要公正和平、素侠人望者，力准举充。由官定夺，不得私相推荐。另设斋长一人，管理收谷粜谷、钱项出入支用一切事务，每年给薪水钱十千，择青衿中殷实、练者充当，亦由官定夺，以专责成。首人举其纲，斋长司其目，不得藉口公事，每年妄议更换。

七、本年所有支销俱系上年积储。本年谷石秋收上仓，即请官封批，待来年二三月间方准议价出售。如本年谷石擅自动用，或藉口别项公事挪借，惟斋长是问。

八、县属士子多半寒微，藉训蒙糊口，且距城偏远，有至一百数十里者。若月月扃门课试，奔走跋涉，旷日废时，反于学教有碍。今酌定春夏秋冬四季大课，除正腊不课外，春以二月初三、夏以四月初三、秋以七月初三、冬以十月初三为期，一律扃门课试。限定辰初点名，二更交卷。不准携带出场，违者不阅。余每月初三、十八听遣人赴礼房领题给卷，限三日交齐，以示体恤。遇有加闰，由官捐廉奖给，不与膏火正款相涉。

九、向来县课只春季收录一次，预备席桌，糜费孔多，今酌定每季扃门大课，每卷给点心、面二碗，以便就坐充食，且节糜费。所有点心、茶水、柴炭等费，俱由捐输公局提拨，不与膏火相涉。

十、每季课额取超等文生八名，每给膏火钱一千二百文，特等文生八名，每给膏火钱八百文。额取上取文童十名，每给膏火钱一千文；中取文童十四名，每给膏火钱六百文。共膏火钱三十四千四百文。

十一、季课酌定奖赏超等第一名六百，（第）二、三名每五百，（第）四、五名每四百，第六、七、八名每二百；上取第一名五百，（第）二、三名每四百，（第）四、五名每三百。第六、七、八、九、十名每一百。共奖赏钱五千四百文。

十二、每年礼房经理大小课事宜不无微劳，酌定每季课给经费钱一千，年共四千余，不准勒索。

十三、县属士习浮靡，每课直录陈文者，生童不下十余篇。所有卷资，仍听自备，以杜滥冒。每卷给资本钱二十文，先期赴房给资填名备卷；不给卷资，临点估索者，概不准予。

十四、每月初三、十八小课，无膏火、额定奖赏。超等文生十名，第一名奖七百，（第）二、三名每五百，（第）四、五名每四百，（第）六、七、八名每三百，（第）九、十名每二百。上取文童十五名，第一名奖五百，（第）二、三名每四百，（第）四、五名每三百，（第）六、七八名每二百，（第）九、十至十五名每一百。共奖赏钱七千文。

十五、全年四季课，共膏火、奖赏钱一百五十九千二百文，十六小课共奖赏钱一百一十二千文，斋长薪水钱十千文，礼房经费钱四千文，三契田业每年应上正粮钱一千三百七十二文，五项共计用钱二百八十六千五百七十三文，收支两抵，约余钱一千四百二十八文。

十六、此番膏火、奖赏俱系创设，规模狭小，倘以后谷石除开销外，积有余款，或绅粮乐输，再推广增加。

十七、县属荒陋，向来读书苦无善本，前颁官书，多已散失，刻向尊经、锦江两书院购置正经正史十余种，存储院内供资讲读。各士子只准在讲堂恭坐披阅，不准携归卧室，致有遗落。其书橱管钥及借书账簿，责成斋长随时登记，不准率由自取，有失即令斋长赔补。虽山长、学官等借阅，亦必注账，随取随还，不得久假不归，以昭画一。

资料来源：黔江土家族苗族自治县县志办公室. 黔江旧志类编：清光绪以前 ［M］. 内部交流本，1985.

31. 字水书院禀

道光九年六月廿九日

情因嘉庆二十一年有职员张孔遂、张孔言将城内千厮门丁字口铺面街房十余间，每年收纳租银一百二十两捐入字水书院，以作生童膏火。原有邓永和于嘉庆二十二年佃铺房一向数间，每年应纳租银六十八两整，无紊。突于本年六月初三日以哀恳减租具禀恩案，沐批：着向字水书院董事商议。伊于本月十九日约请生等及礼房书吏蒋开仪一同往勘，据伊哀告屡年生理折本，兼之租银甚重，实难支持等语。窃书院置房收租以资膏火，向有成规，生等未便擅议增减。为此据实禀明。巴县正堂批：据禀已悉，有减租一层应毋庸议，如果邓永和不愿承租，另行招佃。

资料来源：四川省档案馆，四川大学历史系. 清代乾嘉道巴县档案选编·下册［M］. 成都：四川大学出版社，1996.

32. 云龙书院记

夏　璜

出古溪场而西，不半里许，山石荦确，岗峦暗霭，两水明镜，双桥彩虹，茸钟峙其前，云林拥其后。循麓而上，一塔屹立，有书院焉，颜曰"云龙"。盖族叔亮臣、茂才，偕里士之所募建也。拓地十笏，结斋数楹，近隔市廛，遥答种磬。中奉至圣，文武配之，几席骈罗，窗厨灿备。谷口宣鸟，时杂书声，屋角补楼，飞入屏障。黄昏之伴，惟对紫薇，清响之间，始惊竹露。榕阴半亩，桂隐小山，洵乎名区，可资讲学已。先是，乾隆中乡先进集资创会，释奠先师，拟渐兴学，置基未果。茂才乃力成众志，借助他山，料理拮据，积岁不懈，遂于咸丰癸丑创院舍两廊，续于同治丁卯建山门石磴。盖自匡、张二氏相踵捐田，邑侯宋公割俸倡义，而书院规模乃渐次就绪焉。夫石鼓、鹤山，仰承宸翰；鹅湖、鹿洞，兴起名贤。即吾蜀石室而还，不乏学舍，而合宗大益，功半倡于有司。东坡南轩，地牵涉于名迹，兹则夫制创手，经营匠心，前不见古人，后不待来者。铢积寸累，卒玉于成；瓦合缶鸣，不挫乃志。为善最乐，信东平之有证；无文亦兴，真豪杰之自命。嵩庐睢岳，几抗芒踪，不更论名，则微语劳尤倍欤。而或者以蓬莱环溪，邑中并峙，村庄阛阓，俊秀无多，遂谓书院废兴，无足轻重，抑又过矣。夫文教覃敷，无远弗届；大化遗已，自古向隅。古溪离蓬百七十里，深林密箐，不乏隽才，居肆成功，可无处所。周茂叔为徒造屋，尚筑濂溪；吕伯恭会友晚年，是名丽泽。以今况昔，殊途同归，蒙窃更有进焉者。执经问业之地，非逐声华；入学鼓箧之时，非专帖括。途歧不一，士辨宜先。彼认性似心，阳明且有流失；忘动求静，顾高尚有参差。申韩刑名，佛老清静，更无论矣。况夫派来海外，毒流寰中，立教则怪诞不经，相炫则奇技谣巧。居近禽兽，圣有忧之。道不明行，我知之矣。则是书院也，固将正谊明道，挽沧海之横流；岂特术序党庠，仿成周之茂矩而已。余以菲质，承乏讲席，山馆寂寂，时有会心。桃李阴阴，相关乐意，日夕栖止，寓公致佳。暇询由来，爰撰斯记。所望如云如雨，直严紫阳安定之风；从虎从龙，长著声应气求之盛。若夫学田之多寡，好义之姓名，另有专碑，兹不复赘云。光绪癸巳秋月。

资料来源：潼南县地方志编纂委员会. 潼南县志 [M]. 成都：四川人民出版社，1993.

33. 北堂书院创立记
史鸿烈

粤稽圣王之世，家有塾，党有庠，州有序，乡学原与国学并重，故作人之化，隆于三代。虽其后治术各殊，而学则历代不废。至我国家，宣明圣教，培植人才，讲学之典，尤加意焉。即如本省增添尊经书院，本邑除添设义学外，又增修晋阶、少陵、文峰书院，学校之设亦详且尽矣。无如穷乡僻壤，限于方隅，厄于时势，不能共沐其泽。以故我境采芹于泮水，食饩于上庠者，指不胜屈。而躬瘠鹗荐，名题雁塔，寥寥无人。岂天之降材有殊乎？抑造就之未深耳！乡先辈毛君凤梧，每于宾朋宴会时谈及此，辄欷歔者久之，慨然有捐资培植之意，惜有志未遂。其少君解之，邑名士也，于令尊捐馆后，倡修书院，岁在辛巳之年，募得同人之助，创建院宇数间，用成先人之志。复念始基虽立而膏火无出，仍属有名无实，爰与令侄书城、书镛将院后毗连之田地一分，栽种贰斗，捐入书院，永归院内斋长招佃收租，以作膏火之资。其界仍照契窖石錾字为界，随拨条粮钱壹钱捌分伍厘叁毫。

吁此举也，他日天之报施毛君，俾后嗣昌炽，固于此可卜。即吾乡之来学者，得此而鼓舞兴奋之，将文运渐开而文人蔚起也，亦谁不仰毛君栽培之力也哉！噫嘻乎！国有贤臣，邦家之光；乡有善士，闾里之荣。解之君善继善述，而又能本实行以行实事，诚一乡之善士也。伏冀毛君昌之于前，众人和之于后，他日增房廊、添膏火，将书院扩而大之，更有望于乡之善士焉！

光绪八年（1882）公平文生史鸿烈撰《北堂书院创立记》，刻石立碑于北堂书院（现嵌于公平乡政府壁间）。

资料来源：政协四川省奉节县委员会文史资料委员会. 奉节文史资料选辑·第3辑 [M]. 内部交流本，1992.

34. 莲峰书院章程碑记

李复发

清乾隆三十七年（1772年）三月

乾隆三十三年，捐建莲峰书院一所。契买刘杰、杨碣基地二块，共价银一百两。又买刘亮功、冉世周照墙地二块，共价钱十一千二百文，各印契在卷，共用工料及制备器具银一千三百二十六两六钱零。又契买大宁县龙津庙余地卤眼，修筑莲峰、莲奎、莲院、莲壁四井灶，共捐价银一千四百两，每年收租钱八百千文，因卤水稍淡，今议减六十四千，实收租钱七百三十六千文。议定此后不得再减，由县批解，限冬腊两月收清。如逾，起佃另招。又大宁县详报，灶户沈太和等每年愿捐四灶各租钱九十六千文。又奉节县详报，大南门内官房四间，每年收租钱三十二千八百文，按季由该县典史批解。又开县详报，里民但正任愿充田地一分，每年收仓斗租谷二十二石八斗，由该学变价批解，每石折钱四百文，共钱九千一百二十文，又地租钱八千文，每年共收钱十七千一百二十文。以上各租息，每年共收钱八百八十一千一百二十文，实贮府库支销。

每年应纳地基粮银八钱六分。每年春秋二季致祭十贤堂、水镜堂先贤神位暨莲花池三贤祠，置办羊豕祭品，支钱四千文。每年开学致祭先贤，照例置办，支钱二千六百文。每年院长脩脯、节仪随时酌送。每年开学，额设院长酒一席，支钱一千文。诸生饭食，每桌支钱五百文，由经历司领办。委教授监院，月送饭资钱二千文。额定肄业生员三十名、童生十名，月给膏火九百文，告假按日截支，由监院具文申领。官课额设官饭一桌，支钱一千文。生童饭食随人多寡，每桌支钱五百文，由经历司领办。官课拨取生员首卷，赏给花红银一两。其余至二等五名止，童生至三名止，给纸笔银五钱。每年遇修万寿宫及书院三贤祠，须用工料银两，随时核支。大门看役一名，内外看司一名，每名月支工食钱五百文。枧夫一名，每月支工食钱五百文。厨夫一名，每月支工食钱一千文。火夫一名，每月支工食钱五百文。

乾隆三十六年壬辰三月，知府李复发立。

按：自李守后，历任延师束脩、膏火每岁二百六十两，由府致送。肄业生童，每岁正月由府考收录。生员收三十人，童生收十人。道光四年，知府恩成以旧额人少，又无升降，不足以示鼓励，乃量为变通。逢科场年份，生员于三十人之外多取二十余名；小考年份，童生于十人之外多取二十余名，谓之内课，均与膏火，但以考课之前后定膏火之多寡。如考列超特等，生童每名给膏火钱九百文，超等皆有奖赏；考列一等，生童每名给膏火钱四百五十文。每月三课，官课初三，师课十三、二十三。一课不到扣十日膏火，二课不到扣二十日膏火，三课不到除名。有未经收录而考课者，列为外课。外课考超等者，亦有奖赏无膏火。三次考超等者，准升内课，以不到除名之膏火与之。现在应课者不下百人。

资料来源：四川《夔州府志》卷十七，清道光七年（1827年）刊本.

35. 渝州书院记

易 简

乾隆五年（1740年）

有地一区，构精舍数十间，读书谈道其中，亦必有所得。然非当路者之所建设，则人不从，有从之者，亦未久而思去，故学之成也难。渝州，蜀之大都会也，统州县十六，地千余里，户少亦数十万，山川灵气之所钟，天下百货之所辖，文人墨客之所游，皆他郡所不及，宜其人才辈出，而夷考其实，真有用者数人而已。岂其才之不多耶？历代以来，守是郡者率以簿会为急，而未遑造士。虽有茂美之姿，而聚之无其地。教之无其具，则无所由以进，人才之不盛，其不以此与？李公祖于乾隆三年来守渝，下车数月，政清民和，将欲美其风俗而以士为倡，顾子弟之向学者少，叹曰："此非士之过，正在无以为教之地耳。聚一军于场而教之击刺，未必人人能战也，然则善战者出焉矣；聚百工于肆而教制器，未必人人皆巧也，然而最巧者出焉矣。今诚欲教育诸士，使得为才且良，其在建书院乎。"志既定，咨于郡绅原任潮州守龙公鹤坪。盖鹤坪守潮时曾建韩山书院者，因力赞之。公遂选隙地，得先明倪少司农西湖社左侧地一区，颇亢爽。既亲定其地势，而兼酌其向背之宜、高下之度，即选府县学廪生王玫、张宗蔚董其事，造讲堂五间，前堂两间，左右厢二间，院墙重门，前屏后厨皆具。其用材若干料，用工若干人，总用银三百六十两。始于乾隆五年首夏，至秋八月而书院告成。

先是未成时，公已命子为山长，及成，移馆于中而董其常课。公则按月召试，既厘正文体矣。暇则至书院，进诸生于前，恳恳为言。所期于多士者，唯饬身修行，多识古人之立功德者，以求得于心，庶几今为良士，异时为名臣。区区时艺，岂予所期哉！其后屡至，至则必有以训诸生，皆闻所未闻，间亦申前说，然其辞意亦深切矣。独是，公之此举旷世而一见者也。以如是之旷典，令得一明体达用之儒为之师，举凡兵农礼乐皆能深通其变化，而习知其器数，使学之者皆有其具，渐久渐熟，则可起而行之，不亦甚盛耶！今乃以予承乏其课程，大率狃予里近而无所开通，虽亦有志于学，又皆纸上空言，而不适于实用。是皆不称所以付托之意。虽然，予则非其人也，而公之盛德不可以不传。盖公处繁剧之任而持冰雪之操，仅此清俸，百费出其中。前已捐数百金造书院矣，而历年山长之馆谷月费及考课之用，抑又不资。既无倦容，益喜其来学之多，爱其所学之渐有进，且将为诸生谋膏火之资。以庶几其久而不废，则公之爱士出于天性，虽贯金石可也，士欲不感奋得乎！院中诸生既感公德，群谋伐石以纪其实，且使后之为政者勿废斯举也。公世为卿族，以己丑进士历户部郎中，出守宁远，今调是任；讳厚望，字澹园，直隶蔚县人。

资料来源：《四川通志》卷八十，清嘉庆二十一年（1816 年）刊本.

36. 瀛山书院公议书院章程

——郑高山、沙河子、翻沟子三处共收租谷二百三十八石，每年佃产缴租务要乾洁，永不许将银折算。（自嘉庆十年，知县张九谷已议加租，每年收市斗谷三百九十七石，外土租银二两八钱。道光四年冬，知县宋灏断令佃户每秋成缴租后，另行认来年佃据，以杜霸占拖欠之弊）逐年如此，永远著为定例。五年十月，知县宋于郑高山之马家沟一业退佃另招加租十二石，已四百零九石。

——议每岁开印后，亦期五里，生童有愿在书院肄业者须至礼房报名造册，凭文考取收录，分别正附课，酌给膏火。

——议书院掌教修金膏火及四节礼每年共支市斗谷六十石（自训寺张崇朴掌教后，每年束修均系一百二十石）。

——议生员正课十名，附课十名，正课每名每月给膏火谷三斗，附课每名给膏火谷二斗，自二月起至十一月止共支谷五十石。

——议童生正课十名，附课十名，支膏火如内库。

——议每月官课一次或初二或十六，亦期于署内，封门考试每课奖赏谷二石，自二月起至十一月止，通计每年共支谷二十石。

——议生员每月按三八日六课以超特一三等定优劣，如一连两课俱文字庸劣，即降黜附课，于附课内考取上卷者顶补，如下课文字再劣，即逐出书院（童生升降同）。

——议书院看司每年给谷四石。

以上共支销市斗谷一百八十四石，下余谷五十四石（自加租后每年余不止此）。

——支粮赋每年上纳银四两四钱。

——支礼房科场誊录银九两八钱。

——支帮巴县棚厂银八两。

——支礼生工食银六两。

——支养济院银四两（自嘉庆十二年，知县陈廷钰买附里养济堂院田，后此顶截不支）。

以上共支银三十二两二钱三分，除收沙河子、翻沟子二处土租银二两八钱外，将谷变价银二十九两四钱三分以足支销，其余下之谷及无科场棚厂之年，并将谷注簿存仓，以备随时修葺书院之费。

嘉庆四年，议镌立石碑，永定章程。

资料来源：《綦江县志·卷三·学校·书院》，同治年间刻本.

37. 忠州白鹿书院生童学规

一、书院文生正课八名，附课八名；文童正课八名，附课十二名，记三十六名。收录后官私课期附课连考三次超等者，准升正课。外课连考三次超等者准升附课。总以两官一私课为准。正附课三次考列三等后十名以次降置。正附课如不足额，宁缺毋滥，不得瞻徇。外课无定额，附外课者不得住书院。

二、生童等住居书院盛夏驱蚊、隆冬烤火在所不免，斋长以时查察以防不虞。

三、生童正附课准住讲堂，并讲堂左右斋房，外课准住讲堂后斋房，如三次考列超等，一经升降，即住房亦宜调易。亦教诲苦心也。

四、生童在院读书，出必告，返必面。违者责十板，犯再次者责二十板，三次者逐出。

五、生童在斋房聚赌，并在外宿娼生事者，责三十板，立行逐出。

六、书院二鼓之后，头门扁钥，生童等不准出入，违者逐出。

七、生童每日上堂讲书，如有不着衣冠者，责手心二十下。

八、生童回家省亲须着衣冠赴堂告假，如逾假过三日者，正降附，附降外，外逐出。

九、斋房桌椅木床，不得任意搬移。如年久损坏，自应归公修理；如系本人损毁，即着照式赔整完好。

十、书院增设膏火不易，创修房屋亦难，不准在房檐前后筑灶安锅。

十一、书院生童与外人口角，不得妄行回院邀齐多人生事，违者逐出。

十二、书院生童招留外人在院歇宿、宴会者，逐出。

资料来源：《忠县志》编纂委员会. 忠县志［M］. 成都：四川辞书出版社，1994.

38. 桂香书院酬邵治唐山长兼示诸生
梁山县邑令袁凤孙

香桂多从月窟移，更欣桃李各成枝。讲堂礼殿风如昨，鹿洞鹅湖制可师。
作宰我惭同袜线，谈经君合拥皋比。名贤远继来夫子，不仅文章丽色丝。
琴书一束业千秋，汲古从来绠欲修。未必公评无月旦，果真名士自风流。
疏帘清簟超尘俗，缃帙牙签任校雠。为语程门立雪者，从今品学更兼优。
曾闻石峡号书院，岂是才人少赏音。云路有梯凭尺木，春光无价惜分阴。
以吾调鹤鸣琴暇，来伴撚须拥鼻吟。名教此中多乐地，况兼新样度金针。
言孔孟言大是难，圣谟莫作等闲看。王曾决意谋温饱，贾谊深心策治安。
荣世远图兼寿世，文坛高筑并骚坛。渊渊金石歌声出，料有青藜照夜阑。

资料来源：《梁山县志·卷五·学校志·书院》.

39. 瀛山书院"森宝楼"相关条款

一、森宝楼藏书费三百余金，卷帙甚多，应添设看司一名，互相照守，逐日打扫，如遇事烦一人应役，即一人承营。斋长、礼房预将逐部逐套逐本点清交给，责令具领，如有汗损遗失，必行跟究，小则估赔，大则锁押，追比至岁暮人散，尤须刻刻提防。

二、礼房每岁于送院之日预造底册二本，将群书逐一注明并注某橱某槅所贮，某部挨次整放不乱，呈请过硃，一存房，一付看司，以便借还登记，并于册末注某年斋长某礼书某看司某经管字样，以备查考，防遗失，岁以为常。

三、藏书既多，最防蠹损，每年四、九两月初十后，遇天气晴朗，看司依次取出逐套解开仔细检阅，如有书蠹速即搜除务尽，毋令藏匿，岁必如此，最为要件。

四、每岁三伏晴明，斋长、礼房指令看司将群书逐部逐套搬出，解套曝晒，务令干燥兼驱蠹鱼，晒毕（或需两三日）挨次归橱封锁，妥帖即注明底册，某年伏天摊晒一次，卷帙无损无紊，字样永以为例。

五、坐院诸生许其取读，如仅讲书及古文八比诗集等，只回明山长，票付看司，取某套某卷或查对或钞写，限两日交还，毁票如系，鉴史大册，必立票经，斋长印记，取止一套，限不出月再换再取（不如此，书必失散，各相爱惜，各相遵守）。凡大小书不得视如常读之卷，随置案头，致有油污墨迹、灯烧鼠齿等事，更毋得私携回里或至遗失于罚（首事预刻斋长某押小图章随身）。

六、凡邑中学内人借读，必系大册，必斋长、礼房共识其人，并其里居远近须立票经，斋长印记（付）看司执掌，注明底册，借某部某套若干卷，多不出三套，限不出两月，限满，听其递换。如逾限不徵，看司追取借书人，给与工食，如有遗失，虽一二卷，必责令全价赔出，另行照式置买。其原书归，借读之人或仅油墨污损，查明议罚，仍禁借出邻境（每卷首页印瀛山书院图章，以防私窃不缴）。

七、藏书多系御纂之件，读者须明窗净几，浣手敬谨披诵，毋得卧览或箕踞作下酒物，更毋擅动笔墨圈点妄批，致于大禁（学人不可不知），其或山长为诸生解说，将诸儒注疏切要处过笔，尚属不妨，亦须恭谨以昭慎重（如有特解或于诸儒别有驳议，不妨另纸写出，夹于本事之后，不敢谓邑中无人）。

资料来源：《綦江县志·卷三·学校·书院》，同治年间刻本.

40. 官课暨两院师课源委

国初未设书院，乾隆间知县彭时捷始建锦云书院，创置学田，兴设四季官课，每课额取内庠十名，外庠四十名，上取者每名膏火谷五斗，次者四斗，几由学田租谷支给。后复建东皋书院，两院山长，延他邑名儒本地举贡主讲。师课加奖每月共钱四千五百文，在书院积款利息项下支给，官课春夏所取必待秋后给谷。生童乡居者，道里各殊，取谷不便，每贱价折钱，所获无几，名虽五斗、四斗，实折钱不过数百文，频年住院者寥寥。光绪十年，署县徐公树锦，以生童克谷折钱流弊滋多，不若将谷变卖，钱可按课发给，因改季课为月课，并师课，酌定章程详咨各宪立案。官课每年八次，需钱四百八十三千二百文，两院师课每年共需钱一百二十八千文，官师课每年共需钱六百一十二千二百文。查前膏火谷九十六石八斗，学田岁支尚余谷九石六斗。书院旧有斋长经管年支谷十五石，改归宾兴后裁斋长谷与余九石六斗并入膏火，合计膏火谷共一百二十一石四斗，约值钱二百余串。又书院岁收土树租钱八十九千五百二十文，徐主因数不敷筹增益，自捐钱二百两，提宾兴银二百两，合钱六百串，当商陈东荣捐钱三百串，收回处欠公项钱四百串，共计钱一千三百串，交东荣当，承领每月照一分生息。光绪十二年，知县韩炳杰拨提张家场、谢际常施项钱二百串，亦交当商，岁共收息一百八十串，连谷变价及土树租共得钱五百余串。每年按月支给膏火，尚短钱一百串，之谱议由宾兴项下补足给发，徐公改添官课膏火及师课加奖条款列左：

——官课每年八课，文生每次正课八名，附课八名，文童每次正课十八名，附课十六名，生童正课每名发钱一千四百文，附课一千文。

——锦云、东皋两院面课每年定十六课，每课加奖钱四千文，由院长酌奖。

——官课每年二月考取收录，即为第一课，此课值春祭，应由官酌定试期，其余官课每月定期十三日，仍按旧章，先期赴礼报名备卷以造册点名。

——官课每年自二月起除中秋节近及乡试、县府院试或新官甫任，由官另期考试，外其余月份按照章程每月一课，约计十月、十一月毕课。

——官课额如遇乡试年份，酌拨文童正附课各四名，添入文生正附课以重宾兴，乡试后仍复文童原额。

——课奖款项，现归宾兴理管，一切出入另置印簿专载，按月满报销，县署备案稽查。

——每月官课榜发礼书，先将取列生童正附抄单，送宾兴局照案给膏火以免错误。

资料来源：《永川县志·卷五·学校·书院》.

41. 莲峰书院章程

年支院长脩脯、节仪随时致送。每年开学，院长酒席支钱一千文，诸生饭食每席五百文，由经厘司领办。教授、监院，月送饭资钱二千文。额定肄业生员三十名，童生十名，月给膏火九百文。官饭一桌支钱一千文，生童饭食每桌支钱五百文，由经厘司领办。大门看役一名，月支工食钱五百文。院长茶房一名，月支工食钱五百文。厨夫一名，月支工食钱五百文。每岁延师，束脩二百六十两。大宁二民出井灶收入每岁千金。输官钱八百五十串，充入书院，备脩脯、灯窗之费。嘉庆年间，大宁井灶被水冲毁，脩脯、膏火无着。业师薪俸、诸生津贴皆由知府捐廉支给。道光三年（1823年），知府恩成修订书院章程，正取生员均予津贴，但以每月"考课"的情况定多少。考列超、特等者，每月津贴九百文；考列一等者，每名津贴四百五十文。每月三课，一课不到扣一百文津贴。二课不到扣二十日津贴，三课不到除名。考超等者有奖赏。

资料来源：《夔州府志》卷十七，清道光七年（1827年）刊本.

42.《石柱县南宾书院》晓示生员卧碑
清顺治九年（1652年）颁行

朝廷建立学校，选取生员，免其丁粮，厚以廪膳，设学院、学道、学官以教之。各衙门官以礼相待，全要养成贤才，以供朝廷之用。诸生皆当上报国恩，下立人品。所有教条，开列于后：

一、生员之家，父母贤智者，予当受教；父母愚鲁或有非为者，子既读书明理，当再三恳告，使父母不陷于危亡。

二、生员立志，当学为忠臣清官。书史所载忠清事迹，务须互相讲究，凡利国爱国之事，更宜留心。

三、生员居心忠厚正直，读书方有实用。出仕必作良吏，若心术邪刻，读书必无成就，为官必取祸患。行害人之事者，往往自杀其身，常宜思省。

四、生员不可干求官长，交结势要，希图进身。若果心善德全，上天知之，必加以福。

五、生员当爱身忍性，凡有司官衙门，不可轻入。即有切己之事，只许家人代告，不许干与他人词讼，他人亦不许牵连生员作证。

六、为学当尊敬先生。若讲说皆须诚心听受，如有未明，从容再问，毋妄行辩难。为师亦当尽心教训，勿致怠惰。

七、军民一切利病，不许生员上书陈言。如有一言建白，以违制论，黜革治罪。

八、生员不许纠党多人立盟结社，把持官府，武断乡曲。所作文字，不许妄行刊刻。违者听提调官治罪。

资料来源：石柱中学校志编委会.石柱中学校志（1910—2000）[M].重庆市教育委员会，2000.

43. 三台书院膏火记
谈廷械

盖闻有文事者必有武备，又云偃武即以修文，以是知文武之不能偏废，而亟宜讲求也。黔邑风醇士质，地瘠民贫，当无事之时，讲肄之规模渐弛，值有事之际，练防之经费难筹。宰斯邑土者，每念及此，靡不窃有隐忧焉。余承乏斯邑，下车伊始，即值黔省思郡失事，酉秀在在戒严，我邑幸处偏隅，尚不孔棘，然绸缪未雨，古人且思患预防，而值此邻氛不靖，能不思御侮术乎。则讲武备，实为斯时急务也，至于士习之醇痴，端赖宰守之培养。本邑旧有书院，几成虚举，其于课录、膏火，毫无定章，如此而欲文风蒸蒸日上，得乎？则崇文教又为斯邑要政也。余再四思维，曷胜焦虑，爰邀集城乡殷实商号，论以时事，晓以大义，竟得慷慨乐输钱一千串文。发交城中殷实铺户分领，按月一分四厘起息，各取具保结备案，息钱按四季呈缴，以作书院月课，生童奖赏。设遇邻境稍有风鹤之警，须拨此息钱为巡防侦探资。当揆时势之缓急，以作停课之久暂，随时悬牌晓示，俾众咸知。所有本项，地方官既不得擅自提用，各绅粮亦不得藉事请挪。倘遇县属有紧要公事需费，猝难筹集，息钱又不敷所用，不得不动用本项之处，亦由地方官与各绅粮会商，暂行挪用，仍须一面设法归款。庶几此举得臻完善，不致历久废弛。兹当创义之初，爰记颠末，勒石书院，俾后之宰斯土者，藉得有所稽考。可冀有始有终，而文事武备均于有赖焉，士民幸甚，地方幸甚。

资料来源：黔江土家族苗族自治县县志办公室．黔江旧志类编：清光绪以前［M］．内部交流本，1985.

44. 丹兴书院记
康为善

地不专则闻见杂，闻见杂则志虑纷，志虑纷则业不精而事不成。故曰：百工居肆，以成其事，君子学以致其道。书院者，士子之肆也。黔邑旧有三台书院，基址不甚宏厂，肄业者亦无几。又后设行馆于其中，而簦笈阒如矣。夫琴书之乐利与舆马之尘嚣，讲诵之从容与仆从之喧哓，师友之居游与奴役之隳突，其雅俗清浊，大不相侔，而顾可令其薰莸同器哉？今岁时有许氏鬻其空宅，予见其地颇爽垲，且远于市尘，得屋若干间。因集诸绅士，议以公局钱五百五十千文购之，且易今名。庶诸生肄业其间，不得有舆马仆役之扰。后倚崇山，前临流水，穆然见仁智之性焉。下视城廓，树木蓊郁，椴楠杞梓之材，其在斯乎？至若风篁水石与弦诵相唱和，则又晦明风雨、友朋切磋之益也。得斯地也，有不见闻专而志虑一，业以精而事以成者乎？予故乐为之记，以待后之君子益加培植焉，则又幸甚。

资料来源：黔江土家族苗族自治县县志办公室．黔江旧志类编：清光绪以前［M］．内部交流本，1985.

45. 鳌峰书院记

清乾隆三十一年（1766 年）知县俞尔昌撰，载光绪《补纂仁寿县志》卷三。书院在四川仁寿。文首曰："书院之兴"始于先贤倡道，"集天下之英俊而教之"，后人"考遗迹以志私淑之诚"，"为屋庐、廪饩，贮典籍以待学者"。接叙述邑民张氏有地"跨鳌峰半坡，为宋名臣何公文缜读书故址"，遂捐俸购之，于乾隆三十年（1765 年）举建书院。最后劝勉诸生"登其堂则思博习以亲师，入其室则思论学以取友"，做到"处有守，出有为"。

资料来源：季啸风. 中国书院辞典［M］. 杭州：浙江教育出版社，1996.

46. 鉴亭书院始建时间考
黎家祥

鉴亭书院位于梓潼镇西坡，"书院坡"因以得名。院旧址是潼南中学所在地，凡涉及至潼南中学的建置沿革，都牵涉书院的修建时间，故时人对此常加关注。近年，常看到一些志刊资料和抄印文稿，都把书院修建时间定为清咸丰四年（1854 年）。这一提法常被引用，其出处笔者虽不详知，但事实上书院修建时间应是清道光十三年（1833 年）。为求实存真，现将依据提供如下。

1992 年，笔者在参与主编《潼南中学校志》，在撰写"历史篇"第一稿时，也曾将潼中前身鉴亭书院始建时间沿旧说法定为 1854 年。时值潼中为兴建多功能大礼堂，正拆除校内操场侧老礼堂一片旧房。志办同人赖中和时正住学校。一天，他无意间发现礼堂拆下的屋梁上仿佛有模糊字迹，经除去其厚积的尘土和蛛网等污物后，字迹便逐渐显现出来，且无一剥蚀。其文曰："大清道光十三年岁次癸巳十二月初一日谷旦立。"经查对，道光十三年，即公元 1833 年。细究梁木成色、屋群结构及木饰年代特征，可肯定该屋群是整片旧屋中修建最早的。根据老礼堂的坐向和在该屋群中的位置，还可初步认定，该礼堂也是始建书院时供学子活动的一处类似礼堂的场所。这就说明，书院始建时间应从 1854 年前推至 1833 年，建院时间较原说应提早二十一年。

此外，老礼堂一片旧房不少，始建书院时就有这样多房屋吗？这就使人联想到一个问题，鉴亭书院院址的确切位置究竟在哪里？这个问题这次也已相应得到解决。潼中内操场侧老礼堂一片旧房整体布局是：礼堂面河方向，有带屋盖的甬道直抵一大木框门，两旁有小天井各一。天井前后各有屋两间。门外有窄阶沿，其下有石级数级。石级前又有露天甬道一段。甬道尽头，便是面河的石框老校门。框顶书"潼南中学"四字（今尚存）。此门及两侧一段旧墙，这次拆除旧房时，尚有意保存留念。校门前，十数石级下，是通向正街的石板路。路靠危岩，岩下就是梓潼镇通往大佛寺的滨涪江大路。在木门、石框门之间，露天甬道两侧，又各有房屋一列。在面河左侧主屋横梁上，有"东安县高等小学校校长杨鼎新建，中华民国元年十有一月二十九号"字样。显然，这两列房屋系高等小学时因原房不敷应用而新建。另外，在上述屋群周围及坡区近周各处，尚有新旧不一，结构、装饰各异的屋群若干处，当系兴建书院到中学成立以后，在不同时期陆续添建。以上可知，鉴亭书院这一历史悠久的古书院，从道光十三年（1833年）建院至公元1994年，已经历一百六十一年的沧桑岁月。其演变过程约可概述为，清道光十三年（1833年）兴建书院，院舍仅老礼堂至而河木门间数处少罿房屋。木门即为书院院门。民国元年（1912年）高等小学校时，添建了院门外两侧房屋。校门前移至滨岩石框门。民国十三年（1924年），建立县立初中，校门依旧。此后，随时光流逝，学校逐渐扩充，才发展成为当时誉满川北，至今享誉渝州的四川省重点中学——四川省潼南中学校。

资料来源：四川省潼南县政协文史资料委员会．潼南文史资料·第五辑[M]．内部交流本，1995.

参考文献

[1] ［宋］祝穆. 方舆纪胜（孔氏岳雪楼影钞本）［M］. 台北：文海出版社，1981.

[2] ［元］脱脱，等. 二十五史（全本）·宋史［M］. 乌鲁木齐：新疆人民出版社，1999.

[3] ［元］孛兰盼，等. 元一统志·上、下册［M］. 北京：中华书局，1966.

[4] ［元］脱脱，等. 宋史·谯定传·第459卷［M］. 北京：中华书局，1977.

[5] ［元］脱脱，等. 宋史·孟珙传·第412卷［M］. 北京：中华书局，1986.

[6] ［清］陈梦雷. 古今图书集成·第11册·方舆汇编·职方典［M］. 北京：中华书局.

[7] ［清］王树敏，王延熙. 皇朝道咸同光奏议·卷七［M］. 上海：上海久敬斋石印本，清光绪二十八年.

[8] 王汪毅，张承棨. 咸丰条约·卷四［M］. 北京：外交部印刷所，民国五年版.

[9] 麦仲华. 皇朝经世文新编·卷五［M］. 上海：上海大同译书局刊本，清光绪二十四年.

[10] 朱寿朋. 光绪朝东华录·四［M］. 北京：中华书局，1958.

[11] 于宝轩. 皇朝蓄艾文编·卷十六［M］. 上海：上海官书局铅印本，光绪二十九年.

[12] 陈谷嘉，邓洪波. 中国书院制度研究［M］. 杭州：浙江教育出版社，1997.

[13] 熊明安. 四川教育史稿［M］. 成都：四川教育出版社，1993.

[14] 胡昭曦. 四川书院史［M］. 成都：巴蜀书社，2000.

[15] 贾大泉. 四川通史·卷四·五代两宋［M］. 成都：四川人民出版社，2010.

[16] 陈谷嘉，邓洪波. 中国书院制度研究［M］. 杭州：浙江教育出版社，1997.

[17] 陈谷嘉，邓洪波. 中国书院史资料［M］. 杭州：浙江教育出版社，1998.

[18] 李国钧，王炳照，李才栋. 中国书院史［M］. 长沙：湖南教育出版社，1994.

[19] 徐梓. 元代书院研究［M］. 北京：社会科学文献出版社，2000.

[20] 涂文涛. 四川教育史·上册［M］. 成都：四川教育出版社，2007.

[21] 陈世松. 四川简史［M］. 成都：四川省社会科学院出版社，1986.

[22] 王风雷. 蒙古族全史·教育卷·上［M］. 呼和浩特：内蒙古大学出版社，2013.

[23] 季啸风. 中国书院辞典［M］. 杭州：浙江教育出版社，1996.

[24] 樊克政. 中国书院史 [M]. 台北：台湾文津出版社，1995.

[25] 白新良. 明清书院研究 [M]. 北京：故宫出版社，2012.

[26] 程勉中. 中国书院书斋 [M]. 重庆：重庆出版社，2002.

[27] 肖东发，赵年稳. 中国书院藏书 [M]. 贵阳市：贵州人民出版社，2009.

[28] 徐潜，张克，崔博华. 中国古代书院 [M]. 长春：吉林文史出版社，2014.

[29] 隗瀛涛. 四川近代史稿 [M]. 成都：四川人民出版社，1990.

[30] 邓洪波. 中国书院章程 [M]. 长沙：湖南大学出版社，2000.

[31] 朱汉民，邓洪波，高峰煜. 长江流域的书院 [M]. 武汉：湖北教育出版社，2004.

[32] 邓洪波. 中国书院楹联 [M]. 长沙：湖南大学出版社，1999.

[33] 邓洪波，彭爱学. 中国书院揽胜 [M]. 长沙：湖南大学出版社，2000.

[34] [日] 山田贤. 移民的秩序：清代四川地域社会史研究 [M]. 曲建文，译. 北京：中央编译出版社，2011.

[35] 吴洪成. 重庆教育史·第一卷 [M]. 重庆：西南师范大学出版社，2006.

[36] 李禹阶，唐春生. 宋代巴蜀政治与社会研究 [M]. 成都：巴蜀书社，2012.

[37] 《重庆百科全书》编纂委员会. 重庆百科全书 [M]. 重庆：重庆出版社，1999.

[38] 周勇. 重庆通史·第一册 [M]. 重庆：重庆出版社，2014.

[39] 《中华文化通志》编委会. 中华文化通志·十六·第二典 地域文化·巴蜀文化志 [M]. 上海：上海人民出版社，2010.

[40] 徐世群. 巴蜀文化大典·上 [M]. 成都：四川人民出版社，1998.

[41] 管维良. 从巴都到陪都——简明重庆史 [M]. 北京：中国文史出版社，2004.

[42] 吴洪成，张阔. 从巴国到清代的重庆教育研究书系：重庆的学校 [M]. 重庆：西南师范大学出版社，2008.

[43] 余楚修，管维良. 重庆建置沿革 [M]. 重庆：重庆出版社，1998.

[44] 吴涛. 巴渝文物古迹 [M]. 重庆：重庆出版社，2004.

[45] 吴洪成，田谧. 晚清教师史研究 [M]. 保定：河北大学出版社，2012.

[46] 肖永明. 儒学·书院·社会——社会文化史视野中的书院 [M]. 北京：商务印书馆，2012.

[47] 重庆市人民政府办公厅. 重庆年鉴 [M]. 内部交流本，2011.

[48] 莫玉. 卢作孚：民国一代船王 [M]. 北京：中国财政经济出版社，2014.

[49] 张守广. 卢作孚年谱 [M]. 南京：江苏古籍出版社，2002.

[50] 冉华德. 创业雄略——卢作孚大传 [M]. 北京：中华工商联合出版社，1998.

[51] 薛新力. 重庆文化史：远古—1949 年 [M]. 重庆：重庆出版社，2001.

[52] 曾枣庄，刘琳. 全宋文·卷三四〇 [M]. 上海：上海辞书出版社，2006.

[53] 《中华文化通志》编委会. 中华文化通志·四十六·第五典 教化与礼仪·学校志

　　　［M］. 上海：上海人民出版社，2010.

［54］重庆市教育委员会. 重庆教育志［M］. 重庆：重庆出版社，2002.

［55］常明修，杨芳灿. 四川通志·卷七十九［M］. 清嘉庆二十二年（1817 年）刻本.

［56］《中华学府志》编辑委员会. 中华学府志·四川卷［M］. 北京：中共中央党校出版
　　　社，1998.

［57］邓海荣，唐德正. 历代巴渝散文选注［M］. 乌鲁木齐：新疆人民出版社，2002.

［58］重庆市地方志编纂委员会. 重庆市志·第十卷［M］. 重庆：西南师范大学出版
　　　社，2005.

［59］四川省地方志编纂委员会. 四川省志出版志·上［M］. 成都：四川人民出版
　　　社，2001.

［60］余楚修. 重庆市地方志编纂委员会. 重庆市志·第七卷［M］. 重庆：重庆出版
　　　社，1999.

［61］《重庆市地名词典》编辑委员会. 重庆市地名词典［M］. 科学技术文献出版社重庆
　　　分社，1990.

［62］重庆市文化局. 重庆文化艺术志［M］. 重庆：西南师范大学出版社，2000.

［63］《当代重庆教育总览》编委会. 当代重庆教育总览［M］. 北京：中国建材工业出版
　　　社，2002.

［64］重庆市档案馆，中共重庆市委党史研究室. 重庆解放［M］. 北京：中国档案出版
　　　社，2009.

［65］重庆市渝中区人民政府地方志编纂委员会. 重庆市市中区志［M］. 重庆：重庆出版
　　　社，1997.

［66］重庆市渝中区政协文史资料委员会. 重庆市渝中区文史资料·第十二辑［M］. 内部
　　　交流本，2002.

［67］《重庆市市中区教育志》编纂委员会. 重庆市市中区教育志［M］. 成都：四川文艺
　　　出版社，1994.

［68］《重庆市南岸区地方志》编纂委员会. 重庆市南岸区地方志［M］. 重庆：重庆出版
　　　社，1993.

［69］欧阳桦，李竹汀. 学舍百年——重庆中小学校近代建筑［M］. 重庆：重庆大学出版
　　　社，2014.

［70］何智亚. 重庆老城［M］. 重庆：重庆出版社，2010.

［71］向楚. 巴县志选注［M］. 重庆：重庆出版社，1989.

［72］［清］王尔鉴，周开丰. 巴县志·卷三［M］. 乾隆二十五年（1760 年）刻印本.

［73］涪陵市地方志编纂委员会. 涪陵市志［M］. 成都：四川人民出版社，1995.

［74］中共涪陵市委宣传部. 涪陵市［M］. 重庆：重庆出版社，1996.

[75] [宋] 朱熹. 与周卿书 [G] //蒲国树. 北岩名胜志. 涪陵市旅游局, 1996.

[76] 王鑑清, 施纪云. 涪陵县续修涪州志 [M]. 民国十七年（1928 年）铅印本.

[77] 程颢, 程颐. 二程遗书·第十八卷 [M]. 上海：上海古籍出版社, 2000.

[78] 中国人民政治协商会议涪陵市委员会文史资料研究委员会. 涪陵文史资料选辑·第一辑 [M]. 内部交流本, 1988.

[79] [清] 多泽厚. 乾隆涪州志·卷十 [M]. 海口：海南出版社, 2001.

[80] [清] 吕绍衣. 同治重修涪州志·卷十五 [M]. 成都：巴蜀书社影印本, 1992.

[81] 吴潜修, 傅汝舟. 夔州府志 [M]. 上海：上海古籍书店（据天一阁藏正德刊本印）, 1961.

[82] 政协四川省奉节县委员会文史资料委员会. 奉节文史资料选辑·第四辑 [M]. 内部交流本, 1993.

[83] 政协四川省奉节县委员会文史资料委员会. 奉节文史资料选辑·第三辑 [M]. 内部交流本, 1992.

[84] 重庆市奉节县教育委员会. 奉节县教育志 [M]. 重庆市奉节县印刷厂, 1998.

[85] 滕新才, 《夔州诗全集》编辑委员会. 夔州诗全集·清代卷 [M]. 重庆：重庆出版社, 2009.

[86] 四川省奉节县志编纂委员会. 奉节县志 [M]. 北京：方志出版社, 1995.

[87] [清] 董新策. 民国合川县志·第二十六卷 [M]. 民国十年（1921 年）刻本.

[88] 郑贤书, 张森楷. 合川县志 [M]. 民国十一年（1922 年）刻本.

[89] 江津县地方志编辑委员会. 江津县志 [M]. 成都：四川科学技术出版社, 1995.

[90] 中国人民政治协商会议重庆市江津市委员会文史资料委员会. 江津文史资料选辑·第十五辑 [M]. 内部交流本, 1994.

[91] 聂述文修, 刘泽嘉. 江津县志·卷八·学校 [M]. 民国十三年（1924 年）铅印本.

[92] 《酉阳县志》编纂委员会. 酉阳县志 [M]. 重庆：重庆出版社, 2002.

[93] 中国人民政治协商会议四川省酉阳土家族苗族自治县委员会文史资料委员会. 酉阳文史资料·第十五辑 [M]. 内部交流本, 1993.

[94] 中国人民政治协商会议四川省酉阳县委员会酉阳县县志编修委员会. 酉阳文史资料选辑·第一辑 [M]. 内部交流本, 1983.

[95] 中国人民政治协商会议酉阳土家族苗族自治县委员会, 等. 酉阳文史资料选辑·第三辑 [M]. 内部交流本, 1984.

[96] 常明修, 杨芳灿. 酉阳直隶州总志·卷五 [M]. 清嘉庆二十二年（1817 年）刻本.

[97] 中国人民政治协商会议四川省酉阳县县志编修委员会. 酉阳文史资料选辑·第二辑 [M]. 内部交流本, 1983.

[98] 《彭水县志》编纂委员会. 彭水县志 [M]. 成都：四川人民出版社, 1998.

［99］［清］庄定域．彭水县志·学校志［M］．光绪元年（1875年）刻本．

［100］政协彭水苗族土家族自治县委员会文史资料研究委员会．彭水文史资料·第五辑
［M］．内部交流本，1989．

［101］重庆市江北区地方志编纂委员会．重庆市江北区志［M］．成都：巴蜀书社，1993．

［102］重庆市渝北区地方志编纂委员会．江北县志［M］．重庆：重庆出版社，1996．

［103］中国人民政治协商会议江北县委员会文史资料研究委员会．江北县文史资料·第三
辑［M］．内部交流本，1988．

［104］中国人民政治协商会议江北县委员会文史资料研究委员会．江北县文史资料·第七
辑［M］．内部交流本，1992．

［105］秀山土家族苗族自治县县志编纂委员会．秀山县志［M］．北京：中华书局，2001．

［106］中国人民政治协商会议秀山土家族苗族自治县委员会文史资料委员会．秀山文史资
料·第二辑［M］．内部交流本，1985．

［107］中国人民政治协商会议四川省秀山土家族苗族自治县委员会文史资料委员会．秀山
文史资料·第七辑［M］．内部交流本，1994．

［108］中国人民政治协商会议秀山土家族苗族自治县委员会文史资料委员会．秀山文史资
料·第四辑［M］．内部交流本，1988．

［109］中国人民政治协商会议四川省秀山土家族苗族自治县委员会文史资料委员会．秀山
文史资料·第六辑［M］．内部交流本，1991．

［110］王寿松．秀山县志·卷七［M］．清光绪十七年（1891年）刻本．

［111］政协四川省长寿县委员会文史资料研究委员会．长寿县文史资料·第七辑［M］．内
部交流本，1992．

［112］四川省长寿县教育局教育志办公室，代数，黄荣．长寿县教育志［M］．未刊交流
本，1987．

［113］政协开县委员会．开县文史资料·第四辑［M］．辽宁教育出版社，2008．

［114］四川省开县志编纂委员会．开县志［M］．成都：四川大学出版社，1990．

［115］万县市教育委员会．万县地区教育志［M］．重庆：重庆出版社，1997．

［116］万县志编纂委员会．万县志［M］．成都：四川辞书出版社，1995．

［117］［清］张琴修，范泰衡，等．增修万县志［M］．同治五年（1866年）刻本．

［118］中国人民政治协商会议四川省万县委员会文史资料工作委员会．万县文史资料选辑·
第三辑［M］．万县出版社，1989．

［119］中国人民政治协商会议巫山县委员会文史资料委员会．巫山文史资料·第四辑
［M］．内部交流本，1997．

［120］四川省巫山县志编纂委员会．巫山县志［M］．成都：四川人民出版社，1991．

［121］中国人民政治协商会议巫山县委员会社会文教委员会．巫山县文史资料·第五辑

　　　　　［M］. 内部交流本，2001.

[122] 黄光辉，郎承诜. 丰都县志［M］. 民国十六年（1927 年）铅印本.

[123] 四川省丰都县教育局. 丰都县教育志［M］. 丰都县丰都中学印刷厂，1989.

[124] 田秀栗，徐其岱. 丰都县志·卷二［M］. 清光绪二十年（1894 年）刻本.

[125] 中国人民政治协商会议四川省丰都县委员会文史资料研究委员会. 丰都文史资料选
　　　　辑·第二辑［M］. 内部交流本，1985.

[126]《梁山县志》编纂委员会. 梁山县志·卷五［M］. 光绪二十年（1894 年）刻本.

[127] 梁平县政协文史委员会. 梁平县文史资料·第七辑［M］. 内部交流本，2003.

[128] 梁平县地方志编纂委员会，龙建平. 梁平县志［M］. 北京：方志出版社，1995.

[129] 四川省潼南县政协文史资料委员会. 潼南文史资料·第五辑［M］. 内部交流
　　　　本，1995.

[130] 潼南县地方志编纂委员会. 潼南县志［M］. 成都：四川人民出版社，1993.

[131] 四川省垫江县志编纂委员会. 垫江县志［M］. 成都：四川人民出版社，1993.

[132] 政协垫江县委员会文史资料委员会. 垫江县文史资料选辑·第三辑［M］. 内部交流
　　　　本，1992.

[133] 垫江县教育局. 垫江县教育志［M］. 垫江县教育局，1989.

[134] 政协铜梁县委员会第五届委员会文史资料研究委员会. 铜梁文史资料·第六辑
　　　　［M］. 内部交流本，1994.

[135] 铜梁县教育局. 铜梁县教育志［M］. 铜梁印刷厂，1989.

[136]《忠县志》编纂委员会. 忠县志［M］. 成都：四川辞书出版社，1994.

[137] 四川省忠县教育委员会. 忠县教育志（1840—1989）［M］. 忠县国营印刷厂，1993.

[138] 忠县政协社会事务办公室，忠县史志协会，忠县诗词楹联研究会. 忠县文史：第四
　　　　辑——近现代忠州名人诗词集［M］. 内部交流本，2003.

[139]《大足县志》编纂委员会. 大足县志·教育［M］. 北京：方志出版社，1996.

[140] 王德嘉. 大足县志·卷二·学校［M］. 清光绪年间刻本.

[141] 政协璧山县委员会学习文史委员会. 璧山文史·第十一辑［M］. 内部交流
　　　　本，1997.

[142] 璧山县教育局. 璧山县教育志（1667—1985）［M］. 璧山县教育局，1990.

[143] 中国人民政治协商会议四川省璧山县文史资料委员会. 璧山县文史资料选辑·第三
　　　　辑［M］. 内部交流本，1990.

[144]《云阳县志》编纂委员会. 云阳县志［M］. 成都：四川人民出版社，1999.

[145]《云阳县志》编纂委员会. 云阳县志［M］. 民国二十四年（1935 年）铅印本.

[146]《石柱县志》编纂委员会. 石柱县志［M］. 成都：四川辞书出版社，1994.

[147]《石柱中学校志》编委会. 石柱中学校志（1910—2000）［M］. 重庆市教育委员

会，2000.

［148］四川省黔江土家族苗族自治县志编纂委员会. 黔江县志［M］. 北京：中国社会出版
社，1994.

［149］黔江土家族苗族自治县县志办公室. 黔江旧志类编：清光绪以前［M］. 内部交流
本，1985.

［150］中国人民政治协商会议重庆永川市委员会学习文史委员会. 永川文史资料选辑·第
十七辑［M］. 内部交流本，2000.

［151］中国人民政治协商会议四川省永川县委员会文史资料委员会. 永川文史资料选辑·
第六辑［M］. 内部交流本，1990.

［152］《綦江县教育志》编辑组. 綦江县教育志［M］. 綦江县隆盛区教育志办公
室，1985.

［153］［清］宋灏，罗星. 綦江县志·卷三［M］. 同治年间刻本.

［154］柳琅声，章麟书. 南川县志·卷七［M］. 民国十五年（1926年）铅印本.

［155］潢川县文化局文化志编辑室，李长淮，高燮昌，吕延平，黄经纬. 潢川县文化志
［M］. 内部交流本，1987.

［156］中国人民政治协商会议武隆县委员会文史资料委员会. 武隆文史资料·第一辑
［M］. 内部交流本，1989.

［157］中国人民政治协商会议荣昌县委员会文史资料研究组. 荣昌文史资料选辑·第三辑
［M］. 华宁县文史资料委员会，1987.

［158］《巫溪县志》编纂委员会. 巫溪县志［M］. 成都：四川辞书出版社，1993.

［159］《城口县志》编纂委员会. 城口县志［M］. 成都：四川人民出版社，1995.

［160］彭英明. 土家族文化通志新编［M］. 北京：北京民族出版社，2001.

后　记

我对重庆书院历史文化的关注，开始于在嘉陵江畔著名高等学府西南大学工作的时光，往事如云，已经匆匆过了十几个年头。回想其中历程可谓感慨万千，但本书的容量字数已经超出设计的规定，不能多写了。

近年来在冀中平原的名城、京南门户保定之河北大学工作与生活，出于对区域教育文化的关注和心仪，我陆续完成了有关河北的一系列书院教育的论文和著作，同时也陆续发表重庆书院有关问题的探讨文章。此次组织正在攻读硕士学位的教育史专业研究生，撰写重庆书院史的著作更是把这种不间断的活动做了一次推动，甚至有些轰轰烈烈了。看来，大西南的情怀仍然在我身上有所保留，相信这种情感的渗透与专业的理性融合、交织在这部书院史新作中，会有另一番特别的景观吧！

《重庆书院史》吸收了我以前有关重庆教育史的研究成果，也有其背景依托，虽得益于以前所指导的硕士研究生张阔的支持，但也具有相当程度的原创性。文献资料的搜求、相关论著的参考、自身体验与思考的渗透、体例安排与结构设计的谋划、文字语言表述的推敲，以及量化统计方法的运用等，都在本书中有较为充分的呈现。当然，研究者或承担教学与其他项目的繁忙工作，或正在攻读研究生学位，又要不断为了职业生涯而奔波，因此时间及精力上会受到限制。另外，自身的水平与期待之间也有落差。这些不尽如人意之处总是存在的，好在学术研究是一个不断努力和创新的过程，笔者期待以后会有新的提升和突破。

本书的写作主要由河北大学教育学院教育史专业的部分师生合作完成，具体分工如下：第一章吴洪成（河北大学教育学院教授、博士生导师）、王培培（河北大学教育学院教育史专业硕士研究生）；第二章王培培、吴洪成；第三章吴洪成、王培培；第四章、第五章吴洪成、郭春晓（河北大学教育学院教育史专业硕士研究生);第六章吴洪成、王培培。附录吴洪成、王培培、郭春晓。在具体的写作研究中,几位作者反复协商,几次修改,对书稿的文字表述也进行了统一和润色,许多书院的素材、章程及条规都源于古典文献,点校、识别和解读均颇为不易,可谓费尽辛劳。希望能够对社会国家的进步及文化学术的繁荣有所裨益,若果能如此,我们的心血也算没有白费。

　　本书的出版得到河北大学教育学院宋耀武院长的大力支持,在此表示诚挚的谢意。该书属于河北省高校本科专业综合改革试点"教育学"项目的最终成果;同时也被知识产权出版社的领导列入出版计划,并给予积极的帮助。尤其是责任编辑江宜玲女士一直以来关心我校教育史学科点的建设,对著作出版的各环节严格把关,不辞辛劳,对本书学术质量的提升贡献良多。这种敬业负责的精神与热心弘扬学术的品质令人敬佩,特此向她表示衷心的感谢。

吴洪成

华北重镇保定之河北大学教育学院 607 室